Kohlhammer

BWL Bachelor Basics

Herausgegeben von Horst Peters

Peter C. Fischer

Unternehmenskäufe und Unternehmens- umstrukturierungen

Verlag W. Kohlhammer

1. Auflage 2021

Alle Rechte vorbehalten
© W. Kohlhammer GmbH, Stuttgart
Gesamtherstellung: W. Kohlhammer GmbH, Stuttgart

Print:
ISBN 978-3-17-031568-6

E-Book-Formate:
pdf: ISBN 978-3-17-031569-3
epub: ISBN 978-3-17-031570-9
mobi: ISBN 978-3-17-031571-6

Inhaltsverzeichnis

Geleitwort des Herausgebers

Das vorliegende Lehrbuch ist Teil der Lehrbuchreihe BWL Bachelor Basics. Dieses Buch sowie alle anderen Werke der Reihe folgen einem Konzept, das auf die Leserschaft – nämlich Studierende der Wirtschaftswissenschaften – passgenau zugeschnitten ist.

Ziel der Lehrbuchreihe BWL Bachelor Basics ist es, die zu erwerbenden Kompetenzen in einem wirtschaftswissenschaftlichen Bachelor-Studiengang **wissenschaftlich anspruchsvoll**, jedoch zugleich **anwendungsorientiert** und **kompakt** abzubilden. Dies bedeutet:

- Ein hoher wissenschaftlicher Anspruch geht einher mit einem gehobenen Qualitätsanspruch an die Werke. Präzise Begriffsbildungen, klare Definitionen, Orientierung an dem aktuellen Stand der Wissenschaft seien hier nur beispielhaft erwähnt. Die Autoren sind ausgewiesene Wissenschaftler und Experten auf ihrem Gebiet. Die Reihe will sich damit bewusst abgrenzen von einschlägigen »Praktikerhandbüchern« zweifelhafter Qualität, die dem Leser vorgaukeln, Betriebswirtschaftslehre könnte man durch Abarbeiten von Checklisten erlernen.
- Zu einer guten Theorie gehört auch die Anwendung der wissenschaftlichen Erkenntnisse, denn Wissenschaft sollte kein intellektueller Selbstzweck sein. Deshalb steht stets auch die Anwendungsorientierung im Fokus. Schließlich verfolgt der Studierende das Ziel, einen berufsqualifizierenden Abschluss zu erwerben. Die Bücher haben diese Maxime im Blick, weshalb jedes Buch neben dem Lehrtext u. a. auch Praxisbeispiele, Übungsaufgaben mit Lösungen sowie weiterführende Literaturhinweise enthält.
- Zugleich tragen die Werke dem Wunsch des Studierenden Rechnung, die Lehr- und Lerninhalte kompakt darzustellen, Wichtiges zu betonen, weniger Wichtiges wegzulassen und sich dabei auch einer verständlichen Sprache zu bedienen. Der Seitenumfang und das Lesepensum werden dadurch überschaubar. So eignen sich die Bücher der Lehrbuchreihe Bachelor Basics auch hervorragend zum Selbststudium und werden ein wertvoller Begleiter der Lehrmodule sein.

Die Reihe umfasst die curricularen Inhalte eines wirtschaftswissenschaftlichen Bachelor-Studiums. Sie enthält zum einen die traditionellen volks- und betriebswirtschaftlichen Kernfächer, darüber hinaus jedoch auch Bücher aus angrenzenden Fächern sowie zu überfachlichen Kompetenzen.

Um auf neue Themen und Entwicklungen reagieren zu können, wurde die Edition bewusst als offene Reihe konzipiert und die Zahl möglicher Bände nicht nach oben begrenzt.

Die Lehrbuchreihe Bachelor Basics richtet sich im Wesentlichen an Studierende der Wirtschaftswissenschaften an Hochschulen für angewandte Wissenschaften, an dualen Hochschulen, Verwaltungs- und Wirtschaftsakademien und anderen Einrichtungen, die den Anspruch haben, Wirtschaftswissenschaften anwendungsorientiert und zugleich wissenschaftlich anspruchsvoll zu vermitteln. Angesprochen werden aber auch Fach- und Führungskräfte, die im Sinne der beruflichen und wissenschaftlichen Weiterbildung ihr Wissen erweitern oder auffrischen wollen. Als Herausgeber der Lehrbuchreihe möchte ich mich bei allen Autorinnen und Autoren bedanken, die sich für diese Reihe engagieren und einen Beitrag hierzu geleistet haben.

Ich würde mich sehr freuen, wenn das ambitionierte Vorhaben, wissenschaftliche Qualität mit Anwendungsorientierung und einer kompakten, lesefreundlichen und didaktisch an die Bachelor-Studierenschaft abgestimmten Gestaltung zu kombinieren, dem Leser bei der Bewältigung des Bachelor-Lernstoffes hilfreich sein wird und es die Anerkennung und Beachtung erhält, die es meines Erachtens verdient.

Horst Peters

Autorenvorwort

Trotz der hohen Praxisbedeutung von Unternehmenskäufen und Umstrukturierungen von Unternehmen werden diese Bereiche durch Hochschulen und Lehrbücher nur unzureichend abgedeckt (erfreuliche Ausnahmen bilden in der Lehre vor allem die auf M&A spezialisierten berufsbegleitenden Masterprogramme der Westfälischen Wilhelms-Universität Münster, der Frankfurt School of Finance & Management sowie der auf Unternehmensrecht und M&A fokussierte Masterstudiengang der FOM Hochschule für Oekonomie & Management). Das vorliegende Buch soll einen bescheidenen Beitrag zur Schließung dieser Lücke im Bereich der (praxisorientierten) Lehrbücher leisten und bildet zugleich mit meinen bereits in der Reihe BWL Bachelor Basics des Kohlhammer Verlags erschienenen Lehrbüchern »Wirtschaftsprivatrecht« und die »Die Prüfung im Wirtschaftsprivatrecht« eine Triologie zum deutschen Wirtschaftsrecht, mag es auch deutlich unterhaltsamere und ansprechendere Triologien geben.

Adressatinnen und Adressaten dieses Lehr- und Praxisbuches sind einerseits Studentinnen und Studenten in wirtschafts- und rechtswissenschaftlichen Bachelor- wie Masterstudiengängen sowie andererseits Praktikerinnen und Praktiker, die in Unternehmen mit Transaktionen befasst sind, Unternehmen beraten oder prüfen und sich in diese komplexe Thematik praxisnah und mit überschaubarem Zeitaufwand einarbeiten wollen. Wer bereits über einschlägige Kenntnisse verfügt, dem mag dieses Buch als Nachschlagewerk dienen. Es dürfte sich dabei von selbst vestehen, dass die Lektüre dieses Lehrbuches trotz aller Praxisorientierung keine Rechtsberatung im Einzefall zu ersetzen vermag.

Die Darstellung erfolgt primär aus der rechtlichen Perspektive, es finden aber im Sinne einer ganzheitlichen Betrachtung insb. auch wirtschaftliche, steuerrechtliche und (rechts-)kulturelle Aspekte Berücksichtigung. Was die Umstrukturierung anbelangt, liegt der Schwerpunkt der Darstellung auf dem in der Unternehmenspraxis besonders wichtigen Umwandlungsgesetz, es werden aber auch andere Umstrukturierungsvarianten erläutert.

Da die Praxis für Unternehmenskäufe aus den USA stammt und sich die dortigen Entwicklungen als internationaler Standard durchgesetzt haben, sind auch fast alle Begriffe im Transaktionsgeschäft der englischen Sprache entnommen. Um hier der Einsteigerin und dem Einsteiger in die Materie die Orientierung zu erleichtern, findet sich am Ende des Buches ein Glossar mit über 250 englischen Fachbegriffen. Wer Übungsfälle oder Übungsfragen zu dem Thema M&A sucht, wird zwar nicht in diesem Werk, dafür aber in meinem Übungsbuch »Die Prüfung im Wirtschaftsprivatrecht« fündig werden (vgl. dort insb. S. 78 ff., 89 ff., 134 ff., 152 ff.).

Zur Erleichterung der Verständlichkeit der Darstellung wurde grds. davon abgesehen, jeweils die feminine und maskuline Version nebeneinander zu verwenden, vielmehr wurde i. d. R. das generische Maskulinum verwendet. In der M&A-Praxis fällt auf, dass der Anteil der Frauen als Akteure bei Transaktionen in vielen Jurisdiktionen wie insb. den USA, UK, Frankreich und den skandinavischen Ländern bereits deutlich höher ist als in Deutschland, wo es insofern noch erheblichen Nachholbedarf gibt.

Dank schulde ich dem Transaktionsexperten und Manager *Christoph Hoesl* für zahlreiche wertvolle Hinweise aus der M&A-Praxis. *Christoph Hoesl* erlebt die Veröffentlichung dieses Buches leider nicht mehr, da er tragischerweise im April 2020 in viel zu jungem Alter verstorben ist.

Danken möchte ich der Steuerberaterin *Elisabeth Comes* für zahlreiche wichtige Anmerkungen zum Steuerrecht, dem *Corporate Finance*-Experten *Andrew Griffiths* für viele wertvolle Hinweise vor allem zur *Financial Due Diligence* und verwandten Themen. Des Weiteren möchte ich der Rechtsanwältin/Fachanwältin für Insolvenzrecht *Christin Malsch* und dem Rechtsanwalt/Fachanwalt für Insolvenzrecht *Markus van Marwyk* für Hinweise zu dem Thema *Distressed M&A* danken. Soweit bei den genannten Bereichen noch Schwachstellen vorhanden sein sollten, liegen diese ausschließlich in meiner Verantwortung.

Viele wichtige Anregungen und Hinweise habe ich von meinen Studierenden im Rahmen meines Projektmoduls »Unternehmenskäufe und Unternehmensumstrukturierungen« an der Hochschule Düsseldorf erhalten, denen ich ebenfalls an dieser Stelle danken möchte, namentlich hervorheben darf ich hier vor allem *Ann-Sophie Klaeßen, Sarah Marek, Antonia Papadopoulos, Dennis Peters, Maja Schirmer, Anika Vis und Tatjana Vuckovic* (die Liste ließe sich sicher noch fortsetzen, für eine etwaige Unvollständigkeit bitte ich um Nachsicht).

Düsseldorf, im November 2020 Peter C. Fischer

Teil I   Wirtschaftliche und kulturelle Rahmenbedingungen

Der für Unternehmenskäufe üblicherweise verwendete Begriff **Mergers & Acquisitions (M&A)** bedeutet wörtlich Unternehmenszusammenschlüsse (Fusionen) und Unternehmensübernahmen, wird aber meist plakativ als Oberbegriff für alle Varianten von Unternehmenstransaktionen verwendet. Dabei ist zu beachten, dass *Merger* in diesem Zusammenhang jedenfalls nicht nur im Sinne einer Verschmelzung i.S.d. Umwandlungsgesetzes (vgl. § 1 I Nr. 1 i.V.m. §§ 2 ff. UmwG) zu verstehen ist. Bei Umstrukturierungen wird oft auch von **Restructuring** oder auch **Reorganisation** gesprochen, wobei diese Begriffe vor allem auch auf die Unternehmenssanierung abzielen dürften. Vor dem Hintergrund dieser Begrifflichkeiten wurden die aus rechtlicher Sicht klareren Begriffe Unternehmenskäufe und Unternehmensumstrukturierungen als Buchtitel verwendet. Der Begriff M&A wird in diesem Buch in dem praxisüblichen weiten Verständnis benutzt, die Schlagworte *Restructuring* und *Reorganisation* werden dagegen eher zurückhaltend verwendet.

Unternehmenskäufe und Unternehmensumstrukturierungen sind insofern eng miteinander verbunden, da vielen Unternehmenskäufen betriebliche Umstrukturierungen vorgeschaltet sind und/oder nachgelagert erfolgen. Daher wird nach einer Einführung in wirtschaftliche und praktische Rahmenbedingungen für beide Bereiche (Teil I) zunächst und schwerpunktmäßig das Thema **Unternehmenskäufe** (M&A) (Teil II) und dann das Thema **Umstrukturierungen** mit dem Fokus auf dem Umwandlungsgesetz (Teil III) jeweils aus der vor allem in der Umsetzungsphase einer Transaktion maßgebenden rechtlichen Perspektive dargestellt.

1   M&A als zyklisches Phänomen

Mergers & Acquisitions (M&A) prägen das Wirtschaftsleben bereits seit über einhundert Jahren. Dabei verlaufen die M&A-Aktivitäten nicht gleichmäßig, sondern mit wechselnder Intensität. Insoweit wird üblicherweise von M&A-Wellen (*Merger Waves*) gesprochen, die vor allem von den USA ausgingen und mit immer stärkerer Intensität auch andere Länder erfasst haben. Dabei ist zu beachten, dass der Verlauf dieser M&A-Wellen in den

USA deutlich gründlicher erforscht wurde als etwa die entsprechende Entwicklung in Deutschland. Üblicherweise werden (bislang) in den USA sechs M&A-Wellen unterschieden, die in Tabelle 1 dargestellt werden, wobei sich im Detail bei den Darstellungen der Wellen durchaus Unterschiede finden (vgl. hierzu insb. *Müller-Stewens* in Müller-Stewens/Kunisch/Binder, M&A, S. 21 ff.; *Jansen*, M&A, S. 72 ff.; *G. Picot u. M. Picot* in Picot, HdB M&A, S. 3 ff.; *Glaum/Hutzschenreuter*, M&A, S. 45 ff.; *Schmal*, Konsolidierungswellen, S. 41 ff.). Zu der Frage einer etwaigen siebenten Welle (dazu *Jansen*, M&A, S. 86 f.) und der aktuellen Entwicklung soll hier nur Folgendes angemerkt werden: Die langfristigen Auswirkungen der Covid 19-Pandemie auf das Transakionsgeschäft sind noch nicht absehbar und im Jahre 2020 wurde das klassische M&A-Geschäft durch massive Rettungsaktionen der Staaten ersetzt. Klar ist nur, dass es früher oder später eine siebente Welle geben wird (vgl. *Schalast* in Schalast/Raettig, Grundlagen des M&A-Geschäftes, S. 4), voraussichtlich aber erst im Rahmen einer Erholung nach der durch die Corona-Pandemie ausgelösten globalen Rezession.

Bei allen Unklarheiten über Ursachen und Verläufe der Wellen im Detail dürfte die gesicherte und entscheidende Erkenntnis sein, dass es diese zyklischen Verläufe überhaupt gibt und diese – wie so viele andere Phänomene im Zeitalter der Globalisierung – in immer kürzeren zeitlichen Abständen auftreten. Dabei sollte aber berücksichtigt werden, dass Beobachter bekanntlich dazu neigen, die jüngere Vergangenheit überzubewerten und mögliche übergreifende historische Entwicklungen noch nicht richtig einordnen können.

2 Deutsche Besonderheiten

In Deutschland kommt den Jahren nach 1990 auch in der Wirtschaftsordnung und bei Unternehmenskäufen eine große Bedeutung zu, da hier mehrere wichtige Faktoren zusammenkamen (vgl. hierzu insb. *Schiessl* in Meyer-Sparenberg/Jäckle, M&A, § 1 Rd. 2 ff.): Neben der Überführung der sozialistischen Planwirtschaft der ehemaligen DDR in die soziale Marktwirtschaft der Bundesrepublik Deutschland über umfangreiche Privatisierungen durch die Treuhandanstalt in Folge der Wiedervereinigung (vgl. insb. §§ 11 ff. TreuhandG) wurde die sog. **»Deutschland AG«**, also das System wechselseitiger Beteiligungen der großen deutschen Unternehmen, nach und nach insb. durch die Abschaffung der Besteuerung von Gewinnen aus der Beteiligungsveräußerung beendet (vgl. *Jansen*, M&A, S. 29). Auch

Tab. 1: M&A-Wellen aus der US-Perspektive im Überblick

Nr.	Zeitraum (ca. Angaben)	Art der Integration	Historische Einordnung und ökonomische Strategien	Regulatorische Rahmenbedingungen	Industrien/ Beispiele	Ende der Welle
1	1897 – 1904	Horizontale Integration (Monopolisierung)	Folge der Industriellen Revolution mit dem Übergang von der Manufaktur zur Industrieproduktion, verstärkte Nutzung der Elektrizität, Ausbau der Infrastruktur in den USA (transkontinentale Eisenbahn); »Great Merger Wave.«	Shearman Antitrust Act von 1890, der ab 1901 verstärkt angewendet wird, fördert durch das Verbot von Absprachen zwischen Wettbewerbern horizontale Akquisitionen; 1911 kommt es dann zur zwangsweisen Entflechtung von Standard Oil (Rockefeller) und American Tabacco.	Wasserkraft, Textil-, Eisen-, Öl- und Tabakindustrie.	Nach einem erstem Einbruch 1899 endete die Welle mit einer in 1903 beginnenden Rezession, Zusammenbruch des Aktienmarkts in 1904.
2	1916 – 1929	Vertikale Integration (Oligopolbildung)	Erster Weltkrieg macht die USA zur größten Handels- und Gläubigernation der Welt; nach Kriegsende kam es 1920/21 zu einem Einbruch der Märkte, was zu verstärkten M&A-Aktivitäten führte, danach kam es aber auch durch den Ausbau des Straßennetzes und das Radio (landesweite Werbung) zu einem starken Wirtschaftswachstum (»Goldene Zwanziger«).	Clayton Act von 1914 in Ergänzung des Sherman Acts erschwert horizontale Zusammenschlüsse; nachfolgend Robinson Patman Act von 1936.	Eisenbahnen und Eisenindustrie (insoweit finden sich nur wenige Angaben in der Literatur).	Der Boom führte zu einer irrationalen Begeisterung, die schlagartig mit der Weltwirtschaftskrise von 1929 endet (»Schwarzer Freitag«).

Tab. 1: M&A-Wellen aus der US-Perspektive im Überblick – Fortsetzung

Nr.	Zeitraum (ca. Angaben)	Art der Integration	Historische Einordnung und ökonomische Strategien	Regulatorische Rahmenbedingungen	Industrien/ Beispiele	Ende der Welle
3	1965 – 1969/ 1973	Konglomerale Integrationen	Portfoliotheorie: Risikoschutz durch Diversifikation (»Big is Beautyful«); angespannter Aktienmarkt und hohe Zinsen führen zum Aktientausch als bevorzugter Akquisitionsfinanzierung.	Celler-Kefauver Act von 1950 verbietet nun auch vertikale Akquisitionen; Tax Reform Act von 1969.	Teledyne erwirbt über 125 Unternehmen.	Wirtschaftliche Abkühlung mit sinkenden Aktienkursen (aber kein Crash). 1973 Bretton-Woods-System endet, Ölkrise beginnt.
4	1984 – 1989	Vertikale Desintegration	Abkehr von der Diversifikation und Fokus auf das Core Business; Leveraged Buy-outs und Junk Bonds; Corporate Raiders und erste Private Equity Welle, Begründung des Shareholder Value-Ansatzes (»Merger Mania«).	Deregulierung unter der Reagan-Administration: Lockerungen bei Monopolbildung, günstige Steuergesetze; Probleme auf dem Junk Bond-Markt führt zur Verschärfung von Kreditvergaben für Unternehmenskäufe durch die Fed.	KKR übernimmt RJR Nabisco (»Barbarians at the Gate«).	Agency-Probleme und Regelverstöße (Boesky-Insider-Skandal), LBO-finanzierte Unternehmen im Chapter 11-Verfahren (Konkursrecht), Crash auf dem Aktienmarkt 1987 und auf dem Junk Bond-Markt 1989.
5	1993 – 2000	Globale Integration	Zunehmende Globalisierung, Geldpolitik der USA, Entwicklung der Kapitalmärkte, New Economy/Internet; immer stärkere Professionalisierung des M&A-Geschäfts durch Investmentbanken, Berater, Corporate M&A-Abteilungen in den Unter-	Rechtliche Rahmenbedingungen werden weiterentwickelt, um Wettbewerb zu fördern (mehr Transparenz). Deregulierung in vielen Märkten. Entwicklung des EU-Binnenmarktes.	DaimlerBenz/ Chrysler (»Hochzeit im Himmel«); AOL/ Time Warner, Vodafone/ Mannesmann.	Welle endet schlagartig mit dem Platzen der Dotcom-Blase 2000, dazu kamen später die Terroranschläge vom 11. September 2001, zuvor die Asien-Krise 1997/

Tab. 1: M&A-Wellen aus der US-Perspektive im Überblick – Fortsetzung

Nr.	Zeitraum (ca. Angaben)	Art der Integration	Historische Einordnung und ökonomische Strategien	Regulatorische Rahmenbedingungen	Industrien/Beispiele	Ende der Welle
			nehmen, weiterhin Konzentration auf das Core Business (»Mega Merger«).			98 und die Russland-Krise 1998.
6	2002 – 2008	Globale und horizontale Integration	Globale Zielsetzung und Konzentration auf das Kerngeschäft bleiben, hinzu kommen niedrige Aktienbewertungen und relativ niedrige Zinsen, Private Equity und Hedgefonds gewinnen an Bedeutung.	Verstärkte Regulierungstendenzen in Folge der Krise.	Relativ breite Streuung.	Endete im Nachgang zum Platzen der Kreditblase (Subprime-Krise) in den USA 2007 und der Lehmann Pleite in 2008.

kam es bei bedeutenden staatseigenen Unternehmen der »alten« Bundesrepublik wie der Deutschen Bundespost (heute Deutsche Telekom AG, Deutsche Post AG und die unselbständige Postbank) dem Zeitgeist entsprechend zu **Privatisierungen** und **Börsengängen** (der IPO der Deutsche Telekom AG war hier besonders prägend). Dies wiederum führte zu einer relativen Stärkung des traditionell wenig entwickelten deutschen Kapitalmarkts im Vergleich zur vorher von Kreditvergaben durch Universalbanken dominierten deutschen Wirtschaft. Mit dieser Entwicklung einher ging in der Bundesrepublik auch ein **rechtskultureller Wandel** hin zu einer stärkeren Professionalisierung des Wirtschaftsrechts entsprechend internationalen (und damit vor allem angloamerikanischen) Standards.

Beispiele: Es ist heute kaum noch vorstellbar, dass bis in die 90er Jahre des letzten Jahrhunderts hinein in der Bundesrepublik Deutschland Insiderhandel nicht strafbar war (vgl. heute Art. 8, 14 MMVO i.V.m. § 119 III WpHG), Bestechung von Geschäftspartnern im Ausland nicht nur in Deutschland nicht strafbar war, sondern im Inland sogar als »*nützliche Aufwendungen*« steuermindernd geltend gemacht werden konnte (im Jahre 2002 wurde die Strafbarkeit der Bestechung im privaten Sektor auf Auslandssachverhalte erweitert, § 299 III StGB a.F./§ 299 I, II StGB n.F.), öffentliche Übernahmen nur auf freiwilliger Basis reguliert waren (durch den Übernahmekodex der Börsensachverständigenkommission) und *Compliance* begrifflich völlig und inhaltlich weitgehend unbekannt war (mögen deutsche Gerichte im Nachhinein auch anderes unterstellen, vgl. etwa LG München I vom 10.12.2013, NZG 2014, 345, 349).

Einer der grundlegenden Unterschiede in der Wirtschaftsordnung zwischen den USA und Deutschland ist, dass die deutsche Wirtschaft und das deutsche Recht entsprechend den Prinzipien einer sozialen Marktwirtschaft traditionell einem **Stakeholder Value**-Ansatz folgt, bei dem die Interessen aller berechtigten Anspruchsgruppen eines Unternehmens wie Eigentümer, Unternehmensführung, Arbeitnehmer und Lieferanten Berücksichtigung finden (vgl. insoweit z.B. die Präambel des DCGK). Das Grundgesetz enthält in Art. 20 I GG zwar das Sozialstaatsprinzip und schützt die Koalitionsfreiheit (Art. 9 III GG), die Berufsfreiheit (Art. 12 GG) ebenso wie das Eigentum und das Erbrecht (Art. 14 GG) als Grundrechte, enthält aber keine verfassungsrechtliche Festlegung auf eine bestimmte Wirtschaftsordnung (vgl. *Scholz* in Maunz/Dürig, GG-Kommentar, Art. 12 Rd. 85 ff. m.w.N.); ganz im Gegenteil würde Art. 15 GG sogar die Vergesellschaftung von Produktionsmitteln ermöglichen, wovon allerdings in der Geschichte der Bundesrepublik noch nie Gebrauch gemacht wurde. In den USA dominiert dagegen traditionell der **Shareholder Value**-Ansatz (mag dieser Ansatz in jüngster Zeit auch in den USA verstärkt in Frage gestellt werden).

Die Einbeziehung der Arbeitnehmer zeigt sich in Deutschland z.B. in Form der unternehmerischen **Mitbestimmung** (*Co-Determination*), die – bei dem deutschen dualistischen System der *Corporate Governance* aus Vorstand und Aufsichtsrat (*two-tier system*) – führt dazu, dass bei deutschen Kapitalgesellschaften ab 500 Arbeitnehmern ein Aufsichtsrat einzurichten ist, der zu 1/3 mit Arbeitnehmervertretern zu besetzen ist (§ 1 DrittelbG). Bei Kapitalgesellschaften und der GmbH & Co. KG mit mehr als 2.000 Arbeitnehmern ist ein Aufsichtsrat einzurichten, der zu 50% mit Arbeitnehmervertretern zu besetzen ist (§§ 1, 4 MitbestG; Sonderregeln gelten für die Montanindustrie und sog. Tendenzbetriebe, zu den Details vgl. die Übersicht bei *Fischer*, WPR, S. 220). In den USA wäre eine derartige Form der unternehmerischen Mitbestimmung nicht nur technisch schwierig umzusetzen, weil es dort ein monistisches System der *Corporate Governance* (dem *Board of Directors*/ BoD oder Verwaltungsrat, sog. *one-tier system*) gibt, sondern auch weil dies politisch-kulturell in den USA nicht gewollt sein dürfte. Von der unternehmerischen Mitbestimmung zu unterscheiden ist die betriebliche Mitbestimmung in Unternehmen mit mind. fünf Arbeitnehmern über die Betriebsräte (*works council*) im Rahmen des Betriebsverfassungsgesetzes (§ 1 I BetrVG), die aber außerhalb von großen Konzernen wie etwa der Volkswagen AG wohl eine geringere Rolle spielt als gemeinhin angenommen wird (vgl. *Funk*, Gleichberechtigung von Arbeit und Kapital – Mitbestimmung, WISU 2018, S. 1095).

Ein weiterer Unterschied zwischen dem deutschem und dem amerikanischen Recht ist, dass das deutsche Recht im Vergleich zu den USA im Hinblick auf den vorgelagerten Schutz der Gläubiger eher konservativ und sicherheitsorientiert ist. Dieser zeigt sich u. a. bei den strengen deutschen Kapitalaufbringungs- und vor allem **Kapitalerhaltungsbestimmungen** (vgl. insb. § 57 AktG, § 30 GmbHG). Im Gegensatz hierzu setzt das amerikanische Gesellschaftsrecht im Sinne eines nachgelagerten Gläubigerschutzes eher auf verstärkte Formen des Haftungsdurchgriffs auf die Gesellschafter (*piercing the corporate veil*).

Gerade diese deutschen Besonderheiten bei der Arbeitnehmerbeteiligung und Kapitalerhaltung haben unter Umständen gravierende **Auswirkungen auf Transaktionen**: So etwa wenn – wie üblich – aufgrund der Geschäftsordnungen der Gesellschaft die Zustimmung eines paritätisch besetzten

Aufsichtsrats für die Durchführung einer Transaktion notwendig ist (mag hier auch der i.d.R. von der Kapitalseite bestimmte AR-Vorsitzende bei Patt-Situationen ein Zweitstimmrecht, *casting vote*, haben, § 29 II S.1 MitbestG). Entsprechendes gilt, wenn die Vermögenswerte der übernommenen Gesellschaft als Sicherheiten für die Kredite der die Transaktion finanzierenden Banken verwendet werden sollen (*upstream securities*), da hier die Interessen der Arbeitnehmer der Zielgesellschaft und der Gesellschafter regelmäßig auseinanderfallen dürften.

Die deutsche Wirtschaft ist im Gegensatz zu den USA und anderen Ländern in besonderer Weise durch mittelständische Unternehmen (»**German Mittelstand**«) geprägt (vgl. *Wegmann/Siebert*, Unternehmensverkauf, S. 10). Diese mittelständischen Unternehmen stehen im Eigentum von (miteinander verwandten) natürlichen Personen (Familien), die auch an der Leitung des Unternehmens beteiligt sind (Einheit von Eigentum/ Risiko und Führung). Besonders hervorzuheben sind hier die sog. **Hidden Champions**, worunter relativ unbekannte, inhabergeführte Unternehmen zu verstehen sind, die aufgrund ihrer Internationalisierungs- und Forschungsaktivitäten als Marktführer zählen (vgl. *Holz/Schlepphorst/Schlömer-Laufen*, Unternehmertum im Fokus, 1/20, S.1). Die zurzeit erheblichen Probleme bei der **Nachfolgeregelung** bei den inhabergeführten Unternehmen und den dadurch verursachten Verkäufen mittelständischer Unternehmen prägt das M&A-Geschäft in Deutschland in weitaus stärkerem Maße als öffentlichkeitswirksame feindliche Übernahmen (*hostile takeover*) (umfassend zur Nachfolgeproblematik *Hemel/Link*, Zukunftssicherung für Familienunternehmen). Auf die Besonderheiten von Transaktionen im Mittelstand wird daher später noch genauer eingegangen werden (► Teil II 14.1).

Eine weitere Besonderheit des deutschen Transaktionsmarktes ist die relativ große Bedeutung von Wohnungsunternehmen wie der börsennotierten Vonovia SE, Deutsche Wohnen SE oder LEG Immobilien AG (vgl. zu den wirtschaftlichen Rahmenbedingungen in diesem Sektor in der jüngsten Vergangenheit *v.Bismarck/Freytag/Kress* in Meyer-Sparenberg/Jäckle, M&A, § 64 Rd. 1 ff.). Der hohe Grad an **Immobilientransaktionen** und die diesbezügliche Attraktivität Deutschlands für (ausländische) Immobilieninvestoren hängt mit dem in Deutschland im internationalen Vergleich sehr hohen Anteil von Mietwohnungen bei entsprechend niedriger Eigentumsquote zusammen. Auf besondere Aspekte bei Immobilientransaktionen wird nicht zuletzt vor diesem Hintergrund später ebenfalls noch genauer eingegangen (► Teil II 14.2).

3 US-Amerikanischer Einfluss

Trotz aller deutscher Besonderheiten ist der Einfluss der USA auf das gesamte M&A-Geschäft in Deutschland und weltweit klar erkennbar (vgl. insb. *Merkt* in Göthel, M&A, § 4 Rd. 1 ff. m. w. N.). Eine amerikanische Handschrift prägt vor allem die Begrifflichkeiten und Techniken des gesamten M&A-Geschäfts, welches maßgeblich in den 70er und 80er Jahren des letzten Jahrhunderts vor allem in New York City entwickelt wurde. Auch wenn Unternehmenskaufverträge mit einer Zielgesellschaft in Deutschland sinnvollerweise deutschem Recht unterstellt werden, erfolgt die Transaktion selbst doch angloamerikanischen Rechtstechniken mit Elementen wie dem *Letter of Intent* oder der *Due Diligence* (vgl. *Fischer*, Globalisierung und Recht, S. 9 ff. m. w. N.). Auch die spätere Darstellung der Akteure im M&A-Markt wird den prägenden angloamerikanischen Einfluss auf Unternehmenskäufe z. B. über die Investmentbanken und Finanzinvestoren verdeutlichen.

4 Motive für Unternehmenstransaktionen

Ein Blick auf die dargestellten M&A-Wellen in den USA macht bereits deutlich, was aus **makroökonomischer** Sicht vor allem zu verstärkten Transaktionsaktivitäten führt: Dies sind zum einen technologische Neuerungen (z. B. Einführung der industriellen Produktion oder die Entwicklung des Internets) oder regulatorische Maßnahmen (z. B. Einführung eines Kartellrechts oder umgekehrt Deregulierungsaktivitäten des Gesetzgebers). Dabei ist erkennbar, dass sich Tendenzen zur Monopolisierung, zur vertikalen Integration und zur Bildung von Konglomeraten abgewechselt haben. Die zurückliegenden Jahrzehnte standen überdies – wenig überraschend – im Zeichen der Globalisierung.

Typische **mikroökonomische** Motive für Unternehmenskäufe sollen nachstehend aus drei Perspektiven dargestellt werden: Gründe des Käufers für den Erwerb eines Unternehmens, Gründe des Verkäufers für den Verkauf eines Unternehmens sowie persönliche Gründe des Managements, welche insb. beim Unternehmenserwerb zum Tragen kommen. Dabei ist zu beachten, dass es in diesem Kontext eine Vielzahl von wirtschaftswissenschaftlichen Theorien und Erklärungsansätzen gibt, die hier nur schlagwortartig gestreift werden können (vgl. hierzu insb. *Wirtz*, M&A, S. 61 ff.; *Müller-Stewens* in Müller-Stewens/Kunisch/Binder, M&A, S. 12 ff.).

4.1 Typische Motive des Käufers

Im Vordergrund stehen oft strategische Motive: Zu den typischen strategischen Zielen zählt etwa die Erzielung von **Synergieeffekten**, wobei zwischen universellen Synergien, die jeder Käufer erzielen kann, endemischen Synergien, die nur von einem Teil der Käufer erzielt werden können, und einzigartigen Synergien, die nur von einem einzigen Käufer realisiert werden können, unterschieden wird (*Wirtz*, M&A, S. 63).

Einige Investoren verfolgen aber auch eher **finanzielle Motive** und erwerben Gesellschaften von vornherein für einen begrenzten Zeitraum, um diese nach einer Umstrukturierung mit Gewinn wieder zu veräußern, oder um diese gewinnbringend zu zerschlagen (**Raider-Theorie**) (*Müller-Stewens* in Müller-Stewens/Kunisch/Binder, M&A, S. 13). Ein ähnlicher Erklärungsansatz findet sich in der Bewertungstheorie, die solche Käufe u. a. damit erklärt, dass auf Basis eines Informationsvorsprungs unterbewertete Gesellschaften erworben werden.

Grenzüberschreitende Unternehmenskäufe können den **Einstieg in neue ausländische Märkte** ermöglichen, um etwa die Errichtung neu gegründeter Gesellschaften im Ausland zu vermeiden. Ökonomen sprechen bei Investitionen im Ausland durch Unternehmensübernahmen (M&A) von *Brownfield Investments*, im Gegensatz zu *Greenfield Investments* bei denen quasi auf der grünen Wiese eigene Gesellschaften oder Produktionsstätten im Ausland errichtet werden.

4.2 Typische Motive des Verkäufers

Zu den klassischen Gründen für den Verkauf von Unternehmen gehören in der jüngeren Vergangenheit (ungefähr seit der Wiedervereinigung Deutschlands) die **Konzentration auf das Kerngeschäft** (*core business*) oder auch die Beschaffung von finanziellen Ressourcen für attraktivere Investments (illustrativ zu den Handlungsoptionen *Rövekamp* in Bleuel, Internationales Management, S. 226 ff.). Die bereits erwähnte gegenwärtige Nachfolgeproblematik im Mittelstand in Deutschland ist ein weiterer bedeutender Grund für den Verkauf von Unternehmen. Andere mögliche Motive wie der schon bei Erwerb geplante **Exit bei Finanzinvestoren** oder die Umsetzung kartellrechtlicher Verpflichtungen wurden bereits erwähnt.

4.3   Persönliche Motive des Managements

Von den dargestellten Gründen für Unternehmenstransaktionen aus der Perspektive der Unternehmen sind die oft ganz anders gelagerten persönlichen Motive der handelnden Organe zu unterscheiden, die naturgem. nicht offengelegt werden und damit schwerer zu identifizieren sind (frei nach dem alten Motto: *Für alles gibt es immer einen guten Grund – und einen wahren Grund*). Die Geschäftsführung ist bei größeren Konzernen typischerweise nicht identisch mit den Eigentümern (mögen sie auch vor allem bei börsennotierten Gesellschaften oft kleinere Aktienpakete halten), so dass hier eine klassische **Prinzipal-Agent-Beziehung** mit den für diese Beziehung typischen **Interessenkonflikten und Informationsasymmetrien** besteht (z. B. wenn es darum geht, ob Gewinne an die Aktionäre ausgeschüttet oder in Akquisitionen investiert werden sollen). Als (kontraproduktive) persönliche Motive der Manager, die signifikant von den Interessen der Eigentümer abweichen können, kommen insb. nachstehende Gründe in Betracht (vgl. hierzu insb. *Glaum/Hutzschenreuther*, M&A, S. 83 ff.):

- Streben nach Geld, Macht, Prestige und Selbstverwirklichung (**Empire Building**) (vgl. *Glaum/Hutzschenreuther*, M&A, S. 83 ff.; *Lucks/Meckl*, M&A, S. 11 f.).
- Systematische Selbstüberschätzung des Managements (**Hybris-Hypothese**) (vgl. *Glaum/Hutzschenreuther*, M&A, S. 83 ff.; *Lucks/Meckl*, M&A, S. 12).
- Sicherung der eigenen Position durch Vergrößerung des eigenen Unternehmens zum Schutz vor Übernahmen oder zu Verschleierungszwecken (**Selbsterhaltung**, könnte hierfür vielleicht als Bezeichnung verwendet werden; *Müller-Stewens* in Müller-Stewens/Kunisch/Binder, M&A, S. 14, spricht in diesem Kontext von der Schaffung von Manövrierungsspielräumen z. B. durch Überkreuzfinanzierungen zwischen Geschäftsbereichen).
- Unreflektierte Übernahme von Markttrends (**Herdentrieb**, wäre hierfür vielleicht ein passendes Schlagwort; diese Anpassung an Modetrends wird oft als Wellentheorie bezeichnet, *Müller-Stewens* in Müller-Stewens/Kunisch/Binder, M&A, S. 14, hier entstehen M&A-Wellen quasi aus sich selbst heraus).
- Angst vor Ansehensverlust bei Abbruch weit fortgeschrittener Transaktionen (**Eigendynamik**, wäre hier vielleicht eine treffende Bezeichnung; in der Literatur wird dies häufig als Prozesstheorie bezeichnet, *Müller-Stewens* in Müller-Stewens/Kunisch/Binder, M&A, S. 14).

Diese Unterschiede zwischen den Motiven des Managements und der Interessenlage der Aktionäre mag ein wichtiger Grund dafür sein, dass zumindest über die Hälfte aller Transaktion als nicht erfolgreich gelten (▶ Teil I 12).

5 Motive für Unternehmensumstrukturierungen

Wie bei Unternehmenskäufen können auch die Gründe für Umstrukturierungen sehr verschieden sein, allerdings sind die Ursaschen bei Umstrukturierungen meist eher technischer Natur (vgl. zu den Ursachen *Limmer* in Limmer, HdB Unternehmensumwandlung, Teil 1 Rd. 257 ff., sowie *Kraft* in Kraft/Redenius-Hövermann, Umwandlungsrecht, Kap. 1 Rd. 1 ff.). Der entscheidende juristisch-technische Vorteil von Umwandlungen auf Basis des Umwandlungsgesetzes (UmwG) ist vor allem im Rahmen der Verschmelzung und Spaltung die (bei einer Spaltung allerdings nur partielle) **Gesamtrechtsnachfolge** (Universalsukzession), d. h. Aktiva und Passiva können insb. ohne die Zustimmung Dritter auf eine andere Gesellschaft übertragen werden (§§ 20 I Nr. 1, 131 I Nr. 1 UmwG). Dies wäre bei einem alternativ in Betracht kommenden *Asset Deal* nicht der Fall, da beim *Asset Deal* die Übertragung der Aktiva und Passiva im Wege der Einzelrechtsnachfolge (Singularsukzession) erfolgen würde. Besonders attraktiv werden Umwandlungen nach dem Umwandlungsgesetz auch dadurch, dass der Gesetzgeber mit dem Umwandlungssteuergesetz (UmwStG) die grds. Möglichkeit der steuerneutralen Umwandlung geschaffen hat.

Beim **Formwechsel**, bei dem es als einziger Umwandlungsvariante zu keinem Transfer kommt, wird dasselbe Ergebnis durch den Grundsatz der Identitätswahrung erzielt (**Identitätsprinzip**, § 202 I Nr. 1 UmwG), d. h. rechtlich und wirtschaftlich ist die Gesellschaft vor und nach dem Formwechsel identisch. Steuerrechtlich wird hier allerdings in den Fällen sog. kreuzender Formwechsel, also ein Formwechsel zwischen unterschiedlichen Steuerregimen unterliegenden Personen- und Kapitalgesellschaften, ein Transfer fingiert (▶ Teil III 5.4.9).

Folgende Motive sind bei Umstukturierungsmaßnahmen zu beobachten:

- Entsprechend der Zielsetzung dieses Buchs soll zunächst das Motiv der **Vor- und/oder Nachbereitung von Unternehmenskäufen** hervorgehoben werden. Unternehmenskäufe werden nur höchst selten als Umstrukturierung auf Basis des Umwandlungsgesetzes (UmwG) durchgeführt. Dieser Aspekt soll am Ende dieser Einführung noch einmal genauer beleuchtet werden (▶ Teil I 19).

- In der Praxis wird das UmwG sehr häufig für **steuerlich veranlasste Umstrukturierungen** eingesetzt (mag die Begründung gegenüber der Finanzverwaltung auch eine andere sein). Dieses Motiv der Steueroptimierung wird hier bewusst an vorderer Stelle genannt, da dieses Ziel zu den Hauptanwendungsfällen von Umwandlungen in der Praxis gehört.
- Die Anpassung der rechtlichen Konzernstruktur an die **betriebswirtschaftlichen Erfordernisse** gehört zu den weiteren Motiven. Allerdings ist zu beobachten, dass häufig für viele Konzerne die Reduktion der Steuerbelastung wichtiger ist als die betriebswirtschaftlichen Strukturen, was bei manchem Konzern zu recht komplexen Strukturen führt, die betriebswirtschaftlich nicht mehr zweckmäßig sind (in der Praxis ist in diesem Kontext manchmal die Lebensweisheit »*Wer mit der Steuer steuert, steuert verkehrt!*« zu hören).
- Es kommen auch **gesellschaftsrechtliche Gründe** in Betracht: Das UmwG wird auch eingesetzt, um gesellschaftsrechtliche Konflikte zu lösen, so kann es zweckmäßig sein, dass ein Konzern aufgespalten wird, um die das Unternehmen lähmenden Streitigkeiten zwischen zwei Familienstämmen zu beenden (ein ebenso verbreitetes wie schwer lösbares Problem bei zwei Familienstämmen, die jeweils zu 50% beteiligt sind). Ein anderer Grund mag sein, dass eine AG in eine GmbH im Wege des Formwechsels umgewandelt wird, um auf diese Weise relativ unauffällig einen Aufsichtsrat abzuschaffen (soweit die Mitbestimmungsgesetze dem Vorhaben nicht entgegenstehen). Umgekehrt mag der Formwechsel von einer GmbH in eine AG dazu dienen, den Einfluss der Gesellschafter zu reduzieren, da die Aktionäre einer AG kein Weisungsrecht gegenüber dem Vorstand haben (jedenfalls solange kein Beherrschungsvertrag geschlossen wurde und auch keine – ohnehin nur höchst selten vorkommende – Eingliederung vorliegt, vgl. §§ 308 I, 323 I AktG).
- Ein etwas überraschendes Motiv ist hin und wieder die Möglichkeit der **Heilung rechtlicher Mängel** von Gesellschaftsstrukturen gem. § 20 II UmwG. Hier wird künstlich eine Umwandlungsmaßnahme durchgeführt, um etwaige, bereits vor der Umwandlung bestehende rechtliche Mängel oder Unklarheiten in der Gesellschafterstruktur durch die Heilungswirkung der Umwandlung zu eliminieren.
- Auch **regulatorische Erfordernisse** können Umwandlungen notwendig werden lassen: Wenn etwa eine GmbH an die Börse gebracht werden soll, ist es unumgänglich die (nicht börsenfähige) GmbH im Wege des Formwechsels z. B. in eine (börsenfähige) AG umzuwandeln.

Anders als bei Unternehmenskäufen dürften **persönliche Motive** des Managements bei Umstrukturierungsmaßnahmen eher selten eine Rolle spielen. Aber denkbar sind sie auch hier, wenn etwa durch den Formwechsel einer GmbH in eine AG das Weisungsrecht der Gesellschafter gegenüber dem Management (anders als die Geschäftsführung einer GmbH ist der Vorstand einer AG grds. nicht weisungsgebunden) entfällt oder es zu einer anderweitigen Veränderung im Machtgefüge des Unternehmens kommt.

6 Unternehmensbewertungen

»Price is what you pay; value is what you get« ist ein legendäres Zitat, welches (wohl zu Unrecht) mit der amerikanischen Investorenlegende Warren Buffet in Verbindung gebracht wird (https://en.wikiquote.org/wiki/Warren_Buffe tt#Disputed) und welches (unabhängig von der tatsächlichen Urheberschaft) das Augenmerk auf die Schlüsselfrage jeder Transaktion lenkt: Was ist eigentlich der Wert, der zum Verkauf stehenden Gesellschaft oder genauer gefragt: Wie wird dieser **Enterprise Value** bestimmt, wenn es keinen Börsenkurs gibt? Dafür gibt es eine Reihe von Bewertungsmethoden, von denen hier nur die wichtigsten Ansätze kurz erwähnt werden sollen (vgl. hierzu Aders in Meyer-Sparenberg/Jäckle, M&A, § 10 Rd. 3 ff.):

- Bei der recht simplen und damit für Ad hoc-Bewertungen sehr gut geeigneten **Multiplikator-Methode** werden bestimmte Kennzahlen eines Unternehmens (also Bezugsgrößen wie EBIT, EBITDA oder Umsatzerlöse bzw. Nettomieteinnahmen bei Immobilien) einfach mit einem aus anderen Transaktionen in einer bestimmten Branche hergeleiteten Faktor (tradtionell meist wohl zwischen vorsichtigen sechs und optimistischen zehn oder mehr, aktuell, jedenfalls in der Vor-Corona-Ära, auch deutlich höher) multipliziert (vgl. zur Vergangenheit Zwirner/Magel in Hettler/Stratz/Hörtnagl, Unternehmenskauf, § 4 Rd. 161). Verbreitet ist auch die Verwendung eines von vergleichbaren kapitalmarktorientierten Gesellschaften abgeleiteten Kurs-Gewinn-Verhältnisses (KGV) als Multiplikator (Böcking/Rauschenberg in Fleischer/Hüttemann, Unternehmensbewertung, 2.52). Bei genauerer Betrachtung handelt es sich bei der Multiplikator-Methode weniger um eine Methode zur Bestimmung des Enterprise Value als um eine Methode zur Bestimmung des zu zahlenden Kaufpreises (welcher von weiteren Faktoren wie z.B. der allgemeinen M&A-Marktsituation beeinflusst wird), d. h. hierbei handelt es sich um eine marktorientierte Bewertungsmethode.
- Bei der verbreiteten **Discounted Cashflow-Methode** (DCF-Methode) werden die mit Hilfe risikoangepasster Zinssätze berechneten künftigen Zahlungen an die Kapitalgeber als Basis genommen, d. h. die künftigen

Zahlungsströme sind die maßgebende Berechnungsgrundlage (ausführlich *Böcking/Rauschenberg* in Fleischer/Hüttemann, Unternehmensbewertung, 2.48 ff.).

- Beim ebenfalls verbreiteten **Ertragswertverfahren** wird der Barwert der künftig zu erwartenden Überschüssen eines Unternehmens als Grundlage der Bestimmung des Unternehmenswerts genommen, d. h. es wird auf die zu erwartenden künftigen Erträge abgestellt.

- Neben diesen Verfahren, die auf den gesamten Wert eines Unternehmens abstellen, existieren noch einzelwertbasierte Verfahren, zu denen der Substanzwertansatz und der Liquidationswertansatz zählen. Der **Substanzwert** stellt auf die Wiederbeschaffungskosten ab, der **Liquidationswert** setzt auf dem Substanzwert auf und berücksichtigt zusätzlich Schulden und Liquidationskosten (vgl. *Hemel/Link*, Familienunternehmen, S. 86 f.).

Die einzelwertbasierten Bewertungsansätze sind im Falle einer geplanten Fortführung des Unternehmens (*going concern*) und bei betriebsnotwendigen Vermögen von untergeordneter Relevanz und bilden nur die Untergrenze des Unternehmenswerts. Stattdessen sind die **DCF-Methode** und das **Ertragswertverfahren** als **Gesamtbewertungsverfahren** die Standardmethoden der Praxis. Für die DCF-Methode und das Ertragswertverfahren hat das Institut für Wirtschaftsprüfer in Deutschland Grundsätze zur Durchführung von Unternehmensbewertungen entwickelt (IDW S1-Gutachten). Diese sollen eine objektive und transparente Bewertung ermöglichen.

Letztlich müssen aber immer auch weitere Faktoren wie die Strategie des Managements und die Wettbewerbssituation berücksichtigt werden, so dass eine schematische Bewertung sehr fehleranfällig ist. Oft führt nur der Kaufinteressent, aber nicht der Verkäufer eine Bewertung durch, was insb. bei mittelständischen Veräußerern damit zusammenhängen dürfte, dass häufig rein persönliche Gründe (wie die Nachfolgeproblematik) eine entscheidende Rolle bei der Verkaufsentscheidung spielen (vgl. *Zwirner/Magel* in Hettler/ Stratz/Hörtnagl, Unternehmenskauf, § 4 Rd. 2). Den höchsten Kaufpreis kann der Verkäufer potentiell erzielen, wenn es ihm gelingt, den sog. **Best Owner** zu identifizieren und an diesen zu veräußern, da dieser den größten Nutzen aus dem Unternehmen ziehen sollte (etwa in Form von einzigartigen Synergien) und daher (jedenfalls theoretisch) auch bereit sein dürfte, den höchsten Kaufpreis zu zahlen.

Nicht selten wird ein Gutachten über den Unternehmenswert in Form einer **Fairness Opinion** erstellt. Dies dient vor allem auch der Absicherung des Managements vor persönlichen Schadensersatzforderungen wegen einer falschen Bewertung der Zielgesellschaft. Derartige Gutachten werden durch die großen Wirtschaftsprüfungsgesellschaften (oft durch den Abschlussprüfer der Zielgesellschaft) oder Investmentbanken erstellt. Ein kritischer Punkt bei einer *Fairness Opinion* ist oft, dass die tatsächliche Unabhängigkeit des Gutachters sichergestellt werden muss.

Ein weiterer M&A-relevanter Teilbereich der Unternehmensbewertung ist die Kaufpreisallokation (**Purchase Price Allocation, PPA**), d. h. die Verteilung des Kaufpreises eines Unternehmens auf die übernommenen Aktiva und Passiva für den Zweck der Einbeziehung in den Konzernabschluss des erwerbenden Unternehmens. Hierbei erfolgt die Bewertung der einzelnen Posten im Rahmen der anzuwendenden Bilanzierungsmethoden (z. B. IFRS, geregelt in IFRS3 Unternehmenszusammenschlüsse oder § 301 HGB) auf der Grundlage von Zeitwerten in einer Neubewertungsbilanz. Es erfolgt eine vollständige Identifizierung der zu bewertenden Aktiva und Passiva, die auch Posten beinhalten kann, die nicht in der Bilanz des erworbenen Unternehmens enthalten sind, beispielsweise selbst erschaffene Vermögensgegenstände oder Eventualverbindlichkeiten. Weitere Abweichungen zur Bilanz des erworbenen Unternehmens ergeben sich durch den Ansatz von Zeitwerten im Gegensatz zu Buchwerten. Die Differenz zwischen dem Kaufpreis und dem Nettowert der Neubewertungsbilanz ist als Firmenwert (*Goodwill*) zu erfassen, der ggf. auch negativ sein kann.

Auch bei Umstrukturierungen kann eine Unternehmensbewertung erforderlich werden, in der Praxis kommt dies jedoch eher selten vor.

7 Akteure im M&A-Markt

Nachfolgend soll ein Überblick über die wichtigsten *Player* bei M&A-Transaktionen gegeben werden. Dabei ist zu beachten, dass eine trennscharfe Abgrenzung vieler Begriffe nicht möglich ist und viele Bezeichnungen in der Transaktionspraxis unterschiedlich verwendet werden.

7.1 Die Vertragsparteien

Bei Unternehmenstransaktionen sind neben den verantwortlichen Organen praktisch sämtliche Abteilungen aller beteiligten Unternehmen mehr oder weniger intensiv involviert. Bei dem in der Praxis verbreiteten *Share Deal* gibt es neben der **Käufergesellschaft** und der **Verkäufergesellschaft** gerade die **Zielgesellschaft** (*Target*) als notwendige Beteiligte (selbstverständlich können auch natürliche Personen Vertragsparteien sein, dies ist aber außerhalb von Transaktionen im Mittelstand eher die Ausnahme und soll an dieser Stelle daher nicht vertieft werden). Da beim *Share Deal* (anders als beim *Asset Deal*, bei dem die Aktiva und Passiva der Zielgesellschaft direkt von der Zielgesellschaft selbst erworben werden) die **Zielgesellschaft** als Kaufgegenstand selbst ein Rechtssubjekt mit eigenen Rechten und Pflichten ist (und nicht nur wie andere Kaufgegenstände bloßes Objekt), unterscheidet sich ein Unternehmenskauf nicht nur quantitativ, sondern auch qualitativ von anderen Kaufverträgen (wie z. B. dem Kauf einer Immobilie oder eines Autos). Anders ist dies beim *Asset Deal*, da hier Verkäufer und Zielgesellschaft identisch sind. Anfänger übersehen diese rechtliche Verselbstständigung der Zielgesellschaft beim *Share Deal* manchmal, da wirtschaftlich gesehen bei einem Verkauf aller Anteile durch einen Alleingesellschafter Verkäufer und Zielgesellschaft jedenfalls zunächst eine wirtschaftliche Einheit bilden. Die Selbständigkeit der Zielgesellschaft wirkt sich aber u. a. bei Fragen der Vertraulichkeit oder der Bestellung von Sicherheiten durch die Zielgesellschaft zugunsten des Übernehmers aus. Die handelnden Vertretungsorgane der Zielgesellschaft geraten durch diese Konstruktion nicht selten in schwierige Interessenkonflikte, da die wirtschaftlichen Realitäten (eine Unternehmensgruppe) und die rechtlichen Strukturen (eigenständige Gesellschaften) voneinander abweichen und für die Organe der Zielgesellschaft ihre rechtlichen Verpflichtungen gegenüber ihrer Gesellschaft maßgebend sind.

Bei internationalen Konzernen gehören M&A-Aktivitäten zum Tagesgeschäft, so dass hier die Einrichtung einer zentralen **M&A-Abteilung im Konzern** sinnvoll ist. Auch sollten in den Stabsabteilungen wie der Rechts- und Steuerabteilung erfahrene Experten für Unternehmenskäufe vorhanden sein. Da es aber kaum möglich ist, die erforderlichen Kapazitäten etwa für eine *Due Diligence*, also der Prüfung der Zielgesellschaft, vorzuhalten und ein Berater (anders als interne Einheiten) ggf. in Haftung genommen werden könnte, werden insoweit Aufgaben regelmäßig auf externe Berater übertragen (*Outsourcing*), so dass dann z. B. die *Legal Due Diligence* unter Anleitung des Leiters der Rechtsabteilung (*General Counsel*) oder bei größeren Rechtsabteilungen eines anderen Verantwortlichen durch externe Kanzleinen durchgeführt wird.

7.2   Die Käufer bei verschiedenen Buy-out-/Buy-in-Varianten

Wird das (Eigen-)Kapital für die Akquisition von dem Management der Zielgesellschaft aufgebracht, wird von einem **Management Buy-out (MBO)** gesprochen und wenn das (Eigen-)Kapital von einem externen Management bereitgestellt wird, wird dies als **Management Buy-in (MBI)** bezeichnet (vgl. insg. *Diem/Jahn*, Akquisitionsfinanzierungen § 1 Rd. 6, 14; *Weitnauer* in Weitnauer, MBO, A Rd. 1 f.). In eher seltenen Fällen kann auch eine Übernahme durch die Arbeitnehmer erfolgen (z. B. bei Unternehmen in der Krise), dann wird vom **Employee Buy-out (EBO)** gesprochen (*Weitnauer* in Weitnauer, MBO, A Rd. 4).

7.3   Finanzinvestoren vs. Strategen

Beim Erwerber (und damit letztlich auch bei dem künftigen Veräußerer) wird üblicherweise zwischen Strategen und Finanzinvestoren unterschieden. **Strategen** sind Investoren, die eine Zielgesellschaft dauerhaft in das eigene Unternehmen integrieren wollen und i. d. R. Gesellschaften erwerben, die sich auf einer horizontalen oder vertikalen Stufe der eigenen Wertschöpfungskette befinden. **Finanzinvestoren (Private Equity, PE)** dagegen erwerben i. d. R. nicht-börsennotierte Gesellschaften, um sie nach einer **Haltedauer von etwa drei bis sieben Jahren** weiter zu veräußern oder im Idealfall an die Börse zu bringen (Exit), wobei die Eingliederung in eine Wertschöpfungskette nur im Hinblick auf etwaige weitere Gesellschaften im Portfolio des Finanzinvestors denkbar ist (umfassend zu Finanzinvestoren *Eilers/Koffka/Mackensen/Paul*, PE). Es kann vorkommen, dass sich zwei oder mehr Finanzinvestoren bei einer Transaktion zusammenschließen, wenn ein Investment besonders groß oder risikoreich ist (*Club Deal*).

Auch wenn der Fokus der Finanzinvestoren verstärkt auf den Erwerb kleiner und mittlerer Unternehmen (KMU) gerichtet ist, kommt es aber auch vor, dass *Private Equity* Gesellschaften börsennotierte Gesellschaften erwerben, um diese später im Wege eines *Delistings* (*taking private*) von der Börse zu nehmen. Typisch für *Private Equity* Investoren (wenn auch nicht auf diese beschränkt) ist auch der hohe Grad an investiertem Fremdkapital, was eine Hebelwirkung bei der Rendite verursacht, d. h. die Eigenkapitalrendite wird entsprechend gesteigert (*Leveraged Buy-out*, die EK-Qoute belief sich in der letzten Dekade wohl nur auf ca. 30 bis 50%, vgl. *Jäckle/Strehle/Claus* in Meyer-Sparenberg/Jäckle, M&A, § 49 Rd. 82 m. w. N.; eine illustrative Fallstudie für eine PE-Investition von *Bettray* findet sich bei Bleul, Internationales Management, S. 81 ff.).

Zu den Finanzinvestoren mit dem größten eingeworbenen Kapital gehören insb. The Carlyle Group, Blackstone Group, KKR, Goldman Sachs, Aridan, TPG, CVC Capital Partners, Warburg Pincus, Advent International, Bain Capital (vgl. *Enders*, Strukturierte Finanzierungen, S. 199). Einer der legendärsten, aber am stärksten kritisierten LBOs war die Übernahme von RJR Nabisco, Inc. durch Kohlberg Kravis Roberts & Co (KKR) im Jahre 1988, die durch das Buch von *Bryan Burrough* und *John Helyar*, zwei Journalisten des Wall Street Journals, »*Barbarians at the Gate: The Fall of RJR Nabisco*« und dessen gleichnamige Verfilmung auf nicht gerade schmeichelhafte Art und Weise verewigt wurde. Finanzinvestoren sind in Deutschland seit Mitte der 1990er Jahre verstärkt aktiv (*Diem/Jahn*, Akquisitionsfinanzierung, § 1 Rd. 9).

Das Geschäftsmodell der Finanzinvestoren stammt aus den USA. Neben einer stärker kapitalmarktorientierten Ausrichtung der amerikanischen Wirtschaft und einer höheren Risikobereitschaft in der amerikanischen **Unternehmenskultur** dürfte ein begünstigenderer Faktor für diese Entwicklung in den USA gewesen sein, dass dort im Gegensatz zu Deutschland kein so weitreichendes staatlich organisiertes Umlageverfahren der Altersversorung (gesetzliche Rentenversicherung, sog. Generationenvertrag) existiert, sondern in den USA die Altersversorgung zusätzlich von jedem privat während der Berufstätigkeit durch Rücklagen vor allem in **Pensionsfonds** erfolgt (Kapitaldeckungssystem), so dass dort hohe Beträge für Investitionen zur Verfügung stehen. Hinzu kommen auch große **Stiftungsvermögen** (z. B. amerikanischer Universitäten), die investiert werden müssen.

Einer breiteren Öffentlichkeit bekannt geworden sind Finanzinvestoren unter der vom damaligen SPD-Vorsitzenden *Franz Müntefering* im Jahre 2005 geprägten Bezeichnung »**Heuschrecken**« (vgl. https://de.wikipedia.org/wiki/Heuschreckendebatte). Hintergrund der Kritik an *Private Equity* ist insb. der relativ kurzfristige Investitionshorizont, der über Sicherheiten der Zielgesellschaft abgesicherte hohe Grad der Fremdfinanzierung und die sehr zahlenorientierte Unternehmensführung von Finanzinvestoren, die vor allem bei der Übernahme von KMU häufig mit generationsübergreifenden Vorstellungen im deutschen Mittelstand kollidieren. Bei aller Kritik an Finanzinvestoren darf aber auch nicht übersehen werden, dass *Private Equity* in der Wirtschaft eine wichtige Funktion als **Investor** wahrnimmt, insb. wenn andere potentielle Finanzierer das Risiko scheuen. Der Gesetzgeber hat Regulierungen u. a. durch Änderungen des Gesetzes über Unternehmensbeteiligungsgesellschaften (UBGG) vorgenommen (vgl. *Eilers/Koffka* in Eilers/Koffka/Mackensen/Paul, PE, Einführung Rd. 14 ff. m. w. N.).

7.4 Venture Capital Investoren

Venture Capital (**Wagnis- oder Risikokapital**, VC) kann i.w.S. auch den *Private Equity Investments* zugerechnet werden (*G. Picot* in Picot, HdB M&A, S. 429; *Tönies/Fischer* in Holzapfel/Pöllath, Unternehmenskauf, Rd. 1798) und bildet den begrifflichen Ursprung von *Private Equity* (*Eilers/Koffka* in Eilers/Koffka/Mackensen/Paul, PE, Einführung Rd. 1). *Venture Capital* bezeichnet im Gegensatz zu *Private Equity* aber den Erwerb von Minderheitsbeteiligungen in einer frühen Phase der Entwicklung eines (innovativen) Unternehmens (insb. bereits in der **Start-up-Phase**). Eine Gemeinsamkeit von *Venture Capital* und *Private Equity* besteht darin, dass außerbörslich Eigenkapital zur Verfügung gestellt wird (im Falle von VC auch eigenkapitalähnliche Finanzierungsformen). Da eine Finanzierung über Bankkredite wegen der fehlenden Möglichkeit, Sicherheiten bereitzustellen und wegen des meist noch negativen *Cashflows* in der *Start-up*-Phase, nicht in Betracht kommt (*Tönies/Fischer* in Holzapfel/Pöllath, Unternehmenskauf, Rd. 1800), erfolgt die Investition bei VC-Investments (im Gegensatz zu PE-Investments) auch ohne Fremdkapital. Anders als bei PE-Investoren unterstützen VC-Investoren die Start-up- Gesellschaften meist auch in erheblichem Umfang mit *Know-how* (PE-Gesellschaften müssen sich das *Know-how* für das operative Geschäft der übernommenen Gesellschaft oft erst noch einkaufen). Zu den VC-Investoren zählen neben VC-Funds auch öffentliche Förderstellen wie z. B. die KFW Capital oder Einheiten der Landesbanken. Je nachdem in welcher Phase der Unternehmensentwicklung die VC-Investition erfolgt, wird üblicherweise von *early stage* (wiederum bestehend aus der *seed stage* und *start-up stage*), der *growth stage* und der *later stage* unterschieden, bei denen es in verschiedenen Finanzierungsrunden zu Investitionen kommt, die direkt in die Zielgesellschaft fließen (PE-Investoren bezahlen die Altgesellschafter). Die Investoren streben meist einen **Exit** nach etwa drei bis sieben Jahren an und wollen mit diesem Exit ihre Rendite erzielen, da vorher nicht mit Dividenzahlungen zu rechnen ist (*Tönies/Fischer* in Holzapfel/Pöllath, Unternehmenskauf, Rd. 1800). Der Exit kann bei VC-Investments auch in Form des Rückkaufs der Beteiligung durch den Unternehmer erfolgen (*Company Buy Back*). VC-Investitionen enthalten typischerweise Elemente einer M&A-Transaktion, die paradoxerweise wirtschaftlich i. d. R. meist geringfügiger sind, rechtlich dafür aber oft komplexer als etwa der klassische Erwerb sämtlicher Anteile an einer Zielgesellschaft (*Wächter/Drygala* in Drygala/Wächter, VC, S. V).

7.5 Hedgefonds

Während *Hedgefonds* traditionell mit innovativen Anlagestrategien an den Kapitalmärkten aktiv waren, sind sie seit einiger Zeit auch durch den Erwerb von großen Aktienpaketen vor allem an börsennotierten Gesellschaften aufgefallen. Der Unterschied zwischen *Private Equity* und *Hedgefonds* besteht meist in der Höhe der Beteiligung, der höheren Aggressivität (des *Hedgefonds*) und der Dauer des auf kurzfristige Wertrealisierung ausgerichteten Investments (*Jäckle/Strehle/Claus* in Meyer-Sparenberg/Jäckle, M&A, § 49 Rd. 7).

7.6 Business Angel

Als *Business Angel* (oder *Angel Investor*) wird üblicherweise eine (Privat-)Person bezeichnet, die in einer sehr frühen Phase der Unternehmensentwicklung eine Gesellschaft mit ihrem Know-how und ihrem Netzwerk sowie i. d. R. mit Kapital gegen eine Beteiligung am *Start-up* unterstützt (*Hahn* in Hahn, *Start-up*-Unternehmen, S. 46 ff.). Oft handelt es sich um erfolgreiche Unternehmer, die z. B. ihre Gewinne aus einem eigenen Börsengang oder Unternehmensverkauf in andere Unternehmen investieren.

7.7 Corporate Raider

Vor allem in den 80er Jahren des letzten Jahrhunderts spielten in den USA sog. *Corporate Raider* eine besondere Rolle. Diese zeichnen sich dadurch aus, dass sie nach ihrer Einschätzung unterbewertete Unternehmen feindlich, also gegen den Willen des Managements der Zielgesellschaft, übernehmen, um dann durch Umstrukturierungen deutlich höhere Bewertungen zu erzielen, was bei Konglomeraten häufig im Wege der Zerschlagung des Unternehmens erfolgt. Berühmt wurden *Corporate Raider* durch den Hollywood-Klassiker »Wallstreet«, in dem *Michael Douglas* in der Rolle des *Gordon Gekko* einen solchen *Corporate Raider* repräsentiert, der am Ende über strafbaren Insiderhandel stürzt (was ihm in Deutschland zu dem Zeitpunkt nicht hätte passieren können, da Insiderhandel in Deutschland zu der Zeit noch gar kein Straftatbestand war).

7.8 Investmentbanken und Finanzinstitute

Unternehmenskäufe werden häufig durch Investmentbanken oder M&A-Berater vermittelt (letztere werden eher bei kleineren oder mittleren Transaktionen tätig). Wie viele andere Erscheinungen bei Unternehmenskäufen stammt auch das Investmenbanking aus den USA, wo es sich im Rahmen des im vergangenen Jahrhundert in der Zeit zwischen der Weltwirtschaftskrise bis in die 90er Jahre hinein geltenden Trennbankensystems, d. h. der Trennung von Investmentbanken und Geschäftsbanken (im Gegensatz zum in Deutschland existierenden Universalbankensystems), entwickelt hat. Die zehn größen Investmentbanken in Deutschland auf Basis des Volumens der in Deutschland im Jahre 2019 betreuten Transaktionen waren (wenig überraschend mit amerikanischer Schlagseite): JPMorgan (Chase), Goldmann Sachs, Morgan Stanley, BofA Securities (vormals Bank of America Merrill Lynch), Lazard, Credit Suisse, UBS, Deutsche Bank, Barclays sowie Rothschild & Co. (vgl. https://de.statista.com/statistik/daten/studie/200917/um frage/top-10-investmentbanken-in-deutschland-nach-wert-der-betreuten-munda-deals/).

Investmentbanken werden oft vom Verkäufer größerer Unternehmen damit beauftragt ein **Auktionsverfahren** (Bieterverfahren) für den Verkauf einer Gesellschaft des Verkäufers aufzusetzen. Die Tätigkeitsfelder von Investmentbanken werden oft lapidar mit »*Investment Banks do, what Investment Banks do*« umschrieben, d. h. das M&A-Geschäft ist nur ein (wichtiger) Teilbereich des Tätigkeitsfelds von Investmentbanken.

Im Rahmen der Finanzierung des Unternehmenskaufs kommt den Finanzinstituten eine besondere Bedeutung zu, da die meisten Transaktionen nicht nur mit Eigenkapital, sondern vor allem auch durch Fremdkapital finanziert wird. Soweit Finanzinstitute selbst als Verkäufer an Transaktionen beteiligt sind, spielen vor allem **Portfolio-Transaktionen** im Bereich der notleidenden Kredite (**Non-Performing Loans, NPL**) eine Rolle. Der Markt für die NPL-Transaktionen hat sich in Deutschland erst spät entwickelt: So gilt die Übernahme eines Portfolios mit notleidenden Krediten von der Niederschlesischen Sparkasse durch Lone Star im Jahre 2003 als erste bedeutende NPL-Transaktion in Deutschland, in deren Folge der deutsche Markt sich rasant entwickelt hat, bis nach der Finanzmarktkrise 2007/08 zu einem Einbruch kam (*Burmeister/Link* in Meyer-Sparenberg/Jäckle, M&A, § 65 Rd. 1). Einer der regulatorischen Treiber dieses Marktes sind die strengen Anforderungen an die Eigenkapitalquote der Banken (**Basel II und III**), auch düfte die Folgen der Corona-Pandemie sich auf das Volumen dieses Markts spürbar auswirken. Auf Portfolio-Tranfers im Bankensektor wird später noch genauer eingegangen werden (▶ Teil II 14.3).

7.9   Wirtschaftsprüfungs- und Steuerberatungsgesellschaften

Im Rahmen der Prüfung der Zielgesellschaft durch den Käufer (*Due Diligence*) haben die *Corporate Finance*-Abteilungen der Wirtschaftsprüfungsgesellschaften eine besondere Rolle bei der Durchführung der *Financial Due Diligence* (▶ Teil II 3.7). Oft übernehmen diese auch gleichzeitig die Aufgabe der steuerlichen Prüfung der Zielgesellschaft (*Tax Due Diligence*, ▶ Teil II 3.8) und der Erstellung der *Fairness Opinion*, welche die Angemessenheit des Kaufpreises dokumentieren soll. Die großen WP-Gesellschaften verfügen auch über spezialisierte Einheiten für die steuerliche Optimierung von (grenzüberschreitenden) Transaktionen. Zu den führenden Gesellschaften gehören die weltweit dominierenden *Big Four Accounting Firms* Deloitte, EY, KPMG und PwC sowie aus Sicht des deutschen Markts insb. BDO, Rödl & Partner, Ebner Stolz, Baker Tilly, Mazars und Warth & Klein Grant Thornton (vgl. https://www.luenendonk.de/produkte/listen/luenendonk-liste-2019-fuehrende-wirtschaftspruefungs-und-steuerberatungs-gesellschaften-in-deutschland/).

7.10   Rechtsanwaltskanzleien

Rechtsanwaltskanzleien (*law firms*) kommen bei Unternehmenskäufen vor allem in zwei Bereichen eine zentrale Bedeutung zu: Zum einen führen sie die rechtliche Prüfung der Zielgesellschaft (*Legal Due Diligence*, ▶ Teil II 3.9) durch, zum anderen entwerfen und verhandeln sie den Unternehmenskaufvertrag (zumeist in Form eines *Share Purchase Agreement*, kurz SPA). Hinsichtlich der Frage der steuerlichen Strukturierung von Transaktionen stehen Kanzleien im Wettbewerb insb. mit den Steuerabteilungen der großen WP-Gesellschaften (wobei es hier vor allem bei Umstruktuierungen auch zu einer konstruktiven Kooperation im Sinne des Auftraggebers kommen kann). Diese Wettbewerbssituation resultiert auch daraus, dass die Juristen dem Steuerrecht traditionell viel zu wenig Beachtung schenken (mit Ausnahme des Zweiten Juristischen Staatexamen im Freistaat Bayern gehört das Steuerrecht, soweit ersichtlich, in keinem anderen Bundesland zu den Pflichtfächern in einem der juristischen Staatsexamina). Bei der Umsetzung des Unternehmenskaufs (also beim »Wie« der Umsetzung, der vorab getroffenen betriebswirtschaftlichen Entscheidung über das »Ob« der Unternehmenstransaktion) sitzen die Rechtsanwälte üblicherweise im »Driver Seat«, da es im Kern um den Abschluss von Verträgen geht.

M&A-Anwälte erwarten von allen involvierten Anwälten der Kanzlei häufig, dass jeder die Transaktion verstanden haben muss, was bei Transaktionen, an denen in einer Kanzlei über einhundert Anwälte arbeiten, keine realistische Vorgabe ist. Lebensnäher dürfte die Vorgabe sein, dass die das Projekt maßgeblich steuernden (*Corporate-*)Anwälte die **Logik der Transaktion** begriffen haben, d. h. die (tatsächlichen) Motive ihres Mandanten verstanden haben. Rechtliche Basis der Beauftragung bildet meist ein *Engagement Letter*, bei dem vor allem die Rechtsanwälte vor dem Hintergrund der strengen Haftungsregeln zu ihren Lasten darauf achten sollten, den Gegenstand der Beauftragung klar und möglichst eng zu fassen (Haftungsbeschränkungen können Berater am besten auf der faktischen Ebene durch Eingrenzungen des Umfangs des Auftrags und schwieriger auf der rechtlichen Ebene durch Beschränkungen des Haftungsmaßtabs erreichen).

Zu den führenden M&A-Kanzleien in Deutschland, die i. d. R. entweder als englische LLP oder deutsche PartG mbB organisiert sind, gehören insb. Freshfields Bruckhaus Deringer, Hengeler Mueller, Linklaters, Clifford Chance, Gleis Lutz, Allen & Overy, Baker & McKenzie, Hogan Lovells, Latham Watkins, CMS Hasche Sigle (vgl. zum *Ranking* www.juve.de/handbuch/de/2020/ranking/24320). Die weltweit berühmteste M&A-Kanzlei, die insb. für ihre innovativen Entwicklungen bei feindlichen Übernahmen bekannt ist, dürfte Wachtell, Lipton, Rosen & Katz sein, die ausschließlich in New York City ein Büro betreibt.

7.11 Notariate

Notare üben anders als Rechtsanwälte ein **öffentliches Amt** aus (§§ 1 f. BNotO), das sie zur Unparteilichkeit verpflichtet (§ 14 I BNotO). Je nach Bundesland sind sie sog. Nurnotare, d. h. sie üben ausschließlich die Notartätigkeit aus, oder Anwaltsnotare (§ 3 II BeurkG), d. h. sie sind gleichzeitig Notare und Rechtsanwälte (vgl. die Übersicht bei *Fischer*, WPR, S. 240). Anwaltsnotare müssen sich in derselben Angelegenheit zu Beginn entscheiden, ob sie als unabhängiger Notar oder anwaltlicher Interessenvertreter tätig werden wollen, beides zusammen geht weder gleichzeitig noch sukzessive (§ 3 I Nr. 7 BeurkG). Nurnotare wie Anwaltsnotare dürfen Beurkundungen grds. nur in ihrem Amtsbereich vornehmen (§ 10a II BNotO).

Da in Deutschland die verbreitetste Rechtsform die GmbH ist und der Verkauf und die Abtretung eines **GmbH-Geschäftsanteils** gem. § 15 III, IV GmbHG nur in Form einer **notariellen Beurkundung** wirksam ist, bedarf die Unterzeichnung des Unternehmenskaufvertrags ebenso wie der dingliche Vollzug der notariellen Beurkundung gem. den Regeln des Beurkundungsgesetzes (BeurkG). Handelt es sich bei der Zielgesellschaft um eine GmbH & Co. KG sind Kaufgegenstand neben den Kommanditbeteiligungen an der KG auch die Geschäftsanteile an der Komplementär-GmbH, so dass im Ergebnis der gesamte Vertrag der notariellen Beurkundung bedarf. Keiner notariellen Beurkundung bedürfen der Kauf und die Übertragung von Aktien an einer deutschen AG. Geht es um den Erwerb von GmbH-Geschäftsanteilen oder Aktien, die im Wege der Kapitalerhöhung entstehen, ist für die Beurkundung der notwendigen Gesellschafterbeschlüsse und die Beglaubigung der entsprechenden Handelsregisteranmeldungen ebenfalls die Einschaltung eines Notars erforderlich.

Soweit es sich um einen *Asset Deal* handelt, ist eine (umfassende) notarielle Beurkundung nur notwendig, wenn Aktiva veräußert werden, deren Verkauf und Übertragung nur durch Erklärungen vor einem Notar möglich sind (wie bei Grundstücken, vgl. für den Verkauf § 311b I BGB und für die Übertragung §§ 873 I, 925 BGB) oder wenn ausnahmsweise § 311b III BGB eingreift (hierauf wird noch im Detail eingegangen werden, ► Teil II 4.6). Vor allem bei **Immobilientransaktionen** im Wege des *Asset Deals* kommt den Notariaten eine maßgebliche Rolle zu, die über die reine Beurkundung hinausgeht und auch die weitere Abwicklung umfasst.

Im Ergebnis ist die Beurkundung der meisten Unternehmenskäufe in Deutschland zwingend erforderlich, da die meisten Zielgesellschaften entweder die Rechtsform der GmbH oder GmbH & Co. KG sind und im Wege des *Share Deals* veräußert werden. Verstöße gegen eine etwaige Beurkundungspflicht führen zur Nichtigkeit der Vereinbarung gem. § 125 S. 1 BGB, wobei eine formwirksame Übereignung gem. § 15 IV S. 2 GmbHG oder gem. § 311b I S. 2 BGB das formunwirksame Verpflichtungsgeschäft heilen würden. Auf die Möglichkeit von Auslandsbeurkundungen bei dem Erwerb von GmbH-Geschäftsanteilen wird später noch eingegangen (► Teil I 9).

7.12 Transaktionsrelevante öffentliche Institutionen

7.12.1 Finanzaufsicht

Im Bereich der öffentlichen Übernahmen (*Public M&A*) hat im Zusammenhang mit der Einhaltung umfassender regulatorischer Vorgaben die dem Bundesfinanzministerium unterstehende **Bundesanstalt für Finanzdienst-**

leistungsaufsicht (**BaFin**) mit Sitz in Bonn und Frankfurt am Main eine zentrale Funktion (vgl. insb. § 4 WpÜG).

7.12.2 Wettbewerbsbehörden und Bundeswirtschaftsministerium

Soweit die Schwellenwerte für die deutsche oder europäische Fusionskontrolle erreicht werden, ist eine Anmeldung bei den **Kartellämtern** in Bonn oder Brüssel vorzunehmen (diese Anmeldungen erfolgen alternativ, es können aber noch Anmeldungen in Jurisdiktionen außerhalb der EU kumulativ hinzutreten). Diese Anmeldungen sind meist nur ein eher technischer Vorgang, der nur bei wenigen, dann aber meist wirtschaftlich sehr bedeutenden Unternehmenszusammenschlüssen im Ergebnis zu Auflagen oder gar zur Untersagung führt.

Im Rahmen einer etwaigen Ministererlaubnis (§ 42 I S. 1 GWB) und vor allem bei regulatorischen Beschränkungen von ausländischen Investitionen in Deutschland kommt dem **Bundesministerium für Wirtschaft und Energie** (BMWi) eine zentrale Bedeutung zu.

7.12.3 Insolvenzgerichte und Insolvenzverwalter

Bei Unternehmenskäufen aus der Insolvenz (***Distressed M&A***) kommen dem zuständigen Insolvenzgericht (§ 2 InsO) und dem (vorläufigen) Insolvenzverwalter (§§ 56 ff. InsO) eine zentrale Funktion zu. Auch wenn die Involvenzgerichte Teil der Justiz sind, haben sie doch einen behördlichen Charakter, wie sich z. B. daran erkennen lässt, dass Involvenzrichter sich bei Haftungsprozessen nicht auf das Spruchrichterprivileg (§ 839 II BGB) berufen können. Ein weiterer typischer Beteiligter bei Insolvenzverfahren ist der Pensions-Sicherungs-Verein Versicherungsverein auf Gegenseitigkeit (PSVaG) mit Sitz in Köln als gesetzlich bestimmter Träger zur Sicherung der betrieblichen Altersversorgung im Falle der Insolvenz (§ 14 I S. 1 BetrAVG). Auf das Thema *Distressed M&A* wird später genauer eingegangen (▶ Teil II 9).

7.12.4 Handelsregister und Grundbuchämter

Sowohl die Handelsregister (*Commercial Register*) als auch die Grundbuchämter (*Land Register*) sind bei den Amtsgerichten (*Municipal Court*) angesiedelt und somit in Deutschland Teil der Justiz (§ 8 I HGB i.V.m. § 1 HRV, § 1 I GBO). Während den Grundbuchämtern bei Immobilientransaktionen (im Wege des *Asset Deals*) eine entscheidende Rolle zukommt, da die dingliche Übertragung eines Grundstücks zwingend die Eintragung des Erwerbers im Grundbuch erfordert (§ 873 I BGB), ist bei einem *Share Deal*, also dem Erwerb von GmbH-Geschäftsanteilen oder Aktien einer AG, eine solche Eintragung nicht erforderlich (bei der GmbH ist lediglich die Gesellschafterliste zu aktualisieren, was aber keine Voraussetzung für den dinglichen Erwerb der Geschäftsanteile ist, vgl. §§ 16, 40 GmbHG). Werden Geschäftsanteile oder Aktien aus einer Kapitalerhöhung erworben (wie dies für ein VC-Investment charakteristisch ist), dann ist die Nominalkapitalerhöhung erst mit Eintragung im HR wirksam (§ 189 AktG, § 54 III GmbHG), so dass in diesen Konstellationen dem HR eine wichtige Bedeutung zukommt (ebenso wie bei der Übertragung einer Kommanditbeteiligung im Wege der Sonderrechtsnachfolge). Dabei ist zu beachten, dass derartige Vorgänge in HR deutlich schneller umgesetzt werden können als etwa die Eintragung des Eigentümers im Grundbuch, da letzteres regelmäßig auch die behördlichen Erklärungen wie dem Verzicht auf das gesetzlich vorgesehene gemeindliche Vorkaufsrecht voraussetzt (▶ Teil II 14.2).

8   Akteure bei Umstrukturierungen

Bei konzerninternen Umstrukturierungen ist die Anzahl der Akteure deutlich überschaubarer: Diese werden meist intern mit Hilfe von externen Beratern wie **Steuerberatern** und **Rechtsanwälten** vorbereitet. Da die Maßnahmen nach dem Umwandlungsgesetz (UmwG) stets notarielle Beurkundungen oder notarielle Beglaubigungen erfordern (vgl. §§ 6, 13 III, 16 I, 122c IV, 122l, 125, 129, 193 III, 198 UmwG), spielen hier **Notare** eine wichtige Rolle, die bei technischen Fragen des Umwandlungsgesetzes häufig auch über die größte Expertise verfügen. Da Umwandlungen nach dem UmwG erst mit Eintragung im HR wirksam werden (§§ 20 I, 131 I, 202 I/II UmwG), kommt den bei den Amtsgerichten eingerichteten **HR** (*Commercial Register*, §§ 8 ff. HGB i.V.m. HRV) hier eine besondere Bedeutung zu.

9   Honorare

Die Kosten für Berater machen Transaktionen zu einer teuren Angelegenheit. Bei der Auswahl der Berater veranstalten Unternehmen daher häufig einen sog. *Beauty Contest*, bei dem sich mehrere Kanzleien oder andere Beratungsunternehmen präsentieren (*pitch*). Oft dienen diese Auswahlverfahren insb. dem Zweck günstigere Honorare für die Auftraggeber zu verhandeln (nicht selten steht bereits vor der Vorstellungsrunde mehr oder weniger fest, wer den Auftrag voraussichtlich erhalten wird).

Praxishinweis: In der Praxis wird bei den Kosten der *Due Diligence* meist mit Obergrenzen oder Pauschalen gearbeitet, da hier die Kosten für die meist nicht gerade günstigen Berater schnell außer Kontrolle geraten können. Unternehmen ist daher dringend zu raten, klare Kostenvereinbarungen zu treffen und regelmäßig den Umfang der bereits angefallenen Kosten zu prüfen.

Da die Honorare der Akteure im M&A-Geschäft erheblich sind, sind Käufer und Verkäufer (und innerhalb dieser Gruppe vor allem Finanzinvestoren) oft an der Vereinbarung eines **Erfolgshonorars** (*contingency fee*) interessiert, dieses ist aber rechtlich nicht immer zulässig: So dürfen deutsche Rechtsanwälte (in der Terminologie des Gesetzgebers »Organe der Rechtspflege«, § 1 BRAO) und deutsche Steuerberater grds. keine Erfolgshonorare vereinbaren (§ 4a RVG, § 9a SteuBG) und die Voraussetzungen für die zulässigen Ausnahmen (»*nur dann vereinbart werden, wenn der Auftraggeber aufgrund seiner wirtschaftlichen Verhältnisse bei verständiger Betrachtung ohne die Vereinbarung eines Erfolgshonorars von der Rechtsverfolgung abgehalten würde*«) dürften im M&A-Bereich praktisch nie vorliegen. Investmentbanken dagegen rechnen ihr Honorar traditionell zulässigerweise auf Erfolgsbasis ab, verlangen aber umgekehrt inzwischen meist zusätzlich eine gewisse erfolgsunabhängige Grundvergütung (*Retainer*, vgl. *Rosengarten* in Meyer-Sparenberg/Jäckle, M&A, § 4 Rd. 2).

Praxishinweis: Wird mit Rechtsanwälten keine Vergütungsvereinbarung gem. § 3a RVG getroffen, gilt das Rechtsanwaltsvergütungsgesetz, welches die Vergütung grds. nach dem Gegenstandswert bestimmt (§ 2 I RVG). Da dieser Gegenstandswert selbst bei *Small Cap Deals* insb. im Falle eines frühen Abbruchs der Transaktion unverhältnismäßig hoch ausfallen kann, ist es dringend anzuraten, eine Gebührenvereinbarung auf Stundensatzbasis idealerweise kombiniert mit *Caps* oder degressiven Elementen zu vereinbaren. Privatpersonen sollten dagegen bei der Vereinbarung von Stundenhonoraren mit Anwälten im Zweifel eher zurückhaltend sein, da eine echte Kontrolle von Stundensätzen kaum möglich ist.

Zwar haften die Parteien eines Unternehmenskaufvertrags jedenfalls gegenüber dem deutschen Notar grds. gesamtschuldnerisch (§§ 30 I, 32 I GNotKG), aber die meisten Unternehmenskaufverträge sehen vor, dass (im Innenverhältnis) der Käufer sämtliche **Beurkundungskosten** übernimmt. Deutsche **Notare** dürfen als Inhaber eines öffentlichen Amtes überhaupt keine Vereinbarungen über Gebühren treffen (§ 17 BNotO, anderweitige Absprachen z.B. im Hinblick auf Folgeaufträge können sogar als strafbare Vorteilsannahme oder Bestechung gem. §§ 331 ff. StGB geahndet werden, was oft übersehen wird, illustrativ BGH NJW 2018, 1767). Allerdings kommt bei Beurkundungen gem. § 15 III, IV GmbHG ein Ausweichen auf Notare in der Schweiz (Basel oder Zug bei Zürich), die Vereinbarungen über Gebühren treffen dürfen, in Betracht: So war es bis 2008 aus Kostengründen weit verbreitet, danach aber hinsichtlich der Wirksamkeit der dortigen Beurkundungen umstritten. Bei anderen Beurkundungen als der Verpflichtung zur Übertragung und der Abtretung von GmbH-Geschäftsanteilen kommt eine Beurkundung im Ausland grds. nicht in Betracht (vgl. zuletzt BGH NJW 2020, 1670 ff., zur ausschließlichen Zuständigkeit deutscher Notare bei der Auflassung).

Bei **Umstrukturierungen** auf Basis des Umwandlungsgesetzes fallen als gesetzlich vorgeschriebene und nicht verhandelbare Kosten vor allem die **Gebühren von Notariat und HR** an. Bei einfach gelagerten, konzerninternen Umwandlungsmaßnahmen dürfte die zusätzliche, teure Einschaltung einer Rechtsanwaltskanzlei vermeidbar sein. Wird ein Anwaltsnotar eingeschaltet, der die notwendigen Beurkundungen und Beglaubigungen vornimmt, darf dieser nicht zusätzlich Anwaltsgebühren abrechnen.

10 Public M&A

Besondere Regeln gelten für die Übernahme von **börsennotierten** Gesellschaften, da dieser Bereich umfassend insb. durch das Wertpapiererwerbs- und -übernahmegesetz (WpÜG) reguliert wurde (*Public M&A*). Zwar bestimmen die spektakulären Übernahmeschlachten börsennotierter Gesellschaften wie die feindliche Übernahme der Mannesmann AG durch Vodafone Airtouch plc. die Schlagzeilen jedenfalls der Wirtschaftspresse, in der deutschen M&A-Praxis bilden öffentliche Übernahmen (*public takeover*) jedoch die Ausnahme.

Durch die wechselseitigen Verflechtungen deutscher Konzerne zu Zeiten der Deutschland AG waren **feindliche Übernahmen** (*hostile takeover*) börsennotierter Gesellschaften in Deutschland im Vergleich zu den USA praktisch kaum möglich, aber auch nach der schrittweisen Entflechtung und stärkeren Kapitalmarktorientierung der deutschen Wirtschaft in den 90er Jahren des letzten Jahrhunderts kam es in Deutschland eher selten zu öffentlichen Übernahmen, was auch mit der bereits erwähnten **Arbeitneh-**

mermitbestimmung (*Co-determination*) in den deutschen Aufsichtsräten zusammenhängen dürfte, da sämtliche DAX 30-Konzerne Aufsichtsräte haben, die zu 50% mit Arbeitnehmervertretern besetzt sind, die etwaige mit der Übernahme angestrebten Synergieeffekte eher mit gemischten Gefühlen sehen dürften.

11 Joint Ventures

Eine andere Form der Kooperation von Unternehmen ist die Gründung eines Gemeinschaftsunternehmens auf Basis eines *Joint Venture Agreements*. Häufig sind dies Konstellationen, in denen eine Partei *Know-how* und die andere Seite die Finanzierungsmittel in eine Gesellschaft einbringt und die beiden Seiten z.B. jeweils 50% der Anteile halten sowie jeweils die Hälfte der Geschäftsführung bestellen. Aber es sind auch andere Beteiligungsverhältnisse ebenso denkbar wie die Einbringung von Finanzmitteln und *Know-how* durch mehrere Beteiligte.

12 Geringe Erfolgsquote bei Unternehmenskäufen

Die Erfolgsquote bei Unternehmenskäufen ist aus Käuferperspektive eher ernüchternd: Je nach Untersuchung liegt die **Quote der erfolglosen Unternehmenskäufe** zwischen 50 und ca. 66% aller Transaktionen (vgl. *Jansen*, M&A, S. 377 ff.; eine Übersicht über verschiedene Studien mit ähnlicher Tendenz findet sich bei *Lucks/Meckl*, M&A, S. 20; *Feix/Büchler/Straub*, M&A, S. 35 m.w.N.; etwas günstigere Angaben finden sich bei *Glaum/Hutzenschenreuter*, M&A, S. 94 ff.). Dabei ist allerdings zu beachten, dass die Messung von Erfolg und Misserfolg von Unternehmenstransaktionen außerordentlich schwierig ist (vgl. zur Problematik der Messung *Lucks/Meckl*, M&A, S. 16), denn oft gibt es keine öffentlich zugänglichen Daten und das Management auf der Käuferseite wird die Transaktion immer schönreden und schönrechnen. Oft wird daher der Erfolg und Misserfolg einfach mit Hilfe der Anzahl der vorzeitigen Weiterverkäufe berechnet, alternativ werden die Daten der Kapitalmärkte analysiert oder es werden die Jahresabschlüsse als Grundlage genutzt oder die Bewertung wird auf Insiderbefragungen gestützt (vgl. *Schweizer*, Messung des Erfolgs von M&A-Transaktionen, Global Mergers & Transactions 30.01.2018, https://www.tax-legal-excellence.c om/tle-006-2018-messung-des-erfolgs-von-ma-transaktionen/; *Glaum/Hutzenschenreuter*, M&A, S. 94 ff.). Bei aller Problematik der Berechnungsmethoden kann jedenfalls als gesichert gelten, dass die Erfolgsquote bei Unternehmenskäufen jedenfalls klar unter 50% liegt. Dabei lassen sich neben den o. g. eigennützigen Motiven des Managements vor allem drei Gründe für das Scheitern identifizieren (vgl. *Jansen*, M&A, S. 377):

- **Zu optimistische Einschätzung** der Vorteile der Transaktion führt zu einem zu hohen Kaufpreis.
- **Fehler bei der Planung** hinsichtlich des »Ob« und des »Wie« der Transaktion.
- **Probleme bei der** *Post-Merger Integration* **(PMI)**, insb. mögliche Schwierigkeiten bei der Zusammenführung verschiedener Unternehmenskulturen werden oft durch eine zu zahlenorientierte Betrachtungsweise verdrängt.

Das bereits erwähnte Problem der Eigendynamik von Transaktionen, bei der ein gesichtswahrender Ausstieg vor allem für das Spitzenmanagement ab einem bestimmten Zeitpunkt kaum noch möglich ist (dies könnte z. B. bei der Übernahme von Monsanto durch die Bayer AG eine Rolle gespielt haben) wird durch Investmentbanken und M&A-Berater, die im wesentlichen erfolgsabhängig vergütet werden, noch verstärkt. Aber auch Berater, die nicht erfolgsbezogen vergütet werden, arbeiten bevorzugt an Transaktionen mit, die tatsächlich abgeschlossen werden und die später im eigenen *Track Record* aufgelistet werden können.

Bei internen **Umstrukturierungen** von Konzernen lässt sich der Erfolg oder Misserfolg von außen noch schwerer nachvollziehen, jedoch dürften diese meist die in sie gesetzten Erwartungen erfüllen und anders als Unternehmenskäufe eher selten zu überraschenden Schwierigkeiten führen. Bei Umstrukturierungen, die der Steueroptimierung dienen, hängt der Erfolg letztlich davon ab, ob die Finanzverwaltung die gewählten Strukturen später auch als steuerwirksam anerkennt und nicht etwa wegen **Gestaltungsmissbrauch** (§ 42 AO) ablehnt.

Praxishinweis: Um das Risiko einer Nicht-Anerkennung einer Struktur durch die Finanzverwaltung auszuschließen, mag es sinnvoll sein, vor Durchführung der Umstrukturierung einen Antrag auf Erteilung einer **Auskunft** beim zuständigen Finanzamt zu stellen (§ 89 II AO, dieser wurde zumindest früher als Auskunft mit Bindungswirkung nach Treu und Glauben bezeichnet).

13   Projektmanagement

Unternehmenskäufe und Umstrukturierungen sind typischerweise durch eine hohe Komplexität, eine erhebliche wirtschaftliche Relevanz und einen enormen Zeitdruck geprägt. Bei Unternehmenskäufen kommt noch der kontradiktorische Charakter hinzu, während dieser bei konzerninternen Umstrukturierungen meist entfällt. Diese Parameter führen dazu, dass ein gutes Projektmanagement absolut entscheidend ist. Bei größeren Transaktionen wird meist ein **Steering Committee** auf Verkäufer- und Käuferseite eingerichtet, unter welchem die eigentlichen Projektteams arbeiten (vgl. *Rempp* in Hölters, HdB Unternehmenskauf, Rd. 1.108 f.). Es wäre leicht nun vom grünen Tisch aus viele gut gemeinte Tipps zum Projektmanagement wie »*rechtzeitig anfangen*«, »*gründlich vorbereiten*« und »*sorgfältig arbeiten*« abzugeben, aus empirischer Sicht an dieser Stelle daher nur ein paar, sicher nicht abschließende Anregungen, die sich vor allem an Leserinnen und Leser richten, die über noch keinerlei eigene Transaktionserfahrung verfügen.

Die **Zusammenstellung des Teams** sollte bei besonders nachgefragten Beratern frühzeitig geklärt werden, ob diese eine Beauftragung annehmen würden oder wegen eines (standes-)rechtlichen Konflikts das Mandat nicht annehmen können. Ein solcher **Conflict Check** ist stets das Erste, was jede Beratungsfirma durchführt und durchführen muss. Bei auf die Beratung von *Private Equity* Häusern spezialisierten Beratern kommt es bei Auktionsverfahren mit einer in der Anfangsphase hohen Anzahl von Bietern wegen der parallelen Beratung von Bietern durch denselben Berater oft zu Interessenkonflikten. Diese Interessenkonflikte wollen Berater oft durch die Einrichtung von *Chinese Walls* zwischen für verschiedene Bieter arbeitenden Teams lösen (z. B. durch die Beschränkung des Zugriffs auf Dokumente auf den Servern durch entsprechende Beschränkungen auf das jeweilige Projektteam, Trennung der Büros), was spätestens dann zum Problem wird, wenn die parallel durch verschiedene Teams einer Kanzlei beratenden Bieter in die engere Auswahl kommen sollten. Bei einer Rechtsanwaltskanzlei, die mit einer der vier großen WP-Gesellschaften verbunden ist, ist die Wahrscheinlichkeit eines Konflikts besonders hoch, da Prüfung und Beratung durch dieselbe Person sich eigentlich ausschließen. In den USA ist diese Trennung infolge der Bilanzskandale bei Enron und Worldcom durch den *Sarbanes-Oxley Act* (SOX) schärfer als etwa in Deutschland, wo aber die Ereignisse um die Wirecard AG die Diskussion um eine Entflechtung von Prüfung und Beratung wieder verstärkt haben.

Die **Zuständigkeiten** sind von Anfang an klar zu regeln: Dabei ist es wichtig, für jeden Bereich (*Financial Due Diligence, Legal Due Diligence, Tax Due Diligence*, usw.) jeweils eine Teamleitung zu bestimmen, die dann auch tatsächlich jederzeit als **Ansprechpartner** zur Verfügung steht und nicht nur aus Prestigegründen als Verantwortlicher genannt wird. Umgekehrt sollte etwa der Leiter oder die Leiterin eines *Due Diligence Teams* selbst nicht zu sehr in operative Detailarbeit eingebunden sein, sondern als Koordinator und bei Bedarf als »Feuerwehr« zur Verfügung stehen.

Ein persönliches **Treffen der Beteiligten** (*Kick-off-Meeting*) zu einem möglichst frühen Zeitpunkt erleichtert die spätere Kommunikation deutlich, ebenso wie die digitale Verteilung der Koordinaten aller Team-Mitglieder oder aller Beteiligten (*Players List* mit Name, Position/Funktion, E-Mail-Adresse, Telefonnummern, usw.). Soweit sich einem Beteiligten die Möglichkeit bietet, andere Akteure oder gar die Zielgesellschaft im Rahmen eines *Site Visit* zu besuchen, sollte von dieser Möglichkeit auch bei einer etwas aufwendigeren Anreise nach Möglichkeit Gebrauch gemacht werden.

Ein **realistischer Zeitplan** mit einem möglichst konkreten Ziel (z. B. *Signing* bis zum 31. Dezember) sollte erstellt werden. Überoptimistische Zeitpläne, die ständig nach hinten verschoben werden, sind weniger hilfreich und eine einmal unterbrochene Transaktion lässt sich oft nur schwer wieder in Gang bringen. Wie auch sonst im Leben sollte bei Transaktionen das richtige Momentum genutzt werden: Ohne Zeitdruck werden komplexe Projekte meist nicht abgeschlossen und ähnlich wie Tarif- oder Koalitionsverhandlungen werden Unternehmenskaufverträge bevorzugt nach Mitternacht abgeschlossen, allein um zu dokumentieren, dass die Verhandlungsführer in den Verhandlungen« nichts unversucht gelassen haben, ihre Interessen bestmöglich durchzusetzen. Ob es allerdings sinnvoll ist, wenn übermüdete Verhandlungsführer in den frühen Morgenstunden eine englischsprachige Exitklausel in einem 100 Seiten umfassendem Vertrag ad hoc umformulieren, ist eine andere Frage. Klar ist aber in jedem Fall, dass im M&A-Geschäft eine gewisse physische und vor allem auch psychische Robustheit der handelnden Personen unabdingbar ist, denn egal wie gut der Zeitplan ist, es wird in der Schlussphase immer zu der einen oder anderen belastenden Situation kommen. Deutlich entspannter sind dagegen Umstrukturierungen von Unternehmen, hier wird es aus steuerlichen Gründen oft darauf ankommen, noch innerhalb eines Geschäftsjahres die Wirksamkeit von Umwandlungsmaßnahmen herbeizuführen, so dass es darauf ankommt einen realistischen Zeitplan konsequent umzusetzen. Bei Umstrukturierungen kann vor allem die vorherige Einholung einer verbindlichen Auskunft der Finanzverwaltung zu einer Verzögerung führen (▶ Teil I 12).

Rechtliche und praktische Vorgaben durch bestimmte **Fristen** sind bereits von Anfang an einzuplanen, wie z.B. Einladungsfristen für eine etwaig notwendige (außerordentliche) Hauptversammlung, wobei bei der üblichen Einladung über den elektronischen Bundesanzeiger (§ 121 IV i.V.m. § 25 AktG) zu beachten ist, dass dieser nicht jeden Tag erscheint und seinerseits Vorlaufzeiten hat. Soll eine Umstrukturierung z.B. aus steuerlichen Gründen noch vor Jahresende soweit wie möglich abgeschlossen werden, ist es empfehlenswert bereits deutlich vor Beginn der Weihnachtsphase **Vollmachten** (*Power of Attorney*/ PoA, im US-Kapitalmarktrecht bez. Stimmrechtsvollmachten üblicherweise als *proxy* bezeichnet) – im Zweifel in beglaubigter Form und bei grenzüberschreitenden Maßnahmen mit einer Apostille versehen – zu erstellen und bereit zu halten. Bei Verschmelzungen ist z.B. an die Zuleitung des Verschmelzungsvertrags einen Monat vor dem Beschluss der Gesellschafterversammlungen an die zuständigen Betriebsräte gem. § 5 III UmwG zu denken (der Betriebsrat kann zwar auf die Einhaltung der Frist, nicht aber auf die Zuleitung selbst verzichten, wird sich diese Nachsicht bei der Frist aber sicher an anderer Stelle kompensieren lassen).

Mit der Prüfung der Zielgesellschaft (*Due Diligence*) in einem Datenraum sollte der Erwerber erst beginnen, wenn der **Datenraum zumindest im Wesentlichen fertiggestellt** wurde, da ansonsten viel Zeit und damit verbunden Kosten aufgewendet werden, um Vorgänge zu prüfen und Fragen zu stellen, die sich mit einem einzigen aktuellen Dokument problemlos lösen ließen. Manchmal existiert noch ein älterer Datenraum, etwa wenn die Zielgesellschaft bereits kürzlich erworben wurde, dieser sollte aber erst nach einem umfassenden *Update* als Basis einer *Due Diligence* Verwendung finden.

Die jeweiligen Leiter der *Due Diligence Teams* sollten den Teammitgliedern von Anfang an mitteilen, in welchem Format und welcher Sprache der *Due Diligence Report* am Ende erstellt wird. Dazu sollten **Musterdateien** und **Templates** versendet werden und eventuell auch **Definitionen** vorgegeben werden, allerdings sollten nicht zu viele Definitionen z.B. für die diversen Tochtergesellschaften des *Targets* verwandt werden, da es hier in Vergangenheit zu Umstrukturierungen und Firmenänderungen gekommen sein mag, was bei der Verwendung von Definitionen zu Verwirrung führen kann.

Wenig überraschend erlangt die **Digitalisierung** auch bei Unternehmensverkäufen eine immer größere Bedeutung. So werden insb. bei Auktionsverfahren und größeren Transaktionen regelmäßig (auschließlich) virtuelle
Datenräume eingerichtet und mit entsprechenden Suchfunktionen wird
eine erste Orientierung im Datenraum deutlich erleichtert. Was die rechtliche Bewertung von Dokumenten anbelangt, ist hier aber noch Vorsicht geboten, da der derzeitige Stand künstlicher Intelligenz juristische Arbeiten
kaum leisten, sondern nur unterstützen kann. Sicher hilft es mit Suchmas-
ken nach Stichworten wie *Change of Control* und passende Synonyme (*can-
cellation, termination*, etc.) zu suchen und dann eine weitere Einengung auf
die wirtschaftlich relevanten Verträge vorzunehmen. Da aber die juristische Auslegung insb. im deutschen Recht über den Wortlaut einer Vereinbarung hinausgeht (§§ 133, 157 BGB), dürfte der Einsatz von automatisier-
ten Verfahren über erste Bestandsaufnahmen zurzeit kaum hinausgehen
(zurückhaltend auch *Meurer* in Meyer-Sparenberg/Jäckle, M&A, § 6 Rd. 17).

Sobald nach Vorgesprächen und einem etwaigen *Letter of Intent* die eigentlichen Vertragsverhandlungen beginnen, sollten diese von Anfang an auf
Basis genau des Dokuments geführt werden, welches am Ende auch unterzeichnet werden soll (im Falle der Beurkundung idealerweise inkl. dem
Entwurf des Urkundeneingangs – statt der lapidaren Angabe »*subject to no-
tarisation*«), d. h. die Verwendung von Vorstufen eines Vertrags verursachen nur zusätzliche Arbeit und führen zu Fehlern, wenn etwa erst in der
Nacht vor der Beurkundung technische Fragen wie die Vertretungsbefugnis geklärt werden müssen (**Verhandlung auf Basis der zu unterzeich-
nenden Dokumente**).

Auch von (gesetzlich nicht typisierten, aber aufgrund der Vertragsfreiheit
zulässigen) **Vorverträgen** sollte möglichst Abstand genommen werden.
Vorverträge begründen, wenn die Auslegung ergibt, dass es sich tatsächlich um einen Vorvertrag und nicht wie üblich um einen *Letter of Intent*
handelt, eine verbindliche Verpflichtung zur Durchführung einer Transaktion und müssen daher bereits hinreichend bestimmt sein und die etwaigen Formerfordernisse des Hauptvertrags wie etwa dem Beurkundungser-
fordernis gem. § 15 IV S.1 GmbHG genügen (Palandt/*Ellenberger*, Einf. v
§ 145 Rd. 20).

Praxishinweis: Es dürfte nur selten Konstellationen geben, in denen die
Vereinbarung eines Vorvertrags (im Gegensatz zum grds. unverbindli-
chen LoI) sinnvoll ist. Im Grunde verlagert der Vorvertrag die Probleme

der Vertragsverhandlung nur auf einen späteren Zeitpunkt und verkompliziert die Situtation zusätzlich, weil ein Ausstieg dann grds. nicht mehr möglich ist.

14 Verhandlung von Unternehmenskaufverträgen

Die Aushandlung von Unternehmenskäufen ist geradezu ein Schulbeispiel für Verhandlungen. Meist sitzen sich zwei Seiten, Käufer und Verkäufer, gegenüber die jeweils durch Vertreter der jeweiligen Unternehmen und deren Berater, meist externe Rechtsanwälte, repräsentiert werden. Dabei sieht die Rollenverteilung innerhalb der Teams oft wie folgt aus: Während der Unternehmensvertreter wie etwa der Finanzvorstand (CFO) oder Projektleiter der Entscheider ist, führen die Anwälte regelmässig die Detailverhandlungen. Dabei agieren die Unternehmensvertreter und die Anwälte gerne nach dem Prinzip »*Guter Polizist, böser Polizist*«, d.h. die Anwälte übernehmen den Part des aggressiven Verhandlers, während sich der Unternehmensvertreter zunächst etwas zurückhält, um dann gezielt in die Verhandlungen eingreifen zu können (wenn z.B. ein *Deadlock* droht). Dieses System hat den Vorteil, dass die Vertreter der beteiligten Unternehmen später ohne größere Vorbelastung zusammenarbeiten können und im Extremfall ein Anwalt, der irgendwann bei der Gegenseite »verbrannt« sein sollte, problemlos ausgetauscht werden kann. Aus juristischer Sicht ist zu beachten, dass Rechtsanwälte grds. nur mit dem Rechtsanwalt der Gegenseite direkt in Kontakt treten dürfen (§ 12 I BORA).

In der Wissenschaft dürfte das führende Verhandlungsmodell die sog. **Harvard-Methode** von *Roger Fisher, William Ury* und *Bruce Patton* sein (vgl. *Fisher/Ury/Patton*, Das Harvard-Konzept). Das Harvard-Konzept beruht im Kern auf vier Empfehlungen (▶ Abb. 1).

Leider beherzigen bekanntlich nicht alle Verhandler diese Empfehlungen (man denke nur einmal an US-Präsidenten *Donald Trump*), was durchaus jedenfalls kurzfristig zu Erfolgen führen mag, es ist aber in jedem Fall hilfreich, wenn jeder Verhandler die Empfehlungen kennt und vor allem erkennt, wenn die Gegenseite die Harvard-Methode (mehr oder weniger bewußt oder unbewußt) anwendet. Gerade bei Beteiligungserwerbungen bei der die Beteiligten auch nach dem *Closing* noch auf Gesellschafterebene langfristig zusammenarbeiten müssen, dürfte eine Verhandlungsführung unter Berücksichtigung der Empfehlungen der Harvard-Methode regelmäs-

---

Empfehlungen für Verhandlungen auf Basis der Harvard-Methode

- Menschen und Probleme trennen.

- Auf Interessen konzentrieren, nicht auf Positionen.

- Optionen zum beiderseitigen Vorteil entwickeln.

- Auf der Anwendung neutraler Beurteilungskriterien bestehen.

Abb. 1: Harvard-Methode

sig zweckmäßig sein, solange die Gegenseite sich darauf einläßt (vgl. zu Verhandlungen von VC-Beteiligungsverträgen *Lambsdorff* in Drygala/Wächter, VC, S. 227 ff.). Ganz anders ist die Situation, wenn es nach dem Erwerb sämtlicher Anteile einer Gesellschaft zu einer gerichtlichen Auseinandersetzung kommt: In einer Prozesssituation, also wenn ohnehin bereits die emotionale Ebene nachhaltig erschüttert sein dürfte, kann dagegen eine aggressive, unkooperative Strategie vielleicht sogar unter bewusster Verletzung der Empfehlungen der Harvard-Methode durchaus erfolgversprechend sein (kritisch gegenüber der Harvard Strategie gerade bei M&A-Projekten *Rock*, Erfolgreiche Verhandlungsführung mit dem *Driver-Seat*-Konzept, insb. S. 429 ff.).

Praxishinweis: Manchmal bringen ausgerechnet Rechtsanwälte ohne Not eine unnötige Schärfe in Verhandlungen, was auch damit zusammenhängen dürfte, dass Anwälte nicht selten vor allem den eigenen Mandanten beeindrucken wollen. Gerne liefern sich Anwälte auch akademische Scharmützel untereinander, obwohl die diskutierten Themen ohne besondere wirtschaftliche Relevanz für die Transaktion sind. Allerdings sollte eine Partei auch in derartigen Situationen den eigenen Anwalt niemals vor der Gegenseite zur Ordnung rufen, vielmehr ist es wichtig, dass jedenfalls nach außen auf die Geschlossenheit der eigenen Reihen geachtet wird.

Zu Beginn der Transaktionsverhandlungen sollte jede Seite eine klare Definition von Zielen und Verhandlungspositionen einschließlich einem etwaigen »**Plan B**« vornehmen (kein Abschluss um jeden Preis). Allerdings kann die Plan B-Überlegung auch dazu führen, dass der eigentliche Plan A nicht hartnäckig genug verfolgt wird. In jedem Fall sollte aber immer auch die **Offenheit für alternative Transaktionsstrukturen** beibehalten werden.

Eine unschöne Erscheinung bei Verhandlungen ist das **Zurückhalten wichtiger Forderungen** oder überraschende Offenlegungen von Problemen zu einem sehr späten Zeitpunkt in den Verhandlungen. Sollte eine derartige Überrumpelung am Ende der Verhandlungen nicht funktionieren, kann ein solches Verhalten das Vertrauen der Gegenseite nachhaltig erschüttern und sollte daher im Zweifel vermieden werden (vgl. *Lambsdorff* in Drygala/ Wächter, VC, S. 227).

Ganz im Gegenteil mag es Sinn machen, wenn gleich zu Beginn einer Transaktion »**Pflöcke eingeschlagen werden**« und klar kommuniziert wird, dass bestimmte Punkte wirtschaftlich nicht verhandelbar sind. Allerdings ist dann darauf zu achten, dass hier das Risiko einer Unwirksamkeit gerade dieser späteren Regelung im Unternehmenskaufvertrag unter dem Gesichtspunkt der Inhaltkontrolle gem. AGB-Recht (§§ 305 ff. BGB) besteht (▶ Teil II 5.1).

> **Beispiel:** So mag es etwa für den Verkäufer im Rahmen eines Auktionsverfahrens Sinn machen, bereits vor der Öffnung des *Data Room* klar zu stellen, dass es für Altlastenrisiken keine Garantien oder gar Freistellungen geben wird. Ein Bieter, der sich trotzdem weiter an dem Bietungsverfahren beteiligt, wird bei etwaigen späteren Verhandlungen über den Kaufvertrag kaum mit der Forderung nach Altlastengarantien oder (den nicht ganz unüblichen) Altlastenfreistellungen durchsetzen. Die genaue Übermittlung und Formulierung dieser Vorgabe sollte aber mit nicht ohne sorgfältige juristische Prüfung erfolgen, da hier das – vorstehend bereits erwähnte – Risiko einer Unwirksamkeit gem. § 307 BGB droht.

15 Erstellung des Entwurfs des Unternehmenskaufvertrags

Im Zentrum der Verhandlungen stehen dann vor allem der Umfang und die Formulierung von Garantien des Verkäufers. Hier wird oft um jedes Wort erbittert gekämpft. Vor diesem Hintergrund stellt sich die Frage, was für einen ersten Entwurf des Unternehmenskaufvertrags (**Share Purchase Agreement** oder **Sale and Purchase Agreement**, SPA) die diesen Entwurf erstellende Partei (im Falle eines Auktionsverfahrens der Verkäufer, ansonsten meist der Käufer) der Gegenseite vorlegt: Oft werden hier extrem einseitige Vorschläge gemacht, was später zu sehr langwierigen Verhandlungen führt, andererseits hat dieses Verfahren den Vorteil, dass der finale Vertrag möglicherweise immer noch viele vorteilhafte Regeln für die Partei enthält, die den unausgewogenen Ausgangsentwurf erstellt hat. Vor diesem Hintergrund sollte die Partei, die den ersten Entwurf nicht erstellt hat, immer darauf bestehen, den nächsten Entwurf als *Markup*-Version zu erstellen (und dies keinesfalls aus Bequemlichkeit oder Kostengründen den Anwälten der Gegenseite überlassen).

Praxishinweis: Da im Laufe einer Transaktion häufig zahlreiche Entwürfe hin und her geschickt werden, ist auf organisatorischer Ebene darauf zu achten, den Überblick zu behalten. Für den Fall späterer Streitigkeiten über die Auslegung einzelner Klauseln wäre es hilfreich, wenn die Geschichte einzelner Klauseln nachvollziehbar wäre, da dies (ähnlich der historischen Auslegung bei Rechtsnormen) durchaus ein Auslegungskriterium ist (Palandt/*Ellenberger* § 133 Rd. 16, Einf. v. § 145 Rd. 18; *Mehrbrey* in Mehrbrey, M&A Litigation § 2 Rd. 307 f. m. w. N.).

Bei **Auktionsverfahren** wird von den Bietern eine Markup-Version des SPA verlangt, in welchem die gewünschten Änderungen hervorgehoben werden. In Kombination mit dem Kaufpreisangebot hat der Veräußerer dann eine optimale Basis für die Entscheidung mit welchem Bieter er weiterverhandeln möchte.

Praxishinweis: In den Entwürfen werden teilweise Vorschläge z.B. zu Haftungsgrenzen in [eckige Klammern] gesetzt. Hierdurch wird deutlich gemacht, dass dies nur Vorschläge sind, die explizit zur Disposition gestellt werden. Dies ist auch im Hinblick auf eine mögliche AGB-Inhaltskontrolle gem. §§ 305 ff. BGB ein zweckmässiges Vorgehen (▶ Teil II 5.1).

16 Rechtskulturelle Unterschiede bei der Vertragsgestaltung

In technischer Hinsicht ist die **Kautelarjurisprudenz**, also die Vertragsgestaltung zur Vermeidung späterer Rechtsprobleme, im angelsächsischen

Rechtsraum traditionell höher entwickelt als in Deutschland. Dies mag damit zusammenhängen, dass in den angelsächsischen *Common Law Jurisdictions* (vor allem England und den USA) das dortige **Fallrechtssystem** (*Case Law*) erhöhte Anforderungen an die Vertragserstellung stellt, da ein Rückgriff auf einen **Kodex** mit umfassenden abstrakten Regelungen für alle Fallkonstellationen wie in den *Civil Law*-Ländern Kontinentaleuropas nicht möglich ist. In Deutschland sind die maßgebenden Kodizes bekanntlich das Bürgerliche Gesetzbuch/BGB (*German Civil Code*) und das Handelsgesetzbuch/HGB (*German Commercial Code*). Die strukturellen Unterschiede der Rechtssysteme (*Civil Law vs. Common Law*) haben weitreichende praktische Konsequenzen:

- **Angelsächsische Verträge** sind **umfassender**, da sie alle Details abschließend regeln (*Picot* in Picot, Unternehmenskauf, § 1 Rd. 42), und funktionieren mit ihren zahllosen Definitionen wie ein Uhrwerk. Dies ist oft sehr eindrucksvoll, birgt aber auch Gefahren, wenn hier im Detail Fehler auftreten sollten. Auch aus diesem Grunde gibt es z. B. in Londoner Kanzleien sog. *proof reader*, dies sind Mitarbeiter in Kanzleien, die ohne Involvierung in konkrete Mandate, Entwürfe akribisch auf Stimmigkeit überprüfen. Das Problem derartig umfassender Verträge besteht auch darin, dass die Parteien selbst die Verträge gar nicht mehr selbst nachvollziehen können und damit vollkommen abhängig von ihren meist externen Rechtsberatern sind.
- **Deutsche Verträge** sind traditionell recht **kurz** sowie eng angelehnt an das BGB und andere Gesetze. Oft wird auch auf gesetzliche **Definitionen** Bezug genommen (*Picot* in Picot, Unternehmenskauf, § 1 Rd. 42), statt eigene Definition in den Vertrag aufzunehmen.

Beispiele: Häufig wird in Verträgen im deutschen Stil zwecks Definition des Begriffs Steuern (Abgaben) auf § 3 AO, bei der Definition von Verwandtschaftsverhältnissen auf § 15 AO oder bei verbundenen Gesellschaften auf §§ 15 ff. AktG Bezug genommen. Manchmal sind Verweise auf gesetzliche Normen oder Definitionen aber auch eher kontraproduktiv, wenn etwa auch die Währung Euro definiert wird, was in angelsächsisch geprägten Verträgen oft getan wird und eher Fragen aufwirft als Klarheit zu schaffen.

17 Englisch als Vertragssprache

In der Praxis werden die meisten Unternehmenskaufverträge, auch wenn sie deutschem Recht unterliegen, in englischer Sprache verfasst, da bekanntlich **Englisch** als *lingua franca* des internationalen Wirtschaftsverkehrs häufig die einzige Sprache ist, die alle Beteiligten zumindest einigermaßen verstehen (vgl. u. a. *Wetzler* in Hölters, Unternehmenskauf, Rd. 18.262; *Fischer*, Globalisierung und Recht, S. 8 f.). Dies gilt auch, wenn keine der beteiligten Parteien ihren Sitz in einem englischsprachigen Land hat. Manchmal wird Englisch sogar verwendet, wenn der Vertrag zwischen zwei deutschen Unternehmen geschlossen wird; letzteres mag damit zusämmenhängen, dass es oft nur englischsprachige Vorlagen gibt, die Fremdkapitalgeber englischsprachige Dokumente erwarten oder bei einem möglichen späteren Verkauf des Geschäftsbetriebs, die dann anstehende *Due Diligence* eines im Zweifel ausländischen Investors vereinfacht würde. Dabei sind insb. folgende Aspekte zu berücksichtigen:

- Es sollte ein klares und schnörkelloses Englisch (*Plain English*) verwendet werden und keinesfalls versucht werden, altmodische oder bürokratische englische Formulierungen zu imitieren (vgl. *Triebel/Vogenauer*, Englisch als Vertragssprache, Rd. 310, 718, 723; die SEC verwendet für Teile von Wertpapierverkaufsprozessen die *Plan English Rule*).

Beispiel: Die verbreitete Eingangsformel nach der Präambel und zu Beginn der eigentlichen Vereinbarungen »now, therefore, for good and valuable consideration«, die dem Recht einer *Common Law* Jurisdiktion unterstellt wurden, macht in einem Vertrag, der deutschem Recht oder dem Recht einer anderen *Civil Law* Jurisdiktion unterliegt, überhaupt keinen Sinn, da die *Consideration Rule* dem deutschen Recht unbekannt ist (vgl. *Fischer*, WPR, S. 62) und diese Formulierung im besten Fall ins Leere geht, im schlimmsten Fall jedoch als Ausgangspunkt für schräge Interpretationen genutzt werden könnte.

- Anders als im Deutschen werden im Englischen bekanntlich die meisten Wörter klein geschrieben, so dass durch die Verwendung der Großschreibung deutlich gemacht werden kann, dass diese Begriffe im Vertrag definiert wurden.

Beispiel: Steht in einem SPA »...the Share...«, dann ist durch das große »S« klargestellt, dass es sich um einen Begriff handelt, der irgendwo im

Vertrag definiert wurde. Dabei entspricht es angelsächsischer Vertragstechnik in exorbitantem Umfang mit Definitionen zu arbeiten, daher finden sich in vielen SPA Listen mit allen verwendeten Definitionen.

- Die Rechtswissenschaften, die bei Unternehmenskäufen und Unternehmensumstrukturierungen eine wesentliche Rolle spielen, unterscheiden sich von anderen Wissenschaften dadurch, dass der Gegenstand der Wissenschaft in jedem Land (Jurisdiktion) ein anderer ist. Die hat zur Folge, dass für viele englischsprachige oder deutsche Fachtermini **kein passendes Gegenstück** im deutschen bzw. englischen Recht existiert und damit auch keine wirklich passende Übersetzung existiert (wie z. B. bei dem Amt des *Corporate Secretary* oder dem deutschen Prokuristen). Hier ist besondere Vorsicht geboten, da in diesen Fällen Streitigkeiten vorprogrammiert sind, wenn es an der entsprechenden Vertragspassage zu Schwierigkeiten kommen sollte.

Beispiel: Für den aus deutscher Perspektive schillernden Begriff »*best efforts*« existiert kein passendes Pendant (entsprechendes gilt für den Begriff »*best endeavors*«). Wenn eine Vertragspartei nicht die notwendige Rechtsmacht hat, ein bestimmtes Verhalten durchzusetzen (z. B. weil die Vertragspartei kein Weisungsrecht gegenüber Dritten oder unabhängigen Organen hat), dann wird im deutschen Recht gerne von Hinwirkung gesprochen, was aber deutlich weniger Anforderungen an die zu ergreifenden Maßnahmen stellt als das wohl bis an die Leistungsgrenze gehende »*best efforts*« (*Risse/Kästle*, M&A, S. 21 f.). Vor diesem Hintergrund sollte die verpflichtete Partei in den Verhandlungen darauf hinwirken, dass der Superlativ »*best*« durch das deutlich schwächere »*reasonable*« ersetzt wird (*Risse/Kästle*, M&A, S. 22; insofern zurückhaltender *Triebel/ Vogenauer*, Englisch als Vertragssprache, Rd. 608; ein noch fragwürdigerer Formelkompromiss wäre »*reasonable best efforts*«).

- Besonders tückisch ist das umgekehrte Problem: Das **scheinbar passende Gegenstück** in Form einer wörtlichen Übersetzung. Wer würde nicht »*binding offer*« spontan mit »bindendem Angebot« oder »*condition precedent*« mit »aufschiebender Bedingung« übersetzen? Tatsächlich ist ein »*binding offer*« aber meist gar nicht rechtlich bindend (▶ Teil II 6) und bei Finanzierungsverträgen wird »*condition precedent*« eher als Fälligkeitsvoraussetzung und weniger als aufschiebende Bedingung i. S. v. § 158 I BGB verstanden werden (vgl. *Risse/Kästle*, M&A, S. 48).

- Nicht zuletzt vor dem Hintergrund der vorstehenden Problematik sollten in einem englischsprachigen Dokument, welches deutschem Recht unterliegt, die deutschen Fachbegriffe den englischen Übersetzungen hinzugefügt werden, damit allen Beteiligten klar ist, was genau gemeint ist.

Beispiel: Im vorstehen Beispiel könnte bei der erstmaligen Verwendung des Begriffs »*Share*« etwa beim Verkauf von GmbH-Geschäftsanteilen in Klammern (»*Geschäftsanteil*«) hinzugefügt werden. Außerdem könnte unter »Verschiedenes« klargestellt werden, dass diese Übersetzung für den gesamten Vertrag gilt. Vorsicht ist allerdings bei den juristisch falschen wörtlichen Übersetzungen geboten, hier sollte von einem Zusatz abgesehen werden, um die rechtliche Situation nicht noch weiter zu verschlimmern.

Formulierungsvorschlag: »If in this Agreement a German term has been added in brackets after an English term in capitals the English term, if in capitals, shall have the meaning of the added German term throughout this Agreement.« Das Wort »shall« ist übrigens nicht als ein weiches »soll« zu verstehen, sondern als eine zwingende Verpflichtung.

- Hilfreich sein können englische Übersetzungen deutscher Gesetze wie sie vom BMJV unter www.gesetze-im-internet.de und von der BaFin unter www.bafin.de zur Verfügung gestellt werden (eine Übersicht englischer Übersetzungen transaktionsrelevanter deutscher Gesetze findet sich bei *Rosengarten/Burmeister/Klein*, M&A, S. 170).
- Wenn ein englischsprachiger Vertrag deutschem Recht unterstellt wird, dann stellen sich zwei Folgefragen: Gelten deutsche oder englische Auslegungsregeln und gilt ein deutsches oder englisches Rechtsverständnis bei der **Auslegung** einzelner Begriffe? Diese Fragen sind deswegen besonders wichtig, da im angelsächsischen *Common Law* Verträge stärker am Wortlaut orientiert ausgelegt werden, während die deutsche Auslegung stärker auf den Vertragszweck schaut. In der Regel werden englischsprachige Verträge, die deutschem Recht unterliegen, nach deutschen Auslegungsregeln (§§ 133, 157 BGB) interpretiert. Schwieriger ist die Frage nach dem Rechtsverständnis bei der Auslegung einzelner Begriffe, hier muss wohl auf den Einzelfall abgestellt werden (umfassend hierzu *Triebel/Vogenauer*, Englisch als Vertragssprache, Rd. 523 bis 592).

Die Dokumente für **Umstrukturierungen**, die bei HR eingereicht werden müssen (vgl. z. B. §§ 16 ff. UmwG), bedürfen der deutschen Sprache und werden daher i. d. R. nur in deutscher Sprache erstellt. Von aufwendigen zweisprachigen Dokumenten wird auch hier ebenso wie bei Unternehmenskaufverträgen fast immer abgesehen. **Zweisprachige Dokumente** werden meist nur bei Standarddokumenten, die auch gegenüber Gerichten verwendet werden, wie vor allem Vollmachten, oder bei Dokumenten, die bei der Finanzverwaltung eingereicht werden sollen, benutzt (beglaubigte Übersetzungen, die überdies gegengeprüft werden müssen, verursachen bei diesen Kurzdokumenten nur vermeidbaren Aufwand).

18   Interkulturelle Aspekte

Da in der heutigen Zeit fast alle Transaktionen Bezüge zu mehr als einer Jurisdiktion aufweisen, sollten neben rechtlichen Fragen wie der Wahl des anwendbaren Rechts, der Bestimmung des (international) zuständigen Gerichts und regulatorische Implikationen auch Probleme wie der Wahl der Verhandlungs- und Vertragssprache (i. d. R. Englisch), unterschiedliche Feiertage und Zeitverschiebungen (wichtig z. B. bei der Vereinbarung von Telefonkonferenzen oder der Abstimmung von Ad hoc-Mitteilungen, d. h. der Verpflichtung zur Bekanntgabe kursrelevanter Tatsachen, auf Handelszeiten von Börsen) im Auge behalten werden. Noch wichtiger sind aber oft kulturelle Unterschiede, worauf hier kurz eingegangen werden soll.

Verhandlungsführer sollten unbedingt über ein ausgeprägtes Maß an **interkultureller Kompetenz** verfügen. Als deutscher Teilnehmer an derartigen Verhandlungen schadet es nicht, sich einmal Gedanken darüber zu machen, wie Deutsche von Angehörigen anderer Nationen, die trotz aller Globalisierung immer noch – oft durch regionale Besonderheiten garniert – prägend sind, wahrgenommen werden und dieser nicht immer sonderlich positiven Erwartungshaltung vielleicht ein wenig entgegenwirken (einmal ganz abgesehen von historischen Belastungen), denn Deutsche gelten als kühle und durchaus harte Verhandler: Dies wurde z. B. in der Untersuchung von *Meyer* (Harvard Business Review, December 2015, S. 78) nachgewiesen, wo die Deutschen im internationalen Vergleich mit 17 anderen Nationen jeweils die Extremwerte in den beiden geprüften Kategorien »*confrontial*« und »*emotionally unexpressive*« erzielten (letzteres deutet freilich auch darauf hin, dass unter den Probanden offenbar kein deutscher Choleriker alter Schule war). Auch besteht der Eindruck, dass es Deutschen bislang noch nicht wirklich gelungen, kulturelle Errungenschaften wie Höflichkeit und vielleicht sogar Freundlichkeit auf ein international übliches Level zu heben.

19 Zusammenspiel von Unternehmenskäufen und Unternehmensumstrukturierungen

Es stellt sich die Frage, in welchem Verhältnis Unternehmenskäufe und Umstrukturierungen nach dem Umwandlungsgesetz (UmwG) stehen: Theoretisch ist es möglich Unternehmenskäufe nach dem Umwandlungsgesetz durchzuführen, in der Praxis geschieht dies aber extrem selten (ein seltenes Beispiel für einen Zusammenschluss von Unternehmen mit Hilfe des UmwG außerhalb eines Konzerns ist die Verschmelzung der Fried. Krupp AG Hösch Krupp mit der Thyssen AG, vgl. *Rosengarten* in Meyer-Sparenberg/Jäckle, M&A § 2 Rd. 39). Vielmehr werden Umwandlungsmaßnahmen häufig gem. dem Umwandlungsgesetz im Vorfeld eines Unternehmenskaufs zur Separierung des Kaufobjekts (*Carve-out*; vgl. *Rempp* in Hölters, HdB Unternehmenskauf, Rd. 1.19) oder im Nachgang eines Unternehmenskaufs zur Integration des erworbenen Unternehmens eingesetzt (umfassend zu den in Betracht kommenden Methoden *Lappe/Gattringer* in Lappe/Gattringer, Carve-out-Transaktionen, S. 72 ff.; *Hörmann* in Holzapfel/Pöllath, Unternehmenskauf, Rd. 2099 ff.).

Beispiel: Ein Autohersteller in der Rechtsform einer AG produziert neben anderen Modellen auch Nutzfahrzeuge, will sich aber von dem Geschäftsfeld Nutzfahrzeuge, welches Teil der Geschäftstätigkeit der AG ist, trennen. Um einen Verkauf der Nutzfahrzeugesparte im Wege eines komplizierten *Asset Deals*, bei welchem im Wege der Einzelrechtsübertragung (Singularsukzession) zahlreiche Vermögenswerte übertragen werden müssten, zu vermeiden, wäre die AG besser beraten, den Bereich Nutzfahrzeuge zunächst gem. § 1 I Nr. 2 i.V.m. § 123 III Nr. 2 UmwG im Wege der partiellen Gesamtrechtsnachfolge (partielle Universalsukzession) auf eine dabei neu entstehende GmbH auszugliedern. Bei dieser Ausgliederung im Wege der partiellen Gesamtrechtsnachfolge wäre z. B. die Zustimmung von Vertragspartnern wie Zulieferer und Vertragshändler nicht notwendig, diese Vertragspartner würden durch eine fünfjährige gesamtschuldnerische Haftung der AG und der entstandenen GmbH geschützt (§ 133 I S. 1, VI S. 1 UmwG). Letzteres wäre der Nachteil dieser Struktur, zumal die gesamtschuldnerische Haftung auch bedeutet, dass die im Wege der Ausgliederung gegründete GmbH im Außenverhältnis für die Verbindlichkeiten des Autoherstellers zum Zeitpunkt der Ausgliederung einzustehen hätte. Nach erfolgter Ausgliederung könnte ein Erwerber im Wege eines vergleichsweise einfachen *Share Deals* die Geschäftsanteile an der GmbH erwerben. Nach dem Vollzug dieses Unternehmenskaufs könnte der Erwerber die GmbH z. B. auf eine andere bereits bestehende GmbH des Erwerbers gem. § 1 I Nr. 1 i.V.m. § 2 Nr. 1 UmwG verschmelzen, so dass alle Aktiva und Passiva der gerade erworbenen GmbH im Wege der Gesamtrechtsnachfolge auf diese bestehende GmbH des Erwerbers übergehen und die zuvor erworbene GmbH ohne Liquidation erlischt. Alternativ könnte der Erwerber z. B. auch die Rechtsform der erworbenen GmbH im Wege des Formwechsels gem. § 1 I Nr. 4 i.V.m. §§ 190 ff. UmwG in die Rechtsform einer AG ändern (was ohne Übertragung von Aktiva oder Passiva erfolgen würde), um z. B. einen Börsengang vorzubereiten.

Vor diesem Hintergrund wird klar, dass **Umwandlungen den Unternehmenskäufen oft vor- und/oder nachgelagert** werden, aber selten Unternehmskäufe auf Basis des Umwandlungsgesetzes durchgeführt werden. Dieses Buch behandelt daher beide Themenkomplexe separat, wobei mit den Unternehmenskäufen (M&A) im nachstehenden Teil II begonnen wird und das Themenfeld Umstrukturierungen im Teil III dargestellt wird.

Teil II Unternehmenskäufe

So wie auch andere Vertragsverhandlungen und -abschlüsse enthalten auch Unternehmenskäufe wiederkehrende Elemente. Die nachfolgenden Ausführungen orientieren sich an diesen **typischen Bausteinen** eines klassischen Unternehmenskaufs in der üblichen Form des Anteilserwerbs (*Share Deal*) außerhalb der Börse und geht auf Abweichungen bei besonderen Varianten von Unternehmenskäufen anschließend ein. Dabei folgt die Darstellung der Reihenfolge in der die Verfahrensschritte auch in der Praxis ablaufen: Es wird daher zunächst die vorvertragliche Phase mit der Absichtserklärung (*Letter of Intent/Memorandum of Understanding*) und Vertraulichkeitsvereinbarung (*Non-Disclosure Agreement/Confidentiality Agreement*) sowie der wichtigen Prüfung der Zielgesellschaft (*Due Diligence*) mit dem Schwerpunkt auf der rechtlichen Prüfung (*Legal Due Diligence*) dargestellt, um dann ausführlich auf den Anteilskaufvertrag (*Share Purchase Agreement/SPA*), dessen Unterzeichnung (*Signing*) und den Vollzug (*Closing*) einzugehen. Anschließend werden der alternative Erwerb einzelner Vermögenswerte (*Asset Purchase Agreement/APA*), die Besonderheiten bei der Durchführung eines **Bieterverfahren** (*auction process*), spezielle **regulatorische Aspekte** (Fusionkontrolle und Außenwirtschaftsrecht), die Übernahme einer börsennotierten Gesellschaft (*Public M&A*) und kapitalmarktrechtliche Aspekte von M&A-Transaktionen, der Kauf einer Gesellschaft oder von einer Gesellschaft in der Krise oder aus der Insolvenz (*Distressed M&A*), die Finanzierung von Übernahmen (Akquisitionsfinanzierung) mit dem besonderen Problem der Sicherheitenstellung durch die Zielgesellschaft (*upstream securities/financial assitance*), der außerbörsliche Erwerb durch Investoren (*Private Equity* und *Venture Capital*) sowie der Erwerb in besonders praxisrelevanten Sektoren (Mittelstand, Immobilien, Portfolio-Transfers) dargestellt. Abschließend wird auf die immer mehr in den Fokus rückenden zivil- und strafrechtlichen **Haftungsrisiken** der handelnden Organe eingegangen.

1 Der Letter of Intent

1.1 Gründe für einen Letter of Intent

Unternehmenskäufe sind bekanntlich eine komplexe und langwierige Angelegenheit bei der bereits während der vorbereitenden Prüfungen wie vor allem der Prüfung der Zielgesellschaft (*Due Diligence*) hohe Transaktionskosten entstehen, so dass es sinnvoll ist, dass die Parteien möglichst frühzeitig klären, ob überhaupt eine **übereinstimmende Absicht** zur Durchführung einer Transaktion besteht. Des Weiteren ist für die Durchführung der *Due Diligence* und der Vertragsverhandlungen notwendig, dass die beteiligten Parteien technische **Abstimmungen über Modalitäten** wie Zeit und Ort der Prüfungen und Verhandlungen treffen. Außerdem müssen die Verhandlungsführer der Parteien i. d. R. **interne Zustimmungen** herbeiführen, so dass auch für diese Zwecke ein Dokument erforderlich ist.

> **Beispiel:** Ein Vorstandsvorsitzender, der einen nicht unbedeutenden Unternehmenskauf oder -verkauf plant, wird i. d. R. frühzeitig einen Beschluss des gesamten Vorstands einholen und den Aufsichtsrat informieren, bevor er in erheblichem Umfang Ressourcen für die mögliche Transaktion einsetzt (zum möglichen Zustimmungserfordernis §§ 77 I, 111 IV S. 2 AktG; Grundsatz 6 II des DCGK).

Vor diesem Hintergrund wird bei der traditionellen Variante des Unternehmenskaufs (im Gegensatz zum Auktionsverfahren bei dem der Verkäufer das Verfahren vorgibt, *Rosengarten* in Meyer-Sparenberg/Jäckle, M&A, § 2 Rd. 32) zu einem recht frühen Zeitpunkt regelmässig eine **Absichtserklärung** (*Letter of Intent*) unterzeichnet, welche die Eckpunkte der geplanten Transaktion unverbindlich festhält und das weitere Vorgehen regelt.

1.2 Terminologische Fragen

Diese Absichtserklärung wird in der Praxis häufig als *Letter of Intent* (LoI) oder manchmal auch als *Memorandum of Understanding* (MoU) oder *Heads of Agreement* bezeichnet. Daneben finden sich hin und wieder Bezeichnungen wie *Term Sheet* oder ganz schlicht auf Deutsch Eckpunktepapier. Wie meistens im Recht hat die Bezeichnung aus juristischer Sicht nur geringe bis gar keine Bedeutung (vgl. *Göthel* in Göthel, M&A, § 2 Rd. 23). Nachfolgend wird dem Verbreitungsgrad entsprechend der Begriff des *Letter of Intent* (LoI) verwendet.

1.3 Inhalt eines Letter of Intent

Der *Letter of Intent* markiert oft den Übergang von der betriebswirtschaftlichen Entscheidung über das »Ob« einer Transaktion zu den juristischen Fragen des »Wie« einer Transaktion. Daher werden meist spätestens zu diesem

Zeitpunkt Rechtsexperten hinzugezogen. Oft wird im *Letter of Intent* erstmals Klarheit darüber geschaffen, was genau der Kaufgegenstand ist und wie hoch der Kaufpreis sein soll oder wie der Kaufpreis jedenfalls ermittelt werden soll. Zu den typischen Inhalten eines *Letter of Intent* gehören insb.:

- Identifikation von Käufer und Verkäufer (am besten unter Angabe der HR, in denen die Gesellschaften eingetragen sind einschließlich der entsprechenden Handelsregisternummern).
- Identifikation und kurze Beschreibung der Zielgesellschaft (ebenfalls unter Angabe der entsprechenden HR-Informationen).
- Angabe des Kaufpreises oder der Art der Bestimmung des Kaufpreises. Es mag erstaunen wie häufig bei Unternehmenskäufen bereits im LoI ein Kaufpreis (unter der Bedingung einer zufriedenstellenden *Due Diligence*) angegeben wird.
- Beschreibung der angestrebten Erwerbsstruktur (*Share Deal* oder *Asset Deal*) oft verbunden mit der Vereinbarung aus steuerlichen Gründen eine andere Struktur zu wählen (ggf. unter Kompensation der damit verbundenen möglichen Mehrkosten für die Gegenseite).
- Zeitplan für die weiteren Verhandlungen (*Road Map*).
- Regelungen für die Durchführung einer *Due Diligence* hinsichtlich Art und Umfang sowie Zeit und Ort (oft an einem vom Verkäufer bestimmten neutralen Ort wie z. B. Konferenzräume in einem Hotel oder den Räumlichkeiten einer Kanzlei oder Investmentbank).
- Vertraulichkeitsvereinbarung (*Confidentiality Agreement/Non-disclosure Agreement*), soweit nicht (wie üblich) eine gesonderte Vertraulichkeitsvereinbarung getroffen wurde oder wird (was zu empfehlen wäre).
- Exklusivitätsvereinbarung (*Exclusivity Agreement*), eher selten, ggf. abgesichert durch eine Vertragsstrafe (noch seltener).
- Abwerbeverbote (*Non-solicitation*) hinsichtlich der Leitung und der Arbeitnehmer der Zielgesellschaft.
- Kostenregelungen (wenn etwa der Verkäufer sich bereit erklärt, in bestimmten Grenzen Kosten der *Due Diligence* Prüfung zu übernehmen, hier sollte stets ein *Cap* bestimmt werden) oder Kostenregelungen im Falle des Abbruchs der Vertragsverhandlungen (*break fee* oder *break-up fee*). Im Übrigen ist keine Regelung notwendig, wenn jede Seite die eigenen Kosten tragen soll, es schadet dann aber nicht, dies klarestellend in den LoI aufzunehmen.
- Bei detaillierten Absprachen bereits hier Regelungen zu Rechtswahl (*choice of law*) und Gerichtsstand (*choice of jurisdiction*).
- Idealerweise eine Bestimmung, dass nur einzelne Inhalte des LoI verbindlich sein sollen (insb. Vertraulichkeits- und Kostenvereinbarungen)

und ansonsten keine rechtlich bindenden Verpflichtungen begründet werden, vor allem keine rechtlich verbindliche Verpflichtung zur Durchführung einer Transaktion.
- Orts- und Datumsangabe sowie vor allem Unterschriften idealerweise von Käufer- und Verkäuferseite.

Je nach Transaktion und Verhandlungsstand können weitere Punkte hinzukommen. Meistens umfasst der LoI nur wenige Seiten. Von umfangreicheren Regelungen sollte eher abgesehen werden.

1.4   Äußere Form und Unterzeichnung des Letter of Intent

Der klassische LoI erfolgt in **Briefform** auf dem Briefpapier des Kaufinteressenten, welcher dann idealerweise von dem Empfänger gegengezeichnet werden sollte. Der LoI kann aber auch in dem äußeren Format eines Vertrags oder Memorandums erfolgen. Die äußere Form ist dabei ebenso wie die Bezeichnung rechtlich von keiner besonderen Bedeutung. Die äußere Form erklärt aber die verschiedenen Bezeichnungen für die Absichtserklärung als Brief oder Memorandum (und oft wird dementsprechend auch die Bezeichnung des Dokuments gewählt).

Auch wenn der LoI in Briefform abgefasst ist, wird der Empfänger den Inhalt des vorab abgestimmten LoI i. d. R. gegenzeichnen. Dies ist nicht zwingend so und in der Literatur wird oft die **Einseitigkeit** zumindest als Variante genannt (vgl. z. B. *Picot* in Picot, HdB Unternehmenskauf § 2 Rd. 18; *Seibt* in Seibt, Formularbuch, B VIII, 2; wie hier *Alfes* in Weise/Krauß, Online-Formulare, 20.1 Anm. 1). Sollte es an einer expliziten **Gegenzeichnung** des LoI fehlen, dürfte bei Fortführung der Verhandlungen auf Basis des LoI häufig eine konkludente Annahme zu bejahen sein (was eine Frage der Auslegung des Verhaltens des Empfängers gem. §§ 133, 157 BGB ist). Liegt keine Annahme durch schlüssiges (konkludentes) Handeln vor, wäre noch die Frage der (nur in wenigen Ausnahmen in Betracht kommenden) Annahme durch Schweigen zu prüfen, wenn der Empfänger des Schreibens als Kaufmann zu qualifizieren ist (§§ 1 ff. HGB, oft dürfte hier ein Formkaufmann gem. § 6 I HGB vorliegen): Allerdings dürfte es für eine Annahme durch Schweigen meist an den spezifischen Voraussetzungen des § 362 HGB oder § 346 HGB i.V.m. den Regeln zum kaufmännischen Bestätigungsschreibens fehlen.

1.5 Verbindlichkeit des Letter of Intent

Die wichtigste Frage beim *Letter of Intent* ist immer die Frage nach dessen **Verbindlichkeit**. Dies ist eine Frage der Vertragsauslegung (§§ 133, 157 BGB), bei der die Bezeichnung als LoI bzw. die Verwendung einer der anderen o. g. Bezeichnungen nur ein Indiz für die fehlende Verbindlichkeit hinsichtlich der Transaktion ist. Regelmäßig wird die Auslegung unter Berücksichtigung der Verkehrssitte ergeben, dass gerade keine Verpflichtung zur Durchführung der Transaktion begründet werden sollte, sondern nur einzelne Teile des LoI wie insb. etwaige Vertraulichkeits-, Exklusivitäts- oder Kostenregelungen (sog. Vorfeldvereinbarungen) verbindlich sein sollen (Palandt/*Ellenberger*, Einf. v. § 145 Rd. 18 m. w. N.; *Rosengarten* in Meyer-Sparenberg/Jäckle, M&A, § 3 Rd. 33). Selbst wenn der LoI bereits alle wesentlichen Vertragsbestandteile (also neben den Parteien, die Identifikation der Kaufsache vor allem den Kaufpreis) enthalten sollte, dürften doch Vereinbarungen über Nebenpunkte fehlen über welche jedenfalls nach (konkludenter) Erklärung einer Partei eine Vereinbarung getroffen werden sollte, so dass auch gem. der Auslegungsregel des § 154 I BGB im Zweifel kein Vertrag zu bejahen wäre. Da die meisten Gesellschaften in Deutschland in der Rechtsform der GmbH oder GmbH & Co. KG betrieben werden, folgt die Unverbindlichkeit des LoI (hinsichtlich des Vollzugs der Transaktion) bei einem *Share Deal* bei Zielgesellschaften in diesen Rechtsformen bereits aus der Verpflichtung Kaufverträge über GmbH-Geschäftsanteile zu beurkunden (§ 15 IV S. 1 GmbHG), wird dagegen verstoßen ist jedenfalls die entsprechende Verpflichtung nichtig (§ 125 S. 1 BGB). Durch die fehlende Verbindlichkeit zur Durchführung der Transaktion unterscheidet sich der LoI von einem **Vorvertrag** (zur Abgrenzung vgl. *Beisel* in Beisel/Klumpp, Unternehmenskauf, § 1 Rd. 89 ff.), welcher insb. derselben Form unterliegt wie der spätere Hauptvertrag und schon aus diesem Grunde in der Praxis eine geringe Rolle spielt.

> **Praxishinweis:** Es empfiehlt sich in den LoI eine Klausel aufzunehmen, die klarstellt, dass der LoI keinen Anspruch auf Vollzug der Transaktion begründet und nur bestimmte Klauseln (Vertraulichkeitsvereinbarung, Kostenregelung, Exklusivität, etc.) verbindlich sein sollen. In der englischen Vertragspraxis wird über dem Text des LoI häufig ein lapidares »*subject to contract*« eingefügt.

Aber auch wenn der LoI im Hinblick auf die Durchführung der Transaktion unverbindlich ist, entfaltet er doch eine starke faktische Bindungswirkung (*Engelhardt/vMaltzahn* in Holzapfel/Pöllath, Unternehmenskauf, Rd. 662; *Gö-*

thel in Göthel, M&A § 2 Rd. 26): Ein einmal im LoI genannter Kaufpreis, der auch von den entsprechenden Organen der potentiellen Vertragsparteien abgesegnet wurde, ist nur noch schwer zu ändern, denn welcher Verhandlungsführer möchte schon dem eigenen Vorstand, Aufsichtsrat oder Gesellschafter erklären müssen, wieso der Kaufpreis plötzlich zum Nachteil der eigenen Gesellschaft verändert wurde.

Praxishinweis: Auch der Abschluss eines *Letter of Intent* kann keine Partei davor schützen, dass die andere Seite plötzlich doch noch aussteigt und damit der gesamte bisherige Aufwand vergebens war. Wenn eine Partei die Verhandlungen abbrechen will, sollte sie dies der Gegenseite unverzüglich mitteilen, was nicht nur ein Gebot der Fairness ist, sondern auch verhindert, dass die Gegenseite nicht doch Ansprüche aus Verschulden bei Vertragsschluss (culpa in contrahendo/c.i.c., §§ 311 II, 241 II, 280 I BGB) geltend macht. Aus dieser Anspruchsgrundlage kann zwar kein Anspruch auf Abschluss der Transaktion geltend gemacht werden, wohl aber ein Anspruch auf Schadensersatz (gerichtet auf das sog. negative Interesse, also nicht auf den etwaigen entgangenen Gewinn, aber z.B. auf Ersatz der Aufwendungen für Berater). Vor diesem Hintergrund wird jede Seite, die den Ausstieg aus Verhandlungen plant, sich über die Formulierung der entsprechenden Mitteilung Gedanken machen und die Gegenseite unverzüglich über den Abbruch der Verhandlungen informieren.

2 Die Vertraulichkeitsproblematik

2.1 Rechtliche Grundlagen und Grenzen der Vertraulichkeit

Im Rahmen einer Transaktion werden viele vertrauliche Informationen insb. der Zielgesellschaft an Dritte und ggf. sogar Wettbewerber weitergegeben. Dies ist nicht nur ein wirtschaftliches Risiko im Falle des Scheiterns der Verhandlungen, sondern auch ein rechtliches Problem, da die Weitergabe von Geschäftsgeheimnissen eine Pflichtwidrigkeit der handelnden Organe darstellt, die zu einer persönlichen zivilrechtlichen **Schadensersatzpflicht** der Organe gegenüber der eigenen Gesellschaft (Innenhaftung) oder im schlimmsten Fall sogar zu einer **Strafbarkeit** der handelnden Organe führen kann (§§ 88 I, 93 I S. 3, 404 AktG; § 43 GmbHG erwähnt die

Vertraulichkeitspflicht zwar nicht explizit, sie gilt aber unstreitig auch für GmbH-Geschäftsführer, *Kleindiek* in Lutter/Hommelhoff, GmbHG, § 43 Rd. 20 m.w.N., wie sich auch aus § 85 GmbHG ergibt). Soweit die Zielgesellschaft börsennotiert ist, stellt sich überdies noch die äußerst komplexe Problematik eines möglichen strafbaren **Insiderhandels** (Art. 8, 14 MMVO i.V.m. § 119 III WpHG).

Damit geraten die Geschäftsführer und Vorstände der Zielgesellschaft schon zu einem frühen Zeitpunkt einer Transaktion in eine schwierige Situation, da die verkaufswilligen Gesellschafter regelmäßig von den Organen der Zielgesellschaft etwas verlangen, wozu diese rechtlich nur unter engen Voraussetzungen überhaupt berechtigt sind. Hier sind verschiedene Konstellationen zu unterscheiden, wobei in jedem Fall eine Vertraulichkeitsvereinbarung notwendig ist und ein *Letter of Intent* als Dokumentation des ernsthaften, substantiierten Interesses des Käufers hilfreich wäre:

- Wenn es sich bei der Zielgesellschaft um eine **GmbH** handelt, lässt sich das Dilemma recht einfach dadurch lösen, dass die Gesellschafter den Geschäftsführern eine **Weisung** erteilen, einen Datenraum mit vertraulichen Informationen der Zielgesellschaft zur Prüfung durch Dritte zur Verfügung zu stellen (dieses Weisungsrecht folgt aus der »Allzuständigkeit« der GmbH-Gesellschafter, vgl. *Zöllner/Noack* in Baumbach/Hueck, GmbHG § 46 Rn. 89-91; explizit zur DD *Kleindiek* in Lutter/Hommelhoff, GmbHG, § 43 Rd. 21).
- Wenn es sich bei der Zielgesellschaft um eine **Aktiengesellschaft** handelt, dann besteht die Möglichkeit den Konflikt durch eine Weisung zu lösen nicht, da in der AG der Vorstand die Gesellschaft in eigener Verantwortung, also weisungsfrei, führt (§ 76 I AktG, eine Ausnahme enthält § 308 I S. 1 AktG bei Bestehen eines Beherrschungsvertrags). Entscheidend ist hier, dass die Handlungen des Vorstands im **Interesse der Gesellschaft** erfolgen oder anders formuliert: Die Geheimhaltungspflicht besteht nicht absolut, sondern steht unter dem Vorbehalt des Gesellschaftsinteresses (*Meurer* in Meyer-Sparenberg/Jäckle, M&A, § 6 Rd. 16 m.w.N.). Für die sorgfältige **Interessenabwägung** des Vorstands gelten auch hier die Maßstäbe der *Business Judgement Rule* (§ 93 I S. 2 AktG).
- Besonders problematisch wird es, wenn die Zielgesellschaft eine **börsennotierte Gesellschaft** ist, da in diesem Fall – wie bereits erwähnt – zusätzlich auch die Gefahr eines strafbaren **Insiderhandels** besteht (Art. 8, 14 MMVO i.V.m. § 119 III WpHG). Die Details hierzu werden in dem Teil *Public M&A* dargestellt (▶ Teil II 8.1 D).

2.2 Sicherung der Vertraulichkeit durch eine Vertraulichkeitsvereinbarung

Die **Vertraulichkeitsvereinbarung** (*Confidentiality Agreement* oder *Non-Disclosure Agreement*/NDA) ist ein eher technisches Dokument, da an der Notwendigkeit einer derartigen Vereinbarung aus den vorstehend dargelegten Gründen keinerlei Zweifel bestehen (und eine Diskussion über die Erforderlichkeit einer Vertraulichkeitsvereinbarung nicht gerade für ein professionelles Vorgehen sprechen würde). In inhaltlicher Hinsicht ist hier die wichtigste Frage, ob die Vertraulichkeitsvereinbarung eine **Vertragsstrafe** (*contractual penalty* oder *liquidated penalty*; vgl. § 339 BGB, § 348 HGB) enthält oder nicht. Da ein Schaden im Falle der Verletzung der Vertraulichkeitsvereinbarung oft nur schwer quantifizierbar ist, ist die Aufnahme einer angemessenen Vertragsstrafe als Mindestschaden meist gerechtfertigt (z.B. 1% des Transaktionswerts, so *Veltins* in Blum/Gleißner/Nothnagel/Veltins, Vade Mecum, S. 72), aber in der frühen Phase der Verhandlungen oft nur schwer durchsetzbar (vgl. *Seibt* in Seibt, Formularbuch B I 1, 16).

Vertiefender Hinweis: Bei den Beratern wie Rechtsanwälten und Steuerberatern ist zu beachten, dass deren gesetzliche Verschwiegenheitsverpflichtung (§ 203 I Nr. 3 StGB) grds. auch Drittgeheimnisse schützt (*Cierniak/Niehaus* in Joecks/Miebach, StGB § 203 Rd. 26 f.), wozu sicher die vertraulichen Daten im Datenraum der Zielgesellschaft, also eines Dritten mit dem kein Mandatsverhältnis besteht, zählen.

Praxishinweis: Die Verpflichtung zur Vertraulichkeit wird nicht selten leichtfertig verletzt und sollte von professionellen Akteuren deutlich mehr Beachtung geschenkt werden. Insbesondere Berufsanfänger können hier leichtfertig schwerwiegende Fehler begehen.

2.3 Sicherung der Vertraulichkeit durch Beschränkungen bei den Prüfern

Hinsichtlich **wettbewerbsrelevanter Dokumente** bereitet vor allem die Durchführung einer *Due Diligence* durch einen Wettbewerber erhebliche Probleme (auch wettbewerbsrechtlicher Art), wenn die Transaktion am Ende scheitern sollte, denn dann verfügt ein Wettbewerber über umfassende Informationen über Zulieferer und Kunden der Zielgesellschaft. Um dieses Risiko zumindest zu reduzieren, arbeitet die Praxis in diesen Konstellationen manchmal mit einem sog. **Clean Team**, welches aus Personen besteht, die nicht in dem einschlägigen operativen Geschäftsfeld tätig sind (vgl. *Bischke/Röhring* in Meyer-Sparenberg/Jäckle, M&A, § 32 Rd. 72 f.). Im Rahmen einer gesonderten Vertraulichkeitsvereinbarung werden die Angehörigen dieses *Clean Teams* identifiziert und auch zur internen Vertraulichkeit verpflichtet (*Clean Team Agreement*). Wer Zweifel an der Wirksamkeit derartiger Konstruktionen hat, der sollte besser darauf bestehen, dass dem *Clean Team* jedenfalls zunächst nur externe Berater angehören (*Weber* in Hölters, HdB Unternehmenskauf, Rd. 9.86), die auch einer strafrechtlich sanktionierten, berufsrechtlichen Verpflichtung zur Vertraulichkeit unterliegen (vgl. § 203 I Nr. 3 StGB).

3 Die Due Diligence

3.1 Begriff und Ursprung der Due Diligence

Due Diligence (DD) bedeutet wörtlich »*mit gebotener Sorgfalt*« und bezeichnet damit ein wenig irreführend einen Sorgfaltsmaßstab und nicht den eigentlich gemeinten Vorgang der **Prüfung einer Zielgesellschaft** im Vorfeld eines Unternehmenskaufs. Vor diesem Hintergrund wird manchmal treffender die Bezeichnung *Due Diligence Review* verwendet. Der Begriff *Due Diligence* stammt wie die meisten Fachausdrücke im Bereich M&A aus den USA (vgl. dazu im Detail *Hasenauer/Stingl*, DD, S. 2 ff.).

Die *Due Diligence* hat sogar in zweifacher Hinsicht einen angloamerikanischen Einfluss: Nach dem auf das römische Recht zurückgehenden Grundsatz **caveat emptor** trägt im *Common Law* insb. beim Unternehmenskauf der Käufer das Risiko der Mangelfreiheit der Kaufsache, d. h. der Käufer sollte unbedingt schon aus diesem Grund vor dem Kauf entsprechende Prüfungen, also die *Due Diligence*, durchführen (*Hasenauer/Stingl*, DD, S. 3 f.). Zum zweiten hängt die *Due Diligence* eng mit der Problematik der Haftung der Vertreter der Käufergesellschaft im Falle des Fehlschlags einer Akquisition zusammen, da nach der im US-Recht entwickelten und in das deutsche Recht übernommenen **Business Judgement Rule** ein Organ für eine fehlgeschlagene Transaktion (nur dann) nicht haftet, »*wenn das Vorstandsmitglied bei einer unternehmerischen Entscheidung vernünftigerweise annehmen durfte, auf der Grundlage angemessener Information zum Wohle der Gesellschaft zu handeln*« (BJR, § 93 I S. 2 AktG, wird analog auf den GmbH-Geschäftsführer angewandt). Beim Unternehmenskauf handelt der Vorstand grds. nur dann auf der Grundlage angemessener Informationen, wenn eine *Due Diligence* durchgeführt wird.

Damit ist klar, dass ein Unternehmenskauf ohne *Due Diligence* gewaltige Haftungsrisiken des auf Käuferseite handelnden Organs auslösen würde. Vergleichbar der Probefahrt beim Kauf eines Gebrauchtwagens, wird jeder Käufer die Zielgesellschaft untersuchen wollen, um zu vermeiden, dass »*die Katze im Sack gekauft wird*«. In der Praxis stellt sich daher regelmäßig nicht die Frage »Ob« eine *Due Diligence* durchgeführt werden soll, sondern nur die Frage nach dem »Wie«, d. h. in welchem Umfang hinsichtlich Breite und Tiefe die Prüfung der Zielgesellschaft erfolgen soll.

3.2   Umfang der Due Diligence

Zu Beginn der Prüfung sollte der genaue **Umfang der *Due Diligence*** (*scope of the due diligence*) definiert werden. Dieser sollte sich naturgem. an dem Geschäftsgegenstand der Zielgesellschaft und den Zielen des Käufers orientieren: Geht es um den Erwerb eines *Peoples Business* werden HR-Themen im Fokus der *Due Diligence* stehen, geht es um den Erwerb eines Pharma-Unternehmens werden i. d. R. IP-Themen und mögliche Produkthaftungsrisiken im Vordergrund stehen. Auch die geplante *Deal Structure* sollte bereits bei der *Due Diligence* beachtet werden, denn bei einem *Asset Deal* sind die gesellschaftsrechtlichen Strukturen der Zielgesellschaft nicht von besonderer Relevanz, beim Erwerb einer Beteiligung an einer Gesellschaft wird dagegen das Gesellschaftsrecht einen breiten Raum der Prüfung einnehmen. Jedenfalls bei der *Legal Due Diligence* wird meist auch mit Schwellenwerten (**thresholds**) gearbeitet, d. h. es wird bestimmt, ab welchem Schwellenwert geprüft werden soll.

> **Beispiel:** Passivprozesse der Zielgesellschaft könnten erst ab einem Streitwert von EUR 10.000 geprüft werden. Allerdings sollten die Prüfer hier vorsichtig sein, da auch scheinbar geringfügige Streitigkeiten Hinweise auf größere Probleme wie z. B. drohende Produkthaftungsfälle enthalten können.

Soweit das *Target* über Tochtergesellschaften im **Ausland** verfügt, stellt sich die Frage, inwieweit diese geprüft werden sollen. Die Antwort hängt natürlich maßgeblich von deren wirtschaftlicher Bedeutung ab. Da eine rechtliche Prüfung sachgerecht nur durch Rechtsexperten aus der jeweiligen Jurisdiktion möglich ist, wird diese Prüfung häufig zunächst zurückgestellt, um den Aufwand und das Kostenrisiko überschaubar zu halten.

3.3   Arten der Due Diligence

Traditionell werden stets folgende drei Due Diligence-Prüfungen bei einer Zielgesellschaft durchgeführt:

- Financial Due Diligence
- Legal Due Diligence
- Tax Due Diligence.

Der *Financial Due Diligence* kommt meist die größte Bedeutung für die Kaufentscheidung zu, während die *Legal Due Diligence* und auch die *Tax Due Diligence* eher der erforderlichen Absicherung dienen. Dies schlägt sich auch auf Kosten der jeweiligen Prüfungen nieder. Da die Darstellung in diesem Buch primär aus einer rechtlichen Perspektive erfolgt, wird schwerpunktmäßig die *Legal Due Diligence* dargestellt und die *Financial Due Diligence* und die *Tax Due Diligence* werden nur relativ kurz umrissen.

Je nach Zielgesellschaft und je nach Kenntnisstand des Käufers (ein Finanzinvestor hat meist mehr Prüfungs- und Beratungsbedarf als ein Stratege mit einschlägiger Branchenkenntnis) können oder sollten weitere *Due Diligence*-Prüfungen erfolgen, wobei die Begrifflichkeiten hier oft unterschiedlich verwendet werden und die verschiedenen *Due Diligence*-Arten sich durchaus überschneiden können:

- Commercial, Strategic and Market Due Diligence
- Operational Due Diligence and Technological Due Diligence
- Compliance Due Diligence
- Investigative, Crime and Integrity Due Diligence
- HR Due Diligence
- IP Due Diligence
- IT Due Diligence
- Environmental Due Diligence
- Cultural Due Diligence.

Diese Liste ließe sich noch ergänzen (zur relativen Häufigkeit der jeweiligen *Due Diligence*-Arten vgl. *Berens/Knauer/Strauch* in Berens/Brauner/Knauer/Strauch, DD S. 9). Entscheidend ist immer, dass der Erwerber eine Risikoanalyse der Zielgesellschaft vornimmt und auf dieser Basis die erforderlichen Prüfungen (meist durch externe Berater) veranlasst. Dabei ist auch zu klären, **wie umfangreich** die zwingend erforderliche *Financial Due Diligence*, *Legal Due Diligence* und *Tax Due Diligence* sein sollten. Oft erfolgt der Prüfungsprozess aus Kosten- und Vertrauchlichkeitsgründen in verschiedenen Stufen (anstatt sofort eine *full fledged due diligence* durchzuführen).

Besondere Probleme bereitet aus Beraterperspektive die sog. *Red Flag Due Diligence*, die bei Auftraggebern recht beliebt ist, da diese ja wenig Interesse an umfangreichen Berichten haben, sondern im Bereich Recht eigentlich nur über potentielle **Deal Breaker** informiert werden wollen. Dieser Wunsch könnte im Extremfall bedeuten, dass das Ergebnis der *Legal Due Diligence* einfach lautet: »*Kein Deal Breaker festgestellt.*« Abgesehen davon, dass ein Berater hier ein hohes Haftungsrisiko eingeht (vielleicht gab es ja doch aus seiner Sicht eher harmlose Umstände, die aus Sicht des Auftraggebers ein *Deal Breaker* darstellen), dürfte die Einschätzung eines solchen Ergebnisses für den Auftraggeber schwierig sein. Der Ersteller eines *Due Diligence Reports* ist sicher gut beraten, wenn er deutlich ausführlichere Ausführungen macht, die ein klareres Bild von der Zielgesellschaft vermitteln. Im Rahmen einer *Financial Due Diligence* werden seltener derartige Einschränkungen vorgenommen. Bei der FDD mag es aber Sinn machen, sich in der ersten DD-Runde auf die *key issues* zu beschänken und später eine deutlich umfassendere Prüfung durchzurführen.

> **Praxishinweis:** Die Frage des Umfangs der *Due Diligence* ist im Grunde eine Frage der Kosten der Prüfung. Häufig wird hier (z. B. für die erste Phase der *Due Diligence*) ein *cap*, also eine Obergrenze der Kosten, vereinbart, so dass die Frage nach dem *cap* im Vordergrund steht und die Prüfer in diesem Kostenrahmen im Zweifel einen deutlich umfassenderen Report als einen lupenreinen *Red Flag Report* erstellen sollten.

Hin und wieder findet sich auch der Begriff *Confirmatory Due Diligence*. Dieser bezieht sich auf eine Prüfung der Zielgesellschaft kurz vor dem *Signing* oder zwischen dem *Signing* und *Closing* (oder im Extremfall sogar mal nach dem *Closing*). Auch dieser Begriff wird unterschiedlich verwendet.

> **Praxishinweis:** Von einer dem *Signing* nachgelagerten *Due Diligence* sollte nur ausnahmsweise Gebrauch gemacht werden.

Wichtig für das Verständnis der *Due Diligence* ist, dass die Prüfer im Rahmen der *Due Diligence* vorhandene Dokumente auswerten, aber **nicht als Detektive** tätig werden, d. h. das *Due Diligence Team* unternimmt keine eigenständigen Ermittlungen. Eine Ausnahme von diesem Prinzip bildet insofern die bislang seltene *Investigative, Crime* oder *Integrity Due Diligence* durch *Forensic Services* (*Andreas* in Beisel/Andreas, DD § 44 Rd. 5; *Störck/Nestler* in Beisel/Andreas, DD § 41 Rd. 11) wie sie etwa von großen WP-Gesellschaften angeboten werden. Allerdings ist es üblich und sicher sinnvoll, wenn das *Due Diligence Team* eigenständig öffentlich zugängliche Quellen wie insb. das HR auswertet (§ 385 FamFG i.V.m. § 9 HGB, online Einsichtnahme über handelsregister.de) oder etwaige kommunale Altlastenkataster konsultiert. Das Grundbuch ist kein öffentliches Register (§ 385 FamFG i.V.m. § 12 GBO) und kann daher von Nicht-Berechtigten nur auf Basis entsprechender Vollmachten eingesehen werden.

3.4   Datenbasis der Due Diligence

3.4.1   Informationen im Datenraum

Basis der *Due Diligence* ist vor allem der **Datenraum** (*Data Room*), bei professionell vorbereiteten Unternehmensverkäufen i. d. R. ein digitaler Datenraum (*Virtual Data Room*/VDR) und/oder ein traditioneller physischer Datenraum an einem neutralen Ort (wie den Konferenzräumen einer Kanzlei, Investmentbank oder eines Hotels). Soweit besonders vertrauliche Daten nur ausgewählten Beratern eines Interessenten, die einer gesetzlichen Verschwiegenheitsverpflichtung unterliegen, vorgelegt werden, wird mitunter von einem *Red Data Room* gesprochen.

Soweit es sich nicht um Auktionsverfahren handelt und noch gar kein Datenraum existiert, wird traditionell der Datenraum auf Basis einer *Due Diligence Checklist* der Kaufinteressenten erstellt: Eine solche Checkliste wird möglichst umfassend alle möglicherweise relevanten Themen erfassen, um sicherzustellen, dass keine relevanten Informationen übersehen werden (ein umfangreiches deutschsprachiges Muster findet sich z. B. bei *Andreas* in Beisel/Andreas, DD, im Anhang; ein recht konzentriertes englischsprachiges Muster findet sich z. B. bei *Rosengarten/Burmeister/Klein*, M&A, S. 161 bis 164). Diese *Checklist* bildet dann die Grundlage für die Erstellung des Datenraums durch die Zielgesellschaft, wobei häufig ein Großteil der Fragen dadurch beantwortet werden können, dass bei der Zielgesellschaft keine entsprechenden (Rechts-) Verhältnisse existieren.

Praxishinweis: Für gefährliche Unklarheiten kann die ausgesprochen beliebte Angabe »n/a« auf der Antwort zu einer *Due Diligence Checklist* führen, da dann nicht klar ist, ob damit (dem englischen Sprachgebrauch entsprechend) »*not applicable*« (»nicht zutreffend«, eventuell »nicht anwendbar«) oder (bei einem nicht Englisch-Muttersprachler) vielleicht doch »*not available*« (»nicht verfügbar«) oder im Extremfall sogar »*no answer*« (»keine Antwort«) gemeint ist. Es liegt auf der Hand, dass es ein gewaltiger Unterschied ist, ob eine Zielgesellschaft z. B. überhaupt keine Produkthaftungsfälle hat (»nicht zutreffend«), die Unterlagen über Produkthaftungsfälle (derzeit) nicht zur Verfügung stellen kann (»nicht verfügbar«) oder die Zielgesellschaft diese Frage (derzeit) nicht beantworten möchte oder kann (»keine Antwort«).

Der Inhalt des *Data Room* wird üblicherweise in einem *Data Room Index* präzise festgehalten. Des Weiteren wird der Veräußerer bzw. dessen Berater *Data Room Rules* erstellen, die die Nutzung des Datenraums (einschließlich Fragen wie z. B. der Berechtigung Kopien erstellen zu lassen) regeln.

3.4.2 Informationen des Managements

Ergänzt wird der Datenraum insb. durch **Managementpräsentation**en (wo nicht selten weitere Dokumente nur in physischer Form verteilt werden) und Befragungen des Managements der Zielgesellschaft(en) (*Q&A-Sessions*). Zu einem späteren Zeitpunkt in der Transaktion kann es auch zu einer physischen Besichtigung der Zielgesellschaft (*Site Visit*) kommen, was aber unter Vertraulichkeitsgesichtspunkten aus Sicht der Zielgesellschaft besonders problematisch ist (vgl. *Meurer* in Meyer-Sparenberg/Jäckle, M&A, § 7 Rd. 27).

Praxishinweise: Grundlage einer umfassenden Befragung des Managements der Zielgesellschaft bildet häufig die oben bereits genannte *Due Diligence Checklist*. Es gehört zu den beliebten Fragen am Ende einer Managementbefragung, ob es noch weitere Themen gibt, die für den Kaufinteressenten relevant sein könnten, aber bisher nicht adressiert wurden (*catch-all*). Mag diese Frage auch in der Praxis häufig mit einem lockeren Schulterzucken des Managements der Zielgesellschaft abgetan werden, sollte diese Frage trotzdem stets gestellt und die Antwort jedenfalls intern dokumentiert werden. Im Nachgang zu der Befragung des Managements könnte eine Zusammenfassung der Auskünfte an das Management gesendet werden, was dort aber meist auf wenig Begeisterung stoßen wird. Diese *Catch-all* Frage kann im Extremfall relevant werden, wenn es darum geht, ob nicht eine arglistige Täuschung (§ 123 I Alt. 1 BGB) vorliegt, was bei einer Begehung durch Unterlassen, also einer fehlenden diesebezüglichen Frage mit einer entsprechenden Anwort, eine Aufklärungspflicht (hergeleitet z. B. aus Treu und Glauben, § 242 BGB) voraussetzen würde.

3.5 Prüfungsmaßstäbe der Due Diligence

Zu den wesentlichen Zielen einer Due Diligence zählen die Indentifikation von Risiken in der Zielgesellschaft. Dabei liegt der Fokus auf potentiellen *Deal Breakern* und der Frage, ob die Transaktion überhaupt weiterverfolgt und – ggf. zu welchen Konditionen – durchgeführt werden soll (Kaufentscheidung). So liefert die *Due Diligence* die Grundlagen für die Bewertung der Gesellschaft, die Bestimmung der *Deal*-Struktur, die Verhandlung des Unternehmenskaufvertrags (vor allem hinsichtlich der Garantien und Freistellungen) sowie Fragen der späteren Integration der Zielgesellschaft.

Soweit für Risiken bereits angemessene Rückstellungen (§ 249 HGB) in der Bilanz der Zielgesellschaft gebildet wurden, sind diese vom Kaufinteressenten meist bereits eingepreist und sind damit unproblematisch. Soweit allerdings die Quantifizierung derartiger Risiken unklar ist, wird insoweit doch wieder eine genauere Prüfung erforderlich sein. Im Bereich der betrieblichen Altersversorgung sind dabei aber die Beschränkungen des § 6a EStG zu beachten (gleiches gilt für andere steuerlich nicht ansatzfähige Rückstellungen).

Soweit der Veräußerer ein **Information Memorandum (IM)** erstellt hat, wie es üblicherweise bei von Investmentbanken organisierten Auktionsverfahren getan wird, ist eines der Ziele der *Due Diligence* die Überprüfung der Richtigkeit der Angaben im Information Memorandum, da dieses Memorandum ja typischerweise Grundlage für die Entscheidung des potentiellen Erwerbers zur Teilnahme an dem Auktionsverfahren war.

3.6 Das Due Diligence Team

Bei der Zusammenstellung des *Due Diligence Teams* ist neben der Größe der Zielgesellschaft(en) naheliegenderweise auch der definierte *Scope* der *Due Diligence* zu berücksichtigen. Über die Qualität der späteren *Due Diligence* Berichte entscheidet dabei häufig die Qualität des Projektmanagements.

Praxishinweis: In der Praxis werden von Beratern bei *Due Diligence* Prüfungen gerne junge, relativ kostengünstige Mitarbeiter eingesetzt, was insofern nicht unproblematisch ist, als schwerwiegende Probleme meist nur erkannt werden können, wenn die Prüfer über langjährige Praxiserfahrung verfügen und gezielt nach typischen Risiken suchen können, denn ein Risiko z. B. in einem rechtlichen Dokument zu identifizieren setzt voraus, dass bekannt ist, wie ein solches Dokument in fehlerfreiem Zustand aussieht.

3.7 Die Financial Due Diligence

Die *Financial Due Diligence* (FDD) besteht im Kern aus der Analyse der Vermögens-, Ertrags- und Finanzlage der Zielgesellschaft (*Niederdrenk*, CDD, S. 10). Typischerweise umfasst die FDD eine betriebswirtschaftliche Analyse der Ertragslage des Zielunternehmens unter Berücksichtigung der maßgeblichen Treiber der Umsatz- und Margenentwicklung (u. a. mit wesentlichen Kennzahlen wie KPI) sowie der weiteren Erträge und Kosten, auch unter Berücksichtigung von besonderen Einflüssen wie nicht-wiederkehrenden Geschäftsvorfällen, außergewöhnlich hohen Erträgen oder Aufwendungen sowie von angewendeten Bilanzierungsmethoden und Gestaltungsmöglichkeiten. Des Weiteren gehören die Analyse der Bilanz sowie die Liquiditätsentwicklung der Zielgesellschaft zum üblichen Prüfungsumfang einer FDD. In diesem Zusammenhang stellen Themenbereiche wie insb. die Finanzierung und Nettoverschuldung, die bilanzielle Abbildung von Verpflichtungen, der *Working Capital*-Bedarf, die Investitionstätigkeit sowie der Zeitpunkt von Zu- und Abflüssen von Finanzmitteln wichtige Gegenstände der *Financial Due Diligence* dar. Eine Analyse der Unternehmensplanung wird ebenfalls regelmäßig im Rahmen der FDD vorgenommen. Unter bestimmten Umständen können zudem weitere Probemkreise wie z. B. Stand-Alone-Themen, Pro-forma-Darstellungen, Konsolidierungskreis adressiert werden.

Die FDD ist von der Unternehmensbewertung zu unterscheiden, mag es insoweit auch wechselseitige Bezüge geben, schließlich liefert die FDD die maßgebende Grundlage für die bereits angesprochene Unternehmensbewertung (vgl. *Zwirner/Mugler* in Hettler/ Stratz/Hörtnagl, Unternehmenskauf, § 4 Rd. 184 f.).

Die FDD wird oft durch die bereits erwähnte *Commercial Due Diligence* ergänzt. Während bei der *Financial Due Diligence* (abgesehen von einer etwaigen mehr oder weniger umfangreichen Berichterstattung hinsichtlich der Unternehmensplanung) die Vergangenheit im Vordergrund steht, richtet die *Commercial Due Diligence* den Blick stärker in die Zukunft (*Niederdrenk*, CDD, S. 7 f.). Gegenstand der *Commercial Due Diligence* sind die Geschäftsmodellanalyse, die Marktanalyse, die Kundenanalyse, die Wettbewerbsanalyse und die *Businessplan*-Validierung sowie eine Analyse der Stärken, Schwächen, Chancen und Risiken (also der SWOT-Analyse, vgl. *Niederdrenk*, CDD, S. 8 f.). Auf die *Commercial Due Diligence* wird später noch einmal eingegangen (▶ Teil II 3.11).

3.8   Die Tax Due Diligence

Die *Tax Due Diligence* (TDD) ist einer der drei Teilbereiche der *Due Diligence*, der praktisch immer abgedeckt wird. Im Hinblick auf Aufwand und Kosten ist die TDD meist günstiger und weniger umfangreich als die *Financial Due Diligence* und die *Legal Due Diligence*. Die *Tax Due Diligence* wird häufig von derselben WP-Gesellschaft durchgeführt, die auch die *Financial DD* durchführt, während die *Legal DD* nicht zuletzt aus Konfliktgründen (▶ Teil I 13) oft von Kanzleien durchgeführt wird, die unabhängig von den großen WP-Gesellschaften sind.

Hauptziel der *Tax Due Diligence* ist die **Identifikation von Steuerrisiken** der Zielgesellschaft(en), die bei einem *Share Deal* übernommen würden oder für die beim *Asset Deal* ein Haftungsrisiko gem. § 75 AO bestände. Gleichzeitig sollte schon bei der TDD auch die Frage der Steueroptimierung der geplanten Transaktion mitberücksichtigt werden und die hierfür notwendigen Daten erfasst werden (vgl. *Hörtnagl/Zwirner* in Hettler/Stratz/Hörtnagl, Unternehmenskauf, § 2 Rd. 183 f. m. w. N.).

> **Beispiel:** Im Hinblick auf ein etwaiges Grunderwerbsteuerrisiko bei Durchführung der Transaktion sollte bereits im Rahmen der TDD festgestellt werden, ob und in welchem Umfang Grundstücke vorhanden sind.

Bei der *Tax Due Diligence* spielt die letzte Betriebsprüfung (§§ 193 ff. AO) durch die Finanzverwaltung in zweierlei Hinsicht eine wichtige Rolle: Zum einen werden Sachverhalte, die bereits von einer Betriebsprüfung abgedeckt wurden, nicht mehr Gegenstand der TDD sein. Zum zweiten wird der Betriebsprüfungsbericht dieser Betriebsprüfung (einschließlich etwaiger weiter Korrespondenz mit der Finanzverwaltung) und der Umgang der Zielgesellschaft damit von den Steuerexperten genau angeschaut werden.

Praxishinweis: Bei genügend Vorlaufzeit, d. h. eine Vorlaufphase von mehr als einem Jahr, kann versucht werden, mit der Finanzverwaltung eine Betriebsprüfung zu vereinbaren, um die Zielgesellschaft »prüfungssicher« veräußern zu können.

Typische Prüfungsgegenstände einer *Tax Due Diligence* sind (insb. bei Kapitalgesellschaften) mögliche verdeckte Gewinnausschüttungen (vGA) (*constructive dividends*), konzerninterne Verrechnungspreise, die Abziehbarkeit von Finanzierungskosten, der mögliche Untergang von Verlustvorträgen und vor allem die Wirksamkeit von Organschaften (vgl. *Hörtnagl/Zwirner* in Hettler/Stratz/Hörtnagl, Unternehmenskauf, § 2 Rd. 188 ff.). Der Schwerpunkt der Prüfung liegt häufig auf den Ertragssteuern, was dann bei anderen Steuerarten später zu unangenehmen Überraschungen führen kann.

3.9 Die Legal Due Diligence

Gegenstand der *Legal Due Diligence* sind die rechtlichen Verhältnisse der Zielgesellschaft. Während potentielle Erwerber im Rahmen der Planung einer Akquisition sich meist wenig damit beschäftigt haben, welche Rechtssubjekte Inhaber welcher Rechte und Träger welcher Rechtsrisiken sind, wird dies spätestens im Rahmen der *Legal Due Diligence* geprüft.

Die Prüfung erfolgt dabei bei mehreren Zielgesellschaften (etwa einer *Holding* mit diversen Tochtergesellschaften im In- und Ausland) immer Rechtssubjekt für Rechtssubjekt, also Gesellschaft für Gesellschaft. Innerhalb jeder Gesellschaft erfolgt die Prüfung nach Rechtsgebieten (die in Abhängigkeit von dem Geschäftsgegenstand sachgerecht angepasst werden muss). Nachstehend sollen zu den wichtigsten Rechtsgebieten einige praxistypische Prüfungspunkte im Rahmen der *Legal Due Diligence* dargestellt werden.

3.9.1 Gesellschaftsrecht

Soweit ein *Share Deal* (also der Erwerb von Aktien oder Geschäftsanteilen) angestrebt wird, steht zu Beginn der *Legal Due Diligence* immer das Gesellschaftsrecht (*corporate law*): Dabei steht stets die Frage im Vordergrund, ob der Verkäufer wirklich Inhaber der Gesellschaftsbeteiligungen ist und über diese auch frei verfügen kann, denn der potentielle Erwerber will vor allem wissen, ob der Verkäufer ihm tatsächlich das Eigentum an den Anteilen der Zielgesellschaft verschaffen kann. Bereits diese auf den ersten Blick recht simple Frage bereitet erstaunlich viele Probleme, da es bei einer AG oder GmbH gar nicht möglich ist, diese Frage mit endgültiger juristischer Sicherheit zu beantworten: Da Aktien durch formlose Vereinbarung und GmbH-Geschäftsanteile durch notarielle Beurkundung (§ 15 III GmbHG) übertragen werden können, kann nie ausgeschlossen werden, dass es bereits vor dem geplanten *Signing* zu einer Übertragung der Anteile auf einen Dritten gekommen ist. Die Rechtslage ist z. B. bei Grundstücken eine ganz andere, da hier zur Übertragung neben der notariellen Beurkundung immer auch die Umschreibung im Grundbuch notwendig ist (§§ 873, 925 BGB), so dass die Eigentumslage durch einen Blick in das Grundbuch grds. geklärt werden kann (auf Details und Risiken beim Grundstückserwerb insb. die Möglichkeit des gutgläubigen Erwerbs soll hier noch nicht näher eingegangen werden).

Vor diesem Hintergrund kann die Eigentumsfrage bei der AG und der GmbH nur im Wege der Plausibilität auf Basis der **Anteilshistorie** (*share history*) geklärt werden: Dies bedeutet, dass im Rahmen der *Legal Due Diligence* die Entwicklung der Inhaberschaft aller Anteile von der Gründung der Gesellschaft über alle Anteilsabtretungen und Kapitalmaßnahmen (Erhöhung oder Herabsetzung) anhand der vorgelegten oder über das HR bezogenen Dokumente nachvollzogen werden muss. Diesem bei älteren Gesellschaften mit wechselnden Gesellschaftern sehr aufwendigen Verfahren ließe sich entgegenhalten, dass es ja schon jemandem aufgefallen sein müsste, wenn die aktuelle Gesellschafterstruktur fehlerhaft ist. Das wird häufig so sein, aber es ist auch denkbar, dass die Beteiligten möglichweise gar nicht wissen, dass hier in der Vergangenheit Fehler passiert sind (z. B. eine Geschäftsanteilsbeurkundung im Ausland, die im Inland nicht anerkannt wird).

Deutlich entschärft wird das Problem der nicht mit Sicherheit nachweisbaren Anteilsinhaberschaft durch einen möglichen wirksamen Erwerb vom Nichtberechtigten (**gutgläubiger Erwerb,** *bona fide acquisition*): Ein gutgläubiger Erwerb ist im deutschen Recht immer nur auf Basis eines Rechtsscheinträgers wie des Besitzes bei beweglichen Sachen (§§ 932 ff. BGB) oder der Grundbucheintragung bei Grundstücken (§ 892 BGB) möglich. Bei Aktien kommt ein gutgläubiger Erwerb nur in Betracht, wenn in Urkunden verbriefte Aktien erworben werden (bei einer AG kann es verbriefte Aktien geben, dies ist aber nicht zwingend so). GmbH-Geschäftsanteile existieren immer nur virtuell, so dass ein gutgläubiger Erwerb auf Basis einer Verbriefung nicht in Betracht kommt, allerdings hat der Gesetzgeber 2008 (MoMiG) unter den Voraussetzungen des § 16 III GmbHG einen gutgläubigen Erwerb auf der Basis der Gesellschafterliste eingeführt.

Praxishinweis: Bestehen an der Inhaberschaft von Aktien einer deutschen AG (*German Stock Corporation*) Zweifel, kann es Sinn machen, die Gesellschaft um die Erstellung von Anteilsscheinen zu bitten, die dann übertragen und somit ggf. gutgläubig erworben werden können.

Ein weiteres, praktisch nicht lösbares Problem ist eine etwaige **Anteilsverpfändung** (*share pledge*), die weder im HR noch anderswo dokumentiert wird (vgl. § 1274 I BGB). Werden die entsprechenden Verpfändungsurkunden nicht vorgelegt, dann ist es in der *Legal Due Diligence* auch nicht möglich, diese zu identifizieren. Auch aus diesem Grund ist es wichtig, dass die Anteilsinhaberschaft und die freie Verfügbarkeit über die Anteile im Unternehmenskaufvertrag »ohne wenn und aber« garantiert wird.

Was im Rahmen der *Due Diligence* problemlos festgestellt werden kann, ist die mögliche **Vinkulierung von Anteilen** (von lat. vincula, Fessel) in dem Gesellschaftsvertrag der Zielgesellschaft, soweit es sich um eine Kapitalgesellschaft handelt (§ 15 V GmbHG, § 68 II AktG), da deren Gesellschaftsverträge in aktueller Form im HR hinterlegt sind. Da Änderungen von Gesellschaftsverträgen bei GmbH und AG erst mit Eintragung im HR wirksam werden und die Notare, die diese Änderungen beurkunden müssen, mit der Anmeldung stets eine aktuelle Fassung des Gesellschaftsvertrages beim HR einreichen müssen (§ 181 AktG, § 54 GmbHG), kann insoweit immer die aktuelle Rechtslage sicher festgestellt werden. Bei Personengesellschaften sind die Gesellschaftsverträge nicht beim HR hinterlegt, so dass hier die Rechtslage nicht zuverlässig geklärt werden kann.

Praxishinweis: Das System aus notariellen Beurkundungen insb. für die Gründung von Kapitalgesellschaften (§ 23 AktG, § 2 GmbHG) und deren Gesellschaftsvertragsänderungen (§ 181 AktG, § 54 GmbHG) kombiniert mit notariell beglaubigten Handelsregisteranmeldungen (§ 12 HGB) und das durch Richter und Rechtspfleger geführte HR sowie die Regeln zum Schutz des Vertrauens in das HR (§ 15 HGB) führen zu einem sehr hohen Zuverlässigkeitsgrad der im HR enthaltenen Informationen. Daher sollte diese öffentlich zugängliche Quelle bei jeder *Legal Due Diligence* als erstes genutzt werden.

Werden 100% der Geschäftsanteile erworben, erübrigt sich die genaue Analyse des Gesellschaftsvertrages der Zielgesellschaft, da dieser später ohnehin geändert werden kann. Handelt es sich dagegen um den Erwerber einer Beteiligung muss genau geklärt werden, welche Rechte der neue Gesellschafter mit der avisierten Beteiligungshöhe hätte und inwieweit hier Änderungen des Gesellschaftsvertrages und etwaiger Geschäftsordnungen erforderlich sind.

Ein kritischer Bereich des deutschen Gesellschaftsrechts, bei dem das HR nicht weiterhilft, betrifft alle Fragen im Zusammenhang mit der **Aufbringung und Erhaltung des Nominalkapitals**: Wurde die Einlage tatsächlich geleistet, liegt auch keine verdeckte Sacheinlage vor und wurde die Einlage vor allem nicht unzulässigerweise an die Gesellschafter zurückgezahlt (vgl. insb. §§ 19, 30 GmbHG, §§ 27, 36, 36a, 52, 57 AktG)? Schwierige Rechtsfragen tauchen hier etwa im Kontext mit *Cash Pooling*-Systemen auf (vgl. dazu *Fischer*, WPR, S. 208 f.). Oft liegt hier das Problem aber bereits auf der faktischen Ebene, d. h. auf Basis der Unterlagen im Datenraum lassen sich derartige Risiken oft nur schwer identifizieren.

An der Schnittstelle von Gesellschaftsrecht und Steuerrecht stehen die **Unternehmensverträge** (Beherrschungs- und/oder Ergebnisabführungsverträge gem. §§ 291 ff. AktG, *Domination and/or Profit and Loss Absorption Agreements*). Diese werden erst mit Eintragung im HR wirksam (vgl. insb. § 294 II AktG). Auf zivilrechtlicher Ebene treten bei diesem Routinevorgang eher selten Fehler auf, allerdings können aus steuerlicher Sicht Fragen zur Wirksamkeit der Organschaft aufkommen. Anders verhält es sich z.B. bei **Teilgewinnabführungsverträgen** (§ 292 I Nr. 2 AktG), die aus ganz anderen Gründen als zur Begründung einer Organschaft abgeschlossen werden: Bei Teilgewinnabführungsverträgen wird das zivilrechtliche Erfordernis der Eintragung im HR als Wirksamkeitsvoraussetzung in der Praxis oft völlig übersehen.

Ein anderer Fehler, der im Gesellschaftsrecht häufiger vorkommt, ist die Unwirksamkeit von **Vergütungszahlungen** an Mitglieder des **Aufsichtsrates** (*Supervisory Board*), die gleichzeitig als **Berater** einen Dienstvertrag mit der AG geschlossen haben. Hier sind zwei Wirksamkeitsvoraussetzungen zu beachten (vgl. Thüsing/*Lindemann*, Handwörterbuch, 49.2 ff.; *Fischer*, FAZ v. 18.8.2001, S. 21): Zum einen bedarf der Beratungsvertrag eines Mitglieds des AR gem. § 114 AktG der Genehmigung durch den Aufsichtsrat (daran wird in der Praxis meist gedacht), zum anderen dürfen keine Leistungen vergütet werden, die bereits Gegenstand der Tätigkeit als Aufsichtsrat sind und damit von der AR-Vergütung gem. § 113 AktG abgedeckt ist (dagegen wird in der Praxis oft unbewußt verstoßen). Sollte dies den AR der Zielgesellschaft betreffen, dann hätte die AG eine bislang unbekannte Forderung auf Rückerstattung, was ein Vorteil aus Käufersicht wäre, andererseits aber auch zu Problemen mit dem betroffenen Mitglied des Aufsichtsrats führen würde. Gleichzeitig wären derartige Verstöße ein Indiz für *Compliance*-Risiken in der Zielgesellschaft.

Die vielleicht wichtigste Quelle einer *Legal Due Diligence* sind die **Protokolle** (*minutes*) der Organe wie insb. die Protokolle des Vorstands bzw. der Geschäftsführung und ggf. des Aufsichtsrats (letztere werden meist eher bereit geststellt als die Protokolle des Geschäftsführungsorgans). Da die Organe schon aus Gründen des Schutzes vor eigener Haftung darauf bedacht sind, ihre Handlungen und Maßnahmen zu dokumentieren (vgl. § 93 I S. 2 AktG), sollten auch kritische Themen in diesen Protokollen auftauchen. Anhand der Daten und Genehmigungen der Protokolle der letzten Sitzung lässt sich hier auch gut nachvollziehen, ob sämtliche Protokolle vorgelegt wurden (absolute Sicherheit ist insoweit aber nie gegeben).

Praxishinweis: In der Praxis werden die vertraulichen Protokolle der Gremien oft erst in einer fortgeschrittenen Phase der *Due Diligence* zugänglich gemacht. Gerade diese Protokolle sollten idealerweise auch von erfahrenen Anwälten (und nicht von Berufseinsteigern) geprüft werden, die in der Lage sind auch den Subtext von Protokollen zumindest zu erahnen.

3.9.2 Arbeitsrecht

Da das Arbeitsrecht in Deutschland in sehr vielen Bereichen jedenfalls zugunsten der Arbeitnehmer zwingende Regelungen enthält (wie z. B. das Kündigungsschutzgesetz) und in vielen Wirtschaftszweigen (allgemeinverbindliche) Tarifverträge gelten (vgl. hierzu § 5 TVG), führt die arbeitsrechtliche *Due Diligence* bei den Arbeitnehmern unterhalb der Leitungsebene eher selten zur Identifizierung von möglichen *Dealbreakern*. Trotzdem ist das Arbeitsrecht fester Bestandteil jeder *Legal Due Diligence*.

Im Bereich des **Individualarbeitsrechts** (*employment law*) stellen sich aber bereits bei der Durchführung der *Due Diligence* besondere datenschutzrechtliche Fragen, die vor dem Hintergrund der verschärften Sanktionen nach der neuen **Datenschutzgrundverordnung** (DSGVO) noch einmal erheblich an Bedeutung gewonnen haben. Ausgangspunkt ist dabei der Begriff der **personenbezogenen Daten**, dieser umfasst alle Informationen, die auf eine identifizierte oder identifizierbare natürliche Person, d. h. Menschen im Gegensatz zu Gesellschaften, beziehen (vgl. *Lensdorf/Bloß* in Hölters, HdB Unternehmenskauf, Rd. 8.59). Vor diesem Hintergrund sollten bei der *Due Diligence* die Daten der »normalen« Mitarbeiter nur **vollständig anonymisiert** zur Verfügung gestellt werden. Vor diesem Hintergrund werden in den Datenräumen oft nur Listen mit Übersichten über die Anzahl der Mitarbeiter und einige andere Eckdaten offengelegt sowie die verwendeten Musterarbeitsverträge für verschiedene Kategorien von Mitarbeitern bereitgestellt. Werden personenbezogene Daten ausnahmsweise im Rahmen einer *Due Diligence* offengelegt, dann kommt als Rechtsgrundlage hierfür Art. 6 I f) DSGVO in Betracht, solange nicht eine besondere Kategorie personenbezogener Daten i. S. v. Art. 9 Abs. 1 DSGVO vorliegt: Zulässig ist eine Offenlegung personenbezogener Daten im Rahmen einer *Due Diligence* nur bei Vorliegen eines berechtigten Interesses, wozu auch wirtschaftliche Interessen Dritter zählen können, sowie eine entsprechende positive Erforderlichkeits- und Verhältnismäßigkeitsprüfung. Im Rahmen dieser Interessenabwägung stehen auf der einen Seite die Persönlichkeitsinteressen der betroffenen Mitarbeiter (Art. 1, 2 GG) und auf der anderen Seite die Interessen der beteiligten Gesellschaften, wobei der Zeitpunkt der Offenlegung und die Art der offengelegten Daten eine Rolle spielen (vgl. insg. *Lensdorf/ Bloß* in Hölters, HdB Unternehmenskauf, Rd. 8.72 ff. m. w. N.).

> **Praxishinweis:** Jedenfalls in der Anfangsphase einer *Due Diligence* sollten ausschließlich vollständig anonymisierte Daten von Mitarbeitern in den *Data Room* eingestellt werden.

Von größerem Interesse als die »normalen« Mitarbeiter sind die Arbeitsverträge von besonders wichtigen Angestellten (**Key Employees**) und vor allem die Dienstverträge der **Vorstände** oder **Geschäftsführer** (*Director/Managing Director Service Agreements*). Hier interessieren Vergütungsregeln, Laufzeiten, Kündigungsregelungen (insb. etwaige *Change of Control*-Klauseln, vgl. hierzu Grundsatz 14 des DCGK) und nachvertragliche Wettbewerbsverbote einzelner Manager. Gerade diese für einen Erwerber interesssanten Verträge werden aber oft erst in einer späten Phase der *Due Diligence* und dann mit deren Einverständnis (Art. 6 I a) DSGVO) vorgelegt.

> **Praxishinweis:** Bei diesen für den künftigen wirtschaftlichen Erfolg der Zielgesellschaft maßgebenden Personen ist u. a. festzustellen, ob diese voraussichtlich (über rechtliche Bindungen hinaus) dauerhaft bei dem Unternehmen bleiben oder ob hier Abwanderungstendenzen bestehen. Eine Unsitte ist es, dass Kaufinteressenten teilweise unzulässigerweise

über eine fingierte Kontaktaufnahme von echten oder angeblichen Personalberatern herauszufinden versuchen, ob bestimmte Führungskräfte wechselwillig sind.

Aber auch bei Mitarbeitern unterhalb der obersten Führungsebene ist es häufig wichtig, dass diese dauerhaft dem Unternehmen zur Verfügung stehen. Dabei ist zu beachten, dass eine dauerhafte **Bindung** von Mitarbeitern rechtlich schwierig ist und Mitarbeiter letztlich nur durch positive Anreize längerfristig gebunden werden können. Finanzinvestoren richten für die wichtigsten Manager und Mitarbeiter daher oft komplexe Beteiligungsprogramme ein.

Ein problematischer Bereich sind etwaige **freie Mitarbeiter** (*freelancer*), da diese möglicherweise als Arbeitnehmer zu qualifizieren sind. Sollte es in der Zielgesellschaft Scheinselbständige geben, kann dies zu weitreichenden zivil-, sozial- und steuerrechtlichen sowie ggf. ausländer- und sogar strafrechtlichen Problemen führen.

Aufschlussreich sind oft auch **Statistiken** über Fehlzeiten von Arbeitnehmern, die Fluktuation und die Anzahl von arbeitsgerichtlichen Streitigkeiten wie vor allem Kündigungsschutzprozessen. Signifikante Abweichungen nach oben im Vergleich zu branchenüblichen Standards sollten hier zu denken geben. Auch Angaben über Streiks in den zurückliegenden Jahren sollten erfasst werden, wobei diese bei kleinen und mittleren Unternehmen eher selten vorkommen.

Was das **kollektive Arbeitsrecht** (*labour law*) anbelangt, wird in der *Due Diligence* vor allem erfasst, ob und wo es Betriebsräte gibt (sog. betriebliche Mitbestimmung; in Betrieben mit i. d. R. mind. fünf Arbeitnehmern können Betriebsräte eingerichtet werden, vgl. §§ 1 ff. BetrVG) und ob es Arbeitnehmervertreter in etwaigen Aufsichtsräten gibt (sog. unternehmerische Mitbestimmung bei Kapitalgesellschaften ab 500 Arbeitnehmern gem. Drittelbeteiligungsgesetz und bei Kapitalgesellschaften und der GmbH & Co. KG ab 2.000 Arbeitnehmern gem. Mitbestimmungsgesetz, vgl. zu den Details die Übersicht bei *Fischer*, WPR, S. 220).

Praxishinweise: Hinsichtlich der unternehmerischen Mitbestimmung ist immer zu bedenken, ob durch die etwaige Zusammenführung von Unternehmen im Rahmen der geplanten Transaktion die Schwellenwerte für die unternehmerische Mitbestimmung überschritten werden. Investoren aus Jurisdiktionen wie den USA, die keine Beteiligung von Mitarbeitern in Leitungsorganen kennen, haben hier oft einen erhöhten Beratungsbedarf.

Ein weiteres schwieriges Thema, welches hier nur erwähnt werden kann, ist die **betriebliche Altersversorgung**. Die hier auftretenden Fragen sind meist rechtlich kompliziert und wirtschaftlich äußerst relevant, gleichzeitig bestehen viele Berührungspunkte zur *Financial Due Diligence*. Auf die besondere Problematik der gesetzlichen Beschränkungen bei Pensionsrückstellungen (§ 6a EStG) wurde bereits hingewiesen.

3.9.3   Immobilien

Die Eigentumslage etwaiger Grundstücke der Zielgesellschaft(en) lässt sich mit Hilfe der von den Amtsgerichten elektronisch geführten **Grundbücher** (*land register*) recht schnell und zuverlässig feststellen. Des Weiteren lässt sich im Grundbuch in Abteilung III feststellen, welche Grundpfandrechte (*land charges*) eingetragen wurden.

Allerdings ist das Grundbuch anders als das HR kein öffentlich zugängliches Register, vielmehr ist für die Einsichtnahme ein berechtigtes Interesse notwendig (§ 385 FamFG i.V.m. § 12 GBO), wozu das reine Kaufinteresse noch nicht genügt (*Callet* in Beisel/Andreas, DD, § 15 Rd. 90 m. w. N.). Daher sollte die Zielgesellschaft rechtzeitig (beglaubigte) Grundbuchauszüge besorgen oder Vollmachten für die Einsichtnahme bereitstellen (was aus Verkäufersicht aber nur die zweitbeste Lösung sein sollte, da hier die Kontrolle über Informationen verloren geht). Anders als bei der Eigentumsprüfung bei Gesellschaftsbeteiligungen (also bei GmbH-Geschäftsanteilen oder Aktien) ist die Feststellung bei der Eigentumslage an Grundstücken zuverlässiger, da die Eintragung im Grundbuch konstitutive Voraussetzung für den Eigentumserwerb ist (§ 873 BGB). Außerdem ist die Möglichkeit des gutgläubigen Erwerbs bei Grundstücken umfassender geregelt (§ 892 BGB), so dass beim *Asset Deal* ein hoher Grad an Sicherheit besteht, das Eigentum an den Grundstücken tatsächlich zu erwerben.

Von Bedeutung sind bei gewerblichen Immobilien auch die Miet- und Pachtverträge, insb. im Hinblick auf Laufzeiten sowie Mietzins bzw. Pacht und etwaige Indexklauseln zur Anpassung des Mietzinses. Mietverträge, die eine **Laufzeit von mehr als einem Jahr** enthalten, bedürfen der

Schriftform (§ 550 BGB ggf. i.V.m. § 578 BGB). Ein Verstoß gegen dieses Formerfordernis führt aber ausnahmsweise nicht gem. § 125 S. 1 BGB zur Nichtigkeit der Klausel, sondern dazu, dass der Mietvertrag nur als für unbestimmte Zeit geschlossen wurde (und jederzeit ordentlich gekündigt werden kann, was etwa im Einzelhandel je nach Marktlage ein signifikantes Risiko darstellen kann).

> **Praxishinweis:** Gegen dieses spezielle Schriftformerfordernis bei Miet- und Pachtverträgen wird in der Praxis nicht selten verstoßen, da es für die Einhaltung des Schriftformerfordernisses nicht genügt, dass ein Stück Papier vorgelegt wird. Daher kann es vorkommen, dass z.B. Verträge über gewerbliche Mieträume statt für zehn Jahre nur auf unbestimmte Zeit mit der Möglichkeit der ordentlichen Kündigung geschlossen wurden. Bei einer Zielgesellschaft, deren Geschäftsmodell auf gewerblichen Mietverträgen beruht (wie z.B. im Einzelhandel), wäre dies ein zentraler Punkt der *Legal Due Diligence*.

3.9.4   Geistiges Eigentum

Der Begriff geistiges Eigentum umfasst üblicherweise die gewerblichen und geistigen Schutzrechte wie vor allem Marken (§§ 3 f. MarkenG), Patente (§ 1 PatG), Gebrauchsmuster (§ 1 I GebrMG), Designs (§ 1 DesignG) sowie das Urheberrecht (§ 2 UrhG) und sonstige Rechtspositionen wie *Domains* und das nicht regulierte und schwer zu erfassende Know-how (vgl. *Hartmann* in Beisel/Andreas, DD, § 14 Rd. 2). Bereits diese für einen Laien nur schwer nachvollziehbare Terminologie macht die Schwierigkeiten des Rechtsgebiets deutlich, welches jedenfalls auf rechtlicher Seite nur von IP-Experten sachgerecht bearbeitet werden kann. Die englische Bezeichnung als **Intellectual Property (IP)** oder *Intellectual Property Rights* (IPR) ist deutlich eingängiger als die sperrige deutsche Bezeichnung als Gewerbliche Schutzrechte.

Bei den meisten Unternehmen dürfte dem geistigen Eigentum eine erhebliche Bedeutung zukommen (man denke etwa an den legendären Streit zwischen VW und BMW um die Rechte am Markennamen »Rolls-Royce«), so dass die Prüfung, wer Inhaber ist und wer über welche Lizenzen verfügt, genauer Prüfung bedarf. Soweit für bestimmte Schutzrechte **Register** existieren wie das Deutsche Patent- und Markenamt in München, das *European Union Intellectual Property Office* im spanischen Alicante oder die DENIC eG in Frankfurt a.M. für Top-Level-Domain ».de«, sollte hier stets durch IP-Experten eine entsprechende Online-Recherche durchgeführt werden. Besondere Schwierigkeiten bereitet dabei das Know-how in einem Unternehmen, welches nicht von spezifischen (registrierten) Schutzrechten erfasst wird.

Bei Unternehmen für die Erfindungen eine große Bedeutung haben, ist besonderes Augenmerk auf das **Arbeitnehmererfindungsrecht** (*employee invention law*) zu lenken. Es ist zu prüfen, ob das Unternehmen Arbeitnehmererfindungen auch immer wirksam in Anspruch genommen hat. Dies ist erforderlich, da – anders als ein Laie vielleicht vermuten würde – Arbeitnehmererfindungen nicht automatisch dem Unternehmen zustehen.

Praxishinweis: Diese Frage kann bei Zielgesellschaften, die als Ausgliederungen von Universitäten gegründet wurden, eine wichtige Rolle spielen, insb. wenn dort möglicherweise freie Mitarbeiter an Erfindungen beteiligt waren.

Teil der *IP-Due Diligence* sollte daher insb. auch der Umgang mit geistigem Eigentum im Unternehmen sein und die Frage, welche **IP-Strategie** die Zielgesellschaft verfolgt (illustrativ hierzu die IP-DD Checkliste bei *Ahrens*, Geistiges Eigentum und Wettbewerbsrecht, S. 278).

3.9.5 Wesentliche Verträge

Das operative Geschäft der Zielgesellschaft wird (je nach Branche mehr oder weniger) durch schriftliche vertragliche Vereinbarungen abgebildet. Dabei stehen Verträge mit Kunden, Zulieferern und Vertriebspartnern im Vordergrund. Hier sollte definiert werden, welche dieser Verträge als wesentlich gelten und diese sollten schematisch vor allem im Hinblick auf Vertragsgegenstand, Laufzeit und Preisgestaltung erfasst und hinsichtlich ihrer Wirksamkeit überprüft werden.

Bei Vertragsschlüssen mit Auslandsberührung sollte vor der Prüfung zunächst geklärt werden, welchem Recht diese unterliegen: Hierzu werden die meisten Verträge in den Schlussbestimmungen eine explizite **Rechtswahlklausel** (*choice of law clause*, meist mit einer korrespondierenden Gerichtsstandklausel, *choice of jurisdiciton*) enthalten. Es kann in der Praxis davon ausgegangen werden, dass eine solche Rechtswahlklausel meist wirksam ist, da das Prinzip der Vertragsfreiheit grds. auch für die Rechtswahl gilt (vgl. Art. 3 Rom I-VO, Sonderregeln gelten insb. für Verbraucherverträge und Arbeitsverträge, vgl. Art. 6 und Art. 7 Rom I-VO). Zu beachten ist, dass im Sachenrecht zwingend das Recht am Ort der Belegenheit gilt (Art. 43 I EGBGB, sog. lex rei sitae). Das Prozessrecht kann ebenfalls nicht (unabhängig vom zuständigen Gericht) gewählt werden, da Gerichte immer ihr eigenes Prozessrecht anwenden (sog. lex fori).

Was die **Kundenverträge** anbelangt, wird das Ergebnis der *Legal Due Diligence* meist sein, dass die Auftragslage bei der Zielgesellschaft nicht langfristig abgesichert ist, da die Laufzeiten dieser Verträge in vielen Geschäftsfeldern recht überschaubar sind. Wie immer wird es auch hier Ausnahmen geben. Soweit es sich bei den Kunden um natürliche Personen handelt, gelten hier im Grundsatz dieselben datenschutzrechtlichen Beschränkungen wie bei den personenbezogenen Daten der Mitarbeiter. Bei Verträgen mit **Vertriebspartnern** wie insb. Handelsvertretern (§§ 84 ff. HGB) (*commercial agents*) ist u. a. auf nachvertragliche Wettbewerbsverbote zu achten und deren Wirksamkeit zu prüfen (vgl. § 90a HGB).

Bei **Dauerschuldverhältnissen**, also allen Verträgen bei denen es zu einem andauernden Leistungsaustausch kommt (wie üblicherweise bei Miet- und Dienstverträgen), ist zu beachten, dass bei diesen nach deutschem Recht immer eine **außerordentliche Kündigung aus wichtigem Grund** (*extraordinary termination for an important reason*) möglich ist (§ 314 BGB). Für die meisten Vertragstypen existieren gegenüber § 314 BGB vorrangige Spezialbestimmungen (z. B. in §§ 543, 569, 626, 723 BGB, § 89a HGB oder § 297 AktG) und viele Verträge enthalten Auflistungen von Fällen, bei denen ein wichtiger Grund für eine fristlose Kündigung insb. gegeben ist.

Besonderes Augenmerk gilt bei Verträgen immer der Frage, ob der Vertragspartner im Falle der Durchführung der Transaktion eine Ausstiegsklausel etwa in Form eines Sonderkündigungsrechts hat (**Change of Control-Klausel**). Derartige *Change of Control*-Klauseln spielen bei Transaktionen deswegen eine zentrale Rolle, da sie meistens gerade in wirtschaftlich besonders bedeutenden Verträgen wie z. B. **Joint Venture Agreements** oder Kreditverträgen stehen und dort oft als solche nicht sofort erkennbar sind (die explizite Bezeichnung als *Change of Control*-Klausel wird meist nicht verwendet und die Klauseln werden meist individuell formuliert) sowie in der Lebenswirklichkeit der Zielgesellschaft vor der avisierten Transaktion keine besondere Beachtung fanden, da der Auslöser für diese Klausel ja erst die Durchführung der Transaktion wäre. Der häufigste Fall des Kontrollwechsels ist der *Share Deal*, allerdings werden i. d. R. auch andere Formen des Kontrollwechsels erfasst. Bei einem *Asset Deal* wäre die Zustimmung der

Vertragspartner zum Übergang des Vertragsverhältnisses ohnehin notwendig (einzelne Forderungen können meist ohne Zustimmung der Gegenseite abgetreten werden, aber eine Vertragsübertragung setzt meist die Zustimmung des Vertragspartners und somit im Ergebenis einen dreiseitigen Vertrag voraus).

Bei allen Verträgen ist deren mögliche **Nichtigkeit** zu prüfen. Dabei ist an »klassische« Nichtigkeitsgründe wie die Sittenwidrigkeit (§ 138 BGB) und den Verstoß gegen ein gesetzliches Verbot (§ 134 BGB) zu denken. Allerdings führt nicht jeder Verstoß gegen ein gesetzliches Verbot zur Nichtigkeit, vielmehr ist ein Vertrag wegen Verstoßes gegen ein gesetzliches Verbot nur nichtig, wenn Sinn und Zweck des Gesetzes, gegen das verstoßen wurde, die Nichtigkeitsfolge verlangt (vgl. *Fischer*, WPR, S. 71 f.). Der Nichtigkeitsgrund des Formverstoßes (§ 125 S. 1 BGB) dürfte hier eher selten zum Tragen kommen, da aufgrund des Prinzips der Formfreiheit als Ausfluss der Vertragsfreiheit die wenigsten Verträge einer Formvorschrift unterliegen und in der Praxis alle relevanten Verträge ohnehin schriftlich abgeschlossen werden. Sollte die Klausel eines Vertrags nichtig sein, wird die Gesamtnichtigkeit des Vertrags meist durch die praktisch immer vorhandene salvatorische Klausel verhindert (vgl. *Fischer*, WPR, S. 74).

Bei **konzerninternen Verträgen** ist vor allem die zivilrechtliche Wirksamkeit zu prüfen (was insb. aus steuerlicher Sicht von Bedeutung ist). Verbreitete Fehler sind hier insb. Verstöße gegen § 181 Alt. 2 BGB (**Insichgeschäft** in der Variante der Mehrfachvertretung), da häufig dieselben Geschäftsführer oder Prokuristen auf beiden Vertragsseiten gehandelt haben, aber nicht von allen Gesellschaften für die sie gehandelt haben von den Beschränkungen des § 181 Alt. 2 BGB befreit waren, was insb. bei Auslandsbeurkundungen zwischen deutschen Gesellschaften, die derselben Unternehmensgruppe angehören, häufig passiert (dazu *Fischer*, FAZ v. 4.10.2006, S. 27/NZG 2006, Heft 20 XI).

Im Datenraum werden regelmäßig auch die von der Zielgesellschaft verwendeten Allgemeinen Geschäftsbedingungen (AGB, §§ 305 ff. BGB) hinterlegt. Je nach Geschäftsmodell der Gesellschaft können diese durchaus eine erhebliche Relevanz haben. Bei der Prüfung ist dann einerseits zu klären, ob wichtige Klauseln der AGB einer Inhaltskontrolle gem. §§ 307 bis 309 BGB standhalten würden, und andererseits ist durch Gespräche mit den zuständigen Mitarbeitern der Gesellschaft zu klären, ob die AGB auch stets wirksam in den Vertrag einbezogen werden (vgl. insoweit insb. §§ 305 II, 305c I, 310 I BGB).

Generell sollte in der *Legal Due Diligence* überprüft werden, ob die Zielgesellschaft über ein effektives und qualitativ anspruchsvolles **Vertragsmanagement** verfügt.

3.9.6 Kreditverträge

Der Erwerber einer Gesellschaft muss sehr genau darauf achten, dass auch nach der Übernahme die Finanzierung der Gesellschaft sichergestellt ist. Daher müssen die bestehenden Kreditverträge (*loan agreements*) bzw. Darlehen der Zielgesellschaft(en) genau geprüft werden. Da diese meist eine **Change of Control-Klausel** enthalten (diese sehen bereits die Banken-AGB vor), kann ohne Rücksprache mit den Finanzinstituten nicht davon ausgegangen werden, dass die Finanzierung künftig sichergestellt ist. Im Übrigen sollten bei Kreditverträgen aller Art u. a. die Laufzeiten, Zinsen und Zinsanpassungsklauseln sowie Vorfälligkeitsklauseln erfasst werden (vgl. Wirth in Beisel/Andreas, DD, § 19 Rd. 6 ff. m. w. N.).

Soweit die Zielgesellschaft über **Gesellschafterdarlehen** (*shareholder's loans*) finanziert wird, muss die Finanzierung künftig ebenfalls neugestaltet werden. Dies ist insb. dann der Fall, wenn eine Gesellschaft aus einem Konzern herausgelöst wird und damit z. B. auch bestehende *Cash Pooling*-Systeme wegfallen. Auch (harte oder weiche) Patronatserklärungen (*letter of comfort*) der bisherigen Gesellschafter würden mit der Transaktion zurückgenommen und damit entfallen.

Von der hier nur kurz angeschnittenen Frage der rechtlichen Prüfung der Kreditverträge und sonstiger Finanzierungsdokumente ist die Frage der Finanzierung des Unternehmenskaufs (Akquisitionsfinanzierung) zu trennen (► Teil II 12).

3.9.7 Öffentliches Recht

Die Klärung der Frage, ob ein Unternehmen über alle für den Betrieb **erforderlichen öffentlich-rechtlichen Genehmigungen** verfügt, bereitet vor allem bei Industriebetrieben erhebliche Probleme, da hierfür zunächst eine technische Bestandsaufnahme notwendig wäre. Daher wird oft so verfahren, dass die existierenden Genehmigungen erfasst werden und die Korrespondenz mit Behörden ausgewertet wird. In besonders gelagerten Fällen kann auch ein Gespräch mit den zuständigen Behörden angezeigt sein, was selbstverständlich nur im Einverständnis mit der Zielgesellschaft zulässig ist und nur erfolgen sollte, wenn der Abschluss der Transaktion praktisch sicher ist.

Soweit die Zielgesellschaft zu einem **regulierten Wirtschaftszweig** wie etwa dem Energiesektor, der Telekommunikationsindustrie, dem Pharma-, Medizinprodukte- und Gesundheitssektor oder der Finanzwirtschaft gehört, werden regulatorische Fragen mit Sicherheit im Zentrum der *Due Diligence* stehen. Auch hier wird es notwendig sein, entsprechende Experten hinzuzuziehen.

Im Rahmen der *Legal Due Diligence* sollte bei der Prüfung öffentlich-rechtlicher Risiken (oder an anderer Stelle) auch an das in den letzten Jahren an Relevanz gewonnene **Außenwirtschaftsrecht** gedacht werden: Nach den Bestimmungen des Außenwirtschaftsgesetzes (AWG) i.V.m. der auf Basis des AWG erlassenen Außenwirtschaftsverordnung (AWV) kann grds. jeder Erwerb eines inländischen Unternehmens durch einen Käufer aus einer Jurisdiktion außerhalb der EU oder der EFTA staatlich geprüft und ggf. untersagt werden. Dies gilt insb. für bestimmte, kritische Sektoren, ist aber nicht darauf beschränkt (▶ Details Teil II 7.2).

Praxishinweis: In der Praxis kommt es selten zu derartigen Untersagungen, allerdings hat diese Problematik im Zuge vermehrter Unternehmensübernahmen durch Investoren aus der VR China und daraufhin erfolgte rechtliche Verschärfungen erheblich an Bedeutung gewonnen.

Bei erhaltenen **Beihilfen** ist zu prüfen, ob diese mit dem EU-Recht (Art. 107 f. AEUV) vereinbar waren oder ob hier Rückzahlungsverpflichtungen drohen. Die EU fodert nur formell und materiell gemeinschaftsrechtswidrige Beihilfen zurück und richtet die Rückforderung an den jeweiligen Mitgliedstaat (*Schmidt-Kötters* in Meyer-Sparenberg/Jäckle, M&A, § 79 Rd. 32 f.). Der Mitgliedstaat ist dann verpflichtet, die Rückforderung auf Basis des nationalen Rechts gegenüber dem begünstigten Unternehmen geltend zu machen. In Deutschland erfolgt die Rückforderung nach allgemeinem Verwaltungsrecht (§ 48 VwVfG des Bundes bzw. des jeweiligen Bundeslandes).

3.9.8 Versicherungen

Was die Versicherungen der Zielgesellschaft anbelangt, werden meist die existierenden Versicherungsverträge im *Due Diligence Report* erfasst, aber eine Bewertung, ob diese ausreichend sind, sollte besser Versicherungsmaklern oder Aktuaren überlassen bleiben, jedenfalls wird eine *Legal Due Diligence* diese Frage nicht beantworten können. Da jede Gesellschaft über die üblichen Versicherungen verfügen wird und Änderungen des Versicherungsschutzes auch nach der Transaktion möglich sind, dürfte diese Frage meist keine besondere Bedeutung haben.

Bei einem *Asset Deal* gehen Sachversicherungen gem. § 95 VVG mit der veräußerten Sache über. Diese Versicherungen können aber zeitnah gem. § 96 VVG gekündigt werden.

3.10   Die Compliance Due Diligence

Das Thema **Compliance** (Regeltreue, Rechtskonformität) und daraus resultierend die *Compliance Due Diligence* hat erst in den zurückliegenden Jahren die herausragende Bedeutung erlangt, die es heute hat (vgl. *Höttges/Hagemeister* in Berens/Brauner/Knauer/Strauch, DD, S. 449 f.). Die Durchführung einer *Compliance Due Diligence* wird mittlerweile im Ausland teilweise auch gesetzlich bei Unternehmenserwerbungen gefordert, etwa von dem *UK Bribery Act* 2010 oder dem *U.S. Foreign Corrupt Practises Act*/FCPA (vgl. *Störk/Nestler* in Beisel/Andreas, DD, § 41 Rd. 1). In Deutschland existiert insofern bislang keine explizite gesetzliche Regelung, jedoch folgt die Verpflichtung zur Durchführung einer *Compliance Due Diligence* je nach Art und Größe der Zielgesellschaft aus der dargestellten generellen Verpflichtung zur Durchführung einer *Due Diligence*.

Die *Compliance Due Diligence* könnte aber auch aus Perspektive des deutschen Rechts demnächst noch eine besondere Relevanz erlangen: Der aktuelle Entwurf des **Verbandssanktionengesetz** (VerSanG-E, Referentenentwurf vom 20.4.2020) sieht in § 9 II S. 2 VerSanG-E vor, dass die Verbandsgeldsanktion auf Basis des durchschnittlichen Jahresumsatzes des Verbandes der letzten drei Geschäftsjahre, die der Verurteilung vorausgehen, berechnet werden soll, d. h. im Falle der Übernahme einer wirtschaftlich unbedeutenden Gesellschaft z. B. durch einen DAX 30-Konzern, würden die Rechtsverstöße der übernommenen Gesellschaft auf Basis der Umsätze des DAX 30-Konzerns bis zu einer Höhe von 10% des Jahresumsatzes des Konzerns berechnet. Dieses erhebliche Sanktionsrisiko könnte sich negativ auf derartige Unternehmensübernahmen auswirken oder ggf. für die Wahl eines *Asset Deals* sprechen (vgl. Stellungnahme des DICO vom 12. Juni 2020 zum VerSanG-E, S. 17 f., https://www.dico-ev.de/wp-content/uploads/2020/06/DICO-Stellungnahme-Gesetz-zur-Staerkung-der-Integritaet-in-der-Wirtschaft.pdf). Insofern wird bereits vorgeschlagen, dass eine adäquate (*Compliance*) Due Diligence bei der Übernahme zu einer Haftungsreduktion führen soll (DICO

a. a. O., unter Verweis auf die entsprechende Praxis des *US Department of Justice* bei FCPA-Verstößen einer übernommenen Gesellschaft). Dies bedeutet, dass aus tatsächlichen wie rechtlichen Gründen eine *Compliance Due Diligence* auf Dauer vielleicht zu den Standards einer Prüfung der Zielgesellschaft gehören dürfte. So oder so ist die Durchführung einer *Compliance DD* aber immer eine gute Idee.

Unter *Compliance* wird zunächst ganz einfach die Sicherstellung der Einhaltung der externen und internen Regeln verstanden (vgl. Grundsatz 5 des DCGK). Dies ist eigentlich bereits Teil einer *Legal Due Diligence*, so dass sich insoweit eine große Schnittmenge von *Legal Due Diligence* und *Compliance Due Diligence* ergibt. Neu ist bei der *Compliance Due Diligence* aber, dass je nach Geschäftstätigkeit der Zielgesellschaft(en) viel intensiver nach Verstößen gegen Gesetze wie z. B. Bestechungen, Steuerstraftaten, Embargoverstöße, Insiderhandel, Verstöße gegen den Datenschutz oder Kartellrechtsverstöße im In- und Ausland gesucht wird, wobei eine länderspezifische Analyse im Zentrum der Prüfung steht (vgl. *Höttges/Hagemeister* in Berens/Brauner/Knauer/Strauch, DD, S. 452). Zwar wird auch hier der *Due Diligence*-Prüfer wohl noch nicht zu einem Detektiv, aber es geht mehr und mehr in diese Richtung, da die Auswertung der vorgelegten Dokumente bei strafbaren Handlungen nicht sehr viel bringen wird, so dass verstärkt auf intensive Befragungen von Mitarbeitern oder auf externe, öffentlich zugängliche Quellen gesetzt werden muss (vgl. *Höttges/Hagemeister* in Berens/Brauner/Knauer/Strauch, DD, S. 452). Allerdings können bereits scheinbar harmlose Dokumente ein Indiz für *Compliance*-Verstöße sein, wenn etwa Berater auffällig hohe Honorare für unklare Dienstleistungen erhalten, insb. wenn diese in Jurisdiktionen erbracht werden, die für ein hohes Maß an Korruption bekannt sind.

Bestandteil der *Compliance Due Diligence* ist aber vor allem die Prüfung des Vorhandenseins und der Effektivität eines **Compliance Management Systems (CMS)**. In Deutschland erfolgt diese Prüfung anhand des Maßstabs des IDW PS 980 mit den Elementen Kultur, Ziele, Risiken, Programm, Organisation, Kommunikation, Information sowie Überwachung und Verbesserung (vgl. auch *Störk/Nestler* in Beisel/Andreas, DD, § 41, Rd. 1). Abhängig von der Größe der Gesellschaft und dem Gefährdungsrisiko in den Geschäftsfeldern, in denen die Zielgesellschaft tätig ist, werden Elemente wie eine *Compliance* Richtlinie, ein *Compliance Officer*, ein (die Anonymität gewährleistendes) Hinweisgebersystem (*Whistleblowing Hotline*, vgl. die EU-Whistleblower Richtlinie und Grundsatz 5, A2 S. 2 des DCGK), Schulungen von Mitarbeitern und weitere Maßnahmen sowie eine klare Vorgabe vom

Management (»tone from the top«, bei größeren Unternehmen ergänzt durch ein »tone from the middle«) notwendig sein (vgl. *Moosmayer*, Compliance, Rd. 144 ff.). Dabei sollte auch untersucht werden, inwieweit das CMS der Zielgesellschaft mit dem CMS des Erwerbers kompatibel ist (*Hasenauer/ Stingl*, DD, S. 18).

3.11 Die Commercial Due Diligence

Von zentraler Bedeutung ist die **Commercial Due Diligence**, die oft auch als **Strategic Due Diligence** oder **Market Due Diligence** bezeichnet wird und den Blick auf betriebswirtschaftliche Aspekte richtet (vgl. *Niederdrenk*, CDD, S. 8 ff.). Während die *Financial Due Diligence* vor allem die finanzielle Vergangenheit und den Ist-Zustand analysiert, ist der Fokus der *Commercial Due Diligence* auf die Zukunft ausgerichtet. Die *Commercial Due Diligence* analysiert die Geschäftsplanung und das Geschäftsmodell unter Berücksichtigung des Marktes, der Kunden und des Wettbewerbs und kann so die Geschäftsplanung quantitativ überprüfen (*Niederdrenk*, CDD, S. 8 f.). Ein beliebtes *Tool* in diesem Kontext ist die SWOT-Analyse zur Positionierung und Strategieentwicklung bei der die Stärken, Schwächen, Chancen und Risiken der Zielgesellschaft pointiert erfasst werden (*Römer/Groh* in Beisel/ Andreas, DD, § 39 Rd. 42 f.). Eine derartige SWOT-Analyse findet sich typischerweise auch in jedem *Information Memorandum* auf Basis der bekannten Struktur (▶ Abb. 2)

Stärken *(Strengths)*	**Chancen** *(Opportunities)*
Schwächen *(Weaknesses)*	**Risiken** *(Threats)*

Abb. 2: SWOT-Matrix

3.12 Die Environmental Due Diligence

Bei der *Environmental Due Diligence* geht es um die Identifikation von Umweltrisiken, insb. im Bereich **Altlasten**. Das rechtliche Risiko von Altlasten (*contaminated soil*) ergibt sich vor allem aus §§ 3, 9, 24 Bundes-Boden-schutzgesetz (BBodSchG) und wird vor allem bei alten Industrieanlagen mit ungeklärtem Altlastenrisiko virulent. Kommunale Altlastenkataster können hier meistens nur einen Altlastenverdacht verstärken oder entschärfen. Im Extremfall müsste hier ein Umweltgutachter Bodenproben entnehmen. Außerdem könnte im Rahmen einer *Environmental Due Diligence* eine umfassende Umwelt Compliance Analyse erfolgen (Prüfung der Einhaltung aller öffentlich-rechtlicher Vorgaben und etwaiger zivilrechtlicher Haftungsrisiken).

Praxishinweis: Ungeklärte Altlastenrisiken gehören neben Problemen bei der betrieblichen Altersversorgung zu den kritischsten Verhandlungspunkten bei Unternehmenskäufen. Die besondere Problematik ergibt sich daraus, dass eine Bodenanalyse vor oder nach der Transaktion erst zu aufwendigen Beseitigungspflichten führen würde und deswegen nicht erwünscht ist.

3.13 Die HR Due Diligence

Bei der *HR Due Diligence,* die eine Schnittmenge mit der arbeitsrechtlichen *Due Diligence* als Teil der *Legal Due Diligence* aufweist, geht es vor allem um die Bewertung des Humankapitals, also eine Chancen- und Risikoanalyse in Bezug auf das Personal (*Andreas* in Beisel/Andreas, DD, § 44 Rd. 14 ff.). Es liegt auf der Hand, dass diese Prüfung durch Personalexperten des Erwerbers oder Personalberater durchgeführt werden sollte.

3.14 Die Cultural Due Diligence

Einer der Hauptgründe für das Scheitern von Transaktionen dürften Probleme bei der Zusammenführung der Unternehmenskulturen sein (a.A. *Jansen*, M&A, S. 366, der die vermutete besondere Relevanz der Kultur für den Akquisitionserfolg für widerlegt hält und darauf verweist, dass kulturelle Unterschiede in wissensbasierten Branchen auch förderlich sein können). Daher ist die *Cultural Due Diligence* immer mehr in den Fokus gerückt, allerdings ist der Prüfungsgegenstand hier nur schwer zu greifen, geht es doch im Kern um die Frage der Kompatibilität zweier oder mehrerer Unternehmenskulturen und Unternehmensphilosophien (*Hasenauer/Stingl*, DD, S. 17 m. w. N.).

> **Praxishinweis:** In der Praxis wurde das Thema Unternehmenskulturen traditionell meist keiner strukturierten Prüfung unterzogen, d. h. die *Cultural Due Diligence* gehört bislang (noch) nicht zu den etablierten Bereichen der Prüfung einer Zielgesellschaft. Dies ist ein Defizit, welches die Praxis, soweit wie bei dieser schwer greifbaren Thematik möglich, beseitigen sollte.

3.15 Der Due Diligence Report

Die während der *Due Diligence* erfassten Informationen sowie die daraus gezogenen Schussfolgerungen werden in einem Report dokumentiert (*Due Diligence Report,* DDR, mündliche Zwischenergebnisse werden oft als *findings* bezeichnet). Diese Berichte sind meist recht umfangreich und werden von den Beratern meist nur als Entwürfe (*draft*) dem Auftraggeber übersandt.

> **Praxishinweise:** (1) Wegen des nicht unerheblichen Haftungsrisikos einer *Due Diligence* werden Berater immer darauf bedacht sein, nur Entwürfe der Berichte den Mandanten zur Verfügung zu stellen. Dies ist verständlich, allerdings sollten die Auftraggeber darauf achten, dass sie am Ende der *Due Diligence* und somit vor dem *Signing* auch eine Endfassung der Berichte erhalten (was in der Praxis keine Selbstverständlichkeit ist). Manchmal finden sich obskure Formulierungen wie »*Final Draft*« auf den Berichten, da die Berater sich hartnäckig sträuben »Endfassungen« von DD-Berichten zur Verfügung zu stellen. (2) Die Verfasser eines FDD-Reports lassen sich oft im *Instruction Letter* das Recht einräumen, den Entwurf des Reports der Zielgesellschaft zur Kommentierung vorzulegen, was in der Praxis aber wohl meist nicht wirklich umgesetzt wird. Beim *Legal Report* ist dies jedenfalls absolut unüblich.

Beratern ist zu empfehlen, in ihren (potentiell haftungsträchtigen) *Due Diligence*-Berichten neben der Titulierung als »Entwurf« (idealerweise als Wasserzeichen auf jeder Seite des Berichts und in der Kopf- oder Fußzeile mit Datumsangabe) zur eigenen Absicherung insb. auf Folgendes zu achten:

- In der Einleitung des Reports sollte der möglichst eng gefasste *Scope* der *Due Diligence*, verbunden mit der Klarstellung, welche Aspekte nicht Gegenstand der Prüfung waren, dargestellt werden.

Beispiel: So sollte im *Legal Due Diligence Report* explizit klargestellt werden, dass z. B. insb. das Steuerrecht nicht Gegenstand der Prüfung war und die Prüfung auf das in Deutschland geltende Recht beschränkt wurde.

- Beschreibung des Ablaufs der *Due Diligence* einschließlich der Angabe, wann welcher *Data Room* besucht wurde und wann mit welchen Vertretern des Managements in welchem Umfang gesprochen wurde.
- Der Tag des Abschlusses der *Due Diligence* sollte im Bericht unbedingt festgehalten werden, da es nicht selten zwischen Beendigung der DD und dem *Signing* noch zu signifikanten Änderungen kommt.
- Zumindest Hinweise auf vereinbarte Haftungsvereinbarungen und Allgemeine Mandatsbedingungen sollten nicht fehlen. Wirtschaftsprüfer werden außerdem ihre Allgemeinen Mandatsbedingungen dem Bericht beifügen.
- Es sollte festgehalten werden, dass nur vorgelegte Dokumente ausgewertet wurden, aber keine eigenen Recherchen erfolgt sind (von der Einsichtnahme in bestimmte Register abgesehen) und eine Überprüfung der Echtheit der Dokumente nicht Teil des Auftrags war.
- Es ist sehr genau auf die benutzten Formulierungen zu achten und immer sehr vorsichtig, d. h. so eng wie möglich, zu formulieren.

Beispiel: Es ist ein gewaltiger Unterschied, ob im Report steht »*Elke Müller ist Geschäftsführerin der GmbH*« oder »*Laut Handelsregisterauszug vom 12. Dezember 2020, 11.25 Uhr, ist Elke Müller, geb. am 10. Juli 1976, Geschäftsführerin der XYZ GmbH*«. Bei der zweiten Formulierung ist eine Unrichtigkeit der Aussage praktisch ausgeschlossen (denkbar wären hier im Grunde nur leicht vermeidbare Übertragungsfehler), bei der ersten Formulierung dagegen kann ein Fehler nicht ausgeschlossen werden, da die Abberufung einer Geschäftsführerin auch ohne Eintragung im HR wirksam ist, sobald der Gesellschafter einen entsprechenden Beschluss gefasst und dies der Geschäftsführerin mitgeteilt hat (deklaratorische Wirkung der HR-Eintragung bei der Bestellung und Abberufung von Geschäftsführern und Vorständen). Von diesem Vorgang würde das DD-Team unter Umständen überhaupt nichts erfahren (ein typisches Problem, wenn Eintragungen in Registern nur deklaratorische Bedeutung haben).

- Sehr wichtig ist es auch, den ausschließlichen Adressaten des Reports eindeutig zu benennen und die Weitergabe an Dritte (wie z. B. die die

Transaktion finanzierenden Banken) an eine explizite vorherige schriftliche Zustimmung des Verfassers des Reports zu binden.

> **Praxishinweis**: Wird der *Due Diligence Report* an die die Transaktion finanzierende Banken weitergegeben, dann üblicherweise und empfehlenswerterweise nur auf Basis eines *Non-Reliance Letters* oder *Release Letters*, der bestimmt, dass die Verfasser des Reports gegenüber den Banken nicht für den Inhalt des Reports haften (vgl. *Keiluweit* in van Kann, Unternehmenskauf, S. 39).

- Im Report sollte klargestellt werden, dass dieser *keine* Empfehlung zur Durchführung oder Nicht-Durchführung der Transaktion enthält. Dies bleibt eine wirtschaftliche Entscheidung des Auftraggebers, die von zahlreichen Faktoren abhängt.

> **Praxishinweis**: Mandanten mögen die ausführlichen *Disclaimer* der Berater nicht sonderlich schätzen, trotzdem sollte hier – auch vor dem Hintergrund der hohen Anzahl an fehlgeschlagenen Unternehmenskäufen – keinesfalls gegeizt werden. Im Übrigen wird ein Mandant einen Berater, der sich selbst nicht absichert, auch nicht unbedingt besonderes Vertrauen entgegenbringen.

Inhaltlich beginnen die Berichte (nach der Einleitung mit den vorstehenden *Disclaimern*) meist mit einer Zusammenfassung der Ergebnisse (**Executive Summary**). Diese sollte die zentralen Erkenntnisse des Berichts zusammenfassen. Dabei hat sich bei einem *Legal Due Diligence* nachstehendes Schema bewährt, was allerdings kein verbreiteter Standard und für die Berater unter Haftungsaspekten auch nicht ganz unproblematisch ist. Andererseits aber vermeidet diese Vorgehensweise, dass der Adressat des Reports sich fragt, was denn eigentlich die Konsequenzen des DD-Reports sind (insofern wird manchmal etwas salopp aus Perspektive des Empfängers des Reports von einem *»So what?«*-**Test** gesprochen, ▶ Tab. 2.).

Im Anschluss an die *Executive Summary* folgt der ausführliche Bericht, der bei der *Legal Due Diligence* systematisch Gesellschaft für Gesellschaft erfolgt. Dabei erleichtert es die Lesbarkeit des Berichts, wenn mit Übersichten (*templates*) gearbeitet wird und unübersichtliche Fließtexte mit wechselnden Formulierungen vermieden werden. Aus diesem Grunde bietet sich auch die Verwendung eines Querformats für die Darstellung an.

Tab. 2: Tabellarisches Schema für die Legal Due Dilligence

Thematik (nach Rechtsgebieten geordnet)	Mögliche Konsequenz für die weitere Due Diligence	Konsequenz für den Unternehmenskaufvertrag	Konsequenz für die Integration nach dem Closing
Beispiel: Nachweis der Inhaberschaft an den Geschäftsanteilen ist anhand der vorgelegten Dokumente nachvollziehbar.	Beispiel: Keine (wenn die gesamte Anteilshistorie bereits anhand von Dokumenten nachvollzogen werden konnte, sind weitere Maßnahmen nicht möglich).	Beispiel: Garantie ohne Einschränkung bez. des frei verfügbaren Eigentums an den Geschäftsanteilen (kein Qualifier wie etwa »best knowledge«).	Beispiel: Keine (abgesehen von der Übersendung einer aktualisierten Gesellschafterliste an das HR durch den Notar).

Beispiel: Hat eine Zielgesellschaft aus dem Bereich Einzelhandel Mietverträge über Gewerbeimmobilien an 30 Orten abgeschlossen, sollten alle Mietverträge in Übersichten nach demselben Schema dargestellt werden.

3.16 Die Vendor Due Diligence

Als Vendor Due Diligence (VDD) wird eine *Due Diligence* bezeichnet, die der **Verkäufer** durchführt bzw. durchführen lässt. Dies mag auf den ersten Blick überraschend wirken, wirft dies doch die Frage auf, wieso der Verkäufer das eigentlich tun sollte. Meistens gibt es hierfür zwei Gründe (vgl. *Fischer*, FAZ v. 15.6.2005, S. 25):

- Der Verkäufer kennt die Gesellschaft, die er verkaufen will, nicht vollständig, was z. B. daran liegen kann, dass der Verkäufer nur durch die Ausübung eines Pfandrechts Gesellschafter der zum Verkauf stehenden Gesellschaft geworden ist. Würde der Verkäufer in dieser Konstellation selbst keine Prüfung der Zielgesellschaft vornehmen, würde im Laufe der Transaktion aufgrund der *Due Diligence* Prüfungen des oder der Kaufinteressenten eine **Informationsasymmetrie** zu Ungunsten des Verkäufers entstehen, was z. B. bei Verhandlungen von Garantien für den Verkäufer gefährlich werden könnte. Außerdem erhält der Verkäufer durch eine VDD die Möglichkeit etwaige Problem im Vorfeld zu beseitigen oder sich auf deren Diskussion im Rahmen des Verkaufsprozesses vorzubereiten.

- Der zweite Grund besteht darin, dass der Verkäufer bei einem Bietungs-
verfahren, mit Hilfe eines VDD-Reports, der den Bietern zur Verfügung
gestellt wird, mehrere Bieter im Rennen hält, um die eigene **Verhand-
lungsposition** nicht dadurch zu schwächen, dass die Verkäuferseite von
einem einzigen Bieter abhängig ist. In dieser Konstellation geht die Initi-
ative eine VDD durchzuführen häufig von der Investmentbank aus (*Keil-
uweit* in van Kann, Unternehmenskauf, S. 38). Der Wert einer solchen
VDD ist natürlich sehr fragwürdig und früher oder später werden die
meisten Bieter zumindest auch eine eingeschränkte eigene *Due Diligence*
durchführen (*Confirmatory Due Diligence*), denn wer verlässt sich schon
gerne auf die Berichte der Berater der Gegenseite.

Dieser zweite Aspekt, d. h. die Erstellung eines VDD-Reports durch Berater
des Verkäufers zur Vorlage an Kaufinteressenten, also aus Sicht der Berater des Verkäufers Dritte, ist der entscheidende Knackpunkt einer VDD: Da
keine Mandatsbeziehung zwischen den Erstellern des VDD-Reports und
den Bietern, die den Report erhalten sollen, besteht, stellt sich die Frage
der Haftung für den Report. Diese Frage wird in der Praxis durch den Abschluss eines **Non-Reliance Letters** oder aber eines **Reliance Letters** beantwortet, der die Frage der Haftung der Berater für den Report gegenüber
Dritten regelt: Entweder wird der komplette Ausschluss der Haftung vorgesehen, was den Report dann natürlich massiv entwertet, oder aber der *Reliance Letter* wird eine sehr restriktive Haftungsregelung zugunsten des Verfassers enthalten sein.

Wenn bereits *Due Diligence* Berichte als haftungsträchtig gelten, dann gilt
dies in besonderem Maße für VDD-Berichte, was u. a. damit zusammenhängt, dass der Verfasser des Berichts den Adressaten gar nicht oder jedenfalls kaum kennt, es neben dem VDD-Report keinen weiteren Informa-
tionsaustausch gibt und die Hemmschwelle, einen Berater mit dem kein
Mandatsverhältnis besteht, zu verklagen, noch einmal deutlich herabgesetzt sein dürfte. Vor diesem Hintergrund sind die Verfasser von VDD-Be-
richten bei der Darstellung und Formulierung des Berichts in besonderem
Maße gefordert. Außerdem existiert jedenfalls bei größeren Kanzleien ein
sog. **Opinion Panel**, welches den VDD-Report noch einmal in technischer
Hinsicht gegenprüft, um sicherzustellen, dass die Haftung des Beraters soweit wie eben möglich eingeschränkt wurde.

Praxishinweis: Soweit aufgrund der Interessenkonflikte und der Haftungsrisiken die Erstellung eines VDD-Reports nicht möglich erscheint,

wird oft nur ein sog. **Fact Book** erstellt, d. h. es werden einfach die Fakten zusammengefasst und auf eine (rechtliche) Bewertung verzichtet.

Ein Vorteil der VDD mag auch sein, dass die Zielgesellschaft sich nicht mit einer Vielzahl von Prüfern auseinandersetzen muss. Allerdings werden – wie erwähnt – früher oder später die Erwerbsinteressenten ohnehin eigene Prüfungen durchführen.

In den USA werden VDD im Gegensatz zum europäischen Rechtsmarkt deutlich kritischer gesehen, was insb. mit dem dortigen für *Law Firms* relevanten Haftungs- und Standesrecht zusammenhängt, da insb. eine Haftungsbegrenzung für *US Law Firms* nicht möglich ist und gleichzeitig Schadensersatzklagen gegen Anwaltskanzleien in den USA deutlich verbreiteter sind als in anderen Jurisdiktionen (*Potter*, Homepage der American Bar Association vom 19.9.2018, https://www.americanbar.org/groups/business_la w/publications/blt/2011/07/01_potter).

3.17 Zusammenspiel von Due Diligence und Unternehmenskaufvertrag

Da im Rahmen der *Due Diligence* die Informationen ausgewertet werden, die die Zielgesellschaft in einem Datenraum und bei Managementbefragungen zur Verfügung gestellt haben, drängt sich die Frage auf, wie der Käufer eigentlich davor geschützt wird, dass problematische Informationen nicht einfach zurückgehalten werden. Die Antwort auf diese Frage lautet, dass der Schutz einerseits durch vertragliche Regelungen vor allem in Form des Garantiekatalogs im Unternehmenskaufvertrag (dem *Share Purchase Agreement*/SPA) und andererseits durch zwingende gesetzliche Bestimmungen erfolgt.

- Zunächst zur **vertraglichen Absicherung durch den Garantiekatalog**: Im SPA wird (vereinfacht dargestellt) garantiert, dass es bei der Zielgesellschaft keine rechtlichen oder anderen Risiken außer denen gibt, die im SPA in einer Anlage (**Disclosure Schedule**) offengelegt werden. Diese Anlage wiederum sollte nur Risiken enthalten, die in der *Due Diligence* offengelegt wurden. Der Käufer muss also nur die *Disclosure Schedule* mit dem *Due Diligence Report* abgleichen, um zu sehen, ob die Informationen im Datenraum vollständig waren.

Beispiel: Wird im Unternehmenskaufvertrag garantiert, dass die Gesellschaft in keinen anderen Rechtsstreitigkeiten als Beklagte beteiligt ist, als in denjenigen, die in einer Anlage zu dieser Garantie aufgelistet sind (*Disclosure Schedule*), dann wird der Käufer sich die von der Zielgesellschaft erstellte Anlage zu den Rechtsstreitigkeiten anschauen und diese mit der in der *Due Diligence* offengelegten Rechtsstreitigkeiten abgleichen. Stimmt die Anlage mit den Erkenntnissen der *Due Diligence* überein, bestehen grds. keine Probleme, wird aber ein Prozess im Unternehmenskaufvertrag offengelegt, der nicht Gegenstand der *Due Diligence* war, dann muss der Grund hierfür geklärt und ggf. die *Due Diligence* ergänzt werden. Wird ein Prozess in den *Disclosure Schedules* verschwiegen, liegt eine Verletzung der Garantie vor und damit im Rahmen der vertraglichen Vereinbarungen eine Schadensersatzpflicht des Veräußerers.

- Nun zum **Schutz des Erwerbers durch zwingende gesetzliche Bestimmungen:** Verschweigt der Veräußerer arglistig Risiken in der *Due Diligence* und im Unternehmenskaufvertrag, dann gelten auch die Haftungsbegrenzungen des Kaufvertrags (wie Haftungsobergrenzen) nicht, die in der Praxis fast jedes SPA zugunsten des Verkäufers enthält, da die Haftung für Vorsatz nicht ausgeschlossen werden kann (§§ 276 III, 444 BGB) und es können gesetzliche Gewährleistungen geltend gemacht werden. In letzter Konsequenz kommt dann sogar die Anfechtung des gesamten Unternehmenskaufvertrags wegen arglistiger Täuschung (§ 123 I Alt. 1 BGB) oder auch eine Strafbarkeit wegen Betrugs (§ 263 StGB) der handelnden Personen auf Seiten des Veräußerers in Betracht (mit entsprechenden deliktsrechtlichen Ansprüchen des Käufers aus § 823 II BGB i.V. m. § 263 StGB oder § 826 BGB). Dabei ist zu beachten, dass für einen entsprechenden Vorsatz des Verkäufers bereits der **bedingte Vorsatz** (*dolus eventualis*) genügt und dieser nach h.M. schon bei der »*billigenden Inkaufnahme*« beginnt (Strafrecht und Zivilrecht laufen insoweit parallel; vgl. zum Zivilrecht Palandt/*Grüneberg*, § 276 Rd. 10 m.w.N.). Arglistiges Verhalten wird z.B. bereits bejaht, wenn ein Verkäufer »*ins Blaue hinein*« Aussagen macht (Palandt/*Ellenberger*, § 123 Rd. 3). Vorsätzliches und arglistiges Handeln beginnen somit schon früher als die meisten Laien wohl vermuten würden.

Des Weiteren wird der Käufer versuchen, vom Verkäufer eine **Garantie** zu erhalten, dass in der *Due Diligence* vom Verkäufer »*keine irreführenden oder fehlerhaften Unterlagen zur Verfügung gestellt oder falsche Auskünfte erteilt wurden*« (vgl. *Gerber* in Limmer, Würzburger Notarhandbuch, Teil 5, Kap. 7, Rd.

43) oder darüber hinaus die Garantie, dass der Datenraum sämtliche relevanten Informationen enthielt. In der Regel wird der Verkäufer eine so weitreichende Garantie zur Qualität des *Data Rooms* zu Recht nicht abgeben. Insbesondere eine Garantie zur Vollständigkeit ist weder hier noch sonst möglich, außerdem kommt es bei derartigen Garantien zur Überschneidung und zu Widersprüchen im Hinblick auf andere Garantien, so dass derartig weite Garantien sehr leicht zu Streitigkeiten führen, die eigentlich ja durch den Garantiekatalog vermieden werden sollen (vgl. zu der Problematik *Meyer-Sparenberg* in Meyer-Sparenberg/Jäckle, M&A, § 44 Rd. 97 f.).

Praxishinweise: (1) In der heutigen M&A-Praxis dürften derartige Garantien eher selten sein. Es ist aber auch zu bedenken, dass der Datenraum unter der Aufsicht des Managements der Zielgesellschaft zusammengestellt wird, welches häufig bei der Zielgesellschaft dauerhaft verbleibt und daher kein Interesse daran haben kann, mit irreführenden Darstellungen das Verhältnis zum künftigen Gesellschafter zu belasten. Umgekehrt kommt es vor, dass der Veräußerer vom Management der Zielgesellschaft eine Bestätigung der Richtigkeit des Datenraums verlangt. (2) Bei den **Verhandlungen** über den Unternehmenskaufvertrag verweigern viele Veräußerer die Abgabe von Garantien mit dem Argument, dass der Käufer ja eine *Due Diligence* durchgeführt habe bzw. diese ja noch ausweiten könnte: Dieses Argument überzeugt jedoch nicht vollständig, da der Käufer die *Due Diligence* auf eigene Kosten zur eigenen Absicherung durchführt und nicht um den Verkäufer zu entlasten.

Der Veräußerer wird sich bei späteren Streitigkeiten darauf berufen, dass der Käufer im Rahmen der *Due Diligence* entsprechende Kenntnisse erlangt hat (oder hätte erlangen können), was wiederum zum Ausschluss der Haftung des Verkäufers führt (**§ 442 I BGB**). In den meisten Unternehmenskaufverträgen finden sich spezielle **Kenntnisklauseln** zu dieser Problematik.

Praxishinweis: Vor diesem Hintergrund sollte dem Veräußerer grds. geraten werden, im Zweifel alles offenzulegen. Bei besonders sensiblen Themen sollte der Veräußerer sich darauf beschränken, nur die entsprechenden Tatsachen vorzulegen und jede Bewertung dem Kaufinteressenten zu überlassen, gleichzeitig aber soweit wie möglich die Haftung für diesen Komplex im Kaufvertrag auszuschließen. Verhandlungstaktisch mag es Sinn machen, dies von Anfang klarzustellen, dass es für diesen Komplex keine Garantien geben wird.

Der Veräußerer wird Wert darauf legen in dem Kaufvertrag zu dokumentieren, welche Dokumente im (virtuellen) Datenraum offengelegt wurden. Aus Verkäufersicht wäre die Ideallösung, dass im SPA bestimmt wird, dass alle im *Data Room* vorgelegten Dokumente als bekannt gelten. Damit stellt sich aber die Frage, wie später festgestellt werden kann, was im *Data Room* vorlag und was nicht (der *Data Room Index* ist da nur eine unzureichende Hilfe). Da selbst bei Verwendung einer Bezugsurkunde (▶ Teil II 5.1.16) die Beifügung des gesamten *Data Rooms* als Anlage zum SPA de facto nicht möglich ist (es müssten dann ja bei einem beurkundungspflichtigen Unternehmenskaufvertrag auch bei Verwendung einer Bezugsurkunde sämtliche Dokumente vom Notar verlesen werden), wird in der Praxis teilweise auf eine digitale Version des *Data Rooms* Bezug genommen, die beim Notar z. B. in Form eines Datenträgers hinterlegt wird, der aber nicht Vertragsbestandteil wird.

Praxishinweis: Eine Kenntnisklausel unter Bezugnahme auf den in digitaler Form hinterlegten *Data Room* wird sich in vielen SPAs finden, zumal hierdurch auch klargestellt wird, was ggf. nicht offengelegt wurde, d. h. die Klausel kann sich zum Vorteil bzw. Nachteil von beiden Seiten auswirken.

4 Gegenüberstellung von Share Deal und Asset Deal

Meist wird bereits parallel zur *Due Diligence* mit der Verhandlung des Unternehmenskaufvertrags begonnen. Bevor auf die Einzelheiten eines Unternehmenskaufvertrags eingegangen wird, sollen die beiden alternativen *Deal*-Formen *Share Deal* und *Asset Deal* gegenübergestellt werden.

4.1 Kaufgegenstand und Vertragsparteien

Ein Unternehmenskauf kann technisch in zwei Formen durchgeführt werden:

- Entweder der Käufer erwirbt von den bisherigen Gesellschaftern der Zielgesellschaft alle oder einige Anteile an einem Unternehmen, also etwa die Geschäftsanteile einer GmbH oder die Aktien einer AG, dann wird von einem **Share Deal** (*share* = Aktie/Geschäftsanteil) gesprochen; das BGB verwendet den Begriff Rechtskauf (§ 453 BGB);
- oder der Käufer erwirbt von der Zielgesellschaft selbst einzelne oder alle Wirtschaftsgüter der Zielgesellschaft, also etwa die Maschinen, Grundstücke, Gewerblichen Schutzrechte, aber ggf. auch die Verbindlichkeiten einer Zielgesellschaft, dann wird von einem *Asset Deal* gesprochen (*asset* = Vermögenswert, umfassender könnte vielleicht auch vom Erwerb einzelner oder aller Aktiva und Passiva der Zielgesellschaft gesprochen werden).

> **Abweichende Terminologie im Steuerrecht**: Im Steuerrecht wird beim Erwerb einer Beteiligung an einer *Personengesellschaft* im Bereich der Einkommensteuer aufgrund des dort geltenden Transparenzprinzips (die Personengesellschaften sind insoweit keine Steuersubjekte, vgl. § 1 f. KStG) abweichend vom Zivilrecht grds. von einem *Asset Deal* gesprochen (*Scheifele* in Meyer-Sparenberg/Jäckle, M&A, § 24 Rd. 2). Bei der Umsatz- und der Grunderwerbsteuer wird aber auch im Steuerrecht der Erwerb einer Beteiligung an einer Personengesellschaft als *Share Deal* bezeichnet (*Bodden* in Carlé/Strahl, Unternehmenskauf, Rd. 45; *Pupeter* in Holzapfel/Pöllath, Unternehmenskauf, Rd. 319 f.).

In beiden Erwerbsvarianten ist es also möglich, volle 100% der Gesellschaft bzw. der Wirtschaftsgüter der Gesellschaft zu erwerben oder nur Teile davon (beim *Share Deal* würde dann von einem **Beteiligungserwerb** gesprochen) und in beiden Fällen handelt es sich um einen Kaufvertrag i. S.v. § 433 BGB (im Falle des *Share Deals* i. d. R. um einen reinen Rechtskauf i. S. v. § 453 BGB auf den die §§ 433 ff. BGB entsprechend anzuwenden sind).

Beim *Share Deal* stellt sich die weitere Frage, ob der Erwerber bereits existierende Anteile von Gesellschaftern der Zielgesellschaft erwirbt (der Variante des Erwerbs von Anteilen, die die Zielgesellschaft in Ausnahmefällen selbst hält, soll hier nicht weiter nachgegangen werden) oder ob Anteile im Wege einer **Kapitalerhöhung**, also durch die Erhöhung des Nominalkapitals (also des sog. Grundkapitals bei der AG oder des Stammkapitals bei der GmbH, im Englischen *nominal capital* oder *registered capital*), geschaffen werden. In beiden Varianten ist auch die Erhöhung einer bereits vorhandenen Beteiligung denkbar. Wenn die Zielgesellschaft bereits eine Vielzahl von Aktionären hat und die Gesellschafter zur weiteren Finanzierung der Zielgesellschaft einen weiteren Gesellschafter aufnehmen wollen (wie z. B. im Bereich des *Venture Capital*), dann ist eine Kapitalerhöhung (unter Ausschluss des Bezugsrechts der Altgesellschafter) die richtige Option. Diese Option der Übernahme von Gesellschaftsanteilen im Rahmen einer Kapitalerhöhung wird vor allem in dem Kapitel *Venture Capital* noch genauer dargestellt werden (▸ Teil II 5 9).

4.2   Rechtsnachfolge und dinglicher Vollzug

Der **Share Deal** ist technisch deutlich einfacher als der *Asset Deal*, da der Kaufgegenstand beim *Share Deal* nur Beteiligungen wie Geschäftsanteile oder Aktien sind, die dinglich recht einfach übertragen werden können. Beim **Asset Deal** dagegen sind Kaufgegenstand eine Vielzahl von Wirtschaftsgütern, die sich im Rahmen des Kaufvertrags (also des Verpflichtungsgeschäfts) meist noch einigermaßen definieren lassen, die dann aber im Rahmen des dinglichen Vollzugs jeweils einzeln nach den für sie geltenden rechtlichen Regeln übertragen werden müssen, d. h. Mobilien gem. §§ 929 ff. BGB, Immobilien gem. §§ 873, 925 BGB (inkl. der für den Eigentumserwerb an Grundstücken konstitutiven Umschreibung im Grundbuch) und Rechte gem. §§ 398 ff. BGB (jeweils vorbehaltlich vorrangiger Spezialbestimmungen wie etwa § 15 GmbHG). Soweit sich die Mobilien und Immobilien nicht in Deutschland befinden, muss die Übertragung nach dem am Belegenheitsort geltenden Sachenrecht übertragen werden (vgl. für Deutschland Art. 43 EGBGB, diese sog. lex rei sitae-Regel gilt aber weltweit in wohl allen Jurisdiktionen), da anders als beim Verpflichtungsgeschäft beim dinglichen Vollzug keine Rechtswahl möglich ist. Insbesondere der dingliche Vollzug kann also beim (grenzüberschreitenden) *Asset Deal* zu zahlreichen Zusatzarbeiten führen, während dieser beim *Share Deal* recht einfach durch die Abtretung von Geschäftsanteilen oder Aktien erfolgt.

Beim *Asset Deal* wird oft besonders betont, dass hier eine Rechtsnachfolge im Wege der **Singularsukzession** (Einzelrechtsnachfolge) erfolgt. Die ist ebenso richtig wie irreführend, denn auch beim *Share Deal* werden die Beteiligungen im Wege der Singularsukzession übertragen und nicht etwa im Wege der Universalsukzession (Gesamtrechtsnachfolge), auch wenn die Wirkung beim *Share Deal* vergleichbar einer Gesamtrechtsnachfolge ist, aber es findet insofern eben rechtlich bezüglich der Aktiva und Passiva der Zielgesellschaft überhaupt keine Übertragung und somit auch keine Rechtsnachfolge an den Aktiva und Passiva der Zielgesellschaft statt (die Rechts-nachfolge beschränkt sich auf die übertragenden Beteiligungen).

4.3 Zustimmung Dritter

Besondere Schwierigkeiten kann beim *Asset Deal* die **Übertragung von Verträgen** bereiten: Dies ist beim *Asset Deal* grds. nur mit Zustimmung der Vertragspartner möglich, d.h. insofern muss für jeden Vertrag, der über-gehen soll, die Zustimmung des Vertragspartners eingeholt werden, was z.B. bei Massengeschäften wie Mobilfunkverträgen praktisch kaum möglich sein wird. Mancher Vertragspartner könnte ein solches Ansinnen auf Zu-stimmung zum Wechsel des Vertragspartners als Einladung zur Nachver-handlung verstehen. Stimmt ein Vertragspartner nicht zu, verbleibt der Vertrag bei der veräußernden Gesellschaft, was in der Praxis regelmäßig dazu führt, dass die Käufer und Verkäufer vereinbaren, sich im Innenver-hältnis so zu stellen als ob der Vertrag übergegangen wäre. Die prakti-schen Probleme solcher Vereinbarungen liegen auf der Hand.

Beim *Share Deal* ist dagegen die Zustimmung von Vertragspartnern grds. nicht notwendig, da die Verträge ja gar nicht übertragen werden, es ändert sich schließlich nur der Gesellschafter, was die Vertragsbeziehungen der Zielgesellschaft gar nicht tangiert. Allerdings besteht in der Praxis vor al-lem bei wirtschaftlich bedeutsamen Verträgen wie insb. *Joint Venture Agree-ments*, dies sind Vereinbarungen zur Gründung eines Gemeinschaftsunter-nehmens, oft das Bedürfnis der Vertragspartner sich für den Fall des Wechsels des Gesellschafters oder sonstiger Kontrollwechsel auf Gesell-schafterebene beim Vertragspartner die Möglichkeit der Beendigung der Vertragsbeziehungen (also z.B. des *Joint Venture Agreements*) vorzubehalten. Derartige Vertragsbeendigungsklauseln bei einem unmittelbaren oder mit-telbaren Gesellschafterwechsel werden als **Change of Control-Klauseln** be-zeichnet. Diese stehen oft recht versteckt in umfangreichen Vertragswer-ken, sind aber von überragender Bedeutung, weil diese Klauseln gerade im Falle eines Verkaufs der Gesellschaft im Wege des *Share Deals* zur Anwen-dung gelangen (beim *Asset Deal* wäre ja ohnehin die Zustimmung des Ver-tragspartners für die Übertragung des Vertrags notwendig). Sowohl im Rahmen der *Legal Due Diligence* als auch im Rahmen des *Share Purchase Ag-reements* spielen *Change of Control*-Klauseln oft eine wichtige Rolle.

Formulierungsbeispiel für eine *Change of Control*-Klausel in einem *Joint Venture*-Vertrag (gem. *Giesen* in Seibt, Formularbuch G II 19.2): »*Das Recht*

> *jeder Partei zur Kündigung dieses Vertrags aus wichtigem Grund bleibt unberührt. Eine Kündigung aus wichtigem Grund ist insb. möglich, wenn (...) eine Person oder eine Gesellschaft, die am Unterzeichnungstag keinen beherrschenden Einfluss im Sinne des § 17 Abs. 1 AktG auf eine andere Partei ausübt, einen solchen Einfluss erlangt. Die Personen und Gesellschaften, die am Unterzeichnungstag beherrschenden Einfluss im Sinne von § 17 AktG auf die Parteien haben, sind in der Anlage (...) aufgeführt. Die Partei, die von der Änderung der Beherrschungsverhältnisse betroffen ist, ist verpflichtet, dies der anderen Partei unverzüglich mitzuteilen.«*

Eine **wichtige Sonderregel** bei dem Übergang von Verträgen gilt beim *Asset Deal* gem. § 613a BGB für Arbeitsverträge. § 613a BGB besagt im Kern, dass bei einem Übergang eines Betriebs oder Betriebsteils z. B. durch einen Unternehmenskaufvertrag im Wege des *Asset Deals* die bestehenden Arbeitsverhältnisse mit übergehen (§ 613a I BGB), solange betroffene Arbeitnehmer nicht widersprechen (§ 613a VI BGB). Durch diesen Übergang der Arbeitsverältnisse kraft Gesetzes werden die Arbeitnehmer geschützt (haben aber selbst die Möglichkeit dem Übergang ihres Arbeitsverhältnisses zu widersprehen). Beim *Share Deal* hat § 613a BGB keine Bedeutung, da die Arbeitsverträge mit der Zielgesellschaft ja gar nicht tangiert werden.

Beim *Share Deal* kann sich das Erfordernis der Zustimmung Dritter zur Übertragung der Anteile bei einer Personengesellschaft aus dem Gesetz und bei einer Kapitalgesellschaft aus einer **Vinkulierungsklausel** in dem Gesellschaftsvertrag ergeben (Geschäftsanteile einer GmbH oder Aktien einer AG sind grds. frei übertragbar, solange die Gesellschafter keine andere Vereinbarung gem. § 15 V GmbHG bzw. gem. § 68 II AktG getroffen haben). Bei Personengesellschaften ergibt sich indirekt aus § 719 I BGB, dass die Beteiligung nicht frei übertragbar ist, häufig enthalten aber die Gesellschaftsverträge Regelungen zur Übertragbarkeit.

Was **öffentlich-rechtliche Genehmigungen** z. B. von Anlagen anbelangt, gehen diese beim *Share Deal* grds. mit über, wenn nicht ausnahmsweise besondere Zustimmungsvorbehalte existieren. Beim *Asset Deal* muss geprüft werden, ob sich die Genehmigungen auf die Anlage beziehen und damit mit übergehen oder ob die öffentlich-rechtlichen Genehmigungen bei der veräußernden Gesellschaft verbleiben, da sie z. B. auch personale Elemente enthalten (vgl. *Schmidt-Kötters* in Meyer-Sparenberg/Jäckle, M&A, § 82 Rd. 161 f. m. w. N.).

4.4   Interne Zustimmungserfordernisse

Auch wenn der Vorstand der AG und die Geschäftsführer der GmbH die Gesellschaft im Außenverhältnis grds. uneingeschränkt vertreten können (§§ 78, 82 I AktG, §§ 35, 37 II GmbHG), können doch interne Beschränkungen bestehen. Zu denken ist hier sowohl beim *Share* als auch beim *Asset Deal* vor allem an die weitverbreiteten **Listen zustimmungspflichtiger Geschäfte** (§ 82 II AktG, § 37 I GmbHG, vgl. bez. börsennotierter Gesellschaften auch Grundsatz 6 des DCGK), die meist in den Geschäftsordnungen und selten in den Gesellschaftsverträgen zu finden sind. Üblicherweise werden dort für den Kauf- oder Verkauf von Unternehmen die vorherige schriftliche Zustimmung des Aufsichtsrats oder, bei Fehlen eines Aufsichtsrats oder eines Beirats, die vorherige schriftliche Zustimmung der Gesellschafterversammlung (*shareholders› meeting*) verlangt.

Vor allem auf **Verkäuferseite** kann sich vor allem beim *Asset Deal* (theoretisch aber wohl auch beim *Share Deal*) ein **interner Zustimmungsvorbehalt**, welcher die Vertretungsmacht im Außenverhältnis unberührt lässt, theoretisch insb. aus zwei Gesichtspunkten ergeben (vgl. zur Problematik insb. de lege ferenda *Atanasova*, An der Grenze zwischen rechtlichem und möglichst gerechtem Dürfen: Benötigt der Vorstand bei der Vornahme großer Transaktionen die Zustimmung der Hauptversammlung?, M&A Review 12/2020, S. 404 ff.):

- Soweit eine **Aktiengesellschaft** sich ausnahmsweise zur Übertragung ihres »ganzen Gesellschaftsvermögens« verpflichtet, bedarf das entsprechende Verpflichtungsgeschäft (i.d.R. ein Kaufvertrag) gem. § 179a AktG der Zustimmung der Hauptversammlung. Der genaue Anwendungsbereich der Norm ist umstritten, nach h.M. ist der Tatbestand des § 179a AktG aber nicht wörtlich zu nehmen, vielmehr ist § 179a AktG auch erfüllt, wenn unwesentliche Vermögenswerte nicht von der Verpflichtung erfasst werden (vgl. insg. Hüffer/*Koch*, § 179a Rd. 4 m.w.N.). Die Rechtsprechung lehnt eine – auf den ersten Blick naheliegende – analoge Anwendung des § 179a AktG auf die GmbH insb. unter Verweis auf den Verkehrsschutz ab (BGH NJW 2019, 1512 Rn. 26 ff.), was aber vor dem Hintergrund des Weisungsrechts der GmbH-Gesellschafter gegenüber den Geschäftsführern ohnehin keine allzu weitreichenden Konsequenzen haben dürfte, da die Geschäftsführer eine derartige Entscheidung immer den Gesellschaftern vorlegen werden (müssen) (vgl. *Bayer* in Lutter/Hommelhoff, GmbHG, § 53 Rd. 3 m.w.N.).
- Der BGH hat eine ungeschriebene Hauptversammlungskompetenz entwickelt (sog. **Holzmüller-Doktrin**, BGH NJW 1982, 1703 ff., »Holzmüller«;

BGH NZG 2004, 571/574, »Gelatine I«; NZG 2004, 575/578, »Gelatine II«), die besagt, dass bei grundlegenden Entscheidungen (im Falle der Holzmüller-Entscheidung die Übertragung des wertvollsten Betriebsteils einer AG auf eine 100%ige Tochtergesellschaft), die die »*Kernkompetenz der Hauptversammlung, über die Verfassung der Gesellschaft zu bestimmen, berühren und in ihren Auswirkungen einem Zustand nahezu entsprechen, der allein durch eine Satzungsänderung herbeigeführt werden kann*« (BGH NZG 2004, 571/574), die Zustimmung der Aktionäre notwendig ist (vgl. insg. *Drinhausen* in Hölters, AktG, § 119 Rd. 16 ff. m. w. N.). Für die GmbH gelten grds. die bereits vorstehend zu § 179a AktG gemachten Ausführungen.

> **Praxishinweis:** IdR werden die Tatbestände (§ 179a AktG und Holzmüller-Doktrin) nicht erfüllt sein. Die handelnden Organe auf Seite des Veräußerers werden aber schon bei einem Restzweifel eine Einholung der Zustimmung der Gesellschafterversammlung veranlassen (alternativ müsste überlegt werden, die Transaktion so zu strukturieren, dass eine Zustimmung eindeutig nicht notwendig ist).

Ist der Veräußerer eine natürliche Person, wie etwa bei der Veräußerung eines mittelständischen Unternehmens, und ist diese Person verheiratet, dann ist sowohl beim *Asset Deal* als auch beim *Share Deal* an mögliche ehegüterrechtliche Implikationen insb. das Zustimmungserfordernis des Ehegatten aus § 1365 BGB zu denken (▶ Teil II 14.1 C).

4.5 Haftungsübernahme

Beim *Share Deal* kommt es bei der Zielgesellschaft selbst zu keinen Veränderungen, da sich der Transfer auf der Gesellschafterebene abspielt. Daraus folgt, dass sich an der Haftungssituation bei der Zielgesellschaft nichts ändert (man könnte vereinfacht auch sagen, alle Aktiva und alle Passiva in der Zielgesellschaft – wirtschaftlich betrachtet – mit »übernommen« werden).

Anders verhält es sich beim *Asset Deal*: Hier werden grds. nur die Verbindlichkeiten übernommen, die nach der Vereinbarung von Käufer und Verkäufer/Zielgesellschaft mitverkauft wurden und entsprechend übergehen sollen. Da ein Schuldnerwechsel naheliegenderweise nur mit Genehmigung des Gläubigers möglich ist (§§ 414, 415 I S. 1 BGB), hängt die Wirksamkeit des Übergangs der Verbindlichkeiten von der Genehmigung der jeweiligen

Gläubiger ab. Gehen Verbindlichkeiten wegen der fehlenden Zustimmung des Gläubigers nicht über, dann vereinbaren Käufer und Verkäufer/Zielgesellschaft üblicherweise, dass sie sich im Innenverhältnis so stellen werden, als ob die Verbindlichkeiten übergegangen wären. Dazu kommen (neben dem bereits genannten § 613a BGB) vor allem folgende gesetzliche Bestimmungen, die zu einem gesetzlichen Übergang von Verbindlichkeiten führen:

- Da der Fiskus gerne zuerst an sich selbst denkt, bestimmt § 75 AO, dass der Erwerber für **Steuern**, bei denen sich die Steuerpflicht auf den Betrieb des übernommenen Unternehmens gründet, haftet.
- Zu einer gesetzlichen Haftungsübernahme kommt es außerdem gem. § 25 I HGB, wenn der Erwerber den erworbenen Betrieb unter der bisherigen **Firma**, d. h. unter dem bisherigen Namen (§ 17 I HGB), fortführt. Allerdings ist eine abweichende Vereinbarung zulässig, die gegenüber Dritten nur wirkt, wenn dies im HR eingetragen wird (§ 25 II HGB).
- Zu denken wäre auch an die Rückforderung rechtswidrig geleisteter **Beihilfen** gem. Art. 107 f. AEUV i.V.m. § 48 VwVfG, allerdings dürfte diese Haftung beim *Asset Deal* nur selten übergehen, da Behilfen nach einem *Asset Deal* von dem neuen Eigentümer eines Unternehmens nur zurückgefordert werden können, wenn der Kaufpreis nicht marktüblich war (was regelmäßig nicht der Fall sein dürfte).

Vertiefender Hinweis: Eine generelle Bestimmung, dass bei Übernahme des gesamten Vermögens einer natürlichen oder juristischen Person auch alle Verbindlichkeiten dieser Person übergehen, gibt es im deutschen Recht nicht mehr, nachdem der genau dies bestimmende § 419 BGB a. F. mit Wirkung vom 31.12.1998 abgeschafft wurde (zur Kompensation hat der Gesetzgeber seinerzeit das Insolvenzanfechtungsrecht verschärft).

4.6 Formvorschriften

Hinsichtlich der **Formbedürftigkeit** von *Share Deal* und *Asset Deal* ist Folgendes zu beachten: Werden beim *Share Deal* Geschäftsanteile einer GmbH erworben, dann muss sowohl das Verpflichtungs- als auch das Verfügungsgeschäft notariell beurkundet werden (§ 15 III, IV S. 1 GmbHG). Im Ergebnis gilt dasselbe, wenn es sich bei der Zielgesellschaft um eine GmbH & Co. KG handelt, mag die Situation hier auch etwas komplizierter sein. Anders ist die Situation insb. bei der AG, da für den Verkauf und die Übertragung von Aktien keine Formvorschrift existiert (wäre insoweit eine notarielle Beurkundung wie bei GmbH-Geschäftsanteilen erforderlich, wäre ja ein Börsenhandel de facto nicht mehr möglich). Maßgebend für die Formbedürftigkeit beim *Share Deal* ist das jeweilige Gesellschaftsrecht. Dabei werden Formvorschriften stets ganz formal angewendet, d. h. ohne Berücksichtigung des Werts oder Inhalts des Kaufobjekts: So muss der Erwerb der Geschäftsanteile einer vermögenslosen GmbH für einen Euro beurkundet werden, während der Erwerb einer AG auch dann nicht beurkundungspflichtig ist, wenn die AG nur Eigentümerin eines wertvollen Grundstücks ist (vgl. *Bomhard/Dettmeier/Fischer*, Immobilienerwerb und -veräußerung im Wege des Share-Deal, BB 2003, Beilage 13 m. w. N.).

Ein Verstoß gegen die Beurkundungspflicht führt zur Nichtigkeit der gesamten Transaktion (§ 125 S. 1 BGB). Wurde das Verpflichtungsgeschäft nicht beurkundet, wird das (zunächst) formnichtige Verpflichtungsgeschäft durch die spätere Beurkundung des Verfügungsgeschäfts **geheilt** (§ 15 IV S. 2 GmbHG). Diese Heilung gilt aber nur für den Formmangel und nicht für etwaige andere Nichtigkeitsgründe. Die Heilung eines formnichtigen Verpflichtungsgeschäfts durch späteren dinglichen Vollzug ist eine Regelung, welche sich auch an verschiedenen Stellen des BGB findet (vgl. z. B. §§ 311b I S. 2, 518 II, 766 S. 3 BGB).

> **Praxishinweis:** Bei konzerninternen Umhängungen von GmbHs (also der internen Abtretung von Geschäftsanteilen) wird die Heilungsmöglichkeit des § 15 IV S. 2 GmbHG gerne bewusst eingesetzt, um eine Beurkundung des Verpflichtungsgeschäfts zu vermeiden und nur die Abtretung gem. § 15 III GmbHG beurkunden zu lassen. Unter Dritten funktioniert das nicht, da diese z. B. für die Bezahlung des Kaufpreises ein von Anfang an wirksames Verpflichtungsgeschäft benötigen.

Beim *Asset Deal* hängt die Frage der Formbedürftigkeit davon ab, ob der Verkauf oder die Übertragung der Wirtschaftsgüter, die erworben werden sollen, formbedürftig ist. Wird z. B. auch ein Grundstück erworben, dann muss der gesamte Kaufvertrag gem. § 311b I S. 1 BGB beurkundet werden.

Oft wird beim *Asset Deal* der § 311b III BGB übersehen, der für die Verpflichtung zur Übertragung des »gegenwärtigen Vermögens« eine Beurkundungspflicht vorsieht, was bei bestimmten Gestaltungen des *Asset Deals* durchaus einmal der Fall sein kann. Hier müssen drei Konstellationen unterschieden werden (vgl. hierzu z.B. *Meyer-Sparenberg* in Meyer-Sparenberg/Jäckle, M&A, § 48 Rd. 14 ff. m. w. N.): (1) Werden die veräußerten Vermögenswerte einfach nur aufgelistet, greift § 311b III BGB nicht. (2) Enthält der *Asset Deal* zusätzlich eine Auffangklausel (*catch-all clause*), die sicherstellen soll, dass auch kleinere, möglicherweise in der Liste nicht erfasste Vermögenswerte veräußert werden, dürfte § 311b III BGB ebenfalls wohl noch nicht anwendbar sein, dies ist aber bereits ein Grenzfall, der von einem Gericht auch anders entschieden werden könnte. (3) Wird aber (auch) das gesamte Vermögen der Zielgesellschaft in »Bausch und Bogen« veräußert, dann findet § 311b III BGB nach Auffassung der Rechtsprechung Anwendung und der *Asset Deal* ist insgesamt zu beurkunden (OLG Hamm NZG 2010, 1189 f., im konkreten Fall lautete die einschlägige Formulierung des *Asset Deals*: »*Hiermit verkauft ... ihre gesamten Aktiva und/inkl. den kompletten Laden ... (Inventar und Inventurgegenstände) an ...*«). Die Auffassung § 311b III BGB sei überhaupt nicht auf juristische Personen anwendbar, sondern nur auf natürliche Personen, lässt sich mit den juristischen Auslegungsmethoden kaum begründen und sollte eher als (nicht ganz unberechtigter) Appell an den Gesetzgeber verstanden werden, § 311b III BGB künftig auf natürliche Personen zu beschränken (vgl. *Kiem* NJW 2006, 2363 ff.; s. auch § 13 VI HS 2 VAG, der deutlich macht, dass § 311b III BGB grds. auch auf juristische Personen anwendbar ist).

> **Praxishinweis:** Ist unklar, ob eine Formvorschrift einschlägig ist, sollte getreu der Regel **im Zweifel den sicheren Weg** zu beschreiten, eine Beurkundung erfolgen (also wohl auch in der zweiten vorstehend genannten Konstellation mit der Auffangklausel). Bei Formfragen sollte niemals aus Kostengründen die Nichtigkeit einer Transaktion riskiert werden, denn allein die Kosten einer späteren Prüfung der Wirksamkeit der Transaktion z.B. durch Wirtschaftsprüfer und deren Rechtsexperten im Rahmen der Jahresabschlussprüfung oder durch potentielle Erwerber im Rahmen einer *Legal Due Diligence* und die hierdurch ausgelösten Diskussionen werden die ersparten Notarkosten bei weitem übersteigen (vom *worst case scenario* der Jahre später von einem Gericht rechtskräftig festgestellten Unwirksamkeit einer Transaktion einmal ganz zu schweigen).

Noch eine letzte Anmerkung: Im Bereich des Umwandlungsgesetzes wird § 311b III BGB von den vorrangigen Bestimmungen des UmwG verdrängt, hier ergibt sich eine Beurkundungspflichten aber aus dem Umwandlungsgesetz (§§ 6, 125 UmwG).

4.7   Besicherung von Assets der Zielgesellschaft

Da Unternehmenskäufe häufig fremdfinanziert werden, stellt sich vor allem bei einem *Leveraged Buy-out* (LBO) eines Finanzinvestors die Frage, inwieweit die *Assets* der Zielgesellschaft als Sicherheiten für die finanzierenden Banken verwendet werden können. Während dies bei einem *Share Deal* vor allem vor dem Hintergrund der strengen deutschen Bestimmungen zur Kapitalerhaltung (§ 30 GmbHG, § 57 AktG) eine problematische Thematik ist, die im Rahmen der Akquisitionsfinanzierung noch im Detail dargestellt wird, wäre die Verwendung der erworbenen Vermögenswerte bei einem *Asset Deal* problemlos möglich.

4.8   Steuerrechtliche Unterschiede von Share Deal und Asset Deal

Steuerlich stehen sich die Interessen von Käufer und Verkäufer bei der Frage der Entscheidung für einen *Share Deal* oder einen *Asset Deal* diametral gegenüber (*Götz/Kölbl* in Picot, Unternehmenskauf § 10 Rd. 3). Die ertragssteuerlichen Konsequenzen der beiden Erwerbsformen lassen sich wie folgt zusammenfassen (vgl. insg. *Scheifele* in Meyer-Sparenberg/Jäckle, M&A, § 24 Rd. 3; *Pupeter* in Holzapfel/Pöllath, Unternehmenskauf, Rd. 140 ff; auf die Frage der Grunderwerbsteuer wird im Rahmen des Kapitels Immobilientransaktionen näher eingegangen, ▶ Teil II 14.2):

- Zunächst zu den steuerlichen Konsequenzen beim **Verkäufer**. Hier ist zwischen *Share Deal* und *Asset Deal* zu differenzieren:
  - Der *Share Deal* (im steuerlichen Sinne) hat i. d. R. für den **Verkäufer** Vorteile, wobei danach zu differenzieren ist, ob der Verkäufer eine Kapitalgesellschaft oder eine natürliche Person ist:
    Ist der Verkäufer (selbst) eine **Kapitalgesellschaft**, ist der Gewinn zu 100% steuerfrei, jedoch werden 5% nichtabzugsfähige Betriebsausgaben unterstellt, so dass es hinsichtlich der Ertragssteuern zu einer 5%igen Besteuerung kommt (§ 8b II, III KStG), was wiederum zu einer effektiven Besteuerung i. H. v. 1,5% führt (sog. »Wegelagerergebühr«, *Pupeter* in Holzapfel/Pöllath, Unternehmenskauf, Rd. 283). Ein Veräußerungsverlust ist vollständig nicht abzugsfähig, also auch nicht i. H. v. 5%. Eine Ausnahmeregelung gilt insb. für Holdinggesellschaften und Finanzunternehmen, die einen kurzfristigen Eigenhandelserfolg beabsichtigen (und die veräußerte Gesellschaft nicht gegründet haben): In diesen Fällen ist bei der Veräußerung von Beteiligungen an Kapitalgesellschaften der gesamte Veräußerungsgewinn zu versteuern

und Verluste sind entsprechend abzugsfähig (§ 8b VII KStG, vgl. *Pupeter* in Holzapfel/Pöllath, Unternehmenskauf Rd. 287). Weitere Ausnahmen von der Steuerbegünstigung gelten für Lebens- und Krankenversicherungsunternehmen (§ 8b VIII KStG).

Wenn der Verkäufer der Beteiligung an einer Kapitalgesellschaft eine **natürliche Person** ist, ist der gem. § 17 I EStG zu versteuernde Veräußerungsgewinn (nur) zu 40% steuerfrei (§ 3 Nr. 40 S. 1 a, b EStG), d. h. 60% des Veräußerungsgewinns sind (mit dem individuellen Steuersatz des Veräußerers) zu versteuern (**Teileinkünfteverfahren**); Veräußerungsverluste sind konsequenterweise nur bis zu 60% abzugsfähig (§ 3c II EStG); der gesamte Veräußerungsgewinn ist steuerpflichtig, wenn vorher vollständig steuerwirksame Abzüge nach § 6b EStG erfolgt sind (§ 3 Nr. 40a EStG). Das Teileinkünfteverfahren gilt gleichermaßen für Beteiligungen, die dem Privat- oder dem Betriebsvermögen zuzuordnen sind, nur bei nicht-wesentlichen Beteiligungen (unter 1%, vgl. § 17 I EStG) im Privatvermögen einer natürlichen Person kommt stattdessen die »**Abgeltungssteuer**« zur Anwendung (§ 20 EStG), es sei denn die Anschaffung erfolgte vor 2009, dann ist diese grds. steuerfrei.

– Ist der Verkäufer eine **Personengesellschaft** wird bei einem *Share Deal* den Gesellschaftern der Veräußersgewinn grds. zugerechnet, so dass es körperschaftsteuerlich zu den vorstehend beschriebenen Besteuerungen kommt (vgl. § 8b VI KStG; wobei zu beachten ist, dass die Gewerbesteuer auf Ebene der Personengesellschaft anfällt).

– Beim *Asset Deal* (im steuerlichen Sinne, d. h. einschließlich des Verkaufs von Beteiligungen an Personengesellschaften) sind die Einnahmen für den Veräußerer, egal ob Kapitalgesellschaft oder natürliche Person, grds. in vollem Umfang steuerpflichtig. Bei etwaigen Verlusten sind diese für den Veräußerer nur i. H. v. 60% abziehbar (§ 3c II S 1, HS 2 EStG), wenn der Verkäufer eine natürliche Person ist, die eine Beteiligung von mind. 1% an einer Kapitalgesellschaft veräußert. Auf die steuerlichen Begünstigungen bei der Betriebsaufgabe (§§ 16, 34 EStG) wird in der Darstellung Unternehmenstransaktionen im Mittelstand eingegangen (▶ Teil II 14.1).

• Nun zu den ertragssteuerlichen Effekten beim **Käufer**. Auch hier ist zwischen *Share Deal* und *Asset Deal* zu differenzieren:

– Beim *Share Deal* (im steuerlichen Sinne, d. h. ohne den Erwerb von Beteiligungen an Personengesellschaften) können die Anschaffungskosten vom Käufer nicht steuerwirksam abgeschrieben werden. Was die künftige Nutzung von Verlusten der Zielgesellschaft anbelangt, hängt die Anwort beim *Share Deal* von den Umständen des Einzelfalls ab. Die früher übliche Schaffung von steuerlichem Abschreibungspotential (*step-up*) durch Formwechsel oder Verschmelzungen ist nicht mehr möglich (*Pupeter* in Holzapfel/Pöllath, Unternehmenskauf, Rd. 307).

– Beim *Asset Deal* (im steuerlichen Sinne, d.h. einschließlich dem Erwerb von Beteiligungen an Personengesellschaften) sind die Anschaffungskosten dagegen abschreibbar, da es regelmäßig zu einer Aufstockung der Buchwerte der einzelnen Vermögenswerte kommt (*step-up*).

> **Praxishinweis:** Die unterschiedliche Interessenlage von Käufer und Verkäufer bei der Entscheidung für einen *Share* oder *Asset Deal* wird dadurch entschärft, dass der Käufer die vereinbarte Dealstruktur einpreisen wird. Allerdings wird die Einpreisung meistens den Steuereffekt nicht 1:1 abbilden (*Scheifele* in Meyer-Sparenberg/Jäckle, M&A, § 24 Rd. 1). Im Idealfall kann es aber auch zu einer für beide Seiten günstigen Steueroptimierung kommen.

4.9   Verbreitungsgrad

Der *Share Deal* ist in der Praxis die Regel. Der technisch aufwendigere *Asset Deal* kommt nur selten zur Anwendung, insb. beim Kauf eines insolventen Unternehmens, beim Erwerb einzelner Vermögenswerte wie Immobilien oder einzelnen Maschinen sowie beim Erwerb von Gesellschaften mit unüberschaubaren Haftungsrisiken. Die Unterschiede von *Share Deal* und *Asset Deal* (im zivilrechtlichen Sinne) werden in der Tabelle 3 dargestellt.

Tab. 3: Unterscheidung zwischen Share und Asset Deal

	Share Deal	Asset Deal
Kaufgegenstand	Beteiligung an einer Zielgesellschaft (KapGes oder PersGes)	Wirtschaftsgüter und Verbindlichkeiten einer Zielgesellschaft.
Vertragspartner	Käufer und Gesellschafter der Zielgesellschaft als Verkäufer (häufig vorsorglich auch die Zielgesellschaft).	Käufer und Zielgesellschaft selbst als Verkäufer (häufig vorsorglich auch die Gesellschafter der Zielgesellschaft).
Zustimmungserfordernisse Dritter	Zustimmung Dritter ist bei Kapitalgesellschaften ausnahmsweise bei Vinkulierungsklau-	Zustimmung Dritter insb. bei Übertragung von Verträgen (dreiseitige Vereinbarung) und

Tab. 3: Unterscheidung zwischen Share und Asset Deal – Fortsetzung

	Share Deal	Asset Deal
	seln notwendig; Achtung: Change of control-Klausel kann Dritten eine Vertragsbeendigung ermöglichen. Bei Verkauf durch verheiratete natürliche Person ist ggf. § 1365 BGB zu beachten.	bei der Übernahme von Verbindlichkeiten notwendig (§ 415 BGB). Bei Verkauf durch verheiratete natürliche Person ist ggf. § 1365 BGB zu beachten.
Folgen für Haftungsrisiken	Sämtliche Haftungsrisiken der Zielgesellschaft bleiben in der Zielgesellschaft (gerade dies kann ein Grund für die Wahl eines *Asset Deals* sein).	Grds. kein Übergang von nicht übertragenen Haftungsrisiken der Zielgesellschaft, soweit keine Sonderregelungen eingreifen (wie § 25 HGB, § 75 AO).
Folgen für Arbeits- und Dienstverträge	Arbeitsrechtsverhältnisse sind Teil der Gesellschaft, so dass rechtlich zunächst keine Veränderungen eintreten. Gleiches gilt für Dienstverträge mit Geschäftsführungsorganen.	IdR gesetzlicher Übergang der Arbeitsverhältnisse (Betriebsübergang) gem. § 613a BGB, soweit Arbeitnehmer nicht widersprechen. Dienstverträge gehen dagegen nur bei entsprechender dreiseitiger Vereinbarung über.
Formbedürftigkeit	Beurkundungspflicht des Kauf- und Abtretungsvertrags bei Erwerb von GmbH-Geschäftsanteilen (§ 15 III, IV GmbHG), also auch bei Erwerb einer GmbH & Co. KG; aber keine Formvorschrift bei Erwerb von Aktien einer AG.	Beurkundungspflicht nur wenn ausnahmsweise Verkauf/Übertragung einzelner Vermögenswerte Beurkundung erfordern (z.B. bei Immobilien gem. § 311b I, 873, 925 BGB) oder ausnahmsweise gem. § 311b III BGB.
Besicherung von Gesellschafter-verbindlichkeiten	Aktiva der Zielgesellschaft können nur in den Grenzen insb. der § 30 GmbHG, § 57 AktG als Sicherheiten für die Darlehen des Erwerbers verwendet werden (ggf. *limitation language*).	Grds. keine Beschränkungen bei der Besicherung der erworbenen Vermögenswerte.
Ertragssteuerliche Konsequenzen	IdR ertragssteuerlich vorteilhaft für den Verkäufer, wenn Anteile an KapGes veräußert werden (Anteile an PersGes ertragssteuerlich wie *Asset Deal*); Anschaffungskosten für den Käufer bei KapGes nicht abschreibbar (Anteile an PersGes wie *Asset Deal*).	IdR ertragssteuerlich nachteilhaft für den Verkäufer durch die Versteuerung der stillen Reserven; Anschaffungskosten für den Käufer abschreibbar (*step up*).

Tab. 3: Unterscheidung zwischen Share und Asset Deal – Fortsetzung

	Share Deal	**Asset Deal**
Rechtsnach-folge	Singularsukzession (Einzelrechtsnachfolge) nur bez. der Anteile (aber keine Übertragung der Aktiva und Passiva der Zielgesellschaft und insoweit gar keine Rechtsnachfolge).	Singularsukzession (Einzelrechts-nachfolge) bez. sämtlicher über-tragenden Aktiva und Passiva.
Verbreitung in der Praxis	Der *Share Deal* ist der Regel-fall.	Der technisch kompliziertere *Asset Deal* wird nur relativ selten eingesetzt, etwa bei unüber-schaubaren Haftungsrisiken in der Zielgesellschaft oder beim Erwerb nur einzelner Vermö-gensgegenstände.

5 Der Unternehmenskaufvertrag

Beim Unternehmenskaufvertrag sind vor allem die soeben erläuterten Varianten *Share Deal* und *Asset Deal* zu unterscheiden, daneben existiert insb. noch die bereits erwähnte Alternative Beteiligungswerwerb im Wege der Kapitalerhöhung bei der Zielgesellschaft auf die später eingegangen werden wird. Je nachdem, ob es sich um ein **Share Purchase Agreement** (SPA) oder ein **Asset Purchase Agreement** (APA) handelt (im Englischen würden beide häufig als *Sale and Purchase Agreements* tituliert), bestehen erhebliche strukturelle Unterschiede. Nachfolgend wird zunächst das in der Praxis deutlich verbreitete *Share Purchase Agreement* dargestellt, anschließend wird die Besonderheiten beim *Asset Purchase Agreements* eingegangen.

5.1 Das Share Purchase Agreement

Es existiert in der Praxis kein allgemein akzeptierter Standardvertrag für Unternehmenskaufverträge, so dass jedes *Share Purchase Agreement* indivi-duell entworfen und verhandelt wird (dies ist bei den Dokumenten für die Akquisitionsfinanzierung anders, ▶ Teil II 12.1). Allerdings werden auch bei Unternehmenskaufverträgen Muster und Standards verwendet, die auch die Basis für die nachstehenden Ausführungen bilden.

Praxishinweis: Der Wahl des passenden Musters kommt bei der Erstellung eines SPA eine entscheidende Bedeutung zu. Daher sollte hierfür entsprechend viel Zeit aufgewendet werden.

Vertiefender Hinweis: Durch die absolut übliche und praktisch unvermeidbare Verwendung von Mustern, also von vorformulierten Vertragsbedingungen, besteht die – auf den ersten Blick überraschende – Möglichkeit, dass ein z. B. zwischen zwei börsennotierten Gesellschaften, die beide von international tätigen Großkanzleien vertreten werden, geschlossener Unternehmenskaufvertrag, der möglicherweise noch von einem Notar beurkundet wurde, als **Allgemeine Geschäftsbedingungen** (AGB, *standard terms and conditions*) angesehen werden könnten und damit der Inhaltskontrolle gem. § 307 BGB unterläge (§§ 308 und 309 BGB dagegen gelten gem. § 310 I S. 1 BGB nicht für AGB, die gegenüber einem Unternehmen verwendet werden). Die sachlichen Ausnahmen des § 310 IV BGB greifen hier nicht und die tatbestandlichen Voraussetzungen des § 305 BGB können nicht generell verneint werden, d. h. es besteht das nicht auszuschließende Risiko, dass selbst derartige Unternehmenskaufverträge der recht weitgehenden Inhaltskontrolle des § 307 BGB unterliegen (vgl. insg. zur AGB-Problematik *Meyer-Sparenberg* in Meyer-Sparenberg/Jäckle, M&A, § 40 Rd. 45 ff. m. w. N.). Das Risiko einer AGB-Inhaltskontrolle lässt sich u. a. durch die Dokumentation der Verhandlungsbereitschaft und auf die konkrete Transaktion abgestimmte Klauseln (Individualvereinbarungen i. S. v. § 305b BGB) vor allem im Hinblick auf wirtschaftlich bedeutende Haftungsausschlussklauseln reduzieren. Besondere Aufmerksamkeit sollte der AGB-Thematik gewidmet werden, wenn das SPA keine Schiedsgerichtsklausel enthält, denn bei einem Schiedsgericht sind meist erfahrene M&A-Praktiker als Richter tätig, die bei der Anwendung der AGB-Inhaltskontrolle meist zurückhaltender sein dürften. Rechtspolitisch scheint die Anwendung der AGB-Inhaltskontrolle auf Unternehmenskaufverträge zwischen Unternehmen ohnehin fragwürdig zu sein.

Die nachfolgende Darstellung folgt der Systematik eines typischen Unternehmenskaufvertrags nach deutschem Recht beim Erwerb einer GmbH mit Satzungs- und Verwaltungssitz in Deutschland.

5.1.1 Der Urkundeneingang

Da der Verkauf und die Abtretung von GmbH-Geschäftsanteilen der notariellen Beurkundung bedürfen (der schuldrechtliche Kaufvertrag gem. § 15 IV S. 1 GmbHG, die dingliche Abtretung ist überraschenderweise im Absatz davor normiert, also die Übertragung gem. § 15 III GmbHG) und die meisten Zielgesellschaften in Deutschland in der Rechtsform der GmbH betrieben werden, sind die meisten Unternehmenskaufverträge in Deutschland beurkundungsbedürftig. Auch beim Erwerb einer GmbH & Co. KG werden neben den Kommanditbeteiligungen stets auch Geschäftsanteile an der Komplementär-GmbH erworben, so dass auch der Erwerb einer GmbH & Co. KG im Ergebnis meist vollständig beurkundet wird. Nur beim Erwerb von Aktien einer AG ist eine Beurkundung nicht erforderlich und würde daher auch nicht beurkundet (es kommt praktisch nicht vor, dass ein nicht-beurkundungsbedürftiges Rechtsgeschäft freiwillig von den Parteien beurkundet wird).

Daher beginnt das SPA beim Erwerb einer GmbH mit dem Deckblatt des Notars, der ein öffentliches Amt ausübt (§§ 1 f. BNotO) und daher dort das jeweilige Landeswappen führt. Auf dem Deckblatt werden außerdem der Name und Sitz des Notars stehen. Zu Beginn der Urkunde steht die Urkundennummer des Notars zusammen mit der Jahreszahl. Der Notar muss diese Nummer in seine Urkundenliste eintragen, um unzulässige Rückdatierungen schon auf einer technischen Ebene zu verhindern. Gleichzeitig ist an der Urkundennummer erkennbar, wieviele Urkunden der Notar im laufenden Kalenderjahr bereits vorgenommen hat.

Praxishinweis: Notare dürfen Beurkundungen grds. nur in dem Sprengel des Amtsgerichts vornehmen, in dem sie ihren Sitz haben. Da Notare ein öffentliches Amt ausüben, sind sie zur Unparteilichkeit und zu integrem Verhalten verpflichtet (*Frenz* in Limmer, Würzburger Notarhandbuch, Teil 1, Kap. 1, Rd. 9 ff.). Sollte ein Notar sich bei einer Beurkundung wie ein »*Haus- und Hofnotar*« einer Partei gerieren (was gar nicht so selten vorkommt), kann es angezeigt sein, ihn an diese fundamentalen Amtspflichten zu erinnern oder sich im Extremfall an die zuständige Notarkammer zu wenden.

Zum Urkundeneingang gehören vor allem präzise Angaben zu den Vertragsparteien (bei Gesellschaften – mit Ausnahme der in keinem Register geführten GbR – immer unter Angabe des HR, in dem die Gesellschaft eingetragen ist und der entsprechenden Handelsregisternummer) und ihren

Vertretern. Parteien sind beim SPA naturgem. der Käufer und die Käuferin, daneben sollte im Zweifel aber auch die Zielgesellschaft Vertragspartei werden. Sollte der Käufer die Geschäftsanteile etwa aus steuerlichen Gründen über eine neu gegründete Zweckgesellschaft (*Special Purpose Vehicel/ SPV*) erwerben, dann sollte der Verkäufer darauf bestehen, dass die hinter dem SPV stehende Obergesellschaft, die letztlich im Gegensatz zum SPV über die Mittel zum Erwerb verfügt, als Garantiegeber (*Parent Company Guarantee*) weitere Vertragspartei wird (aber Achtung: Finanzinvestoren werden aber gerade dazu nicht bereit sein).

Praxishinweise: (1) Wie bei jedem Vertragsschluss muss auch beim SPV sehr genau überlegt werden, ob wirklich alle Parteien, die Verpflichtungen in dem Vertrag übernehmen, auch Vertragspartei werden, da es einen Vertrag zu Lasten Dritter nicht gibt und fehlende Vertragsparteien auch durch ein Gericht nicht im Wege der ergänzenden Vertragsauslegung in den Vertrag einbezogen werden können. (2) Im Urkundseingang werden i.d.R. die Parteien definiert (*nachfolgend auch die »Käuferin«* usw.). Da die meisten Unternehmenskaufverträge in englischer Sprache abgeschlossen werden, sollte die richtige Kombination der Begriffspaare *Buyer* und *Seller* auf der einen Seite und *Purchaser* und *Vendor* auf der anderen Seite geachtet werden.

Die Frage der organschaftlichen Vertretung richtet sich nach dem Gesellschaftsstatut der Gesellschaft. Was die Frage der organschaftlichen Vertretung von deutschen Kapitalgesellschaften anbelangt, ergeben sich die maßgebenden Vertretungsverhältnisse unmittelbar aus den HR (dies ist einer der zentralen Funktionen des HR): In der Regel wird dort geregelt sein, dass die AG durch zwei Vorstände und die GmbH durch zwei Geschäftsführer vertreten wird (echte Gesamtvertretung), alternativ ggf. durch einen Vorstand bzw. einen Geschäftsführer und einen Prokuristen (sog. unechte oder gemischte Gesamtvertretung). Interne Gremienvorbehalte wie der etwaige Zustimmungsvorbehalt eines Aufsichtsrats sind hier aus Sicht der anderen Vertragsseite nicht relevant, da diese an der wirksamen Vertretung, also im Außenverhältnis, keine rechtliche Wirkung hätte (zu den internen Zustimmungsvorbehalten ▸ Teil II 4.4).

Sind auf einer Vertragsseite zwei oder mehr Parteien beteiligt (wenn z.B. mehrere Gesellschafter ihre Beteiligungen veräußern oder mehrere Käufer Anteile erwerben), dann sollte im SPA klar geregelt werden, ob diese jeweils nur anteilig (also in Höhe der von ihnen veräußerten oder erworbenen Beteiligung) haften oder ob jeder in voller Höhe haftet, der Gläubiger aber die Gesamtsumme nur einmal verlangen kann. Im letzten Fall läge eine Gesamtschuldnerschaft i. S. v. § 421 BGB (*joint and several liability*) vor. Die Vereinbarung einer gesamtschuldnerischen Haftung ist in der Praxis zwar in den meisten Konstellationen die Regel, ist aber offensichtlich nicht ungefährlich für die Schuldner, da damit das Risiko des Ausfalls eines Schuldners (also insb. das Insolvenzrisiko) auf den oder die anderen Gesamtschuldner übertragen wird (deren Ausgleichsanspruch insb. nach § 426 I/II BGB ist in derartigen Fällen oft nicht werthaltig).

Die beteiligten Gesellschaften werden abhängig von der Bedeutung der Transaktion oft nicht durch vertretungsberechtigte Mitglieder der Organe wie Vorstände oder Geschäftsführer vertreten, sondern durch andere Mitglieder der Unternehmen oder sehr häufig durch die Rechtsberater der Unternehmen. Soweit die im Notartermin erschienenen Personen dem Notar nicht persönlich bekannt sind, müssen sie sich durch einen amtlichen Lichtbildausweis ausweisen. Die Frage der Vertretung sollte rechtzeitig geklärt und entsprechende Vollmachten ausgestellt werden.

Praxishinweis: Die Vollmachten, die die Rechtsberater vorbereiten werden, sollten notariell beglaubigt werden (mag § 167 II BGB dies auch nicht verlangen). Bei Vollmachten ausländischer Unternehmen sollten diese (zusätzlich zu einer etwaigen Bestätigung durch einen *Corporate Secretary* in *Common Law* Jursdiktionen) im Ausland durch lokale Notare (oder einem *Notary Public* in den USA) beglaubigt und mit einer Vertretungsbescheinigung (*Certificate of Incumbency*) versehen werden, damit klar ist, dass die Vollmacht eine wirksame Vertretung nach dem Geschäftsstatut der Gesellschaft wirklich ermöglicht. Im grenzüberschreitenden Rechtsverkehr sollte grds. durch eine sog. Apostille nachgewiesen werden, dass der beglaubigende Notar zur Ausstellung derartiger Bescheinigungen auch tatsächlich berechtigt ist (die Verwendung der Apostille beruht auf dem Haager Übereinkommen zur Befreiung ausländischer öffentlicher Urkunden von der Legalisation vom 5.10.1961). Vollmachten gehören zu den wenigen Dokumente, die häufig zweisprachig erstellt werden (also z. B. Deutsch-Englisch). Weil das Verfahren der formell korrekten Vollmachtserstellung aufwendig ist, sollten die Vollmachten rechtzeitig vorbereitet und bereitgehalten werden.

Im Urkundeneingang finden sich auch diverse notarielle Feststellungen und Belehrungen etwa hinsichtlich des hinreichenden Verständnisses der englischen Sprache der Erschienenen und des sog. Vorbefassungsverbots (§ 3 I Nr. 7 BeurkG), wo es darum geht festzustellen, dass bei einer Beurkundung durch einen Anwaltsnotar (§ 3 II BNotO) dieser in derselben Angelegenheit nicht bereits als Rechtsanwalt tätig war. Wenn einem Anwaltsnotar ein Mandat angetragen wird, muss dieser zu Beginn entscheiden, ob er als (die Interessen einer Partei vertretender) Rechtsanwalt oder als (unparteilicher) Notar tätig werden will: Der Anwaltsnotar darf also keinesfalls zunächst als Rechtsanwalt agieren, um dann in derselben Sache als Notar tätig zu werden.

5.1.2 Die Präambel

Es mag juristische Laien überraschen, dass Unternehmenskäufe ähnlich einer Verfassung i. d. R. mit einer Präambel (*Recitals*) beginnen. Diese enthält bei einer Unternehmenstransaktion typischerweise die Identifizierung und eine Definition der Zielgesellschaft(en), eine kurze Umschreibung der Transaktion und ggf. weitere Hinweise zur Akquisition (in Deutschland fällt die Präambel traditionell eher kurz aus).

Formulierungsbeispiel: »*(A) The Seller holds one share in the nominal amount of EUR 50.000 (the »Share«) in the XYZ GmbH with seat in Munich (registered in the Commercial Register Munich under HRB 123) (the »Company«). (B) The Seller intends to sell and transfer the Share in the Company to the Buyer. (C)...*«. In diesem Beispiel wären der *Seller* und der *Buyer* bereits bei der Nennung der Parteien im Urkundeneingang definiert worden, wie sich aus der Großschreibung ergibt.

Es drängt sich die Frage auf, was der Zweck derartiger Informationen vor den eigentlich harten Vereinbarungen ist. Mit der Präambel verfolgen die Parteien vor allem zwei Ziele: Einerseits soll dem Leser, insb. einem Richter in einem etwaigen späteren Prozess, das Verständnis für die Transaktion erleichtert werden, andererseits würden in der Präambel hervorgehobene Angaben bei der Auslegung des Vertrags an Bedeutung gewinnen (*Merkt* in Göthel, M&A, § 4 Rd. 30; *Mehrbrey* in Mehrbrey, M&A Litigation, § 2 Rd. 314 m. w. N.). Wenn im Vertrag unbestimmte Rechtsbegriffe wie »wichtiger Grund« verwendet werden oder im Zusammenhang mit dem Vertrag gesetzliche Bestimmungen wie die Störtung der Geschäftsgrundlage (§ 313 BGB) mit Inhalt gefüllt werden müssen, dann würde ein Gericht sicher einen Blick in die Präambel werfen, um festzustellen, was wichtige Gründe im Rahmen der Transaktion sein könnten oder was Geschäftsgrundlage im konkreten Fall bedeutet. Teilweise wird die Präambel auch genutzt, um eine bestimmte Argumentation gegenüber der Finanzverwaltung zu unterfüttern.

Besonders gefährlich wäre es für den Verkäufer, wenn der Käufer in der Präambel die Methode seiner Kaufpreisberechnung offenlegen würde, da dies bei der Verletzung von Garantien zur Schadensersatzberechnung herangezogen werden könnte. Vor diesem Hintergrund sollte immer gut überlegt werden, was – und vor allem was nicht – in die Präambel aufgenommen werden sollte.

Beispiel: Nehmen wir an, dass in der Präambel steht, dass der Käufer den Kaufpreis mit Hilfe eines bestimmten Multiplikators i.V.m. einer bestimmten Kennziffer berechnet hat. Stellt sich später heraus, dass die Rückstellungen in der Bilanz von der Zielgesellschaft im letzten Geschäftsjahr, welches auch Grundlage für die Kaufpreisberechnung war, um EUR 200.000 zu niedrig war und daher die Bilanzgarantie verletzt wurde, dann könnte der Käufer auf den Gedanken kommen, nicht einfach EUR 200.000 als Schadensersatz zu verlangen, sondern diese Summe (je nach Berechnungsformel) mit dem von ihm verwendeten Faktor zu multiplizieren, denn der Kaufpreis wurde von ihm ja zu hoch angesetzt. Jedenfalls böte die Präambel in diesem Fall die ideale Argumentationsbasis für eine derartig erhöhte Schadensersatzforderung.

5.1.3 Der Kern des SPA: Kaufvertrag und Übertragungsvereinbarungen

Der eigentliche Kaufvertrag (§§ 433, 453 BGB), bestehend aus Angebot und Annahme (§§ 145 ff. BGB), nimmt einen verhältnismäßig kleinen Teil des SPA ein, zumal hier meist mit zuvor bereits definierten Begriffen gearbeitet wird.

Formulierungsbeispiel: »*The Seller hereby offers to sell the Share to the Buyer and the Buyer hereby accepts such sale (Kaufvertrag über Geschäftsanteil).*« Hier wären zuvor im Vertrag (z.B. im Urkundseingang oder der Präambel) die Begriffe *Seller*, *Buyer* und *Share* definiert worden, wie sich aus der Verwendung der im Englischen ansonsten unüblichen Großschreibung dieser Begriffe ergibt.

Entsprechend der Trennung von Verpflichtungs- und Verfügungsgeschäft im deutschen Recht (Trennungsprinzip, auf welchem das Abstraktionsprinzip aufbaut, vgl. *Fischer*, WPR, S. 53 ff., daher wird das SPA insb. in Verträgen nach deutschem Recht auch als »*Share Sale and Transfer Agreement*« tituliert) folgt auf den Kaufvertrag die dingliche Verfügung (Übertragung) hier in Form einer Abtretung, da es sich um ein Recht handelt (aber auch die etwas allgemeinere Titulierung als »Übertragung« wäre rechtlich wirksam und findet sich bei GmbH-Geschäftsanteilen häufig auch in notariellen Urkunden). Diese Abtretung erfolgt in Deutschland i. d. R. unter der aufschiebenden Bedingung (§ 158 BGB) der Kaufpreiszahlung und, soweit einschlägig, der kartellrechtlichen Freigabe (▶ Teil II 7.1).

Formulierungsbeispiel: »*The Seller hereby transfers the Share to the Buyer (Abtretung des Geschäftsanteils) and the Buyer accepts such transfer subject to the following conditions precedent: (1) Payment of the Purchase Price in accordance with section... . (2) Merger clearance by the competent merger control authorities has been or is deemed to have been obtained. ..... .*«

Nach traditionellem deutschen Rechtsverständnis ist der entscheidende Akt das *Signing* und die Bedingungen für das *Closing* sollten sich auf das Notwendigste beschränken, d. h. i. d. R. nur auf die Kaufpreiszahlung und eine etwaige kartellrechtliche (oder sonstige behördliche) Klärung. Anders wird dies in der angloamerikanischen Rechtspraxis gesehen: Da werden häufig sog. *Material Adverse Change*-Klauseln (MAC-Klauseln) als weitere *Closing*-Bedingungen in den Vertrag aufgenommen, die bestimmen, dass im Falle von definierten wesentlichen Veränderungen zwischen *Signing* und *Closing* ein Ausstieg aus dem Vertrag noch möglich sein soll.

Praxishinweis: Vor dem Hintergrund der rechtskulturellen Unterschiede führen die Forderungen von amerikanischen Investoren gegenüber deutschen Verkäufern nach Aufnahme einer MAC-Klausel nicht selten zu heftigen Diskussionen, denn ein Vertragsausstieg nach dem *Signing* und der Veröffentlichung der Transaktion wäre jedenfalls aus deutscher Sicht ein *Worst-Case*-Szenario, welches tunlichst vermieden werden sollte. MAC-Klauseln sind vor dem Hintergrund vor allem dieser unterschiedlichen Rechtskulturen potentielle *Dealbreaker*.

Formulierungsbeispiel (sehr käuferfreundliche Variante gem. *Schrader/ Seibt* in Seibt, Formularbuch, C.II.2): »*The Parties may refuse to carry out the Closing if one or more of the following obstacles to closing has occurred: (1) On or after the Signing Date, changes, circumstances or events occur or become*

127

known which – individually or in conncetion with other changes, circumstances or events, even if these occurred prior to the Signing Date – have a material adverse effect on the net assets, financial conditions or results of operation, business operation or business prospects of the Company or cause such effects to be expected (Material Adverse Change).«

5.1.4 Die Schlüsselfrage des SPA: Die Bestimmung des Kaufpreises

Für die vertragliche Bestimmung des Kaufpreises (*Purchase Price/Consideration*) bestehen grds. zwei Möglichkeiten: Entweder es wird bereits beim *Signing* ein Festkaufpreis bestimmt (*Locked Box*-Modell) oder es wird beim *Signing* nur ein vorläufiger Kaufpreis bestimmt, der z. B. bezogen auf den Zeitpunkt des *Closings* auf Basis von speziellen *Closing Accounts* angepasst wird (*Closing Accounts*-Modell). Die Vor- und Nachteile dieser beiden Methoden liegen auf der Hand (umfassend hierzu *Neuhaus* in Kiem, Kaufpreisregelungen, S. 177 ff.):

- Die **Locked Box-Methode** mit der Bestimmung eines **endgültigen Kaufpreises** bei Unterzeichnung des Kaufvertrags ist technisch deutlich einfacher und weniger streitanfällig (*Bergjan* in Holzapfel/Pöllath, Unternehmenskauf, Rd. 800). Außerdem hat insb. der Verkäufer Planungssicherheit. Der Nachteil ist, dass der Käufer vor negativen Entwicklungen bis zum *Closing* abgesichert werden muss, was dann u. a. durch Garantien für den Zeitraum zwischen letztem Bilanzstichtag (der Basis der Kaufpreisbestimmung des Käufers) und *Signing* sowie durch Zusicherungen für die Führung der Geschäfte zwischen *Signing* und *Closing* geschieht (vgl. zu diesen im Englischen als *Covenants* titulierten Zusicherungen ▶ Teil II 5.1.5; wegen dieser Art des »Einfrierens« wird von *Locked Box* gesprochen; kritisch zur Terminologie *Lips* in Hettler u. a., Unternehmenskauf § 3 Rd. 156 f.).

- Die Vereinbarung eines nur **vorläufigen Kaufpreises** beim *Signing*, der später bezogen auf den Zeitpunkt des Vollzugs (*Closing*) angepasst wird (adjustierter Kaufpreis) (**Closing Accounts**), ist dagegen deutlich aufwendiger und streitanfälliger (so ist i. d. R. die Erstellung eines entsprechenden Abschlusses notwendig), vermag dafür aber die wirtschaftlichen Interessen der Parteien bei Zugrundelegung der im Vorfeld erfolgten Unternehmensbewertung etwa auf Basis der *Discounted Cash Flow*-Methode genauer abzubilden (▶ Teil I 6). Eine verbreitete Anpassungsmethode zur Bestimmung des endgültigen Kaufpreises könnte schlagwortartig als

Cash Free/Debt Free oft kombiniert mit einer *Working Capital Adjustment* umschrieben werden (vgl. *Lips* in Hettler/ua, Unternehmenskauf § 3 Rd. 160; *Meyer-Sparenberg* in Meyer-Sparenberg/Jäckle, M&A, § 42 Rd. 3).

Zusätzlich zu einem Festkaufpreis vereinbaren die Parteien häufig einen variablen zusätzlichen Kaufpreis in Form eines **earn-out**, dessen Höhe von der wirtschaftlichen Entwicklung der Zielgesellschaft in der Zukunft (also etwa in den nächsten ein bis drei Geschäftsjahren) abhängt. Durch ein derartiges variables Kaufpreiselement wird das Risiko des Käufers etwas reduziert, gleichzeitig wird sichergestellt, dass auch der Verkäufer ein Interesse an einer erfolgreichen Weiterentwicklung der verkauften Gesellschaft hat. Die technische Ausgestaltung von *earn-out*-Klauseln ist wie bei der vorstehend beschriebenen Kaufpreis-Adjustment-Methode aufwendig und streitanfällig. Diese Problematik kann aber durch die zu empfehlende Vereinbarung von Ober- und Untergrenzen (*caps and floors*) für den zusätzlich zu leistenden Kaufpreis deutlich reduziert werden. Soweit ein Teil des Kaufpreises zu einem späteren Zeitpunkt gezahlt werden soll (gestundeter Kaufpreis) wird von einer **deferred consideration** oder auch einem *deferred purchase price* gesprochen.

Zur Absicherung etwaiger Schadensersatzforderungen des Verkäufers vor allem wegen der Verletzung von Garantien (dazu nachstehend) versuchen Käufer gerne, **Treuhandkonten** (*escrow account*) einzurichten, auf die ein kleiner Teil des Kaufpreises eingezahlt wird. Dessen Höhe orientiert sich jedenfalls an der Höhe der Haftungshöchstgrenze, wobei sich in der Praxis Beträge zwischen 5 und 20% des Kaufpreises finden (*Meyer-Sparenberg* in Meyer-Sparenberg/Jäckle, M&A, § 45 Rd. 153).

Praxishinweis: Wird das SPA notariell beurkundet, liegt die Einrichtung eines Notaranderkontos nahe. Allerdings sollte vorab ein Vergleich der Kosten mit einer Treuhandabrede mit einer Bank oder der Einrichtung eines schlichten »Und-Kontos« vorgenommen werden. Dieser Vergleich wird oft dazu führen, dass ein Treudhandkonto bei einer Bank (ohne Involvierung eines Notars) günstiger sein wird. Im Übrigen sollen Notare Treuhandkonten nur einrichten, wenn es hierfür ein berechtigtes Sicherungsinteresse gibt (§ 57 II/III BeurkG).

Auf die Möglichkeit die Gegenleistung nicht in Geld, sondern in Form von Beteiligungen an dem Unternehmen des Käufers (»Papiergeld«), die etwa durch eine Kapitalerhöhung aus dem genehmigten Kapital entstehende Aktien, wird später noch genauer eingegangen werden (▶ Teil II 5.3). Soweit der Kaufpreis in besonderen Konstellationen nur *einen* Euro beträgt (z. B. bei gleichzeitiger Übernahme von Verbindlichkeiten), wird dieser symbolische Kaufpreis gewählt, damit die Voraussetzungen für die Anwendung des Kaufrechts (§§ 433 ff. BGB) gegeben sind.

5.1.5 Die Kampfarena des SPA: Garantien und Freistellungen

In Unternehmenskaufverträgen ist es (national wie international) üblich, das gesamte gesetzliche Gewährleistungssystem soweit wie rechtlich möglich auszuschließen, d. h. insb. die §§ 434 ff. BGB finden in der Praxis auf Unternehmenskäufe i. d. R. keine Anwendung. Auch die bei Unternehmenskäufen potentiell wichtigen Anspruch wegen (fahrlässigen) Verschuldens bei Vertragsschluss (culpa in contrahendo/c.i.c., §§ 280 I, 241 II, 311 II BGB) wird grds. ausgeschlossen. Allerdings ist – wie bereits erwähnt – ein **Haftungsausschluss** wegen Vorsatzes nicht möglich (§§ 276 III, 444 BGB), so dass insoweit die gesetzlichen Gewährleistungen noch anwendbar wären. Die Rügeobliegenheit des § 377 HGB findet jedenfalls auf den *Share Deal* ohnehin keine Anwendung, da es sich dabei nicht um einen Handelskauf handelt.

> **Formulierungsbeispiel:** »*To the extent permitted by law, all other claims under any statute shall be excluded, including but not limited to claims of any type of reduction of the purchase price, or improvement (Nacherfüllung), recession (Rücktritt), challenge (Anfechtung) or compensation (Schaden- oder Aufwendungsersatz).*«

Als Ersatz für diesen fast umfassenden gesetzlichen Haftungsausschluss vereinbaren die Parteien üblicherweise **selbständige Garantien** (*independent guarantees*). Derartige Garantien sind im BGB nicht vorgesehen, aber aufgrund der Vertragsfreiheit zulässig (§ 311 I BGB). Besonderes Kennzeichen einer selbständigen Garantie ist es, dass ein Verschulden des Verkäufers für eine Schadensersatzforderung nicht notwendig ist (anders als sonst im BGB, vgl. insb. § 280 I S. 2 BGB), d. h. selbständige Garantien begründen eine **verschuldensunabhängige Einstandspflicht**.

> **Formulierungsbeispiel** aus der Praxis: »*The Seller hereby guarantees subject to any limitations contained in this Agreement by way of an independent guarantee (selbständiges Garantieversprechen) pursuant to section 311 (1) German Civil Code to the Buyer that the statements in clause ___ of this Agreement are true and correct on the Signing Date [and the Closing Date unless explicitly*

specified otherwise herein].« Die international verbreitete Bezeichnung »*Reps & Warranties*« (vgl. *Engelhardt*, M&A, S. 34) für Zusicherungen des Verkäufers sollte in Verträgen, die deutschem Recht unterstellt werden, keinesfalls verwendet werden.

Generell ist der **Umfang** von Garantien in der M&A-Praxis **rückläufig**, was u. a. wohl auch auf das Verhalten der Finanzinvestoren zurückzuführen ist, die traditionell selbst kaum Garantien abgeben (*Meyer-Sparenberg* in Meyer-Sparenberg/Jäckle, M&A, § 44 Rd. 9, vgl. auch die dortige Übersicht unter Rd. 71). Es ist durchaus üblich, dass es **Überschneidungen** zwischen zwei oder mehr Garantien gibt, was aber wegen unterschiedlicher Voraussetzungen und Rechtsfolgen von Garantien nicht elegant, aber praktisch kaum vermeidbar ist.

Praxishinweis: Das Aushandeln des Garantiekatalogs ist meist einer der zentralen und kritischsten Punkte bei M&A-Transaktionen. Spannend wird es, wenn nach dem *Closing* der Käufer auf schwerwiegende Mängel stößt und dann geprüft wird, ob eine Garantie verletzt wurde oder gar ein Schiedsgerichtsverfahren zu dieser Frage angestrengt wird. Oft wird den Beteiligten erst jetzt richtig die Bedeutung einzelner Garantien und die Auswirkungen einzelner Formulierungen und Einschränkungen von Garantien bewusst.

Sollten die Parteien sich in den Verhandlungen bei bestimmten Risiken nicht auf eine Garantie einigen können, besteht noch die Möglichkeit, dieses Risiko durch den Abschluss einer **Warranty & Indemnity Insurance** (*W&I-Insurance*) abzusichern. Während in der Vergangenheit diese Versicherungen relativ selten abgeschlossen wurden, da die Kosten hiefür unverhältnismäßig hoch waren, hat der Abschluss von *W&I-Insurances* in den letzten Jahren insb. bei Transaktionen mit einem Volumen über EUR 25.000.000 deutlich zugenommen (CMS, European M&A Study, S. 34).

A Typische Garantien des Verkäufers
Zunächst wird der Verkäufer ohne Einschränkung, d. h. ohne *Qualifier* wie »*best knowledge*« oder »*material*« (*materiality qualifier*) garantieren, dass die **Zielgesellschaft wirksam** besteht, die Einlage geleistet wurde, kein Insolvenzgrund vorliegt und der Verkäufer **frei von irgendwelchen Beschränkungen** über die Geschäftsanteile verfügen kann.

Formulierungsbeispiel aus der Praxis: »*(1) The Company is a limited liability company (Gesellschaft mit beschränkter Haftung) duly incorporated and validly existing under the laws of the Federal Republic of Germany. The Company is neither overindebted (überschuldet) nor unable to pay its bills (zahlungsunfähig). The total nominal share capital of the Company (Stammkapital) amounts to EUR [250.000] and has been paid in full and has never been repaid. (2) The Seller is the legal and beneficial owner of the Share, which is free of any encumbrances or any other rights for the benefit of third parties and the Seller has the right and the power to freely dispose of the Share without the need of the consent of any third party or violating the right of any third party. No trust agreement, silent partnership, or similar agreements exist with respect to the Share. (3) The information contained in the attached excerpt from the Commercial Register (Handelsregisterauszug) of the Company is correct.*«

Nach dieser gesellschaftsrechtlichen Garantie folgt die wirtschaftlich wichtigere Garantie betreffend des letzten oder aus Käufersicht noch besser der letzten drei Jahresabschlüsse, wobei in der Praxis nur die Garantie bezüglich des letzten Abschlusses Standard ist (**Bilanzgarantie**, umfassend hierzu *Drygala/Wächter*, Bilanzgarantien). Entscheidend ist hier, dass i. d. R. nicht die objektive Richtigkeit des letzten Jahresabschlusses garantiert wird, sondern typischerweise nur die sorgfältige Aufstellung einschließlich der seinerzeit für die aufstellenden Organe erkennbaren Risiken (vgl. *Meyer-Sparenberg* in Meyer-Sparenberg/Jäckle, M&A, § 44 Rd. 77). Soweit eine Garantie dahingehend abgegeben wird, dass der Jahresabschluss ein zutreffendes Bild der Vermögens-, Finanz- und Ertragslage abgibt (»*true and fair view*«, vgl. § 264 II HGB), wird oft darüber gestritten, ob hier ein objektiver Standard in die Bilanzgarantie aufgenommen wurde, was durch eine Bezugnahme auf die vorhergehende Bilanzgarantie wie etwa »unter Beachtung dieser Grundsätze« vermieden werden kann (vgl. hierzu *Meyer-Sparenberg* in Meyer-Sparenberg/Jäckle, M&A, § 44 Rd. 77 ff. m. w. N.).

Formulierungsbeispiel aus der Praxis: »*The audited annual financial statements (Jahresabschluss) of the Company per [31 December 2020] («Financial Statements«) were prepared form the books and records of the Company in accordance with all applicable laws and accounting principles as generally recognized in Germany and on a basis consistent with formal and material accounting and evaluation methods as applied by the Company in its financial statements for previous accounting periods (Stetigkeitsgrundsatz). The Financial*

> *Statements truly and accurately reflect asset, financial and earnings positions as of [31 December 2020].«*

Aus Käufersicht wäre es optimal, wenn diese Garantie um eine **absolute Eigenkapitalgarantie** ergänzt würde. Allerdings wird diese vom Verkäufer, wenn überhaupt, dann nur in unkritischer Höhe abgegeben, und wird sich auch in vermeintlich unkritischer Höhe aktuell kaum noch in SPAs finden (*Meyer-Sparenberg* in Meyer-Sparenberg/Jäckle, M&A, § 44 Rd. 80).

> **Formulierungsbeispiel:** *»The net equity capital (§ 266 III A German Commercial Code) (handelsbilanzielles Eigenkapital) of the Company as of the Signing Date and as of the Closing Date is at least [EUR 1.000.000] (absolute Eigenkapitalgarantie).«*

Durch diese Jahresabschlussgarantie werden eine Vielzahl an Risiken abgedeckt. Allerdings greift auch diese Sicherung nur für den Zeitraum bis zum Bilanzstichtag, bei den meisten deutschen Gesellschaften also bis zum 31. Dezember des Vorjahres (soweit für dieses bereits ein Abschluss vorliegt). Daher muss der **Zeitraum zwischen dem Bilanzstichtag und dem** *Signing* durch Garantien abgedeckt werden. Dieser Zeitraum wird durch eine im Zweifel etwas weichere Garantie zu den entsprechenden monatlichen betriebswirtschaftlichen Auswertungen (BWA) oder anderen aktuellen Finanzdaten wie Zwischenabschlüssen abdecken. Daneben findet sich aber immer auch eine Klausel in der garantiert wird, dass es in dem Zeitraum zwischen Bilanzstichtag und Signing keine ungewöhnlichen Vorkommnisse gegeben hat und es zu keinen Mittelabflüssen an den Verkäufer oder dem Verkäufer nahestehende Personen i. S. v. § 1 II AStG gekommen ist (*Non/Permitted* **Leakage** Klausel, vgl. *Bergjan* in Holzapfel/Pöllath, Unternehmenskauf, Rd. 806).

> **Formulierungsbeispiel** aus der Praxis: *»Between the Balance Sheet Date and the Signing Date the Company has carried on its business prudently and in the ordinary and usual course and without any material interruption or alteration in the nature, scope or manner of such business, in particular (a) the Company has not acquired or disposed of or agreed to acquire or dispose of any material assets, (b) (...).«*

Von dieser Garantie zu unterscheiden ist die Garantie betreffend den **Zeitraum zwischen** *Signing* **und** *Closing*: Auch hier muss der Verkäufer für die

Zukunft garantieren (sog. *Covenants*), dass die Geschäfte der Gesellschaft zwischen *Signing* und *Closing* mit der Sorgfalt eines ordentlichen Kaufmanns geführt wird und es zu keinen Mittelabflüssen an den Verkäufer oder ihm nahestehende Personen kommen wird (vgl. *Bergjan* in Holzapfel/Pöllath, Unternehmenskauf, Rd. 809). Teilweise wird hier auch von einer *stand still clause* gesprochen. Soweit eine Transaktion der kartellrechtlichen Freigabe bedarf, darf eine solche Klausel nicht gegen das kartellrechtliche Vollzugsverbot (Art. 7 I FKVO) verstoßen.

> **Formulierungsbeispiel:** »*For the period between the Signing and the Closing the Seller undertakes that irrespective of any fault the Company carries on its business in the ordinary course of business (...).*«

Eine weitere wichtige Garantie betrifft die wichtigen Themen **Steuern** (*tax and duties*) **und Sozialabgaben** (*social security contributions*). Dabei ist zu beachten, dass in diesen Bereichen üblicherweise nicht »nur« eine Garantie, sondern eine darüberhinausgehende **Freistellung** vereinbart wird. Der Unterschied zwischen einer Garantie und einer Freistellung besteht vor allem darin, dass bei Freistellungen keine Haftungsbegrenzungen wie Höchstgrenzen, Freigrenzen oder Freibeträge für die Haftung gelten (zu den Rechtsfolgen ▶ Teil II 5.1.5 C).

> **Formulierungsbeispiel** aus der Praxis: »*(1) All tax returns due to be filed by or on behalf of the Company have been duly filed in a timely manner. As per [31 December 2020] Corporate Tax (Körperschaftsteuer), Trade Income Tax (Gewerbesteuer), and Value Added Tax (Umsatzsteuer) due form or with respect to the Company have been duly paid in a timely manner or, to the extent such taxes have not been already paid, sufficient provisions have been set up in the Financial Statements of the Company. (2) All tax and social security payments by the Company which the Company were required to withhold or to collect (...) have been duly withheld and collected and, to the extent that they were due and payable, have been paid over to the proper authorities in a timely manner.*«

Eine weitere verbreitete Garantie bezieht sich auf das **Anlage- und Umlaufvermögen**. Hier wird meist garantiert, dass die Zielgesellschaft(en) rechtlicher und wirtschaftlicher Eigentümer der in den Jahresabschlüssen dokumentierten Vermögenswerte ist (sind). Soweit zu der Gesellschaft **Immobilien** gehören, werden diese in einer Anlage zum SPA aufgelistet und der Verkäufer garantiert, dass die Zielgesellschaft Eigentümer der Grundstücke ist und die Grundstücke nur die Belastungen aufweisen, die in dem SPA offengelegt werden. Des Weiteren wird auch der Bestand und die unbestrittene Eigentümerschaft hinsichtlich der **Intellectual Property Rights** ebenso garantiert wie die Nicht-Verletzung des *Intellectual Property* von Dritten. Auch die zur Fortführung des Unternehmens ausreichende **IT-Infrastruktur**, die sich auf eine rechtmäßige Lizensierung stützt und ohne signifikante Störungen funktioniert, sollte garantiert werden.

Ein oft sehr schwieriges Thema in Unternehmenskäufen sind Garantien bezüglich **Altlasten** bei Grundstücken, da zum einen oft unklar ist, ob überhaupt Bodenverunreinigungen vorliegen, und zum anderen die Sanierung kontaminierter Flächen schnell ein sehr teures Unterfangen werden kann. Eine (sehr seltene) umfassende Garantie des Verkäufers, dass keine Altlasten existieren, könnte den Käufer dazu veranlassen, vor Ablauf der Verjährung der Garantien umfassende Bodenuntersuchungen einzuleiten, um die Sanierungskosten noch dem Verkäufer aufzubürden. Daher werden hier (aus Käufersicht im Idealfall) im Innenverhältnis sehr differenzierte Garantien z.B. mit Kostenteilungen vereinbart, schließlich sollen Unternehmenskäufe nicht der Bodensanierung dienen. Im Außenverhältnis finden sich sich Regelungen vor allem im §§ 4, 24 II BBodSchG (vgl. zur Problematik *Schmidt-Kötters* in Meyer-Sparenberg/Jäckle, M&A, § 82 Rd. 46 ff.). Meist werden Altlastengarantien aber nur in der Form abgegeben, dass der Verkäufer keine positive Kenntnis von vorhandenen Altlasten hat.

Von zentraler Bedeutung ist, dass die Zielgesellschaft über sämtliche notwendigen (öffentlich-rechtlichen) **Genehmigungen und Rechte zur Fortführung** der Gesellschaft verfügt und keine Genehmigungen oder Rechte widerrufen wurden oder voraussichtlich widerrufen werden. Aussagen über die Zukunft sind für den Verkäufer immer sehr gefährlich, aber wegen der Bedeutung derartiger Genehmigungen und der Schwierigkeit die Genehmigungslage in der *Due Diligence* zuverlässig zu prüfen, sollte der Käufer auf einer derartigen Garantie zumindest auf Kenntnisbasis (»*best knowledge*«) unbedingt bestehen.

Eine ebenso wichtige wie weite und damit problematische Garantie betrifft den gesamten Bereich der **Compliance**. Hier geht es zum einen um die Garantie, dass sämtliche Rechtsnormen im In- und Ausland einschließlich der Antikorruptionsgesetze, Kartellrechte, des Datenschutzrechts und des Umweltrechts eingehalten wurden. Da die Einhaltung aller Gesetze in allen Jurisdiktionen von einem Verkäufer kaum garantiert werden kann, werden hier Einschränkungen notwendig sein wie etwa »alle wesentlichen Bestimmungen« oder Subjektivierungen wie »nach bester Kenntnis«. Auch sachliche Beschränkungen wie etwa auf Gebiete wie das Kartell- und Antikorruptionsrecht mögen sinnvolle Kompromisse sein. Eine geographische Beschränkung auf Deutschland oder die Europäische Union dagegen hätte wohl einen merkwürdigen Beigeschmack, da damit ja geradezu signalisiert würde, dass es z. B. in den Produktionsstätten außerhalb dieser Gebiete »natürlich« schon mal zu Rechtsverstößen kommen kann. Im Zusammenhang mit Compliance sollten auch Garantien zum Bestehen und vielleicht sogar zur Effektivität des **Compliance Management Systems (CMS)** der Zielgesellschaft aufgenommen werden. Derartige Garantien dürften immer mehr an Bedeutung gewinnen.

Zu den Standardgarantien gehören auch die Bereiche **Arbeitnehmer und Geschäftsleitung.** Je nach Größe der Gesellschaften werden dem SPA Anlagen mit wesentlichen Kennziffern zur Arbeitnehmerschaft beigefügt. Hinsichtlich der *Key Employees* und der Mitglieder der Organe (Geschäftsführer oder Vorstände) werden genauere Angaben notwendig sein, insb. Garantien, dass kein *Key Employee* oder Organmitglied den Arbeits- oder Dienstvertrag gekündigt hat (oder die Kündigung in den letzten Monaten angekündigt hat).

Üblicherweise garantiert der Verkäufer, dass die Zielgesellschaft(en) an keinen **Rechtsstreitigkeiten** vor staatlichen Gerichten oder Schiedsgerichten im In- und Ausland beteiligt ist, soweit diese nicht in einer Anlage zum SPA offengelegt werden. Bei größeren Gesellschaften wird hier mit Schwellenwerten gearbeitet, um den Vertrag nicht mit wirtschaftlich irrelevanten Vorgängen zu belasten. In diesem Kontext sollte auch das Thema **Produkthaftungsfälle** (*product liability*) einschließlich etwaiger Rückrufaktionen sowie bedeutende Gewährleistungsfälle behandelt werden.

Auch sollte der Verkäufer Angaben zu **wesentlichen Verträgen** garantieren, insb., dass diese nicht gekündigt wurden. Sehr wichtig ist es auch, dass der Verkäufer garantiert, dass es keine, nicht in einer Anlage offengelegten (wesentlichen) Verträge wie insb. *Joint Venture Agreements*, Finanzierungsverträge oder Dienstverträge mit Vorständen oder Geschäftsführern gibt, die **Change of Control-Klauseln** enthalten (ausgenommen die in einem *Disclosure Schedule* aufgelisteten Verträge).

Oft finden sich in Garantiekatalogen auch Aussagen über den Bestand und ggf. sogar die Angemessenheit von **Versicherungen**. Da der Käufer zeitnah den Versicherungsschutz ändern kann, sollte dieses Thema in Verhandlungen keine besondere Rolle spielen.

Häufig wird auch garantiert, dass durch die geplante Transaktion die Zielgesellschaft nicht zur Zahlung von **Provisionen oder Boni** an Dritte (z. B. M&A-Berater) oder das Management verpflichtet wird. Es sollte für den Verkäufer kein Problem sein, diese Garantie abzugeben.

Jedenfalls in früheren Zeiten fanden sich in den Garantiekatalogen regelmäßig die Garantie, dass der **Businessplan** nach den Maßstäben eines ordentlichen Kaufmanns erstellt worden ist. Gibt ein Verkäufer eine derartige Garantie ab, dann darf diese nur sehr weich formuliert werden und sollte sich anders als die übrigen Garantien nicht auf den Tag des *Signings*, sondern den Zeitpunkt der Erstellung des *Businessplans* beziehen (ansonsten wäre ein *Update* des *Businessplan* kurz vor dem *Signing* unvermeidbar).

Diese Auflistung typischer Garantien ist keinesfalls abschließend und je nach den Geschäftsfeldern, der internationalen Präsenz der Zielgesellschaft (en) sowie nach aktuellen Ereignissen (wie z. B. der Diesel-Skandal) oder Gesetzesänderungen (wie z. B. der Verschärfung der Unternehmenssanktionen nach Fehlverhalten) sind weitere oder neuartige Garantien denkbar oder erforderlich. Dabei sollte ein besonnener Erwerber neben den Standardgarantien auf Basis einer Analyse und Prüfung der Zielgesellschaft genau überlegen, welche Garantien im konkreten Fall wirklich wichtig sind und wo Kompromisse in der Verhandlung problemlos möglich sein sollten.

B Garantien des Käufers

In der angloamerikanischen Vertragspraxis ist es üblich, dass auch der Käufer Garantien etwa hinsichtlich des wirksamen Bestehens der Käufergesellschaft oder der **Finanzierung der Transaktion** abgibt (vgl. *Meyer-Sparenberg* in Meyer-Sparenberg/Jäckle, M&A, § 44 Rd. 147 ff.). Es erinnert allerdings ein wenig an den Baron Münchhausen, der sich am eigenen Schopfe aus dem Sumpf zieht, wenn der Käufer die eigene rechtliche Existenz garantiert (allerdings könnte diese Garantie unter strafrechtlichen Aspekten ggf. besondere Bedeutung erlangen). Wenn der Käufer Garantien abgibt, die sich mit Garantien des Verkäufers sachlich decken, dann werden diese üblicherweise auch spiegelbildlich formuliert (was bei den Verhandlungen von Anfang an bedacht werden sollte).

Soweit als Käufergesellschaft etwa aus steuerlichen Gründen eine Zweckgesellschaft (**Special Purpose Vehicle, SPV**) eingesetzt wird, dann ist es nicht nur sinnvoll, sondern absolut notwendig, dass die wirtschaftlich hinter dem SPV stehende Konzernmutter eine umfassende Garantie hinsichtlich der wirksamen Errichtung der Zweckgesellschaft und vor allem hinsichtlich der Kaufpreiszahlung und aller sonstigen Verpflichtungen des SPV abgibt (▶ Teil II 5.1.1).

> **Praxishinweis:** Ein Finanzinvestor wird zur Abgabe einer solchen Garantie i. d. R. nicht bereit sein. Sollte aber ein Kaufinteressent, der kein Finanzinvestor ist, sich bei dieser Selbstverständlichkeit uneinsichtig zeigen, dann sollte der Verkäufer darüber nachdenken, ob die Verhandlungen nicht an dieser Stelle abgebrochen werden sollten.

C Rechtsfolgen bei der Verletzung von Garantien

Es ist üblich, dass auch die Rechtsfolgenseite und die Rechtsbehelfe (*Remedies*) bei Verletzung von Garantien individuell, d. h. ohne oder jedenfalls fast ohne Rückgriff auf gesetzliche Bestimmungen einzelvertraglich geregelt werden. Dabei lautet das Grundprinzip der Schadensersatzleistung, dass im Falle der Verletzung einer Garantie der Verkäufer den Käufer so stellen muss wie dieser gestanden hätte, wenn die Garantie nicht verletzt worden wäre. Diese international übliche Bestimmung des Umfangs des Schadensersatzes bei Unternehmenskäufen entspricht auch dem Grundprinzip der Schadensberechnung im BGB (§ 249 BGB zur sog. **Naturalrestitution**).

> **Formulierungsbeispiel** (*boiler plate*): »*In the event that any statement guaranteed by the Seller to be correct is incorrect, the Seller shall place the Buyer in the position that would exist had the statement be correct. In the event that this should not be possible, the Seller shall be liable to pay monetary damages (Schadensersatz) to put the Buyer in the financial position it had been in had the guarantee concerned been correct.*«

Des Weiteren ist es üblich, **Haftungsbegrenzungen** in Form von Haftungshöchstbeträgen (*caps*) sowie Freibeträgen und Freigrenzen (Bagatellgrenzen, sog. *basket* oder *de-minimis*-Klauseln) zu vereinbaren, soweit nicht ausnahmsweise eine umfassende Freistellung (*indemnification*) vereinbart wird, wie es vor allem bei der Steuergarantie üblich ist. Oft wird dabei zwischen den verschiedenen Garantien differenziert oder auch bei den Freistellungen (deutlich höhere) Höchstgrenzen bestimmt. Wie im Steuerrecht bedeutet **Freigrenze**, dass Schäden nur geltend gemacht werden können, wenn sie (ggf. in der Summe) eine bestimmte Mindesthöhe überschreiten, dann aber kann der gesamte Betrag als Schadensersatz verlangt werden (»*first dollar*«), während bei der Vereinbarung eines **Freibetrags** nur der Schadensersatz verlangt werden kann, um den die Schadenssumme den Freibetrag übersteigt (»*excess only*«). Letzteres wird in den USA favorisiert (CMS European M&A Study, S. 10). Alle diese Grenzen gelten aber nicht im Falle von Vorsatz (§§ 276 III, 444 BGB). Insgesamt sind die Haftungsbeschränkungen auch in diesem Bereich (jedenfalls in der Vor-Corona-Zeit) tendenziell verkäuferfreundlicher geworden:

- Bei der wichtigen **Haftungshöchstgrenze** werden in Deutschland häufig Beträge i. H. v. **ca. 10 bis 25% des Kaufpreises** vereinbart, selten bis zu 50% (vgl. *Seibt* in Seibt, Formularbuch, C.I.1), bei Transaktionen mit einem Volumen über EUR 100.000.000 und bei Transaktionen in den USA sind ebenfalls Höchstbeträge von 10 bis 25% des Kaufpreises üblich (CMS European M&A Study, S. 31), im Falle des Verkaufs durch Finanzinvestoren teilweise aber nur ca. 5% (*Meyer-Sparenberg* in Meyer-Sparenberg/Jäckle, M&A, § 45 Rd. 102).

Formulierungsbeispiel aus der Praxis: »*All claims of the Buyer under this Agreement other than claims relating to the guarantee that the Seller is the unlimited legal and beneficial owner of the Shares in the Company shall be limited to [10%] of the Consideration.*«

- Bei den **Freigrenzen und Freibeträgen**, die alternativ oder auch kumulativ vereinbart werden können, bewegt sich die Höhe meist **um die 1% des Kaufpreises** (in den USA eher max. 1%, in Europa ist die Bandbreite der Vereinbarungen hier etwas größer und reicht von ca. 0,5% bis ca. 2% des Kaufpreises; vgl. CMS, European M&A Study, S. 29; *Weber* in Hölters, HdB Unternehmenskauf, Rd. 9.262).

Formulierungsbeispiel aus der Praxis: »The Buyer may assert any claim of breach of guarantees only if the value of the aggregate of all claims exceeds an amount of [EUR 200,000.00] (Freigrenze).«

Beschränkungen der Haftung erfolgen auch in zeitlicher Hinsicht durch **Verjährungsvereinbarungen** und abweichend von den gesetzlichen Vorgaben, was gem. § 202 BGB grds. möglich ist. Bei der Dauer der Verjährung wird üblicherweise zwischen den verschiedenen Garantien differenziert,

wobei für die Garantie zur uneingeschränkten Eigentümerstellung des Verkäufers meist eine eher lange Verjährungsfrist von meist etwa drei bis
fünf Jahren, teilweise aber auch zehn Jahren vereinbart wird (vgl. *Meyer-
Sparenberg* in Meyer-Sparenberg/Jäckle, M&A, § 45 Rd. 117 f.), während für
Steuer und Sozialabgaben eine relative Verjährungsfrist von meist sechs
Monaten nach Bestandskraft der entsprechenden Bescheide üblich ist. Für
die übrigen Ansprüche wird meist eine Verjährungsfrist vereinbart, die es
dem Käufer ermöglicht zumindest einen Jahresabschluss unter eigener Kontrolle zu erstellen (*Weber* in Hölters, HdB Unternehmenskauf, Rd. 9.269),
so dass hier Verjährungsregeln von mind. sechs bis 24 oder auch einmal
36 Monaten ab *Closing* vereinbart werden (*Meyer-Sparenberg* in Meyer-Spa-
renberg/Jäckle, M&A, § 45 Rd. 118).

Formulierungsbeispiel aus der Praxis: »*Claims of the Buyer out of this Agreement shall become time-barred as follows: (1) Claims arising from guarantees
of legal title with respect to the Shares in the Company shall become time-barred [3 years] after the Closing. (2) Claims for breach of guarantees with respect
to tax and duties (clause 123) shall become time-barred six months after the as-
sessment for the relevant taxes and the relevant period of time has become un-
appealable. (3) All other claims of the Buyer shall become time-barred [18
months] after Closing.*«

5.1.6   Besondere Regelungen beim Beteiligungserwerb

Sollte der Käufer nicht 100% des Nominalkapitals erwerben, dann ist es zusätzlich erforderlich, auch die künftige Zusammenarbeit zu regeln. Um den
eigentlichen Unternehmenskaufvertrag und die weiteren Vereinbarungen
in einem einheitlichen Dokument zusammenzustellen, wird idealerweise
eine Anteilskauf- und Gesellschaftervereinbarung als eine Art **Umbrella
Agreement** geschlossen, welchem alle weiteren Vereinbarungen wie Änderungen des Gesellschaftsvertrags oder Geschäftsführerdienstverträge als
Anlage beigefügt werden. Die Parteien vereinbaren dann, alles in ihrer
Macht Stehende zu tun, um die Umsetzung der Vereinbarungen sicherzustellen (zu der in diesem Kontext zu findender Formulierung »*best efforts*«
► Teil I 17). Diese Formulierung ist vor dem Hintergrund zu sehen, dass
die Parteien oft nur die faktische Macht, nicht aber die rechtlichen Befugnisse haben, die Umsetzung der Vereinbarungen durchzuführen, da für
die Umsetzung oft nicht weisungsgebundene Gremien wie Aufsichtsräte
oder Vorstände zuständig sind. Auch vor diesem Hintergrund ist es wichtig, möglichst alle Beteiligten zu Parteien des SPA zu machen.

Derartige Beteiligungsverträge sind sehr viel komplexer als der Erwerb sämtlicher Anteile einer Gesellschaft. Ein Vorteil von Beteiligungsverträgen etwa im Vergleich zu Gesellschaftsverträgen ist, dass diese nicht beim öffentlich einsehbaren HR hinterlegt werden (die Gesellschaftsverträge von Kapitalgesellschaften sind im HR einsehbar). Nachstehend werden typische Regelungsgegenstände derartiger Verträge in einer M&A-Transaktion angesprochen. Da Beteiligungsverträge vor allem bei *Venture Capital* (VC) eine große Rolle spielen, wird auf diese Thematik später in einem eigenständigen Kapitel zu VC-Transaktionen noch einmal eingegangen (▶ Teil II 11).

5.1.7 Anpassung der Gesellschaftsverträge und Geschäftsordnungen

Beim Erwerb einer Mehr- oder Minderheitsbeteiligung müssen die künftigen Gesellschafter auch den **Gesellschaftsvertrag** (*Articels of Association*) an die neue Gesellschafterstruktur anpassen. Gleiches gilt für etwaige **Geschäftsordnungen** (*by-laws*). Wichtig sind hier Mehrheitserfordernisse für Beschlüsse und Absprachen z. B. für die Besetzung der Organe (Geschäftsführung, ggf. Aufsichtsrat oder Beirat), die künftige Finanzierung der Gesellschaft und die künftige Dividendenpolitik.

5.1.8 Regelungen zur Veräußerung von Anteilen

Bei Kapitalgesellschaften, die keine Publikumsgesellschaften sind, ist es üblich und empfehlenswert, eine **Vinkulierung** der Geschäftsanteile/Aktien in den Gesellschaftsvertrag aufzunehmen (*restriction of transferability*). Damit entfaltet die Vinkulierung eine verbandsrechtlich-korporative Wirkung (d. h. hierdurch wird die Vinkulierung quasi verdinglicht; vgl. *Verse* in Henssler/Strohm, Gesellschaftsrecht, GmbHG § 15 Rd. 83), da ansonsten die Anteile ohne Zustimmung der übrigen Gesellschafter oder der Gesellschaft abgetreten werden könnten (vgl. § 15 I GmbHG, § 68 AktG). Bei der konkreten Ausgestaltung der Vinkulierung sind die Parteien frei, häufig wird im Gesellschaftsvertrag der Zielgesellschaft vereinbart, dass eine Abtretung der Zustimmung einer bestimmten Mehrheit der Gesellschafterversammlung bedarf (vgl. § 15 V GmbHG, § 68 II AktG).

Praxishinweis: Es ist eine recht verbreitete Fehlvorstellung, dass das Ziel einer Verfügungsbeschränkung bereits durch ein Vorkaufsrecht (*pre-emptive right/right of first refusal*) im Gesellschaftsrecht erreicht werden könnte, denn ein Vorkaufsrecht kann durch eine geschickte Vertragsgestaltung ausgehebelt werden, etwa durch die Vereinbarung von

Gegenleistungen, die ein Gesellschafter, der das Vorkaufsrecht ausüben möchte, gar nicht erbracht werden kann. Im Übrigen will ein Gesellschafter ja nicht unbedingt weitere Beteiligungen erwerben, nur um einen Wechsel eines Gesellschafters zu unterbinden. Dabei soll nicht verkannt werden, dass selbst bei Vinkulierungsklauseln schuldrechtliche Umgehungsversuche denkbar sind (vgl. § 137 S. 2 BGB), hier ist die Position der übrigen Gesellschafter aber deutlich stärker.

Wer als Minderheitsgesellschafter an einer nicht-börsennotierten Gesellschaft beteiligt ist, wird auf die Vereinbarung einer Regelung bestehen, die jedenfalls nach einer Halteperiode einen *Exit* ermöglicht. Umgekehrt wird ein Investor, der eine Mehrheitsbeteiligung erwirbt, darauf Wert legen, nach einer Übergangsphase sämtliche Anteile an der Zielgesellschaft zu erwerben. Um dieser Interessenlage gerecht zu werden, werden häufig **Verkaufsoptionen** (*put options*) und **Kaufoptionen** (*call options*) sowie eventuell darüber hinaus **Mitverkaufspflichten** (*drag-along rights*) und/oder **Mitverkaufsrechte** (*tag-along rights*) vereinbart. Vor allem die zuletzt genannten *drag-along-* und *tag-along-*Regelungen finden sich vor allem in Vereinbarungen mit *Private Equity* Gesellschaften und in Beteiligungsverträgen von *Start-ups* (*Hahn*, Beteiligungsvertrag, S. 35).

Bei den (ggf. sogar wechselseitigen) Verkaufs- und Kaufoptionen werden **Zeiträume** definiert, zu denen diese Optionen ausgeübt werden können (bei wechselseitigen Optionen zu demselben Kaufpreis, sollten die Zeiträume sich nicht decken oder überschneiden, um die Annahme des steuerlich relevanten wirtschaftlichen Übergangs durch die Finanzverwaltung zu vermeiden, vgl. *Engelhardt/v.Maltzahn* in Holzapfel/Pöllath, Unternehmenskauf, Rd. 1252). Optionen können rein schuldrechtlich ausgestaltet werden, d. h. eine Partei verpflichtet sich zum Verkauf und zur Übertragung, oder Optionen können bereits das bindende Angebot zum Verkauf und zur Übertragung enthalten, so dass der Begünstigte nur noch die Annahme des Kaufangebots und des Übertragungsangebots erklären muss. Gleichzeitig wird üblicherweise bestimmt, dass der Erwerber dem Veräußerer den Marktwert der Anteile zu diesem Zeitpunkt bezahlen muss. Dabei sollte darüber nachgedacht werden, für den Erwerb der Anteile jedenfalls Mindestkaufpreise zu definieren.

Praxishinweis: Über die Höhe des Kaufpreises werden die Parteien sich häufig nicht einigen können, soweit nicht offensichtlich eine Mindest-

oder Höchstgrenze greift. Daher wird für diesen Fall häufig folgender Mechanismus vereinbart: Ein von der Wirtschaftsprüferkammer (WPK) ausgewählter Wirtschaftsprüfer soll den Kaufpreis (Wert der Gesellschaft x Beteiligungshöhe der Option in Prozent/100) nach billigem Ermessen (§ 317 I BGB) bestimmen und die Kosten dieser Bewertung sollen entsprechend der Regelung in §§ 90, 91 ZPO entsprechend dem Grad der Abweichung der jeweiligen Vorstellungen der Parteien von dem durch den WP festgesetzten Kaufpreis getragen werden.

5.1.9 Abschluss von Dienstverträgen

Soweit der Verkäufer eine natürliche Person ist und z. B. weiterhin (etwa für eine Übergangszeit von zwei Jahren) als Geschäftsführer für die Gesellschaft tätig bleibt, ist es zweckmässig, dass im Rahmen des Abschlusses eines SPA ein entsprechender **Geschäftsführerdienstvertrag** (*Managing Director Service Agreement*) in bereits ausverhandelter Form als Anlage zum SPA genommen wird und die Parteien sich zum Abschluss des Dienstvertrags verpflichten (wenn dies im Rahmen des *Signings* noch nicht möglich sein sollte).

Praxishinweis: Oft wird in diesen Konstellationen der bestehende Geschäftsführerdienstvertrag einfach an die neue Konstellation angepasst (ggf. nur bez. der Laufzeit, die in dieser Konstellation häufig auf zwei Jahre festgelegt wird). Eine Änderung der Vertretungsbefugnis des bisherigen Gesellschafter-Geschäftsführers von alleinvertretungsbefugt zu nur noch gesamtvertretungsbefugt (Vier-Augen-Prinzip) ist im Außenverhältnis nicht optimal, so dass hier häufig nur eine interne Zustimmungspflicht der Gesellschafterversammlung für bedeutende Geschäfte vorgesehen wird (sog. Liste zustimmungspflichtiger Geschäfte in der Geschäftsordnung, diese hat aber grds. nur Wirkung im Innenverhältnis und somit keine Wirkung gegenüber Dritten; daneben sollte eine etwaige Befreiung von den Beschränkungen des § 181 BGB widerrufen werden).

5.1.10 Wettbewerbsverbote

Sollte ein Unternehmen bislang von einem Gesellschafter-Geschäftsführer geführt worden sein, der für das Geschäftsmodell der Zielgesellschaft aufgrund seiner Kenntnisse (*Know-how*) und seiner Kontakte von so großer Bedeutung ist, dass sein Wechsel zu einem Wettbewerber oder eine Neugründung eines Konkurrenzunternehmens zu erheblchen Problemen führen würde, dann ist es unbedingt notwendig, dass dies durch **(nachvertragliche) Wettbewerbsverbote** (*post-contractual non-competition clause*) unterbunden wird.

> **Beispiel**: Bei einer Beratungsgesellschaft sind die Kontakte der handelnden Personen oft von entscheidender Bedeutung (*peoples business*), so dass beim Erwerb einer solchen Gesellschaft unbedingt sicherzustellen ist, dass diese Personen nach einem etwaigen Ausscheiden aus der Gesellschaft nicht zu einem Wettbewerber wechseln oder eine neue Beratungsgesellschaft mit demselben Geschäftsgegenstand gründen.

> **Praxishinweis**: Wie real dieses Risiko ist, hängt natürlich vom Einzelfall ab, wie z.B. dem Alter des ausscheidenden Gesellschafter-Geschäftsführers. Aber selbst bei allen Beteuerungen sich »*zur Ruhe setzen zu wollen*«, sollte an einem Wettbewerbsverbot sehr sorgfältig gearbeitet werden. Würde kein Wettbewerbsverbot vereinbart, würde dieses wohl von einem Gericht in engen Grenzen als nachvertragliche Nebenpflicht aus dem Unternehmenskaufvertrag hergeleitet, aber darauf darf sich selbstverständlich kein Käufer verlassen.

Wettbewerbsverboten werden einerseits durch das Zivilrecht (§ 138 BGB i. V.m. mit Art. 12 GG, mittelbare Drittwirkung der Grundrechte, vgl. *Fischer*, WPR, S. 35 f.) und andererseits durch das Kartellrecht (§ 1 GWB) enge rechtliche Grenzen gesetzt, deren Umfang und deren Rechtsfolgen bei Überschreitung der Grenzen überdies noch in einigen Details unklar sind. Im Einzelnen sind bei nachvertraglichen Wettbewerbsverboten folgende rechtliche Grenzen zu beachten:

- In **zeitlicher** Hinsicht sind (nachvertragliche) Wettbewerbsverbote nur für die Dauer von zwei, eventuell bis max. drei Jahren zulässig (früher wurden bis zu fünf Jahre noch für wirksam gehalten).
- In **sachlicher** Hinsicht müssen Wettbewerbsverbote auf die Branchen, Märkte, Waren und Dienstleistungen beschränkt werden, in welchem die Zielgesellschaft bzw. der Geschäftsführer tatsächlich tätig war.
- In **örtlicher** Hinsicht müssen Wettbewerbsverbote sich auf die Regionen beschränken, in denen die Zielgesellschaft bzw. der Geschäftsführer tatsächlich tätig war.

- Nachvertragliche Wettbewerbsverbote außerhalb von Unternehmenskäufen, etwa für Geschäftsführer oder Handelsvertreter, die keine Beteiligungen veräußern, sind nur wirksam, wenn während der Dauer des
Wettbewerbsverbots mind. die Häflte des bisherigen Einkommens als
Karenzentschädigung gezahlt wird (vgl. §§ 74 II, 90a I HGB). Da der
Veräußerer eines Unternehmens einen Kaufpreis erhält, ist eine solche
Karenzentschädigung bei einem Wettbewerbsverbot in einem Unternehmenskaufvertrag für die Wirksamkeit des nachvertraglichen Wettbewerbsverbots *nicht* notwendig.

Werden diese rechtlichen Grenzen überschritten, stellt sich die Frage, ob
es dann zu einer **geltungserhaltenden Reduktion** kommt, d. h. ob ein Gericht das Wettbewerbsverbot auf ein zulässiges Maß reduzieren würde.
Eine solche »Rettung« des Wettbewerbsverbotes durch Anpassung würden
die Gerichte bei einer zeitlichen Überschreitung vornehmen, aber jedenfalls bei einer Nichtigkeit wegen Sittenwidrigkeit (§ 138 BGB) durch eine
sachliche oder räumliche Überschreitung ablehnen (*Meyer-Sparenberg* in
Meyer-Sparenberg/Jäckle, M&A, § 47 Rd. 9 m. w. N.; *Bischke/Röhring* in Mey-
er-Sparenberg/Jäckle, M&A, § 30 Rd. 27).

Sollte das Wettbewerbsverbot nichtig sein, stellt sich die weitere Frage,
wie sich das auf den übrigen Vertrag auswirkt: Zwar enthalten Unternehmenskaufverträge praktisch immer eine **salvatorische Klausel** (Erhal-
tungsregel, die in Abkehr von § 139 BGB für den Fall einer nichtigen Klausel die Wirksamkeit des übrigen Vertrags vorsieht, ► Teil II 5.1.14), es
stellt sich aber die Frage, ob eine solche salvatorische Klausel selbst bei
der Nichtigkeit eines für den Käufer unter Umständen essentiellen Wettbewerbsverbots gilt. Diese Frage ist ungeklärt und wird unterschiedlich beantwortet (*Meyer-Sparenberg* in Meyer-Sparenberg/Jäckle, M&A, § 47 Rd. 8
pro Wirksamkeit; *Bischke/Röhring* in Meyer-Sparenberg/Jäckle, M&A, § 30
Rd. 27 abhängig vom Einzelfall contra Wirksamkeit).

Als ob die Rechtslage bei Wettbewerbsverboten nicht bereits komplex genug wäre, kommt bei Unternehmenskäufen im häufig auftretenden Fall des
Verkaufs eines Unternehmens durch einen Gesellschafter-Geschäftsführer
noch ein weiteres Problem hinzu: Sollte das Wettbewerbsverbot in den **Unternehmenskaufvertrag** oder in den **Geschäftsführerdienstvertrag** geschrieben werden? Eine Aufnahme in beide Verträge ist auch möglich, die
Klauseln sollten dann aber aufeinander abgestimmt werden (vgl. hierzu
Meyer-Sparenberg in Meyer-Sparenberg/Jäckle, M&A, § 47 Rd. 10 ff.).

Praxishinweis: Sowohl in das SPA als auch in den Geschäftsführerdienstvertrag sollten nachvertragliche Wettbewerbsverbote aufgenommen werden, die tendenziell eher etwas enger gefasst werden sollten, damit an deren Wirksamkeit kein vernünftiger Zweifel besteht (vor allem um eine Gesamtnichtigkeit des SPA in jedem Fall auszuschließen). Das Wettbewerbsverbot in dem Geschäftsführerdienstvertrag sollte einerseits nur gelten, wenn das Wettbewerbsverbot aus dem SPA nicht (mehr) greift, andererseits aber eine Karenzentschädigung enthalten.

5.1.11 Beendigung von Unternehmensverträgen

Soweit zwischen der Zielgesellschaft und dem Verkäufer **Beherrschungsund/oder Ergebnisabführungsverträge** (Unternehmensverträge, *Domination and/or Profit and Loss Absorption Agreement*, vgl. § 291 AktG) bestehen (was zwecks Begründung einer steuerlichen Organschaft (*fiscal unity*) meist der Fall sein wird), müssen diese beendet werden. Da eine einvernehmliche Aufhebung von Unternehmensverträgen nur zum Ende eines Geschäftsjahres möglich ist (§ 296 AktG), kann auf eine außerordentliche Kündigung aus wichtigem Grund (§ 297 I AktG) zurückgegriffen werden, wobei der Verkauf der Gesellschaft an einen Dritten einen solchen wichtigen Grund darstellt.

Praxishinweis: Um sicherzustellen, dass die Unternehmensverträge tatsächlich beendet werden, werden in der Praxis vorsorglich verschiedene Beendigungsgründe kombiniert (fristlose Kündigung, wie üblich ergänzt mit einer höchstvorsorglichen ordentlichen Kündigung sowie eine vorsorgliche einvernehmliche Aufhebung zum nächstmöglichen Zeitpunkt). Ergänzend sollte vorsorglich vereinbart werden, dass die Parteien sich im Falle der nicht rechtzeitigen Beendigung die Parteien so stellen werden, als ob die Unternehmensverträge rechtzeitig beendet worden wären (allerdings kommt es bei dem hier beschriebenen Vorgehen praktisch nie dazu, dass diese wechselseitige Freistellung tatsächlich zur Anwendung gelangt).

Steuerlich endet die Organschaft bei einer unterjährigen Übertragung rückwirkend zum Ende des letzten Wirtschaftsjahres, da es an der finanziellen Eingliederung für das gesamte Wirtschaftsjahr fehlt (*Scheifele* in Meyer-Sparenberg/Jäckle, M&A, § 25 Rd. 97), allerdings droht sogar die steuerliche Nichtanerkennung der gesamten Oranschaft, wenn diese ohne einen steuerlich anerkannten wichtigen Grund vor dem fünften Jahr beendet wird (sog. **verunglückte Organschaft**). Durch die Schaffung von einem entsprechenden **Rumpfgeschäftsjahr** (*incomplete/stump business/fiscal year*) könnte dieses Ergebnis theoretisch vermieden oder jedenfalls entschärft werden. Auf die Begründung einer neuen Organschaft zwischen Zielgesellschaft und Erwerber wird später eingegangen (▶ Teil III 6.3).

5.1.12 Wahl des anwendbaren Rechts

Zunächst stellt sich immer die Frage nach dem anwendbaren (Kauf-)Recht. Dieses wird üblicherweise von den Parteien in einer expliziten Rechtswahl bestimmt. Dabei empfiehlt es sich, das Recht der Zielgesellschaft zu wählen, d. h. wenn etwa die Zielgesellschaft eine GmbH deutschen Rechts mit Sitz in Deutschland ist, dann sollte unbedingt auch deutsches Recht für das SPA gewählt werden. Dies hat den großen Vorteil, dass sämtliche relevanten Rechtsfragen der Transaktion einheitlich nach dem Recht einer Jurisdiktion beantwortet werden können, was die rechtliche Arbeit deutlich erleichtert, weniger fehleranfällig macht und damit auch kostengünstiger ist. Dabei ist zu beachten, dass eine Rechtswahlklausel bei einem Vertragsverhältnis insb. ohne Beteiligung von Verbrauchern und Arbeitnehmern meist wirksam ist (zur Freiheit bei der Rechtswahl vgl. Art. 3 I Rom I-VO für die EU, dies gilt auch für Verbraucherverträge und Arbeitsverträge, aber dort gelten zwingend immer die ohne Rechtswahl geltenden unabdingbaren Bestimmungen, Art. 6 II S. 2 und Art. 8 I S. 2 Rom I-VO).

Formulierungsbeispiel (*boiler plate*): »*This agreement shall be governed by the laws of the Federal Republic of Germany.*«

Praxishinweis: Mit der Rechtswahl verbunden ist auch die Frage, welche Kanzleien die Beratung der Parteien übernehmen und abrechnen können. Das kann dazu führen, dass das Recht einer Jurisdiktion gewählt wird, welches nicht optimal für die Transaktion ist, weil die Zielgesellschaft dem Recht einer anderen Jurisdiktion unterliegt (*Fischer*, FAZ v. 11.02.2004, S. 23). Anders ist dies bei dem Erwerb einer Holding mit zahlreichen bedeutenden Tochtergesellschaften (*subsidiaries*) in diversen Jurisdiktionen, da können durchaus verschiedene Rechtswahlentscheidungen sinnvoll sein.

Zu beachten ist, dass das sog. **UN-Kaufrecht**, genauer die *United Nations Convention on the International Sale of Goods* (CISG), welches internationales Recht für den grenzüberschreitenden Kauf enthält, sachlich nur auf den Kauf von Waren anwendbar ist und daher den *Share Deal* als Kauf von Rechten eindeutig nicht erfasst (vgl. Art. 1 CISG), aber auch beim Unternehmenskauf in Form des *Asset Deals* wohl keine Anwendung findet (vgl. Schlechtriem/*Ferrari*, UN-Kaufrecht, Art. 1 Rd. 173 m. w. N.).

> **Praxishinweis:** In der M&A-Praxis wird das UN-Kaufrecht bei Unternehmenskäufen vor allem in Form des *Asset Deals* richtigerweise meist (vorsorglich) ausgeschlossen, was das UN-Kaufrecht selbst explizit zulässt (Art. 6 CISG).

Zu beachten ist, dass beim **Sachenrecht** zwingend immer das Ortsrecht Anwendung findet (sog. *lex rei sitae*, diese Regel dürfte weltweit in allen Jurisdiktionen gelten, vgl. für Deutschland Art. 43 EGBGB, ▶ Teil II 4.2). Dies bedeutet, dass bei einem *Asset Deal* zwar das anwendbare Kaufrecht von den Parteien gewählt werden kann, dass das auf den dinglichen Vollzug anzuwendende Recht aber zwingend das Recht am Ort der Belegenheit der Sache ist. Sollten sich bei einem *Asset Deal* Vermögenswerte in verschiedenen Jurisdiktionen befinden, muss die Übertragung vor Ort immer nach den dort geltenden Regeln erfolgen.

> **Beispiel:** Waren in einem Lager in Deutschland werden als bewegliche Sachen immer gem. §§ 929 ff. BGB übertragen und in Deutschland gelegene Grundstücke werden immer gem. §§ 873, 925 BGB übertragen. Andererseits werden bewegliche oder unbewegliche Sachen, die sich z. B. in den Niederlanden befinden, zwingend nach niederländischem Recht übertragen.

Soweit Kaufgegenstand bei einem *Share Deal* Beteiligungen an verschiedenen Tochtergesellschaften sind, die dem Gesellschaftsstatut verschiedener Jurisdiktionen unterliegen, ist es sinnvoll, ein *Umbrella Agreement* (als eine Art Rahmenvertrag) abzuschließen, welches umfassende Vereinbarungen für alle Zielgesellschaften enthält und dieses durch Übertragungsverträge nach dem Recht der jeweiligen Jurisdiktionen (*local transfer agreements*) zu ergänzen (vgl. *Robles y Zepf/Mangels* in NZG 2019, 1250/1254).

5.1.13 Streitbeilegungsmechanismen

Eng verknüpft mit der Frage des anwendbaren Rechts ist die Frage des für den Streitfall zuständigen Gerichts insb. im Falle der (behaupteten) Verletzung von Garantien (sog. *Post-M&A Disputes/Litigation*). Wie die Rechtswahl überlassen die Parteien auch diese Frage nicht den sonst geltenden Gesetzen und internationalen Verträgen, sondern treffen auch insoweit eine explizite Wahl (was gem. Art. 25 Brüssel Ia-VO, Art. 23 Luganer Übereinkommen oder subsidiär gem. §§ 38, 40 ZPO bei Unternehmenskäufen unter Kaufleuten regelmäßig zulässig ist, vgl. zur Problematik *Bälz* in Meyer-Sparenberg/Jäckle, M&A, § 85 Rd. 120 ff.). Durch die Bestimmung des zuständigen Gerichts wird insb. einem *Forum Shopping* durch eine der Parteien vorgebeugt (vgl. *Veltins* in Blum/Gleißner/Nothnagel/Veltins, Vade Mecum, S. 81 f.).

Hinsichtlich der Beilegung von möglichen Rechtsstreitigkeiten stellt sich die Frage, ob die Parteien sich auf die Bestimmung eines international und örtlich (ausschließlich) zuständigen staatlichen Gerichts beschränken oder ob die Parteien sich auf alternative Streitbeilegungsmethoden (*Alternative Dispute Resolution*/ADR) verständigen. Als Formen der *Alternative Dispute Resolution* kommen maßgeblich die Schiedsgerichtsbarkeit (*Arbitration*) und die einem Rechtsstreit ggf. vorgelagerte *Mediation* in Betracht.

5.1.13.1 Wahl des zuständigen Gerichts

Bei der Wahl des zuständigen Gerichts geht es um die Frage, ob **staatliche Gerichte** wie die Landgerichte (*District Court*) in Deutschland oder **private Schiedsgerichte** (*Court of* **Arbitration**) über etwaige Streitigkeiten entscheiden sollen (zur Schiedsgerichtsbarkeit vgl. für Deutschland §§ 1025 ff. ZPO). Sollte ein Schiedsgerichtsverfahren vereinbart werden, dann wäre die Entscheidung des Schiedsgerichts genauso verbindlich und grds. ebenso vollstreckbar wie die Entscheidung des staatlichen Gerichts. Folgende Aspekte sprechen für bzw. gegen die Schiedsgerichtsbarkeit, wobei einzelne Aspekte auch ambivalent sein können:

- Bei Schiedsgerichten kann die **Gerichtssprache** frei gewählt werden. Dies ist ein gewaltiger Vorteil z.B. bei umfangreichen englischsprachigen Dokumenten, die dann ohne aufwendige Übersetzung in das Verfahren eingeführt werden könnten, wenn Englisch als Prozesssprache gewählt wurde. Vor einem deutschen Gericht gilt dagegen die Regel: Die Gerichtssprache ist Deutsch (§ 184 S. 1 GVG), d. h. alle Dokumente müssen grds. in deutscher Sprache vorgelegt werden oder von einem amtlich bestellten Übersetzer in die deutsche Sprache übersetzt werden. Bei ihren Bemühungen Englisch als optionale Sprache in Deutschland einzuführen, befindet sich die deutsche Justiz noch in einer sehr frühen Entwicklungsphase (vgl. *Triebel/Vogenauer*, Englisch als Vertragssprache, Rd. 88 f.).

- Während deutsche Gerichte grds. öffentlich verhandeln (§§ 169 ff. GVG), sind **Schiedsverfahren nicht öffentlich**. Da Unternehmen sich ungern in der Öffentlichkeit streiten, spricht auch die Nicht-Öffentlichkeit für die Wahl eines Schiedsgerichts.

- Ein weiterer wichtiger Unterschied zwischen staatlichen und privaten Gerichten ist, dass es in **Schiedsverfahren keinen Instanzenzug** gibt, während es bei der staatlichen Gerichtsbarkeit in Deutschland die Möglichkeit gibt gegen Urteile des Landgerichts (LG, *District Court*) Berufung zum Oberlandesgericht (OLG, *Appelate Court* oder *Higher Regional Court*, zweite Tatsacheninstanz) und gegen die OLG-Urteile ggf. die Revision zum Bundesgerichtshof (BGH, *Federal Court of Justice*, nur zur rechtlichen Überprüfung ohne erneute Beweisaufnahme) einzulegen. Dies verleiht dem Schiedsgericht eine stärkere Position, was vorteilhaft, aber auch nachteilig sein kann. In jedem Fall wirkt sich dieser Unterschied auch auf die zwei zentralen Fragen **Kosten und Dauer** aus:
  - Jedenfalls ein Verfahren durch drei Instanzen mit Berufung und Revision vor staatlichen Gerichten dürfte in der Summe teuer und langwieriger sein als ein einstufiges Verfahren vor einem Schiedsgericht.
  - Umgekehrt dürfte die erste Instanz vor einem staatlichen Gericht meist schneller und kostengünstiger als ein Schiedsgerichtsverfahren sein.

  Entscheidend für die Kostenfrage ist dabei vor allem die Höhe des Streitwerts. Als Daumenregel gilt hier: Je höher der Streitwert, desto relativ günstiger ist ein Schiedsgerichtsverfahren. Dabei sind aber auch nicht unerhebliche Unterschiede zwischen den verschiedenen Schiedsgerichtsanbietern zu beachten.

- Ein anderes Unterscheidungskriterium ist die **Qualität und Unabhängigkeit der Richter**: Beim Schiedsgericht wären dies im Transaktionsgeschäft erfahrene M&A-Anwälte, von denen typischerweise je einer von der Schiedsgerichtsorganisation bestimmt und einer von jeder Partei vorgeschlagen und von der Gegeneite bestätigt wird. Auch wenn dies öffentlich nicht immer so deutlich gesagt wird, ist hier natürlich auch eine gewisse Parteilichkeit systemimmanent, schließlich sind Rechtsanwälte auch künftig darauf angewiesen als Richter vorgeschlagen zu werden. Bei den staatlichen Gerichten dürfte in Deutschland an der Unabhängigkeit der Richter im Normalfall kein Zweifel bestehen, aber die

Erfahrung der Richter mit Unternehmenskäufen dürfte meist gegen null tendieren (was wiederum daran liegt, dass Unternehmenskäufe meist Schiedsgerichtsklauseln enthalten). Auch dieser Aspekt ist ambivalent: So mag ein *Private Equity House* beim Erwerb eines mittelständischen Unternehmens ein Schiedsgericht bevorzugen, während der veräußernde Mittelständler vielleicht bei einem Landgericht in seiner Region besser aufgehoben ist, solange ihn die Öffentlichkeit des Verfahrens nicht stört.

Im Ergebnis wird in der Praxis der (grenzüberschreitenden) Unternehmenskäufe meistens die Zuständigkeit eines Schiedsgerichts vereinbart (*Mehrbrey* in Mehrbrey, M&A Litigation, § 1 Rd. 2). Wegen der Nicht-Öffentlichkeit der Schiedsverfahren existieren daher auch wenige belastbare Informationen über derartige Streitigkeiten. Wenn die Parteien die Zuständigkeit eines Schiedsgerichts vereinbaren, bietet es sich an, die entsprechenden Formulierungsvorschläge auf den *Homepages* der Schiedsgerichtsanbieter zu verwenden.

Formulierungsbeispiel: So schlägt die International Chamber of Commerce (ICC) in Paris folgende Standardformulierung vor (vgl. https.org/dispute-resolution-services/arbitration/arbitration-clause): »*All disputes arising out of or in connection with the present contract shall be finally settled under the Rules of Arbitration of the International Chamber of Commerce by one or more arbitrators appointed in accordance with the said Rules.*« Oft werden die Parteien sich auf drei Schiedsrichter verständigen und die Zuständigkeit für Maßnahmen des einstweiligen Rechtsschutzes bei den staatlichen Gerichten belassen. Eine Alternative zur ICC bildet die Deutsche Institution für Schiedsgerichtsbarkeit e. V. (DIS), auf deren Homepage sich ebenfalls zahlreiche Formulierungsvorschläge für Schiedsgerichtsklauseln finden.

5.1.13.2 Mediation

Die Mediation als einem Gerichtsverfahren vorgelagerter, alternativer Streitbeilegungsmechanismus ist dadurch gekennzeichnet, dass ein unabhängiger Dritter versucht in einem strukturierten Verfahren eine außergerichtliche Vereinbarung zur Beendigung der Streitigkeit herbeizuführen (vgl. dazu für Deutschland § 1 Mediationsgesetz oder z.B. die Mediationsordnungen der verschiedenen Institutionen für Schiedsgerichtsbarkeit). Der Mediator trifft aber selbst keine Entscheidung, sondern leitet nur nach recht weitgehendem eigenem Ermessen das Verfahren und spricht insb.

mit jeder Partei separat, verfügt damit also über ein Sonderwissen, was bei der Vermittlung sehr hilfreich sein kann und den Mediator von dem Richter unterscheidet.

In Unternehmenskaufverträgen wird teilweise vereinbart, einem Schiedsverfahren ein Mediationsverfahren vorzuschalten. Dabei sollte nicht übersehen werden, dass es bei Streitigkeiten ohnehin immer bereits umfangreiche Gespräche zwischen den Parteien gegeben haben wird und eine weitere Verzögerung einer gerichtlichen Klärung nicht immer hilfreich ist.

Formulierungsbeispiel: Die Deutsche Institution für Schiedsgerichtbarkeit (DIS) schlägt auf ihrer Homepage folgende Klausel für die Vereinbarung eines Mediationsverfahrens vor: »*With respect to all disputes arising out of or in connection with the contract (...description of the contract...) mediation proceedings shall be conducted pursuant to the Mediation Rules of the German Arbitration Institute (DIS).*« (http://www.disarb.org/de/17/klauseln/dis-mediation-clause-10-id30)

5.1.14 Weitere Schlussbestimmungen

Neben der bedeutenden, vorstehend erläuterten Rechts- und Gerichtsstandwahl, finden sich in den Schlussbestimmungen regelmäßig noch eine Reihe weiterer Bestimmungen, die kurz dargestellt werden sollen. Bei vielen dieser Klauseln handelt es sich um Standards, die nicht streitig verhandelt werden (*boiler plate clauses*).

In der Regel werden die Parteien kurz klarstellen, dass jede Partei die **Kosten** der eigenen Berater trägt. Für die Kosten des Notars haften die Parteien zwar im Verhältnis zum Notar gesamtschuldnerisch (§§ 30 I, 32 I GNotKG), im Innenverhältnis werden sie aber meist vereinbaren, dass der Käufer die gesamten Beurkundungskosten trägt (Käufer versuchen hier manchmal, eine Kostenteilung zu erreichen, werden mit diesem Ansinnen aber meist scheitern, aber vielleicht dient ein solches Ansinnen ohnehin nur der Schaffung von Verhandlungsspielräumen). Soweit eine Anmeldung beim Bundeskartellamt notwendig wird, sollte auch eine Kostenregelung für das Innenverhältnis getroffen werden, wonach auch diese Kosten der Käufer trägt (vgl. § 80 GWB; eine Anmeldung bei der EU-Kartellbehörde verursacht keine Gebühren).

Formulierungsbeispiel (*boiler plate*): »*Each party should bear its own costs in connection with this Agreement. The costs of the notarial recording of this Agreement shall be borne by the Buyer.*«

Praxishinweis: Vor dem Hintergrund dieser Kostenregel ist es absolute Praxis, dass der Käufer auch den Notar auswählt. Dies ist trotz der Verpflichtung des Notars zur unparteilichen Amtsführung ein Vorteil, auf dem der Erwerber bestehen sollte.

Üblicherweise vereinbaren die Parteien, dass Änderungen des Vertrages der **Schriftform** bedürfen, soweit nicht eine notarielle Beurkundung notwendig ist. Meist wählen die Parteien eine sog. doppelte oder qualifizierte Schriftformklausel, d. h. sie erstrecken das Schriftformerfordernis auch auf die Aufhebung des Schriftformerfordernisses selbst, um eine konkludente mündliche Aufhebung des Schriftformerfordernisses zu vermeiden (vgl. hierzu *Fischer*, WPR, S. 71).

Formulierungsbeispiel (*boiler plate*): »*This agreement, including this paragraph, may be amended only by written or, if necessary, notarial instrument.*« Durch den Zusatz »*including this paragraph*« ist die Schriftformklausel zur doppelten Schriftformklausel geworden.

Eine weitere Standardklausel in schriftlichen und beurkundeten Verträgen ist die sog. **salvatorische Klausel** (wird häufig auch als Erhaltungsklausel bezeichnet, im Englischen *severability clause*). Eine solche salvatorische Klausel bestimmt, dass der (übrige) Vertrag auch wirksam bleibt, wenn eine Klausel unwirksam sein sollte. Eine solche Erhaltungsklausel ist wichtig, da ansonsten gem. der Auslegungsregel des § 139 BGB bei Nichtigkeit einer Klausel im Zweifel der gesamte Vertrag unwirksam wäre, was bei einem Unternehmenskauf eine offensichtlich fatale Rechtsfolge wäre. Die Relevanz der Problematik ist bei Unternehmenskäufen besonders hoch, da – wie der Leserin und dem Leser nicht entgangen sein dürfte – ein SPA ein hochkomplexes Vertragswerk ist, in dem durchaus einzelne Klauseln unter Umständen nicht wirksam sein könnten. Daher ist die Abbedingung des § 139 BGB insb. bei Unternehmenskäufen absolut notwendig.

Formulierungsbeispiel (*boiler plate*): »*Should any provision of this agreement be held wholly or in parts invalid or unenforceable, the validity or enfor-*

ceability of the other provisions shall not be affected thereby. The invalid or unforceable provision shall be deemed replaced by such valid and enforceable provision as best serves the parties originally pursued intention by the invalid or unenforceable provision. The same shall apply to any gaps in this agreement.«

Allerdings wird auch eine salvatorische Klausel von der Rechtsprechung spiegelbildlich zu § 139 BGB als **Auslegungsregel** zugunsten der Gesamtwirksamkeit interpretiert, so dass z. B. bei Nichtigkeit eines bedeutenden Wettbewerbsverbots in einem SPA durchaus die Gesamtnichtigkeit des SPA trotz salvatorischer Klausel nicht völlig ausgeschlossen ist (BGH NJW 96, 774; ▸ Teil II 5.1.14).

Entsprechend angloamerikanischer Rechtstechnik finden sich in den Schlussbestimmungen oft Regelungen zu **Zustelladressen** und zu der Frage, welche Kanzleien ggf. Kopien der zugestellten Schriftsätze erhalten sollen. Dies führt dazu, dass sich dem SPA oft auch entnehmen lässt, welche Kanzleien welche Parteien vertreten haben.

5.1.15 Schlussformel und Unterschriften

Die Urkunde endet (vorbehaltlich der nachfolgenden Anlagen) stets mit dem Schlussvermerk *»vorgelesen, genehmigt und unterzeichnet«* (§ 13 I S. 2 BeurkG), dann folgen die Unterschriften aller Parteien und zum Schluss die Unterschrift des Notars mit dem Zusatz »Notar« (*Signing*). Damit ist die Urkunde wirksam und muss vom Notar vollzogen werden, wenn alle vereinbarten Bedingungen erfüllt wurden, selbst wenn eine Partei (aus welchen Gründen auch immer) plötzlich ihre Meinung ändert und einseitig ohne vertragliche oder gesetzliche Berechtigung ihre Willenserklärungen widerruft (*Limmer* in Limmer, Würzburger Notarhandbuch, Teil1, Kap. 2, Rd. 291 m. w. N.).

Formulierungsbeispiel (*boiler plate*): *»This notarial deed including the attachments was read allowed to the persons appearing, confirmed by the person appearing, and signed by the persons appearing and the notary as follows:«*

Praxishinweis: Eine **Paraphierung** jeder einzelnen Seite durch die Parteien ist bei notariellen Urkunden (anders als bei privatschriftlichen Verträgen) weder notwendig noch üblich. Das Original der Urkunde (mit etwaigen handschriftlichen Änderungen und Ergänzungen des Notars) verbleibt in der Urkundensammlung des Notars, die Parteien erhalten Abschriften (in Reinschrift, d. h. die handschriftlichen Änderungen in der Urkunde wurden für die Abschriften bereits in das Dokument eingefügt).

5.1.16 Anlagen und Verlesungsproblematik

Unternehmenskaufverträge enthalten typischerweise eine hohe Anzahl an **Anlagen**, was mit den abgegebenen Garantien und dem geschilderten *Disclosure Process* zusammenhängt. Da der Notar die Urkunde einschließlich der Anlagen zwingend den physisch anwesenden Parteien **vorlesen** muss (§ 13 I S. 1 BeurkG, Ausnahmen gelten gem. §§ 13, 14 BeurkG insb. für Abbildungen und bei entsprechendem Verzicht auch für Bestandsverzeichnisse), kann die Beurkundung eines Unternehmenskaufvertrags sich in die Länge ziehen. Auch wenn die Parteien den Notar noch so sehr drängen werden, es wird sich in Deutschland kein geschäftsfähiger Notar finden, der auf das Verlesen verzichten wird (eine andere Frage ist, wie schnell der Notar liest, auch genügt es, wenn die Dokumente in Gegenwart des Notars verlesen werden, wenn etwa bei nächtlichen Marathonbeurkundungen die Stimme des Notars nachlassen sollte, können auch die Anwälte die Verlesung übernehmen, vgl. § 13 I BeurkG).

Praxishinweis: In der Praxis kann das Problem des stundenlangen Verlesens durch die Schaffung und Verwendung einer sog. **Bezugsurkunde** (*Reference Deed*, § 13a BeurkG) deutlich entschärft werden. Bei einer Bezugsurkunde handelt es sich um eine Urkunde, deren einziger Inhalt eine Zusammenstellung der Anlagen des noch zu beurkundenden SPA ist. Die Bezugsurkunde muss zwar auch verlesen werden, dies geschieht in der Praxis aber gegenüber einem Notariatsmitarbeiter oder einem Unbeteiligten (mag dies auch ein sehr skurriles Verfahren sein). Diese Bezugsurkunde liegt dann bei Beurkundung des SPA vor, die SPA-Urkunde nimmt darauf Bezug und die Parteien verzichten dann natürlich auf das (erneute) Verlesen der Bezugsurkunde.

5.1.17 Vollzugszeitpunkt (Closing)

Mit dem Abschluss des Kaufvertrags (dem *Signing*) sind zunächst nur wechselseitige Verpflichtungen entstanden, die bis oder spätestens am Vollzugszeitpunkt (dem *Closing*) vollzogen werden müssen. In diesem Zusammenhang wird oft auch vom *Transfer Date* gesprochen. Dieser Zeitpunkt des rechtlichen Übergangs ist vom *Effective Date*, dem wirtschaftlichen Übertragungsstichtag, der vor oder nach dem *Transfer Date* liegen kann, zu unterscheiden. Oft ist der letzte zurückliegende Bilanzstichtag der *Effective Date*.

In Deutschland ist es bei Unternehmenskäufen traditionell üblich, die Bedingungen für das *Closing* auf das unvermeidbare Minimum zu beschränken, d. h. der dingliche Vollzug der Übertragung der Geschäftsanteile oder Aktien erfolgt üblicherweise unter zwei aufschiebenden Bedingungen (§ 158 BGB):

- Zahlung des Kaufpreises, d. h. Eingang des Kaufpreises auf dem im Kaufvertrag angegebenen Konto des Verkäufers.
- Kartellrechtliche Freigabe (*merger clearance*).

Soweit die Parteien nicht das *Locked Box*-Verfahren bezüglich des Kaufpreises bestimmt haben, wäre die Erstellung der *Closing Accounts* erforderlich. Dies wäre mit einem erheblichen Aufwand verbunden.

Selbstverständlich können je nach Konstellationen weitere aufschiebende Bedingungen vereinbart werden, aber es entspricht – wie bereits erwähnt – deutscher Rechtskultur bereits den Abschluss des Kaufvertrags als entscheidenden Schritt zu sehen. Jedenfalls das angloamerikanische Verständnis scheint davon abzuweichen, da in den USA häufig weitere aufschiebende Bedingungen im Gewande von **Material Adverse Change-Klauseln** für das Closing vereinbart werden (▶ Teil II 5.1.3). In jedem Fall ist mit dem *Closing* die Transaktion vollzogen und der *Deal* endgültig abgeschlossen.

Praxishinweise: (1) Im Nachgang zum Closing wird jedenfalls traditionell ein Konvolut mit allen Dokumenten der Transaktion in ihrer unterzeichneten Form erstellt (sog. *Bible* oder *Closing Bible*), die ein sehr nützliches Hilfsmittel bei den nachfolgenden Integrationsarbeiten ist (weil die meisten Beteiligten zwar über diverse digitale Versionen vieler Dokumente verfügen, aber meist nicht die Endfassung aller Dokumente vorliegen haben). (2) Des Weiteren werden oft sog. *Tombstones*, dies ist häufig ein kleiner Acrylblock mit den Eckdaten der Transaktion, als eine Art *Corporate*-Souvenir für das Büro an die *Key Player* verteilt, die damit auch optisch ihren *Track Record* dokumentieren können. (3) Nicht unerwähnt bleiben soll an dieser Stelle auch das allseits beliebte *Closing Dinner*.

5.2 Das Asset Purchase Agreement

Der *Asset Deal* erfolgt auf Basis eines üblicherweise als *Asset Purchase Agreeement* (APA) oder auch als *Asset Sale and Purchase Agreement* titulierten Vertrags (im Gegensatz zum *Share Purchase Agreement*). Die Unterschiede zwischen dem praxisüblichen *Share Deal* (Verkauf und Übertragung der Beteiligung an der Zielgesellschaft) und dem eher seltenen und sehr komplizierten *Asset Deal* (Verkauf und Übertragung der Wirtschaftsgüter und Verbindlichkeiten der Zielgesellschaft) wurden bereits dargestellt. Nunmehr soll auf die Struktur und den Inhalt eines *Asset Purchase Agreements* im Detail eingegangen werden, dabei wird deutlich werden, dass die auffälligsten Unterschiede zwischen *Asset* und *Share Deal* auf Ebene des dinglichen Vollzugs liegen. Dabei folgt die Vertragsgestaltung regelmäßig den Bilanzpositionen, damit sämtliche Wirtschaftsgüter erfasst werden. Viel Aufwand bereitet dabei die Zusammenstellung der Anlagen mit der Auflistung der Wirtschaftsgüter.

5.2.1 Vertragspartner und Form

Vertragspartner des *Asset Purchase Agreements* (APA) sind der Käufer und die **Zielgesellschaft** (und nicht die Gesellschafter der Zielgesellschaft wie beim *Share Deal*, mögen diese auch an dem Vertrag beteiligt werden).

Wie ebenfalls bereits ausgeführt, bedarf das *Asset Purchase Agreement* nur **ausnahmsweise** einer bestimmten **Form**, insb. gem. § 311b I S. 1, wenn Grundstücke mitverkauft werden, oder in besonderen Konstellationen gem. § 311b III BGB (▶ Teil II 4.6).

5.2.2 Kaufvertrag beim Asset Deal

Das APA ist wie das SPA ein **Kaufvertrag** (Verpflichtungsgeschäft), wobei beim APA besonders darauf zu achten ist, dass der Kaufgegenstand bestimmt oder aber jedenfalls bestimmbar ist, denn zumindest die (eindeutige) **Bestimmbarkeit** ist notwendige Voraussetzung für jedes Schuldverhältnis (§§ 241, 315 ff. BGB, vgl. Palandt/*Grüneberg* § 241 Rd. 3). Fehlt die Bestimmbarkeit, fehlt eine zwingende Voraussetzung für einen wirksamen Vertragsschluss. Anders als beim nachfolgend dargestellten dinglichen Vollzug genügt auf Ebene des Verpflichtungsgeschäfts (hier typischerweise in Form eines Kaufvertrags) aber eine Umschreibung des Kaufgegenstands.

5.2.3 Dinglicher Vollzug

Das Thema Bestimmtheit wird, wie bereits in der Einleitung zu diesem Kapitel angesprochen, beim *Asset Deal* hinsichtlich des **dinglichen Vollzugs** (also dem Verfügungsgeschäft) aufgrund des **sachenrechtlichen Bestimmtheitserfordernisses** zu einem schwierigen und fehleranfälligen Problem, während es beim Kaufvertrag (dem Verpflichtungsgeschäft) noch genügt, dass der Kaufgegenstand bestimmbar ist. Hinsichtlich der Übertragung der verschiedenen Sachen und Rechte ist folgendes zu beachten.

5.2.3.1 Übertragung beweglicher Sachen

Bewegliche Sachen, die gem. §§ 929 ff. BGB übereignet werden, müssen nach h. M. im Übertragungsvertrag *»durch einfache äußere Merkmale so eindeutig identifiziert werden, dass jeder Kenner des Vertrags sie im Zeitpunkt des Übergangs des Eigentums unschwer von anderen Sachen, die nicht übergehen sollen, unterscheiden kann«* (Palandt/*Herrler* § 930 Rd. 2 m. w. N.). Diesem Erfordernis kann durch die Verwendung von Inventarlisten und Klauseln wie *»alle Sachen auf dem Betriebsgelände XY mit Ausnahme von...«* erfüllt werden, während die für die Übereignung gem. § 929 BGB notwendige Besitzübergabe entweder durch eine formalisierte Übergabe an eine neue Geschäftsführung erfolgt oder aber dadurch, dass die neue Geschäftsleitung erkennbar die Sachherrschaft für den Erwerber ausüben will (*Meyer-Sparenberg* in Meyer-Sparenberg/Jäckle, M&A, § 41 Rd. 41, 44).

5.2.3.2 Übertragung von Grundstücken

Die Einhaltung des Bestimmtheitserfordernisses bereitet bei der Übertragung von Grundstücken keine besonderen Probleme. Gehören Grundstücke zu verkauften Wirtschaftsgütern, dann bedarf der gesamte *Asset Deal* gem. § 311b I S. 1 BGB der notariellen Beurkundung. Da der Grundstückskauf- und -übertragungsvertrag im Grundbuch in deutscher Sprache einzureichen ist (die **Eintragung im Grundbuch** ist neben der Auflassung gem. §§ 873 I, 925 BGB konstitutive Voraussetzung für den Erwerb des Eigentums an einem Grundstück), empfiehlt es sich beim *Asset Deal*, in einer Anlage einen vollständigen und auf die Bestimmungen des übrigen *Asset Deals* abgestimmten Grundstückskaufvertrag in deutscher Fassung (oder zweisprachig Deutsch-Englisch) beizufügen. Dabei ist zu beachten, dass auch die Beifügung des Grundstückskauf- und -übertragungsvertrags in der Anlage nichts daran ändert, dass der gesamte *Asset Deal* einschließlich des Grundstücksteils notariell beurkundet werden muss.

5.2.3.3 Übertragung von Forderungen

Auch für die Abtretung von **Forderungen** gem. §§ 398 ff. BGB gilt der Bestimmtheitsgrundsatz. Allerdings genügt hier (wie beim Kaufvertrag) die **Bestimmbarkeit** zum Zeitpunkt des Forderungsübergangs oder eines etwaigen späteren Zeitpunkts des Entstehens der Forderung (*Gerber* in Limmer, Würzburger Notarhandbuch, Teil 5 Kap. 7 Rd. 68).

5.2.3.4 Übertragung von IP-Rechten

Die verkauften **Gewerblichen Schutzrechte** und andere IP-Rechte werden nach den für sie geltenden besonderen Bestimmungen übertragen (vgl. § 15 I S. 2 PatG, § 27 I, II MarkenG, § 22 I S. 2 GebrMG, § 29 I, II DesignG), wobei die Übertragung grds. formlos (in der Praxis also privatschriftlich) erfolgen kann (*Ahrens*, Geistiges Eigentum und Wettbewerbsrecht, S. 121) und die Umschreibung in den jeweiligen Registern in Deutschland grds. nur deklaratorische Bedeutung hat (*Meyer-Sparenberg* in Meyer-Sparenberg/Jäckle, M&A, § 41 Rd. 47). **Urheberrechte** sind als persönliche Rechte dagegen nicht übertragbar (§ 29 I UrhG), so dass hier nur Nutzungsrechte eingeräumt bzw. übertragen werden können (§§ 29 II, 31 I UrhG), wobei die Übertragung von Nutzungsrechten im Falle eines *Asset Deals* ausnahmsweise keiner Zustimmung des Urhebers bedarf (§ 34 III S. 1 UrhG). Bei der Veräußerung von **Know-how** ist zu beachten, dass dieses kein separates Wirtschaftsgut ist, sondern an verschiedenen Orten wie z.B. in Aufzeichnungen enthalten ist, welche dann z.B. als bewegliche Sachen gem. § 929 BGB übertragen werden können (*Meyer-Sparenberg* in Meyer-Sparenberg/Jäckle, M&A, § 41 Rd. 49).

5.2.3.5 Übertragung von Verträgen

Soweit im Rahmen des *Asset Deals* Verträge auf den Erwerber übergehen sollen, bedarf es hierfür der **Zustimmung des jeweiligen Vertragspartners**, d.h. der Austausch eines Vertragspartners bedarf immer eines dreiseitigen Vertrags (Zustimmung von Verkäufer, Käufer und Vertragspartner). Ein Übergang von Verträgen kraft Gesetzes existiert nur in wenigen Ausnahmefällen, insb. bei Arbeitsverhältnissen (§ 613a BGB, dazu unten ausführlich), bei (gewerblichen) Mietverhältnissen (§§ 566, 578 II BGB) und bei (Sach-) Versicherungen (§ 95 VVG). Für den Fall der Verweigerung der Zustimmung des Vertragspartners vereinbaren die Parteien typischerweise sich im Innenverhältnis wechselseitig so zu stellen als ob der Vertrag übergegangen wäre. In jedem Fall bedarf dies einer detaillierten Regelung.

Vertiefender Hinweis: Da die Zustimmung des Vertragspartners ohnehin notwendig ist, spielt das Thema *Change of Control*-Klausel für den *Asset Deal* grds. keine Rolle.

5.2.3.6 Übertragung von Verbindlichkeiten

Hinsichtlich der Verbindlichkeiten werden die Parteien vereinbaren, welche Verbindlichkeiten mit übergehen sollen (*assumed liabilities*) und welche Verbindlichkeiten nicht mit übergehen sollen (*excluded liabilities*). Es liegt nahe, dass jedenfalls die Verbindlichkeiten, die nur das veräußerte Unternehmen erfüllen kann, wie vor allem Lieferverträge, mit übergehen sollten.

Daneben wird es zur erörtern sein, ob unbekannte Verbindlichkeiten mit übergehen sollen, was beim Übergang eines ganzen Unternehmens sicher ein verständlicher Wunsch des Veräußerers ist, aber vom Erwerber abgelehnt werden sollte. Den Übergang unbekannter Verbindlichkeiten zugleich durch Garantien zu kompensieren (vgl. hierzu *Meyer-Sparenberg* in Meyer-Sparenberg/Jäckle, M&A, § 41 Rd. 81), scheint dabei nicht sehr überzeugend zu sein.

Der Übergang der Verbindlichkeiten setzt die **Zustimmung des Gläubigers** voraus (§§ 414, 415 BGB). Wird die notwendige Zustimmung verweigert, dann werden die Parteien sich i.d.R. dazu verpflichtet haben, sich im Innenverhältnis so zu stellen, als ob die Verbindlichkeit übergegangen wäre.

5.2.3.7 Übertragung von liquiden Mittel

Liquide Mittel werden meist nicht mit verkauft, da der Wert des Unternehmens meist auf einer *Cash Free/Debt Free* Basis berechnet wurde und ein Hin- und Herzahlen niemandem hilft (*Meyer-Sparenberg* in Meyer-Sparenberg/Jäckle, M&A, § 41 Rd. 54).

5.2.3.8 Übertragung von Dokumenten und Dateien

Mit dem Unternehmen sollten auch die dazugehörigen Dokumente und Dateien übergehen, soweit dies gesetzlich zulässig ist. Beschränkungen können sich hier zum einen daraus ergeben, dass der Verkäufer gesetzlichen Aufbewahrungspflichten unterliegt, dann müssen wechselseitige Einsichtnahmerechte vereinbart werden, oder dass der Veräußerer gesetzlichen Verschwiegenheitsverpflichtungen unterliegt (vgl. insb. § 203 I StGB für freiberufliche Praxen), dann muss vor einer Weiterabe die Zustimmung der geschützten Dritten (z.B. Mandanten oder Patienten) eingeholt werden.

5.2.3.9 Arbeitsrechtliche Besonderheiten

Für Arbeitnehmer gelten beim *Asset Deal* besondere Regeln von herausragender praktischer Bedeutung: Für den Übergang von Arbeitsverhältnissen bedarf es nicht wie bei anderen Vertragsverhältnissen eines dreiseitigen Vertrages zwischen dem Käufer als künftigem Arbeitgeber, dem Verkäufer als bisherigem Arbeitgeber und dem Arbeitnehmer, vielmehr gehen Arbeitsverhältnisse **kraft Gesetzes** auf den Käufer über, wenn ein Betrieb oder Betriebsteil auf einen neuen Inhaber durch Rechtsgeschäft übergeht (**Betriebsübergang**, § 613a I S. 1 BGB) und der Arbeitnehmer dem Übergang nach umfassender Information über den Übergang durch den alten oder neuen Inhaber in Textform (§ 613a V BGB i.V.m. § 126b BGB) nicht innerhalb eines Monats schriftlich widerspricht (§ 613a VI i.V.m. § 126 BGB). Kündigungen des Arbeitsverhältnisses wegen des Übergangs des Betriebs oder Betriebsteils sind unwirksam (§ 613a IV S. 1 BGB). Durch diese auf eine EU-Richtlinie zurückgehende und damit EU-weit geltende Regelung werden Arbeitnehmer unabdingbar vor dem Verlust des Arbeitsplatzes bei Unternehmenskäufen in der Form eines *Asset Deals* geschützt (zum Betriebsübergang in anderen Jurisdiktionen vgl. Lappe/Gattringer/*Hack*, Carve-out-Transaktionen, S. 199). Beim *Share Deal* bedarf es einer Regelung zum Betriebsübergang gar nicht, da das Arbeitsverhältnis beim Anteilskauf gar nicht übertragen wird, sondern mit dem bisherigen Arbeitgeber fortbesteht. Nicht erfasst werden von § 613a BGB mangels Arbeitnehmereigenschaft die Dienstverträge von Geschäftsführern und Vorständen (oder gar Beamtenverhältnisse) sowie Arbeitnehmern, die bei anderen Konzerngesellschaften etwa im Ausland arbeiten (*Expatriates*), die aber wirtschaftlich zu dem von der Transaktion betroffenen Geschäftsbereich gehören (und daher wie andere Vertragsverhältnisse auch individuell durch einen dreiseitigen Vertrag übertragen werden müssen).

> **Praxishinweis:** § 613a BGB dürfte der (außerhalb von Juristenkreisen) auch unter seinen Ziffern bekannteste Paragraph des BGB sein und wird bei fast jedem *Asset Deal* eine zentrale Rolle spielen. Die mit § 613a BGB verbundenen Schwierigkeiten können auch dazu führen, dass die Parteien sich für einen *Share Deal* entscheiden.

Da § 613a BGB auf eine EU-Richtlinie zurückgeht, ist die Bestimmung europarechtskonform auszulegen und die letzte Entscheidung über die Auslegung der Bestimmung liegt beim EuGH. Vor dem Hintergrund der großen Bedeutung des § 613a BGB sollen die einzelnen tatbestandlichen Voraussetzungen und die Rechtsfolgen nachfolgend etwas genauer dargestellt werden.

Inzwischen werden von der Rechtsprechung des EuGH und des BAG nicht mehr die Begriffe Betrieb und Betriebsteil definiert, sondern es wird auf die **wirtschaftliche Einheit** als Voraussetzung für die Anwendung des § 613a BGB angeknüpft (vgl. *Preis* in Müller-Glöge/ua, Erfurter Kommentar zu § 613a BGB Rd. 6 m. w. N.). Entscheidend ist, dass die in der wirtschaftlichen Einheit bislang geleistete Tätigkeit nach dem Übergang im Kern unverändert fortgeführt wird (*Preis* in Müller-Glöge/ua, Erfurter Kommentar zu § 613a BGB Rd. 7). Ob eine wirtschaftliche Einheit vorliegt, ist für jeden Einzelfall zu entscheiden, wobei die Rechtsprechung dabei folgende Kriterien heranzieht, deren Gewichtung jedoch vom Einzelfall abhängt (vgl. *Preis* in Müller-Glöge/ua, Erfurter Kommentar zu § 613a BGB Rd. 10; *Liebers* in Meyer-Sparenberg/Jäckle, M&A, § 37 Rd. 98 ff.):

- Art des Betriebs: Bei einem Produktionsgewerbe sind die materiellen Produktionsmittel maßgebend, bei üblicherweise betriebsmittelarmen Dienstleistungsunternehmen sind meistens die Mitarbeiter und Kunden entscheidend.
- (Nicht-)Übergang der materiellen Betriebsmittel (wichtig in der Produktion).
- (Nicht-)Übergang der immateriellen Aktiva (kann je nach Betrieb von erheblicher Bedeutung sein).
- (Nicht-)Übernahme der Arbeitnehmer (wichtig vor allem im Dienstleistungssektor).
- (Nicht-)Übernahme der Kunden und Lieferanten (im Dienstleistungsbereich sind die Kunden von besonderer Relevanz)
- Ähnlichkeit der Tätigkeit (vor und nach der Übernahme).
- Dauer einer etwaigen Geschäftsunterbrechung (muss branchenspezifisch bestimmt werden).

Kein Betriebsübergang liegt bei einer reinen **Funktionsnachfolge** vor, d. h. bei dem reinen *Outsourcing* einer bestimmten Funktion greift § 613a BGB nicht (anders noch die berühmt-berüchtigte Christel Schmidt-Entscheidung des EuGH, vgl. EuGH NZA 1994, 545 ff.). Auch liegt kein Betriebsübergang vor, wenn es zu einer **Betriebsstillegung** kommt, wobei dieser faktisch frühestens mit Ablauf der arbeitsrechtlichen Kündigungsfristen abgeschlossen ist (vgl. *Liebers* in Meyer-Sparenberg/Jäckle, M&A, § 37 Rd. 114).

> **Praxishinweis:** Die Bestimmung des Anwendungsbereichs des § 613a BGB gehört aufgrund der starken Einzelfallbezogenheit zu den schwierigsten Fragen eines *Asset Deals*, eröffnet andererseits aber auch Gestaltungsmöglichkeiten.

Das Tatbestandsmerkmal »durch Rechtsgeschäft« ist weit zu verstehen und steht im Gegensatz zur Gesamtrechtsnachfolge bei der § 613a BGB keine Anwendung findet, da bei der Gesamtrechtsnachfolge Arbeitsverhältnisse ohnehin übergehen. Für die Gesamtrechtsnachfolge bei Umwandlungen bestimmt der schwer verständliche § 324 UmwG, dass § 613a BGB jedenfalls in Teilen anwendbar ist.

Da es dem Arbeitnehmer nicht zuzumuten ist, gegen seinen Willen für einen neuen Arbeitgeber zu arbeiten (insofern auch § 613 S. 2 BGB), kann der Arbeitnehmer den Übergang des Arbeitsverhältnisses durch **Widerspruch** verhindern (§ 613a VI BGB). Die Frist für den Widerspruch des Arbeitnehmers beträgt ein Monat nachdem dieser gem. § 613a V BGB umfassend über den Übergang informiert worden ist. Meist wird der Arbeitnehmer dies jedoch nicht tun, da es nach dem Betriebsübergang bei dem alten Arbeitgeber i. d. R. keinen Arbeitsplatz mehr für ihn gibt und der Arbeitnehmer mit einer betriebsbedingten Kündigung durch den alten Arbeitgeber rechnen muss (§ 613a IV S. 1 BGB steht dem nicht entgegen, vgl. *Preis* in Müller-Glöge/ua, Erfurter Kommentar zu § 613a BGB Rd. 106).

Praxishinweis: Diese Informationspflicht gem. § 613a V BGB bereitet in der Praxis oft erhebliche Probleme und sollte äußerst sorgfältig mit Unterstützung von Arbeitsrechtsexperten durchgeführt werden, um sicherzustellen, dass die Monatsfrist für den Widerspruch auch tatsächlich beginnt und Arbeitnehmer nicht zu einem deutlich späteren Zeitpunkt noch widersprechen können. Idealerweise schließen Käufer, Verkäufer und Arbeitnehmer eine dreiseitige Vereinbarung über den Übergang des Vertragsverhältnisses, um spätere Unklarheiten zu vermeiden.

Beispiel: Ein berühmtes und außerordentlich illustratives Beispiel für eine unzureichende Information von Arbeitnehmern gem. § 613a V BGB ist die Entscheidung des BAG zum Betriebsübergang der Mobilfunksparte von Siemens auf die taiwanesische BenQ Corporation (BAG NZA 2010, 89 ff.), mit nachstehenden Orientierungssätzen der Richterinnen und Richter des BAG: »*1. Der Inhalt der gesetzlich vorgeschriebenen Unterrichtung nach § 613a V BGB richtet sich nach dem Kenntnisstand von Betriebsveräußerer und -erwerber zum Zeitpunkt der Unterrichtung. 2. Über die Identität eines Betriebserwerbers ist so zu unterrichten, dass die Adressaten in die Lage versetzt werden, Erkundigungen über den Betriebserwerber und damit ihren etwaigen neuen Arbeitgeber einzuholen. Dazu gehört bei Gesellschaften die Firma, die An-*

gabe eines Firmensitzes, um das zuständige Handelsregister einsehen zu können und die Angabe einer Geschäftsadresse, an die gegebenenfalls ein Widerspruch gerichtet werden kann. 3. Soweit im Zeitpunkt der Unterrichtung solche Angaben zum Betriebserwerber nicht gemacht werden können, weil dieser erst noch zu gründen ist, muss dies bei der Unterrichtung offengelegt werden. 4. Gegebenenfalls kann die Unterrichtung - auch noch nach einem Betriebsübergang vervollständigt werden, sie muss aber dann in der nach § 613a V BGB gesetzlich vorgeschriebenen Form durchgeführt werden und - wegen des Laufs der Widerspruchsfrist - auch als solche bezeichnet werden. 5. Es kann sinnvoll, gegebenenfalls sogar erforderlich sein, im Zusammenhang mit der Darstellung des Betriebserwerbers auf dessen bisherige und künftige Geschäftsaktivitäten einzugehen und seine Konzernverflechtungen darzustellen. Diese relevanten Informationen werden nicht gegeben, wenn schlagwortartig über Aktivitäten des gesamten Konzerns informiert wird, ohne im Einzelnen auf den Betriebsübernehmer einzugehen. 6. Über den »Grund für den Übergang« (§ 613a V Nr. 2 BGB) wird nur informiert, wenn die zwischen Betriebsveräußerer und Betriebserwerber geschlossenen Vereinbarungen dargestellt werden. Wird der Grund dafür zwischen dem Betriebsveräußerer und einem Dritten vereinbart, so ist darauf bei der Unterrichtung hinzuweisen. 7. Über die rechtlichen Folgen des Betriebsübergangs wird nicht korrekt informiert, wenn darauf hingewiesen wird, Tarifverträge und Betriebsvereinbarungen gölten »gem. § 613a BGB weiter«. 8. Über eine gerade und nur für den Fall eines Betriebsübergangs vereinbarte Verschlechterung von ansonsten weiter geltenden Sozialplänen ist in jedem Fall zu unterrichten.«

Liegen die Voraussetzungen des § 613a BGB vor und widerspricht der ordnungsgem. informierte Arbeitnehmer dem Übergang nicht fristgerecht (einer Zustimmung des Arbeitnehmers bedarf es ja nicht), dann kommt es auf Arbeitgeberseite zu einem Wechsel des Vertragspartners, d.h. das **Arbeitsverhältnis** geht vollständig auf den Erwerber über und das bisherige Arbeitsverhältnis mit dem Veräußerer erlischt. *»Die wechselseitigen Rechte und Pflichten bestehen (grds.) so weiter als hätte es den Betriebsübergang nicht gegeben«* (Palandt/Weidenkaff § 613a Rd. 18-22 m.w.N.). Im Rahmen dieses Bestandsschutzes bleibt dem Arbeitnehmer auch die Dauer der Betriebszugehörigkeit erhalten (was z.B. für die Berechnung von Kündigungsfristen relevant ist). Hinsichtlich kollektiv-arbeitsrechtlicher Regelungen wie vor allem **Tarifverträgen** enthält § 613a I S. 2 BGB eine Sonderregelung: Sollte der Betrieb vor dem Übergang tarifgebunden gewesen sein, ist er es aber nach dem Übergang nicht mehr, dann gelten die bisherigen tarifrechtlichen Regelungen als Teil des individuellen Arbeitsverhältnisses fort, behalten aber ihren kollektivrechtlichen Charakter und dürfen für die Dauer von einem Jahr nicht zum Nachteil der betroffenen Arbeitnehmer abbedungen werden.

5.3 Einbringung eines Unternehmens auf Basis einer Kapitalerhöhung

Share und *Asset Deal* lassen sich jeweils auch kombinieren mit einer Kapitalerhöhung bei der Erwerbsgesellschaft, d. h. hier werden die Gesellschafter der Zielgesellschaft mit Aktien oder Geschäftsanteilen des Übernehmers bezahlt. In dieser Konstellation werden neue (junge) Aktien oder Geschäftsanteile im Wege der **Nominalkapitalerhöhung** bei gleichzeitigem **Ausschluss des Bezugsrechts** der Altgesellschafter geschaffen, was bei diesen zu einer **Verwässerung** ihrer relativen Beteiligungshöhe führt. Die veräußernden Gesellschafter bringen die Zielgesellschaft im Wege des *Share Deals* oder des *Asset Deals* in die übernehmende Gesellschaft ein und erhalten im Gegenzug eine Beteiligung an der übernehmenden Gesellschaft. Allerdings führt die Kapitalerhöhung zu einer erheblichen Verkomplizierung der Transaktionsstruktur, da die notwendige Änderung der Satzung der übernehmenden AG bzw. des Gesellschaftsvertrags der übernehmenden GmbH an formelle Voraussetzungen geknüpft ist und erst mit Eintragung im HR wirksam wird (§§ 203 I, 189 AktG, § 54 III GmbHG).

Bei dieser Konstruktion ist also die Schaffung neuer Aktien bzw. Geschäftsanteile erforderlich. Neben der ordentlichen Kapitalerhöhung im Wege eines Gesellschafterbeschlusses kommt dafür vor allem bei der AG, aber seit einiger Zeit auch bei der GmbH, die Kapitalerhöhung aus dem sog. **genehmigten Kapital** (*authorised capital*) in Betracht (§§ 202 ff. AktG, § 55a GmbHG). Die Besonderheit des genehmigten Kapitals besteht darin, dass eine Kapitalerhöhung ohne Beschluss der Hauptversammlung auf Basis einer Ermächtigung in der Satzung (die zu einem früheren Zeitpunkt auf Vorrat von der Hauptversammlung mit einer ¾ Mehrheit beschlossen wurde) durch den Vorstand meist bei gleichzeitigem Ausschluss des Bezugsrechts der Aktionäre ermöglicht wird (vgl. §§ 202 ff. AktG, § 55a GmbHG). Insbesondere börsennotierte Gesellschaften verfügen meist über ein solches genehmigtes Kapital vor allem für den Erwerb anderer Gesellschaften wie im vorliegenden Fall. Derartige Satzungsermächtigungen dürfen höchsten für die Dauer von fünf Jahren erteilt werden (§ 202 I, II AktG) und die Kapitalerhöhung darf 50% des bei Erteilung der Ermächtigung vorhandenen Nominalkapitals nicht übersteigen (§ 202 III AktG).

Praxishinweis: Insbesondere in Satzungen börsennotierter Gesellschaften, bei denen eine Kapitalerhöhung im Rahmen einer (außerordentlichen) Hauptversammlung besonders aufwendig wäre, finden sich regelmäßig derartige Ermächtigungen zu Kapitalerhöhungen ohne Beschluss der Hauptversammlung (genehmigtes Kapital).

Häufig, wie auch in der hier zugrundegelegten Konstellation der Einbringung eines Unternehmens, erfolgt die Kapitalerhöhung aus dem genehmigten Kapital in der Variante der **Sachkapitalerhöhung** (*contribution in kind*), was die jeweilige Grundlage in den Gesellschaftsverträgen explizit vorsehen muss (§ 205 I AktG, § 55a III GmbHG). Dies ist eine wirtschaftlich interessante, aber rechtlich komplizierte Konstruktion, da der Vollzug der Transaktion wie bereits erwähnt die Eintragung der Kapitalerhöhung im HR erfordert (§§ 203 I, 189 AktG, § 54 III GmbHG) und zuvor zusätzlich die Werthaltigkeit der in die Zielgesellschaft eingebrachten Sachen geprüft werden muss (§ 205 AktG). Grundlage der Sachkapitalerhöhung aus dem genehmigten Kapital sind ein Zeichnungsschein und ein Einbringungsvertrag (wobei hier auch andere Bezeichnungen zu finden sind).

Vertiefender Hinweis: Neben der Komplexität der Konstruktion bestehen hier für den Einbringenden auch zusätzliche Haftungsrisiken, da neben den üblichen schuldrechtlichen Garantien hinsichtlich der eingebrachen Gesellschaft im Einbringungsvertrag nach der Eintragung der Nominalkapitalerhöhung im HR auch das Risiko einer **unabdingbaren verschuldensunabhängigen Differenzhaftung** für den Fall besteht, dass die eingebrachten Sachen nicht mind. dem Nennbetrag der Geschäftsanteile (§ 9 I GmbHG) bzw. dem geringsten Ausgabebetrag der Aktien im Aktiengesetz (§ 9 I AktG) entsprechen (§§ 55a III, 56 II, 9 GmbHG bei der GmbH; bei der AG nicht explizit geregelt, daher wird hier häufig § 9 I GmbHG analog angewendet, oder es wird der aktienrechtliche Differenzhaftungsanspruch auf §§ 36a II AktG i.V.m. §§ 183, 188 II S. 1 AktG gestützt, vgl. *Servatius* in Spindler/Stilz, AktG, § 183 Rd. 72 m. w. N.). Die Differenzhaftung umfasst bei der AG auch ein etwaiges Aufgeld (sog. **Agio**) (*Servatius* in Spindler/Stilz, AktG, § 183 Rd. 73 m. w. N.). Bei einer Übernahme der Beteiligung gegen eine Geldzahlung besteht dieses Risiko nicht, soweit nicht ausnahmsweise eine verdeckte Sachkapitalerhöhung vorliegt (§§ 205 III, 27 III AktG, §§ 55a III, 56 II, 19 IV GmbHG).

Die Einbringung eines Betriebs oder Betriebsteils gegen die Gewährung von Anteilen kann ohne Aufdeckung der stillen Reserven, d. h. **steuerneutral**, erfolgen (§§ 20, 24 UmStG). Dafür ist es notwendig, dass keine wesentlichen Betriebsgrundlagen zurückbehalten werden (*Pupeter* in Holzapfel/Pöllath, Unternehmenskauf, Rd. 385), da es dann an dem Erfordernis eines Teilbetriebs fehlen würde (wenig überraschend ist der Begriff »**Teilbetrieb**« wie vieles im Steuerrecht umstritten).

6 Besonderheiten beim Auktionsverfahren

Während beim traditionellen Unternehmenskauf zwei Parteien, Käufer und Verkäufer, über den Kaufvertrag verhandeln, was Grundlage dieses Kapitels ist, folgt das **Auktionsverfahren**, welches auch als **Bieterverfahren** bezeichnet wird (im Englischen wird meist von *limited auction, controlled auction* oder *bidding process* gesprochen), seinen ganz eigenen Regeln. Bei dem sehr strukturierten und meist hochprofessionell organisierten Auktionsverfahren geht es darum, eine größere Anzahl von potentiellen Käufern (Bietern/*bidder*) anzusprechen, um auf diese Weise den geeignetsten Erwerber zu identifizieren und den optimalen Kaufpreis zu erzielen.

Organsiert werden derartige Auktionsverfahren typischerweise von **Investmentbanken**. Das Bieterverfahren erfolgt dann üblicherweise in nachstehenden Schritten (vgl. hierzu insb. *Rosengarten* in Meyer-Sparenberg/Jäckle, M&A, § 3 Rd. 1 ff.; *Haberstock* in Holzapfel/Pöllath, Unternehmenskauf, Rd. 1298 ff.):

- Identifizierung potentieller Kaufinteressenten durch Verkäufer und Investmentbank (***Long List***).
- Kontaktaufnahme mit einer ausgewählten Gruppe von Kaufinteressenten (***Short List***) auf Basis von anonymisierten Informationen über das Kaufobjekt (***Teaser***).
- Vertraulichkeitsvereinbarung zwischen Verkäufer und Bietern (***Confidentiality Agreement***).
- Übersendung einer Verkaufsbroschüre (***Information Memorandum***) und eines Schreibens mit Informationen zu dem Ablauf des Auktionsverfahrens (***Process Letter***) an die potentiellen Käufer, die weiterhin Interesse signalisiert haben.
- Abgabe insb. eines indikativen Angebots (***Indicative Offer / Non-binding Offer***) mit dem Kaufpreis (oft kombiniert mit Angaben zur Berechnung des *Enterprise Value*/EV) durch die interessierten Bieter.

- Beginn der ein- oder mehrstufigen *Due Diligence* meist in Form eines virtuellen Datenraums einschließlich Managementpräsentation und Managementbefragungen (*Q&A-Sessions*), alles auf Basis weiterer Prozessbriefe, bei mehrstufigem Verfahren ggf. nach Abgabe einer *Confirmatory Offer* durch die verbliebenden Bieter.
- Abgabe eines sog. *Binding Offer* (wird teilweise auch als *Binding Bid* bezeichnet) kombiniert mit einem *Mark-up* des vom Verkäufer vorgelegten Unternehmenskaufvertrags (SPA), welches alle vom Kaufinteressenten gewünschten Änderungen enthält.

Vertiefender Hinweis: Das Binding Offer wird rechtlich i. d. R. gar kein bindendes Angebot i. S. v. § 145 BGB darstellen, was verschiedene Gründe hat: Meist lässt sich die Frage der Bindungswirkung wie beim LoI ebenso einfach wie humorlos verneinen, da die meisten (Ziel-)Gesellschaften in Deutschland in der Rechtsform der GmbH oder GmbH & Co. KG betrieben werden und daher ein nicht-beurkundetes *Binding Offer* ohnehin wegen Formverstoßes gem. § 15 IV S. 1 GmbHG i.V.m. § 125 S. 1 BGB nichtig wäre (die schwierige Frage der anwendbaren Formvorschriften bei grenzüberschreitenden Angeboten soll hier nicht näher erörtert werden, vgl. hierzu insb. Art. 11 Rom I-VO). Ein bindendes Angebot wird – unabhängig von der Formfrage oder wenn der Unternehmenskaufvertrag nicht beurkundungspflichtig wäre, etwa bei einer AG als Zielgesellschaft – aber oft nicht vorliegen, da dieses möglicherweise zwar bereits sämtliche wesentliche Vertragsbestandteile enthält (das ist die Mindestvoraussetzung für ein bindendes Angebot), häufig aber ein sog. offener Dissens vorliegen dürfte, da es an einer Einigung über einzelne Nebenabreden fehlt, was die Parteien auch i. d. R. wissen, und damit gem. der Auslegungsregel des § 154 I S. 1 BGB im Zweifel noch kein Vertrag vorliegt. Häufig enthält das *Binding Offer* auch explizite Vorbehalte, die einen jederzeitigen Ausstieg ermöglichen (z. B. Zustimmung von bestimmten Gremien auf Käuferseite), so dass eine Verbindlichkeit de facto daran scheitern würde. Wurden ausnahmsweise doch einmal alle diese Voraussetzungen erfüllt, dann ist es immer noch eine Frage der Auslegung gem. §§ 133, 157 BGB aus der Perspektive des objektivierten Empfängerhorizonts unter Berücksichtigung der Verkehrssitte, ob (ausnahmsweise) tatsächlich ein bindendes Angebot mit entsprechendem Rechtsbindungswillen« vorliegt (jedenfalls hat die Bezeichnung als »*binding offer*« – wie stets im deutschen Recht – nur eine indikative Bedeutung) (zu den Details vgl. demnächst *Fischer*, Wie bindend ist ein Binding Offer? in: M&A Review 3 2021).

- Auswahl eines *Preferred Bidder* durch die Verkäufer und die Investmentbank mit welchem dann (ggf. exklusiv) verhandelt wird oder Verhandlung mit zwei Bietern parallel (gleichzeitig wird die Verkäuferseite versuchen andere Bieter im Rennen zu halten z. B. durch *Break Fees* oder
  auch den Einsatz einer *Vendor Due Diligence*).

> **Praxishinweis:** Der Bieter, der das höchste Kaufpreisangebot macht, ist
> nicht automatisch der beste Bieter, da neben der Frage nach den ver-
> traglichen Forderungen des Bieters (Umfang der Garantien und Freistel-
> lungen) auch andere Aspekte wie etwa kartellrechtliche Probleme bei
> bestimmten Bietern bei der Auswahl berücksichtigt werden müssen.

- Idealerweise *Signing* und *Closing*.

Finanzinvestoren führen ein Auktionsverfahren teilweise parallel zu einer
anderen Exitstrategie durch, wie insb. einem Börsengang (IPO), durch (*Dual
Track*) (*Haberstock* in Holzapfel/Pöllath, Unternehmenskauf, Rd. 1311).

> **Praxishinweis:** In der Praxis haben sich Auktionsverfahren für die Ver-
> käuferseite bewährt, da sie dem Verkäufer eine starke Verhandlungspo-
> sition vermitteln, den Wettbewerb der Interessenten steigern und regel-
> mäßig zu den optimalen Verkaufsbedingungen führen dürften.

7 Regulatorische Beschränkungen bei Unternehmenskäufen

Grundsätzlich existieren in Deutschland nur wenige regulatorische Einschränkungen für den Erwerb von Unternehmen. Regulatorische Beschränkungen ergeben sich zum einen aus der **deutschen und der europäischen
Fusionskontrolle**, welche nicht kumulativ, sondern nur alternativ zur Anwendung gelangen. Im Ergebnis führt die Anmeldung von Zusammenschlüs-
sen aber nur in sehr wenigen Fällen zu Untersagungen, die praktische Relevanz der Fusionskontrolle liegt eher in der technischen Abwicklung der
relativ häufig notwendigen Anmeldungen bei den Kartellämtern. Zum anderen ist hier das Außenwirtschaftsrecht zu nennen, welches in zunehmendem
Maße Beschränkungen von Unternehmenskäufen in sensiblen Branchen
durch Unternehmen aus Nicht-EU-Ländern etabliert hat. Allerdings ist auch

im Außenwirtschaftsrecht bislang die öffentliche Aufmerksamkeit größer als die tatsächliche Anzahl der letztlich untersagten Unternehmenskäufe.

7.1   Fusionskontrolle

Bei Unternehmenskäufen kann es abhängig von bestimmten Umsatz-Schwellenwerten oder anderen Kriterien notwendig sein, dass eine Anmeldung der Transaktion bei einem oder mehreren Kartellämtern notwendig wird, um dort eine Fusionskontrolle (Zusammenschlusskontrolle) durchzuführen. Gleiches gilt für Umwandlungsvorgänge (*Stoye-Benk/Cutura*, HdB Umwandlungsrecht, Kap. 2 Rd. 49), wird dort aber seltener vorkommen. Da Jurisdiktionen in zunehmendem Maße bei der Bestimmung der Anwendbarkeit ihrer Fusionskontrolle auf die Auswirkung der Transaktion abstellen (und nicht etwa auf den Durchführungsort) (Auswirkungsprinzip, vgl. *Rehbinder* in Immenga/Mestmäcker, Wettbewerbsrecht, A Rd. 16), kann es zur exterritorialen Anwendung nationaler Kartellgesetze kommen, so dass eine Übernahme ggf. in zahlreichen auf den ersten Blick überhaupt nicht involvierten Jurisdiktionen angemeldet werden muss. Unterbleibt die Anmeldung, dann wird dies (abhängig von der jeweiligen Jurisdiktion) oft dadurch sanktioniert, dass die Übernahme in dieser Jurisdiktion nicht als wirksam anerkannt wird.

Praxishinweis: Vor diesem Hintergrund müssen die Parteien sich (rechtzeitig) darüber abstimmen, ich welchen Jurisdiktionen eine Anmeldung erfolgen soll. Einzelne Jurisdiktionen sind für die exorbitante Dauer der Fusionskontrolle bekannt, so dass geklärt werden muss, ob hier eine Anmeldung erfolgen soll, da die entsprechende Freigabe aufschiebende Bedingung für den Vollzug der Transaktion wäre.

Ist eine Anmeldung beim europäischen Kartellamt notwendig, dann entfallen grds. alle Anmeldungen bei den Mitgliedstaaten der Europäischen Union (sog. *One Stop Shop*, aus deutscher Sicht vgl. § 35 III GWB, vgl. zu Ausnahmen *Bischke/Röhring* in Meyer-Sparenberg/Jäckle, M&A, § 29 Rd. 24 ff.). Die nachfolgende Darstellung konzentriert sich auf die deutsche und die europäische Fusionskontrolle und beginnt mit der vorrangigen EU-Fusionskontrolle.

A Europäische Fusionskontrolle
Maßgebliche Rechtsgrundlage für die europäische Fusionskontrolle ist die Verordnung über die Europäische Fusionskontrolle (Fusionskontrollverord-

nung/FKVO). Die europäische Fusionskontrolle findet Anwendung für Zusammenschlüsse mit gemeinschaftsweiter Bedeutung (Art. 1 I FKVO). Der Begriff Zusammenschlüsse umfasst dabei Fusionen und andere Formen des Kontrollerwerbs (Art. 3 I FKVO), d. h. der klassische Unternehmenskauf ist regelmäßig ein solcher Zusammenschluss. Spannender ist die Frage nach der gemeinschaftsweiten Bedeutung, die in Art. 1 II, III FKVO vor allem auf Basis von Umsätzen der beteiligten Unternehmen beantwortet wird. Nur wenn diese vorliegen, ist eine Anmeldung beim Kartellamt in Brüssel notwendig. Zur besseren Verständlichkeit werden diese Tatbestände, die eine Anmeldung erfordern, auf Basis des Wortlauts der FKVO in Tabelle 4 dargestellt.

Tab. 4: Meldevoraussetzungen für die europäische Fusionskontrolle

	Art. 1 II FKVO (Alternative 1)	Art. 1 III FKVO (Alternative 2)
Weltweite Umsätze	weltweiter Gesamtumsatz aller beteiligten Unternehmen zusammen von mehr als 5 Mrd. EUR und	weltweiter Gesamtumsatz aller beteiligten Unternehmen zusammen mehr als 2,5 Mrd. EUR beträgt und
EU-Umsätze	gemeinschaftsweiter Gesamtumsatz von mind. zwei beteiligten Unternehmen von jeweils mehr als 250 Mio. EUR	b) der Gesamtumsatz aller beteiligten Unternehmen in mind. drei Mitgliedstaaten jeweils 100 Mio. EUR übersteigt, und c) in jedem von mind. drei von Buchstabe b) erfassten Mitgliedstaaten der Gesamtumsatz von mind. zwei beteiligten Unternehmen jeweils mehr als 25 Mio. EUR beträgt und d) der gemeinschaftsweite Gesamtumsatz von mind. zwei beteiligten Unternehmen jeweils 100 Mio. EUR übersteigt
Gegenausnahme	Keine Anmeldepflicht, wenn die beteiligten Unternehmen jeweils mehr als zwei Drittel ihres gemeinschaftsweiten Gesamtumsatzes in ein und demselben Mitgliedstaat erzielen.	

Beteiligte Unternehmen sind bei der klassischen Transaktion der Veräußerung einer 100%-Beteiligung der Käufer und die Zielgesellschaft, nicht aber der Veräußerer (vgl. hierzu *Bischke/Röhring* in Meyer-Sparenberg/Jäckle, M&A, § 29 Rd. 18). Bei dem **Umsatz** ist auf das letzte Geschäftsjahr abzustellen (zu den Details vgl. Art. 5 FKVO).

Die **Anmeldung** erfolgt bei der Generaldirektion Wettbewerb der Kommission in Brüssel (vgl. Art. 4 I FKVO), ist aber vorab mit der Kommission abzustimmen (vgl. Ziff. 3 der *Best practices on the conduct of EC merger control proceedings*, https://ec.europa.eu/competition/mergers/legislation/procee dings). Verpflichtet zur Anmeldung ist die Partei, die die Kontrolle erworben hat. Es existiert keine Frist für die Anmeldung, aber die Transaktion darf erst vollzogen werden, wenn eine Freigabe vorliegt (**Vollzugsverbot**, Art. 7 I FKVO, wobei eine Befreiung vom Vollzugsverbot unter den Voraussetzungen des Art. 7 III FKVO möglich ist; ▶ Teil II 7.1 B). Die Anmeldung kann theoretisch bereits vor dem *Signing* erfolgen (Art. 4 I S. 2 FKVO), was aber keine realistische Option darstellt, da die Kommission die Anmeldung auf der Homepage und im Amtsblatt unter Nennung der Namen der Unternehmen bekannt gibt, was vor dem *Signing* meist nicht im Interesse der beteiligten Unternehmen ist.

Wenn eine Anmeldung vorliegt, erfolgt die materielle Prüfung auf die Vereinbarkeit des Zusammenschlusses mit dem Gemeinsamen Markt entsprechend den Bestimmungen der FKVO (vgl. insb. Art. 2 I FKVO). Die Prüfung erfolgt in zwei Phasen:

- Das **Vorprüfungsverfahren**, welches unmittelbar nach Eingang des Antrags beginnen soll (Art. 6 I FKVO) und mit der Freigabe endet, wenn die Kommission keine ernsthaften Bedenken hat (Art. 6 I b FKVO) oder die Parteien und die Kommission sich auf Abhilfemaßnahmen verständigen (Art. 6 II FKVO). Das Vorprüfungsverfahren soll innerhalb von 25 Arbeitstagen durchgeführt werden (Art. 10 I FKVO).
- Das **Hauptprüfungsverfahren** beginnt dagegen, wenn die Kommission ernsthafte Bedenken hinsichtlich der Vereinbarkeit des Zusammenschlusses mit dem Gemeinsamen Markt hat (Art. 6 I c FKVO). In dieser zweiten Phase hat die Kommission grds. weitere 90 Arbeitstage für eine Entscheidung (vgl. *Bischke/Röhring* in Meyer-Sparenberg/Jäckle, M&A, § 29 Rd. 53).

Praxishinweis: In dem Anmeldeverfahren sind auch interne Dokumente, die im Kontext der Transaktion erstellt wurden, vorzulegen. Vor diesem Hintergrund sollten derartige Dokumente bereits im Hinblick auf die spätere Anmeldung bei den Kartellbehörden formuliert und (intern zur Anpreisung eigener Projekte gerne verwendete) Begriffe wie »Marktführerschaft« tunlichst vermieden werden (vgl. *Bischke/Röhring* in Meyer-Sparenberg/Jäckle, M&A, § 29 Rd. 46).

Gegen die Entscheidung der Kommission kann vor den Gerichten der Europäischen Union geklagt werden. Die EU-Kommission erhebt keine Gebühren für das Verfahren (vgl. *Bischke/Röhring* in Meyer-Sparenberg/Jäckle, M&A, § 29 Rd. 51).

B Deutsche Fusionskontrolle

Maßgebliche Rechtsgrundlage für die deutsche Fusionskontrolle ist das **Gesetz gegen Wettbewerbsbeschränkungen (GWB)**. Soweit eine Anmeldung bei der EU-Kommission wegen der dortigen Umsatzschwellen nicht erforderlich ist, ist eine Anmeldung beim deutschen Kartellamt gem. §§ 35 ff. GWB zu prüfen. Wie das europäische Recht stellt auch das deutsche Recht vor allem auf den Kontrollerwerb ab (§ 37 I Nr. 2 GWB). Maßgebend für eine Anmeldung nach dem deutschen Wettbewerbsrecht sind die in Tabelle 5 auf Basis des Wortlauts des GWB dargestellten Schwellenwerte (Änderungen könnten im Rahmen der geplanten 10. GWB-Novelle erfolgen, vgl. *Thomas* in Immenga/Mestmäcker, Wettbewerbsrecht, Vorb. § 35 Rd. 12 ff.).

Bei der **Beteiligungseigenschaft**, die gesetzlich nicht definiert wurde, ist auf die Struktur nach Vollzug der Transaktion abzustellen (vgl. *Thomas* in Immenga/Mestmäcker, Wettbewerbsrecht, § 35 Rd. 46), d. h. der Veräußerer einer 100%-Beteiligung ist auszublenden. Die Ermittlung der **Umsatzerlöse** erfolgt gem. § 277 I HGB (§ 38 I S. 1 GWB), wobei es einige branchenspezifische Sonderregelungen gibt (§ 38 II bis IV GWB).

Sind die vorstehenden Voraussetzungen erfüllt, dann ist der Zusammenschluss vor Vollzug beim Bundeskartellamt in Bonn anzumelden (§ 39 GWB). Anmeldpflichtige Vorhaben dürfen – wie im EU-Kartellrecht – vor Freigabe nicht vollzogen werden (**Vollzugsverbot** gem. § 41 I S. 1 GWB). Die deutsche Fusionskontrolle gliedert sich wie die europäische Fusionskontrolle in zwei Phasen:

- Im **Vorprüfungsverfahren** prüft die Kartellbehörde innerhalb **eines Monats**, ob eine vertiefte Prüfung notwendig ist (vgl. § 40 I GWB).
- Kommt es zum **Hauptprüfungsverfahren** muss die Kartellbehörde innerhalb von **vier Monaten** entscheiden, ob der Zusammenschluss untersagt wird (§ 40 II GWB).

Gegen Verfügungen des Bundeskartellamts ist die Beschwerde zum **Oberlandesgericht Düsseldorf** zulässig (§ 63 GWB), gegen dessen Entscheidungen bei entsprechender Zulassung Rechtsbeschwerde zum BGH möglich ist (§ 74 GWB).

Tab. 5: Meldevoraussetzungen nach deutschem Wettbewerbsrecht

	§ 35 I GWB (Alternative 1)	§ 35 Ia GWB (Alternative 2)
Weltweite Umsätze	Die beteiligten Unternehmen erzielen insgesamt weltweit Umsatzerlöse von mehr als 500 Millionen Euro und	
Umsätze in Deutschland	im Inland mind. ein beteiligtes Unternehmen Umsatzerlöse von mehr als 25 Millionen Euro und ein anderes beteiligtes Unternehmen Umsatzerlöse von mehr als 5 Millionen Euro erzielt	im Inland ein beteiligtes Unternehmen Umsatzerlöse von mehr als 25 Millionen Euro erzielt hat und weder das zu erwerbende Unternehmen noch ein anderes beteiligtes Unternehmen Umsatzerlöse von jeweils mehr als 5 Millionen Euro erzielt haben, und
Anforderung an Gegenleistung	keine	der Wert der Gegenleistung für den Zusammenschluss beträgt mehr als 400 Millionen Euro beträgt und
Tätigkeit der Zielgesellschaft im Inland	keine	das zu erwerbende Unternehmen nach Nummer 2 ist in erheblichem Umfang im Inland tätig.
Bagatellklausel	Absatz 1 gilt nicht, soweit sich ein Unternehmen, das nicht im Sinne des § 36 Absatz 2 abhängig ist und im letzten Geschäftsjahr weltweit Umsatzerlöse von weniger als 10 Millionen Euro erzielt hat, mit einem anderen Unternehmen zusammenschließt (§ 35 II S. 1 GWB).	keine
Ausnahmen bei Sonderfällen	Keine Anwendung beim Zusammenschluss von kreditwritschaftlichen Verbundgruppe (vgl. § 35 II S. 3 GWB). Bei Zusammenschlüssen in Rahmen von Gebietsreformen (vgl. § 35 II S. 2 GWB).	

Alternativ zur rechtlichen Kontrolle durch die Gerichte zieht das deutsche Recht – im Gegensatz zum EU-Recht – eine sog. **Ministererlaubnis** bei überwiegenden gesamtwirtschaftlichen Vorteilen in Betracht (§ 42 I S. 1 GWB). Hier entscheidet der Bundeswirtschaftsminister nach wirtschaftspolitischen Gesichtspunkten. Gegen die Entscheidung des Ministers ist wiederum die Anfechtungsbeschwerde zulässig (§ 63 IV S. 1 GWB).

Anders als auf EU-Ebene werden in Deutschland **Gebühren** von i. d. R. bis zu EUR 50.000 oder in besonders gelagerten Fällen bis zu EUR 100.000 erhoben (§ 80 I, II GWB).

Praxishinweis: Während eine Anmeldung bei der deutschen oder (aufgrund der deutlich höheren Umsatzvoraussetzungen etwas seltener) bei den europäischen Kartellbehörden bei Unternehmensübernahmen zum Tagesgeschäft von Transaktionen gehört, kommen Untersagungen doch relativ selten vor (mögen diese auch in den Medien naturgem. große Beachtung finden). So wurden auf nationaler Ebene bis Ende 2017 nur 189 Zusammenschlüsse untersagt (vgl. Nachweise bei *Röhling* in Hölters, HdB Unternehmenskauf, Rd. 7.1).

7.2 Deutsches Außenwirtschaftsrecht

Grundsätzlich bedarf der Erwerb von deutschen Unternehmen durch ausländische Investoren keiner staatlichen Genehmigung (**Erlaubnis mit Verbotsvorbehalt**). Allerdings haben Beschränkungen von Direktinvestitionen von Unternehmen aus Staaten außerhalb des Europäischen Wirtschaftsraums vor allem vor dem Hintergrund des Erwerbs deutscher Unternehmen durch chinesische Investoren (wie etwa der viel diskutierte Fall des Erwerbs der in der Robotik tätigen Kuka AG in Augsburg durch den chinesischen Media-Konzern) in den vergangenen Jahren erheblich an Bedeutung gewonnen und durch die Einführung einer sektorübergreifenden Investitionsprüfung verbunden mit einer Herabsetzung bestimmter Schwellenwerte zu einer deutlichen Erweiterung der staatlichen Kontrolle in Form eines Verbotsvorbehalts geführt.

Maßgebliche Rechtsgrundlagen für etwaige Verbote sind das **Außenwirtschaftsgesetz (AWG)** und die auf das AWG gestützte **Außenwirtschaftsverordnung (AWV)**. Es sind zwei Prüfungstatbestände zu unterscheiden (vgl. dazu *Wetzler* in Hölters, Unternehmenskauf, Rd. 18.247; *Jäckle/Strehle/Clauss* in Meyer-Sparenberg/Jäckle, M&A, § 50 Rd. 17):

- **Sektorübergreifende Investitionsprüfung** (§§ 55 bis 59 AWV): In diesem Fall prüft das Bundesministerium für Wirtschaft und Energie (BMWi) unabhängig vom Geschäftsgegenstand der deutschen Zielgesellschaft, ob die öffentliche Ordnung oder Sicherheit Deutschlands gefährdet wird, wenn ein *Unionsfremder* ein inländisches Unternehmen oder eine unmittelbare oder mittelbare Beteiligung an einem inländischen Unternehmen erwirbt (§ 55 I AWV; dieselbe Prüfung gilt für *Unionsansässige*, wenn Anzeichen für eine missbräuchliche Gestaltung oder eine Umgehung des § 55 I AWV vorliegen, § 55 II AWV). Innerhalb des § 55 AWV wird dann aber bei der Frage der notwendigen Beteiligungshöhe doch nach dem Tätigkeitsgebiet der Zielgesellschaft differenziert (§ 56 I AWV): Bei Unternehmen mit einer Betätigung in einer »**Kritischen Infrastruktur**« oder anderen sensiblen Bereichen (vgl. § 56 I i.V.m. § 55 I S. 2 AWV) genügt für eine Prüfung bereits ein Stimmrechtsanteil von mind. **10%**, während bei allen anderen Unternehmen ein Stimmanteil von mind. **25%** erforderlich ist. Der Tatbestand der **Gefährdung der öffentlichen Sicherheit und Ordnung** ist europarechtlich zu bestimmen (§ 4 I Nr. 4 AWG) und ist nur erfüllt, wenn eine tatsächliche und hinreichend schwere Gefährdung vorliegt, die ein Grundinteresse der Gesellschaft berührt (vgl. *Jäckle/Strehle/Clauss* in Meyer-Sparenberg/Jäckle, M&A, § 50 Rd. 20 m. w. N.). Das Bundesministerium für Wirtschaft und Energie kann bei Bejahung der Gefährdung der öffentlichen Sicherheit und Ordnung mit Zustimmung der Bundesregierung den Erwerb untersagen oder Anordnungen auferlegen (§ 59 I AWV).

- **Sektorspezifische Investitionsprüfung** (§§ 60 bis 62 AWV): In diesem Fall prüft das BMWi, ob **wesentliche Sicherheitsinteressen Deutschlands** durch den Erwerb eines inländischen Unternehmens oder einer unmittelbaren oder mittelbaren Beteiligung an einem inländischen Unternehmen durch einen ausländischen Investor gefährden, wenn dieses Unternehmen in einem bestimmten Sektor wie insb. der **Kriegswaffenproduktion** oder der **IT-Sicherheitsfunktionen** zur Verarbeitung von staatlichen Verschlusssachen tätig sind (vgl. § 60 I AWV).

Eine **Anmeldepflicht** besteht (nur) im Falle der sektorspezifischen Investitionen (§ 60 III AWV) und im Falle des Erwerbs von Unternehmen im Bereich »Kritische Infrastruktur« oder vergleichbaren Geschäftsfeldern (§ 55 III AWV). Um frühzeitig Rechtssicherheit zu erlangen, kann im Falle der sektorübergreifenden Prüfung gem. § 55 AWV eine sog. **Unbedenklichkeitsbescheinigung** beantragt werden (§ 58 AWV).

Praxishinweis: In der Vergangenheit spielte das Außenwirtschaftsrecht bei Unternehmenstransaktionen keine große Rolle. Dies hat sich inzwischen geändert, allerdings wäre es zu begrüßen, wenn die Politik sich hier soweit wie möglich mit Eingriffen zurückhielte, zumal ein negativer politischer Einfluss etwa chinesischer Unternehmen bislang nicht nachgewiesen wurde. In jedem Fall ist es im Außenwirtschaftsrecht in besonderem Maße erforderlich die aktuelle Entwicklung zu verfolgen.

8 Public M&A und kapitalmarktrechtliche Regulierungen

In diesem Kapitel sollen kapitalmarkrechtliche Implikationen bei Unternehmenstransaktionen dargestellt werden. Dabei geht es zum einen und vor allem um die besonderen Regularien, wenn die Zielgesellschaft börsennotiert ist, zum anderen um besondere Regelungen, die zu beachten sind, wenn Käufer und/oder Verkäufer börsennotiert sind. Dabei werden aber auch thematisch verwandte, nicht kapitalmarktrechtliche Regelungen mit dargestellt.

8.1 Das Wertpapiererwerbs- und Übernahmegesetz

Die Übernahme börsennotierter Gesellschaften ist umfassend reguliert und folgt ihren ganz eigenen Regeln. Im Mittelpunkt stehen das am 1.1.2002 in Kraft getretene Wertpapiererwerbs- und Übernahmegesetz (WpÜG) (*Securities Acquisition and Takeover Act*) und die auf Basis des WpÜG erlassenden Rechtsverordnungen wie vor allem die WpÜG-Angebotsverordnung (*Offer Ordinance*). Vor in Kraft treten des WpÜG gab es in Deutschland keine gesetzlichen Regelungen, sondern nur einen Übernahmekodex auf freiwilliger Basis (Übernahmekodex der Börsensachverständigenkommission).

A Ziele des Wertpapiererwerbs- und Übernahmegesetzes
Ziel des WpÜG ist ein **geordnetes Übernahmeverfahren** unter der Aufsicht der **Bundesanstalt für Finanzdienstleistungsaufsicht (BaFin)** (*German Federal Financial Supervisory Autority*) in dem die Interessen der Zielgesellschaft, der Aktionäre, des Bieters und des Kapitalmarkts in einen adäquaten Ausgleich gebracht werden (*Müller-Michaels* in Hölters, HdB Unternehmenskauf, Rd. 13.5). Die Grundsätze des WpÜG ergeben sich unmittelbar aus § 3 WpÜG:

- Gleichbehandlung der Aktionäre (innerhalb derselben Aktiengattungen) als grundlegendes Prinzip.
- Schaffung von genügend Zeit und ausreichenden Informationen für die Aktionäre.
- Verpflichtung von Aufsichtsrat und Vorstand der Zielgesellschaft auf die Interessen der Zielgesellschaft.
- Verpflichtung von Bieter und Zielgesellschaft auf ein rasches Verfahren und Verhinderung einer längerfristigen Behinderung der Zielgesellschaft.
- Verhinderung von Marktverzerrungen.

B Anwendungsbereich des Wertpapiererwerbs- und Übernahmegesetzes

Der **sachliche Anwendungsbereich** des WpÜG ist eröffnet, wenn es um öffentliche Kauf- oder Tauschangebote zum Erwerb von **Wertpapieren** geht, die zum Handel an einem **organisierten Markt** zugelassen sind (§§ 1 I, 2 I WpÜG). Organisierter Markt bezieht sich insb. auf die inländischen Börsen (§ 2 VII WpÜG), wobei die im Freiverkehr gehandelten Wertpapiere nicht erfasst werden, d.h. die in den Börsensegmenten *Open Market* und *Entry Standard* an der Frankfurter Wertpapierbörse gehandelten Wertpapiere fallen nicht in den Anwendungsbereich des WpÜG (vgl. *Angerer* in Angerer/ Geibel/Süßmann, WpÜG, § 1 Rd. 65).

Der **persönliche Anwendungsbereich** ist eröffnet, wenn es sich bei der **Zielgesellschaft** um eine Aktiengesellschaft (**AG**) oder Kommanditgesellschaft auf Aktien (**KGaA**) mit Sitz im Inland (§ 2 III Nr. 1 WpÜG) oder Gesellschaften mit Sitz in einem anderen Staat des Europäischen Wirtschaftsraums (EWR) handelt (§ 2 III Nr. 2 WpÜG). Die Europäische Aktiengesellschaft (**SE**) ist der AG gleichzustellen und fällt daher ebenfalls unter den persönlichen Anwendungsbereich des WpÜG (Art. 10 VO (EG) Nr. 2157/2001 des Rates v. 8.10.2001; vgl. *Strehle* in Meyer-Sparenberg/ Jäckle, M&A, § 56 Rd. 16).

C Angebotsarten und Kontrollbegriff

Im Zentrum des WpÜG steht das öffentliche Angebot zum Erwerb von Wertpapieren. Dabei unterscheidet das WpÜG drei Arten von Angeboten:

1. **Einfaches öffentliches Erwerbsangebot** (*ordinary takeover bid/tender offer*): Dieses ist ein öffentliches Angebot, welches *nicht* auf den Erwerb der Kontrolle gerichtet ist (vgl. §§ 10 ff. WpÜG). Die Kontrolle beginnt bei 30% der Stimmrechte der Zielgesellschaft.
2. **(Freiwilliges) Übernahmeangebot** (*voluntary takeover bid*): Übernahmeangebote sind dadurch charakterisiert, dass sie objektiv auf den **Erwerb**

der Kontrolle der Zielgesellschaft, also auf den Erwerb von **30% oder mehr der Stimmrechte** der Zielgesellschaft **gerichtet** ist (§ 29 WpÜG).

3. **Pflichtangebote** (*mandatory takeover bid*): Erwirbt ein Investor die **Kontrolle**, d. h. **30%** oder mehr der Stimmrechte der Zielgesellschaft, dann ist er zur Abgabe eines **Pflichtangebots** verpflichtet (§ 35 WpÜG). Hierdurch soll den verbliebenden Aktionären der Zielgesellschaft, die ja bei einer anderen Aktionärsstruktur investiert haben, ein Exit aus der Beteiligung zu angemessenen Bedingungen ermöglicht werden. Kein Pflichtangebot ist notwendig, wenn die Kontrolle über die Gesellschaft durch ein Übernahmeangebot erlangt wurde (§ 35 III WpÜG).

Dreh- und Angelpunkt des WpÜG ist somit der Begriff der **Kontrolle**: Kontrolle liegt vor, wenn der Bieter **30% der Stimmrechte der Zielgesellschaft** hält oder ihm zumindest 30% der Stimmrechte zugerechnet werden (§ 29 II WpÜG). Diese wichtige 30%-Grenze im WpÜG geht darauf zurück, dass vor dem Hintergrund der üblichen HV-Präsenzen ab 30% der Stimmrechte regelmäßig die einfache Mehrheit der auf der HV anwesenden Stimmen erreicht sein dürfte; außerdem verwenden viele andere Jurisdiktionen (wie z. B. UK und Frankreich) ebenfalls eine 30%-Grenze (vgl. *Süßmann* in Angerer/Geibel/Süßmann, WpÜG, § 29 Rd. 17 m. w. N.).

§ 30 I WpÜG enthält eine Liste mit Tatbeständen, die eine **Zurechnung von Stimmrechten** begründen, die in der Praxis eine bedeutende Rolle spielen und vereinzelt sogar zu einem unbeabsichtigten Erreichen der Kontrolle i. S. d. WpÜG führen können. Ebenso bedeutend wie gefährlich ist der Tatbestand des § 30 II WpÜG, der eine Stimmrechtszurechnung bei abgestimmtem Verhalten (*acting in concert*) enthält.

D Due Diligence bei Übernahmen

Soweit es sich um eine freundliche Übernahme handelt, d. h. eine Übernahme die mit Zustimmung des Managements der Zielgesellschaft erfolgt, wird der Bieter versuchen, über die bereits öffentlich zugänglichen Informationen zur Zielgesellschaft (die Datenbasis ist insofern bei börsennotierten Gesellschaften deutlich umfassender als bei nicht-börsennotierten Gesellschaften) hinaus eine *Due Diligence* durchzuführen. Es mag überraschen, dass auch in einer Übernahmesituation eine *Due Diligence* grds. möglich und im Falle einer freundlichen Übernahme auch üblich ist, jedoch sind hier über die oben bereits dargestellte Vertraulichkeitsproblematik hinaus (▶ Teil II 2) besonders strenge rechtliche Grenzen zu beachten, insb. muss sichergestellt werden, dass es nicht zu einem strafbaren Insiderhandel kommt:

- Der Vorstand hat im Rahmen seiner **unternehmerischen Entscheidungsbefugnis** (BJR, § 93 I S. 2 AktG) das Geheimhaltungsinteresse der Gesellschaft gegenüber dem Interesse der Gesellschaft an einer Übernahme durch den Bieter abzuwägen und auf dieser Basis zu entscheiden, ob und in welchem Umfang er eine *Due Diligence* zulässt. Eine Verpflichtung zur Zulassung einer *Due Diligence* besteht nicht, wohl selbst dann nicht, wenn bereits einem anderen Bieter eine *Due Diligence* gewährt wurde, allerdings werden in einer solchen Konstellation sicher hohe Anforderungen an die Begründung des unterschiedlichen Verhaltens gestellt werden (vgl. hierzu *Strehle* in Meyer-Sparenberg/Jäckle, M&A, § 58 Rd. 47 m. w. N.).
- Wie stets ist auch bei einer *Due Diligence* im Vorfeld einer geplanten Übernahme diese nur auf Basis einer umfassenden **Vertraulichkeitsvereinbarung** (*Confidentiality Agreement*) zulässig (▶ Teil II 2.2).
- Um die Ernsthaftigkeit des Interesses des Bieters zu dokumentieren ist eine *Due Diligence* erst nach Abschluss eines *Letter of Intent* (LoI, ▶ Teil II 1) oder einer vergleichbaren Vereinbarung oder Erklärung zulässig.
- Insbesondere wenn der Bieter ein Stratege sein sollte, ist eine **gestuftes Verfahren** der *Due Diligence* besonders zu empfehlen, d. h. besonders sensible Daten wie Preisgestaltungen mit Lieferanten und Abnehmern dürfen, wenn überhaupt, dann erst zu einem sehr fortgeschrittenen Zeitpunkt der Transaktion offengelegt werden, ggf. auch dann nur gegenüber sog. *Clean Teams* (▶ Teil II 2.3).
- Was den drohenden strafbaren **Insiderhandel** anbelangt (Art. 8, 14 MMVO i.V.m. § 119 III WpHG), ist dies vor allem eine Frage der **Kausalität** zwischen der Erlangung von Insiderinformationen und der Nutzung der Insiderinformation für den Erwerb oder die Veräußerung von Wertpapieren (vgl. *Hilgendorf/Kusche*, in Park, Kapitalmarktstrafrecht, Art. 14 MMVO Rd. 24, 38 m. w. N.). Dabei sind verschiedene Fallgruppen zu unterscheiden (vgl. *Wirbel* in Meyer-Sparenberg/Jäckle, M&A, § 57 Rd. 4 ff.):
  - Erlangt der Bieter im Rahmen der *Due Diligence* eine Insidertatsache, die eine **negative Auswirkung auf den Börsenkurs** der Zielgesellschaft hätte, dann müsste die Kausalität verneint werden. Nimmt der Bieter aufgrund der negativen Information Abstand von einem Angebot, fehlt es bereits an einem Erwerbs- oder Veräußerungstatbestand (es sei denn der Bieter veräußert nun bereits erworbene Wertpapiere).
  - Erlangt der Bieter im Rahmen der *Due Diligence* eine Insidertatsache, die eine **positive Auswirkung auf den Börsenkurs** der Zielgesellschaft hätte, dann wird die Kausalität teilweise verneint, wenn der Erwerb ohnehin fest geplant war und auf Basis eines Master-Plans handelt (str., vgl. *Wirbel* in Meyer-Sparenberg/Jäckle, M&A, § 57 Rd. 5

m. w. N.). Überzeugender dürfte es hier sein, eine vorherige Ad-hoc-Mitteilung zu verlangen (so BaFin, Emittentenleitfaden, III.2.2.1.4.3), d. h. das Übernahmeangebot erst nach einer entsprechenden Ad-hoc Mitteilung abzugeben (jedenfalls sollte einem Bieter zu diesem Verfahren geraten werden).

E Verfahren bei öffentlichen Angeboten

Das **Verfahren** für das einfache öffentliche Angebot ist in Abschnitt 3 (§§ 10 bis 28 WpÜG), das Verfahren für auf den Kontrollerwerb ausgerichtete Übernahmeangebote in Abschnitt 4 (§§ 29 bis 34 WpÜG, mit subsidiärem Verweis auf den Abschnitt 3, vgl. § 34 WpÜG) und das Verfahren für Pflichtangebote in Abschnitt 4 (§§ 35 bis 39 WpÜG mit detailliertem Verweis auf Teile von Abschnitt 3 und 4, vgl. § 39 WpÜG) geregelt. Zu den jeweiligen Verfahren nachfolgend ein Überblick (zu den Details vgl. z. B. *Horcher* in Holzapfel/Pöllath, Unternehmenskäufe, Rd. 1877, oder *Wirbel* in Meyer-Sparenberg/Jäckle, M&A, § 57):

1. Verfahren für das **einfache öffentliche Angebot**
   a) Der Bieter hat seine Entscheidung zur Abgabe eines Angebots unverzüglich im Internet und über ein elektronisches Informationsverbreitungssystem zu veröffentlichen (§ 10 I S. 1, III WpÜG), nachdem er zuvor die Geschäftsführungen der betroffenen Börsen und die BaFin informiert hat (§ 10 II S. 1 WpÜG).
   b) Vier Wochen nach der Veröffentlichung der Entscheidung hat der Bieter eine Angebotsunterlage (*offer document*, § 11 WpÜG) zu erstellen und der BaFin zu übersenden (§ 14 I WpÜG). Nach der Gestattung durch die BaFin (oder nach Ablauf von zehn Werktagen ohne Untersagung durch die BaFin) ist die Angebotsunterlage unverzüglich im Internet und im Bundesanzeiger zu veröffentlichen (§ 14 II, III WpÜG). Sind wesentliche Angaben in der Angebotsunterlage unrichtig oder unvollständig, hat derjenige, der das Angebot angenommen hat, einen Schadensersatzanspruch aus § 12 WpÜG.
   c) Die angebotene Gegenleistung kann in Geld oder in Aktien bestehen. Der Bieter muss in beiden Fällen sicherstellen, dass die erforderlichen Mittel zur Verfügung stehen, dabei muss er von einer 100%igen Annahmequote ausgehen (§ 13 I S. 1 WpÜG). Soweit die Gegenleistung in Geld erfolgt, hat ein unabhängiges Wertpapierdienstleistungsunternehmen schriftlich zu bestätigen, dass der Bieter über die notwendigen Mittel verfügt (Finanzierungsbestätigung, § 13 I S. 2 WpÜG).
   d) Die Frist für die Annahme beträgt mind. vier und grds. höchstens zehn Wochen (Annahmefrist, § 16 I S. 1 WpÜG).

e) Das Angebot darf Bedingungen enthalten, wenn diese nicht ausschließlich vom Bieter selbst herbeigeführt werden können (§ 18 I WpÜG). Übliche Bedingungen sind z. B. Mindestannahmeschwellen (vgl. § 16 II S. 2 WpÜG) oder der Nicht-Eintritt eines *Material Adverse Change* (z. B. in Form einer *Target-* oder Market-MAC, vgl. *Horcher* in Holzapfel/Pöllath, Unternehmenskauf, Rd. 1895).

f) Der Bieter kann bis einen Werktag vor Ablauf der Angebotsfrist das Angebot erhöhen oder sonst verbessern (aber nicht herabsetzen) (§ 21 WpÜG).

g) Im Falle von konkurrierenden Angeboten kann es zu einer Verlängerung der Angebotsfrist kommen (§ 22 WpÜG).

h) Der Bieter ist zur fortlaufenden Veröffentlichung über die aktuelle Zahl der von ihm direkt oder indirekt gehaltenen Aktien und Stimmrechte verpflichtet (Wasserstandsmeldungen, § 23 I WpÜG).

i) Vorstand und Aufsichtsrat der Zielgesellschaft haben unverzüglich nach Erhalt der Angebotsunterlage eine begründete Stellungnahme zu dem Angebot abzugeben (§ 27 WpÜG).

2. Verfahren für **auf den Kontrollerwerb ausgerichtete Übernahmeangebote**

Soweit ein Angebot objektiv auf den Erwerb der Kontrolle, d. h. von mind. 30% der Stimmrechte der Zielgesellschaft ausgerichtet ist (§§ 29, 30 WpÜG), handelt es sich um ein Übernahmeangebot für die §§ 29 ff. WpÜG Sonderregeln enthalten, im Übrigen gelten aber die soeben dargestellten Bestimmungen für einfache öffentliche Angebote (§ 34 WpÜG). Folgende Sonderregeln sind zu beachten:

a) Der Bieter muss bei einem Übernahmeangebot den Aktionären eine angemessene Gegenleistung anbieten (§ 31 I S. 1 WpÜG). Bei der Bestimmung der Angemessenheit der Gegenleistung sind die Vorerwerbe und der Börsenkurs zu berücksichtigen (§ 31 I S. 2 WpÜG). Diese Vorgaben werden durch §§ 4, 5 WpÜG-Angebots-VO weiter konkretisiert: So ist mind. der höchste von dem Bieter in den letzten sechs Monaten vor der Veröffentlichung gezahlte Preis als Gegenleistung anzusetzen (§ 4 WpÜG-AngebotsVO) und auch der gewichtete durchschnittliche inländische Börsenkurs während der letzten drei Monate vor der Veröffentlichung darf nicht unterschritten werden (§ 5 I WpÜG-AngebotsVO). – Erwirbt der Bieter während der Angebotsphase Aktien zu einem höheren Preis als dem im Angebot genannten Preis, dann erhöht sich der Angebotspreis entsprechend (*cold increase*, § 31 IV WpÜG); diese Regelung wird in der Praxis gerne gezielt eingesetzt um ohne förmliche Änderung des Angebots den Angebotspreis zu erhöhen (vgl. *Horcher* in Holzapfel/Pöllath, Unternehmenskäufe, Rd.

1916). Selbst Erwerbungen von Aktien nach Bekanntgabe des Ergebnisses des Übernahmeangebots können für die Dauer von einem Jahr noch zu Erhöhungen der Gegenleistung führen (vgl. § 31 V WpÜG).

b) Ein Übernahmeangebot, das sich nur auf einen Teil der Aktien bezieht, ist unzulässig (§ 32 WpÜG).

c) Ist das Übernahmeangebot erfolgreich, d.h. es wird die Kontrolle erlangt, dann verlängert sich die Annahmefrist um zwei Wochen (weitere Annahmefrist, § 16 II S.1 WpÜG), vorausgesetzt eine etwaige Mindestannahmeschwelle wurde erreicht (§ 16 II S.2 WpÜG). Diese weitere Annahmefrist, die auch als Zaunkönigregelung bekannt ist, ist eine Kompensation für die mangelnden Abstimmungsmöglichkeiten der Aktionäre (*Prisoner's Dilemma*-Konstellation, vgl. *Noak/Zetsche* in Schwark/Zimmer, Kapitalmarktrecht, § 16 Rd. 14). – Wenn der Bieter nach Ablauf der Annahmefrist mind. 95% der stimmberechtigten Aktien hält (und damit einen übernahmerechtlichen *squeeze-out* beantragen könnte), dann dürfen die verbliebenden Aktionäre für die Dauer von drei Monaten von dem Bieter die Übernahme der Aktien zu der in dem Angebot enthaltenen Gegenleistung verlangen (Andienungsrecht, § 39c WpÜG i.V.m. § 39a WpÜG).

d) Dem Vorstand ist es grds. untersagt, Handlungen vorzunehmen, durch die der Erfolg des Angebots verhindert wird (grds. keine Verteidigungshandlungen, § 33 I S.1 WpÜG, Details s. u.).

e) Es sollte sich von selbst verstehen, dass der Bieter den Mitgliedern von Vorstand und Aufsichtsrat keine ungerechtfertigten Vorteile gewähren darf (§ 34d WpÜG).

3. Verfahren für **Pflichtangebote**

Erlangt ein Aktionär direkt oder indirekt mind. 30% der Stimmrechte der Zielgesellschaft, verfügt er über die Kontrolle i.S.d. WpÜG über die Zielgesellschaft (§§ 29, 30 WpÜG) und muss daher ein Pflichtangebot gem. §§ 35 ff. WpÜG abgeben. Wird die Kontrolle aufgrund eines Übernahmeangebots erlangt, ersetzt das Übernahmeangebot das Pflichtangebot (§ 35 III WpÜG).

Praxishinweis: Vor Erlangung der Kontrolle sollte besser ein Übernahmeangebot gemacht werden, um dem gesetzlichen Zwang eines Pflichtangebots und der drohenden gesetzlichen Sanktion des § 59 WpÜG zu entgehen (vgl. *Horcher* in Holzapfel/Pöllath, Unternehmenskauf, Rd. 1909).

Für das Verfahren gelten grds. die vorstehenden Ausführungen (vgl. § 34 WpÜG) mit folgenden Besonderheiten:

a) Wer die Kontrolle erworben hat, muss dies unverzüglich, spätestens innerhalb von sieben Kalendertagen veröffentlichen (§ 35 I WpÜG).

b) Innerhalb von vier Wochen nach der Veröffentlichung der Erlangung der Kontrolle über eine Zielgesellschaft muss der Bieter der BaFin eine Angebotsunterlage übermitteln und ein Angebot veröffentlichen (§ 35 II WpÜG). In Ausnahmekonstellation kann die BaFin Befreiung von dieser Verpflichtung erteilen (§ 37 WpHG).

F Grenzen der Verteidigungsstrategien der Zielgesellschaft

Bei der wichtigen Frage der Zulässigkeit von Abwehrmaßnahmen der börsennotierten Zielgesellschaft ist zwischen dem Zeitraum vor und dem Zeitraum nach der Veröffentlichung der Entscheidung zur Abgabe eines Übernahmenangebots zu unterscheiden. Dabei besteht zu jedem Zeitpunkt die allgemeine aktienrechtliche Verpflichtung des Vorstands und des Aufsichtsrats zur Treue gegenüber der Gesellschaft und den Aktionären (**Treuepflicht**) und damit im **Interesse der Gesellschaft** zu handeln (vgl. *Strehle* in Meyer-Sparenberg/Jäckle, M&A, § 58 Rd. 73). Maßgebliche Vorschrift im Übernahmerecht ist **§ 33 WpÜG**.

FA Vorratsbeschlüsse vor einem Übernahmeangebot

Vor der Veröffentlichung der Entscheidung des Bieters zur Abgabe eines Übernahmeangebots darf die Hauptversammlung den Vorstand unter bestimmten Voraussetzungen zu Abwehrmaßnahmen, die ansonsten in die originäre Zuständigkeit der Hauptversammlung fallen würden, ermächtigen (§ 33 II WpÜG, sog. Vorratsbeschlüsse). Derartige Vorratsbeschlüsse sind nur in den engen Grenzen des § 33 II WpÜG zulässig (die stark an ähnliche Ermächtigungen wie etwa die Schaffung genehmigten Kapitals erinnern):

- Der Vorratsbeschluss der HV bedarf mind. einer Mehrheit von 75% des bei der Beschlussfassung vertretenen Kapitals (§ 33 II S. 3 WpÜG).
- Die Ermächtigung darf nur für maximal 18 Monate erteilt werden (§ 33 II S. 2 WpÜG).
- Von der Ermächtigung darf nur mit Zustimmung des Aufsichtsrats Gebrauch gemacht werden (§ 33 II S. 4 WpÜG).

Praxishinweis: Derarartigen Vorratsbeschlüssen kommt in der Praxis nur geringe Bedeutung zu, da diese kaum im Interesse der Aktionäre liegen dürften und zudem an strenge Voraussetzungen geknüpft sind.

FB Verhinderungsverbot während eines Übernahmeangebots

Die Regelungen für Abwehrstrategien nach Veröffentlichung der Entscheidung zur Abgabe eines Angebots durch den Bieter sind ebenfalls außerordentlich restriktiv. Der Vorstand der Zielgesellschaft darf keine Handlungen vornehmen, durch die der Erfolg des Angebots verhindert werden könnte (**Verhinderungsverbot,** § 33 I S. 2 WpÜG): Eine derartige Verhinderung ist anzunehmen, wenn diese im konkreten Fall objektiv geeignet ist, den Erfolg des Übernahmeangebots zu verhindern, d. h. es kommt nicht auf die subjektive Zielsetzung des Vorstands noch auf den tatsächlichen Erfolg der Abwehrmaßnahme an (*Strehle* in Meyer-Sparenberg/Jäckle, M&A, § 58 Rd. 64).

FC Ausnahmen vom Verhinderungsverbot während eines Übernahmeangebots

Ausgenommen von diesem Verbot sind die drei Arten von Verteidigungsmaßnahmen (§ 33 I S. 2 WpÜG), die oben bereits angesprochen wurden:

- Zulässig sind Abwehrmaßnahmen, die auch ein ordentlicher und gewissenhafter Geschäftsleiter einer Gesellschaft, die nicht Ziel eines Übernahmeangebots ist, vorgenommen hätte (§ 33 I S. 2 Alt.1 WpÜG, hypothetischer Drittvergleich, *arm's length*). Bei außergewöhnlichen Maßnahmen, die bereits vor der Veröffentlichung des Übernahmeangebots beschlossen wurden, kommt es darauf an, ob diese Maßnahmen auch unter den Bedingungen des (möglicherweise erfolgreichen) Übernahmeangebots, noch im Interesse der Gesellschaft sind.
- Zulässig ist die Suche nach einem alternativen Angebot (§ 33 I S. 2 Alt.2 WpÜG, sog. *White Knight Defense*). Die Logik hinter dieser Regelung ist, dass ein alternatives Angebot eine zusätzliche und vermutlich bessere Option für die Aktionäre schafft.

> **Praxishinweis:** Der mit der Suche nach einem alternativen Bieter und den Prüfungsaufwand des neuen Bieters verbundene Zeitaufwand führt dazu, dass diese Abwehrmaßnahme selten erfolgreich ist (*Strehle* in Meyer-Sparenberg/Jäckle, M&A, § 58 Rd. 64). Erfolgreich war diese Strategie aber z. B. im Fall der Übernahme von Schering durch Bayer zur Abwehr eines Übernahmeangebots von Merck in 2008 (*Risse/Kästle*, M&A, S. 204).

- Zulässig sind Handlungen, die mit Zustimmung des Aufsichtsrats erfolgen (§ 33 I S. 2 Alt.1 WpÜG). Bei dieser Entscheidung gilt für den Aufsichtsrat nicht der Maßstab des Drittvergleichs (*Strehle* in Meyer-Sparenberg/Jäckle, M&A, § 58 Rd. 68), wohl muss der Aufsichtsrat aber im Interesse der Zielgesellschaft handeln (§ 3 III WpÜG).

FD Anwendung strengerer europäischer Regelungen

Theoretisch könnte die Satzung der Zielgesellschaft bestimmen, dass strengere europäische Regelungen zur Anwendung gelangen:

- Die Satzung der Zielgesellschaft kann vorsehen, dass das im Vergleich zu den deutschen Bestimmungen strengere europäische Verhinderungsverbot zur Anwendung gelangt (§ 33a I WpÜG, der auf die Bestimmungen in § 33a II WpÜG verweist).
- Die Satzung der Zielgesellschaft kann des Weiteren vorsehen, dass bestimmte Regelungen wie Übertragungsbeschränkungen und Stimmbindungsverträge nach Veröffentlichung einer Angebotsunterlage nicht mehr gelten (europäische Durchbrechungsregel, § 33b I WpÜG, der auf die Bestimmungen in § 33b II WpÜG verweist).

Flankiert werden beide vorstehend geannnten Regelungen durch die Möglichkeit eines Reziprozitätsvorbehalts in der Satzung (§ 33c WpÜG).

Praxishinweis: Diese Optionsmöglichkeiten sind bislang ohne praktische Relevanz geblieben (*Strehle* in Meyer-Sparenberg/Jäckle, M&A, § 58 Rd. 74 f.).

FE International bekannte Abwehrhmaßnahmen

In der nachfolgenden Übersicht sind die bekanntesten vor allem aus den USA stammenden Abwehrstrategien gegen feindliche Übernahmen zusammengestellt (vgl. die Zusammenstellung auf https://corporatefinanceinsti tute.com/resources/knowledge/deals/pre-offer-defense-mechanism/). Die Abwehrmaßnahmen lassen sich in solche vor und solche nach dem Übernahmeangebot unterscheiden. Für ihre Zulässigkeit nach deutschem Recht gelten die oben beschriebenen, recht restriktiven Maßstäbe, d. h. die meisten Abwehrmaßnahmen wären nach deutschem Recht unzulässig oder jedenfalls rechtlich problematisch. Die Darstellung verfolgt vor allem das Ziel der Leserin und dem Leser diese bekannten Begriffe zu vermitteln (▶ Tab. 6).

Tab. 6: Meldevoraussetzungen für die europäische Fusionskontrolle

Abwehrstrategie	Grundgedanke der Strategie
Crown Jewels Defense	Veräußerung besonders bedeutender Vermögenswerte (»Kronjuwelen«) der Zielgesellschaft an Dritte, um die Attraktivität der Zielgesellschaft signifikant zu senken.
Golden Parachute Defense	Zusicherung einer Abfindung gegenüber Managern im Fall der (feindlichen) Übernahme.
Greenmail Defense	Rückkauf eigener Aktien vom Bieter gegen erhebliches Premium. Der Begriff ist eine Kombination von blackmail (Erpressung) und greenbacks (Dollarnote).
Pac Man Defense	Zielgesellschaft versucht ihrerseits die Kontrolle über den Bieter zu erlangen. Begriff geht auf ein Videospiel der 80er Jahre zurück (Risse/Kästle, M&A, S. 89).
Poisen Pill Defense	Sammelbegriff für verschiedene Abwehrmaßnahmen, insb. die Ermächtigung des Vorstands zur Ausgabe von vergünstigten Aktien an Aktionäre mit einer Beteiligung unterhalb eines bestimmten Schwellenwerts (Risse/Kästle, M&A, S. 141).
White Knight Defense	Abwehr durch die Suche eines neuen Bieters (zulässig gem. § 33 I S. 2 Alt. 2 WpÜG).

FF Rechtsfolgen bei unzulässigen Abwehrmaßnahmen

Hinsichtlich der Rechtsfolgen von unzulässigen Abwehrmaßnahmen ist zunächst festzuhalten, dass die ergriffenen Maßnahmen trotz Verstoßes gegen § 33 WpÜG wirksam sind, solange kein kollusives Zusammenwirken zwischen Vorstand und Bieter vorliegt (*Brandi* in Angerer/Geibel/Süßmann WpÜG, § 33 Rd. 93). In Betracht kommen zunächst **Bußgelder** (§ 60 I Nr. 8 WpÜG), spannender ist aber die Frage nach der zivilrechtlichen Haftung der handelnden Organe: Denkbar ist insofern ein **Innenhaftungsanspruch der AG** aus § 93 I AktG nach den allgemeinen Regeln (wobei hier der *Business Judgement Rule*, § 93 I S. 2 AktG, eine besondere Bedeutung zukommen dürfte). Ansprüche der Aktionäre oder des Bieters gegenüber den Organen dürften dagegen ausscheiden, da § 33 I S. 1 WpÜG kein Schutzgesetz i. S. v. § 823 II BGB ist (*Strehle* in Meyer-Sparenberg/Jäckle, M&A, § 58 Rd. 76). Allerdings sind **Unterlassungsansprüche der Aktionäre** (zu denen auch der Bieter zählen kann) im Rahmen des einstweiligen Rechtsschutzes vorstellbar (str., vgl. *Brandi* in Angerer/Geibel/Süßmann, WpÜG, § 33 Rd. 94 m. w. N.).

8.2   Der Squeeze-out

Um eine vollständige Integration der Zielgesellschaft in die Unternehmensgruppe des Erwerbers und insb. künftige Hauptversammlungsbeschlüsse zu
erleichtern, kann ein Mehrheitsaktionär, der mind. 95% (oder in einer Variante 90%) der Aktien der Zielgesellschaft hält, die verbliebenen Minder-
heitsaktionäre auch gegen deren Willen gegen Zahlung einer Abfindung
aus der Gesellschaft herausdrängen (**Squeeze-out**). Ein solcher *Squeeze-out*
erfolgt oft im Vorfeld eines angestrebten *Delistings* der Zielgesellschaft. Bei
der GmbH ist ein *Squeeze-out* nicht möglich (s. dazu unten die Praxishinweise 2 und 3). Der Gesetzgeber hat drei alternative *Squeeze-out*-Verfahren
geschaffen, die in Tabelle 7 dargestellt werden (nicht eingegangen werden
soll hier auf die sog. Mehrheitseingliederung gem. § 320 AktG, die mit Einführung der §§ 327a ff. AktG endgültig an praktischer Bedeutung verloren
hat, Hüffer/*Koch*, AktG § 319 Rd. 2).

Tab. 7: Alternative Squeeze-out-Verfahren

	Aktienrechtlicher Squeeze-out	Übernahmerecht-licher Squeeze-out	Umwandlungs-rechtlicher Squeeze-out
Rechtsgrundlage	§§ 327a ff. AktG	§ 39a f. WpÜG	§ 62 V UmwG i.V. m. §§ 327a ff. AktG
Rechtsform der Zielgesellschaft	AG, KGaA, SE	AG, KGaA, SE	AG, KGaA, SE
Mindesthöhe der Beteiligung des Mehrheitsaktio-närs	Mindestens 95% des Grundkapitals	Mindestens 95% des stimmberech-tigten Grundkapi-tals (und 95% des Grundkapitals bez. Übertragung et-waiger stimm-rechtsloser Vor-zugsaktien)	AG muss Inhaberin von mind. 90% (!) des Stamm- oder Grundkapitals der übertragenden Ge-sellschaft sein (Konzernver-schmelzung)
Weitere Voraus-setzungen	Keine	Vorangegangenes Übernahme- oder Pflichtangebot; An-trag muss inner-halb von drei Mo-naten nach Ablauf der Annahmefrist gestellt werden	Hauptaktionär muss AG sein, auf welche die Zielge-sellschaft ver-schmolzen wird (Verschmelzung und Squeeze-out erfolgen dann zeit-gleich)

Praxishinweise: (1) Die Wahl der **passenden Variante** für den *Squeeze-out* hängt von vielen Faktoren ab und kann daher nicht pauschal beantwortet werden (vgl. hierzu *Link* in Meyer-Sparenberg/Jäckle, M&A, § 59 Rd. 39 ff.). Der aktienrechtliche *Squeeze-out* wird recht häufig gewählt, der umwandlungsrechtliche *Squeeze-out* wird gewählt, wenn der Hauptaktionär 90% des Grundkapitals hält, aber nicht die für die anderen *Squeeze-out*-Varianten notwendigen 95% erreicht. (2) Bei der **GmbH** ist ein *Squeeze-out* nicht möglich, allenfalls besteht hier die Möglichkeit der Einziehung von Geschäftsanteilen auf Basis einer Vereinbarung im Gesellschaftsvertrag (§ 34 GmbHG, bei der AG auf Basis des § 327 AktG möglich) oder der Ausschluss eines Gesellschafters aus wichtigem Grund (*Kleindiek* in Lutter/Hommelhoff, GmbHG, § 34 Rd. 109 ff.; dies dürfte auch bei einer personalistisch strukturierten AG ohne Grundlage in der Satzung möglich sein, vgl. *Scholz* in Hoffmann-Becking, HdB GesR IV, § 63 Rd. 56 ff.). (3) Soweit die spezifischen Voraussetzungen des umwandlungsrechtlichen *Squeeze-out* durch die Umwandlung des Hauptaktionärs in eine AG oder die Einfügung einer AG in die Konzernstruktur für Zwecke des *Squeeze-out* künstlich herbeigeführt wird, stellt sich die Frage des **Rechtsmissbrauchs** (§ 242 BGB). Die Problematik eines möglichen Rechtsmissbrauchs stellt sich auch dann, wenn die Zielgesellschaft zeitlich kurz vor dem *Squeeze-out* z. B. von der Rechtsform einer GmbH, bei der ein *Squeeze-out* nicht möglich ist, in eine AG umgewandelt wurde.

8.3 Kapitalmarktrechtliche und andere Publizitätspflichten

Mitteilungspflichten insb. börsennotierter Gesellschaften gewinnen immer mehr an Bedeutung. Im Kontext einer M&A-Transaktion können diese Verpflichtungen zur Veröffentlichung vor allem den **Käufer** und den **Verkäufer**, aber auch die **Zielgesellschaft** treffen. Nachfolgend sollen die Verpflichtung zur Bekanntgabe kursrelevanter Tatsachen (**Ad-hoc-Publizität**) und die Verpflichtung zu Stimmrechtsmitteilungen (**Beteiligungspublizität**) dargestellt werden, die inzwischen innerhalb der EU weitgehend einheitlich geregelt wurden (Vollharmonisierung, vgl. *Herfs* in Meyer-Sparenberg/Jäckle, M&A, § 21 Rd. 2 m. w. N.). Darüber hinaus werden aber auch Mitteilungspflichten, die unabhängig von Börsennotierungen sind, kurz dargestellt.

A Ad-hoc Publizität und Insiderproblematik

Geregelt ist die Ad-hoc-Publizität in Art. 17 Marktmissbrauchs-Verordnung (bis 2016 fanden sich die entsprechenden Regelungen im WpHG, die Anwendungsgrundsätze dürften sich hierdurch aber nicht verändert haben, vgl. *Herfs* in Meyer-Sparenberg/Jäckle, M&A, § 21 Rd. 8). Zweck der Ad-hoc-Publizität ist die Vermeidung von Insiderhandel (*insider trading*) und die Verhinderung der Irreführung von Anlegern durch Bekanntgabe kursrelevanter Informationen (vgl. Erwägungsgrund 49 der MMVO). Ad-hoc-Mitteilungen dürfen dabei nicht als Marketinginstrumente missbraucht werden (Art. 17 I S. 3 MMVO), wie dies etwa zu Zeiten des Neuen Marktes (einem Börsensegment der Deutschen Börse zuzeiten der sog. *New Economy*) recht verbreitet war.

Verpflichtet zur Ad-hoc-Publizität sind nur **Emittenten von Finanzinstrumenten**, die den Handel ihrer Finanzinstrumente an einem geregelten Markt beantragt haben (Art. 17 I MMVO). Erfasst wird auch der Handel im Freiverkehr der Frankfurter Wertpapierbörse (vgl. dazu § 48 BörsG), somit insb. der *Entry Standard*, wenn der Emittent die dortige Notierung selbst beantragt hat. Die Erfassung auch des Freiverkehrs ist keine Selbstverständlichkeit, da Gesellschaften deren Aktien im Freiverkehr gehandelt werden z. B. nicht als börsennotiert i. S. d. Aktienrechts gelten (vgl. § 3 II AktG).

Insiderinformationen sind konkrete, nicht öffentliche und den Emittenten unmittelbar betreffende Informationen, die im Falle ihrer Veröffentlichung geeignet wären, den Börsenkurs erheblich zu beeinflussen (Art. 7 I a MMVO, der von »präzisen« Informationen spricht). Bei einem **gestreckten Geschehensablauf** wie einem Unternehmenskauf kann bereits jeder Zwischenschritt eine konkrete Information i. S. d. MMVO darstellen (Art. 7 II, III MMVO, der die entsprechende Rechtsprechung des EuGH übernommen hat). Die Frage der **Kursrelevanz** ist dabei aus der ex-ante Perspektive eines verständigen Anlegers auf Basis der Umstände des Einzelfalls zu beurteilen (*Herfs* in Meyer-Sparenberg/Jäckle, M&A, § 21 Rd. 27).

Da eine frühzeitige Information über eine mögliche Transaktion Probleme auslösen kann, hat der Gesetzgeber in **Art. 17 IV MMVO** die Möglichkeit der **Selbstbefreiung** vorgesehen, der gerade bei M&A-Transaktionen eine erhebliche Bedeutung zukommt. Voraussetzung für die Selbstbefreiung sind gem. Art. 17 IV MMVO (kumulativ), dass

a) die unverzügliche Offenlegung geeignet ist, die berechtigten Interessen des Emittenten zu beeinträchtigen,

b) die Aufschiebung der Offenlegung nicht geeignet ist, die Öffentlichkeit irrezuführen, *und*

c) der Emittent die Geheimhaltung dieser Informationen sicherstellen kann.

Die Selbstbefreiung tritt nur ein, wenn der Emittent einen entsprechenden Beschluss fasst. Diesen kann nach Auffassung der *European Securities and Markets Authority* (ESMA) auch durch einen speziellen Ausschuss (Ad-hoc Ausschuss oder *Disclosure Committee*) gefasst werden (vgl. *Herfs* in Meyer-Sparenberg/Jäckle, M&A, § 21 Rd. 65 f.). Wurde die Selbstbefreiung beschlossen, dann muss der Emittent die Geheimhaltung sicherstellen und in elektronischer Form eine **Insiderliste** gem. Art. 18 MMVO führen. Fallen die Gründe für die Selbstbefreiung weg, ist die Veröffentlichung unverzüglich nachzuholen, wenn die entsprechenden Informationen zu diesem Zeitpunkt noch Insiderinformationen sind (daran dürfte es bei Zwischenschritten einer Transaktion meist fehlen, weil entweder der Abschluss der Transaktion bereits bekannt gemacht wurde oder die Transaktion nicht zum Abschluss gekommen ist – so oder so hat dann der Zwischenschritt keine Relevanz mehr). Des Weiteren ist die zuständige Behörde nachträglich über die erfolgte Selbstbefreiung zu informieren (Art. 17 IV MMVO i.V.m. § 7 WpAV).

Praxishinweis: Vor dem Hintergrund der Unklarheit über den Beginn der Ad-hoc Publizität sollte von der Möglichkeit der Selbstbefreiung zu einem möglichst frühen Zeitpunkt Gebrauch gemacht werden.

Verstöße gegen die Ad-hoc-Publizität können verschiedene **Rechtsfolgen** auslösen: Unterlässt ein Emittent die Veröffentlichung von Insiderinformationen kann der Emittent sich insb. gem. § 97 WpHG schadensersatzpflichtig machen (nach h. M. auf den Kursdifferenzschaden). Für die Vorstände kann es im Außenverhältnis zu einer persönlichen Haftung unter den engen Voraussetzungen des § 826 BGB kommen (aber nicht aus § 823 II BGB, da Art. 17 MMVO ebenso wie § 15 WpHG a. F. nicht als Schutzgesetz angesehen wird, vgl. Baumbach/Hopt/*Kumpan*, HGB, § 97 WpHG Rd. 8 m. w. N.). Daneben kommt eine Haftung der Vorstände im Innenverhältnis gegenüber der AG in Betracht (vgl. §§ 97 V, 98 V WpHG). Darüber hinaus enthält das WpHG umfassende Bußgeldtatbestände für Verstöße gegen die Veröffentlichungspflichten (§ 120 XV WpHG) sowie Regelungen zur Bekanntmachung von Verstößen (§ 125 WpHG). Auf die Strafbarkeit eines etwaigen Insiderhandels wurde bereits mehrfach hingewiesen (Art. 8, 14 MMVO i.V. m. § 119 III WpHG).

B Beteiligungspublizität

Für *börsennotierte* Gesellschaften finden sich Mitteilungspflichten für die Über- oder Unterschreitung bestimmter Beteiligungshöhen im Wertpapierhandelsgesetz (§§ 33 ff. WpHG n. F.), während für *nicht börsennotierte* Gesellschaften das Aktiengesetz Mitteilungspflichten enthält (§§ 20 ff. AktG), die aber nur zur Anwendung gelangen, soweit das WpHG nicht anwendbar ist (§§ 20 VIII, 21 V AktG i.V.m. § 33 IV WpHG).

- Das **Wertpapierhandelsgesetz** (*German Securities Trading Act*) knüpft die Mitteilungspflichten bei **börsennotierten** Gesellschaften an das Erreichen, Überschreiten oder Unterschreiten folgender Beteiligungsgrenzen: 3%, 5%, 10%, 15%, 20%, 25%, 30%, 50%, 75% (§ 33 I WpHG).
- Das **Aktiengesetz** knüpft die Mitteilungspflicht bei **nicht börsennotierten** inländischen AG an das Überschreiten oder Unterschreiten der 25%- und 50%-Beteiligungsgrenzen (§ 20 I, III-V AktG), was mit den beiden wichtigsten Mehrheitserfordernissen bei AG korrespondiert (vgl. insb. §§ 133, 179 II AktG). Entsprechende Mitteilungspflichten bestehen, wenn die Zielgesellschaft eine KGaA oder GmbH ist und es sich beim Erwerber oder Veräußerer um eine AG handelt (§ 21 AktG).

Die Mitteilungen haben in beiden Fällen **unverzüglich**, d. h. ohne schuldhaftes Zögern (§ 121 BGB) zu erfolgen, im Falle einer börsennotierten Gesellschaft spätestens innerhalb von vier Handelstagen (§ 33 I S. 1 WpHG). In beiden Fällen ist die Gesellschaft selbst und im Falle der börsennotierten Gesellschaft gleichzeitig die BaFin zu informieren.

Die betroffenen Gesellschaften wiederum haben die erhaltene Mitteilung zu **veröffentlichen**, im Falle der börsennotierten Gesellschaft auch die Bekanntmachung im Unternehmensregister (§ 40 WpHG) vorzunehmen und im Falle der nicht-börsennotierten AG die Bekanntmachung in den Gesellschaftsblättern (§ 20 VI AktG), also zumindest dem (elektronischen) Bundesanzeiger (§ 25 AktG) zu veranlassen.

Werden die Informationspflichten verletzt, kann der Erwerber seine Rechte aus den Aktien nicht geltend machen: Der Erwerber kann also in der Hauptversammlung sein **Stimmrecht** nicht ausüben und darf keine **Dividenden** beziehen.

C Mitteilungspflichten gegenüber Arbeitnehmern

Im Falle des Kontrollerwerbs hat die Geschäftsführung der Zielgesellschaft (unabhängig von der Frage der Börsennotierung) den **Wirtschaftsausschuss** der Gesellschaft über die Übernahme zu informieren (§ 106 II, III Nr. 9a BetrVG). Besteht kein Wirtschaftsausschuss ist an dessen Stelle der **Betriebsrat** entsprechend zu informieren (§ 109a BetrVG).

Auf die Informationspflichten im Falle eines (Teil-)Betriebsübergangs gem. § 613a V BGB wurde bereits hingewiesen (▶ Teil II 5.2.3.9). Diese Verpflichtung greift im Falle eines *Asset Deals* (nicht aber im Falle eines *Share Deals*).

9 Unternehmenskauf aus der Krise oder Insolvenz

Beim Kauf von Unternehmen in der Krise oder aus der Insolvenz bestehen nicht nur aus wirtschaftlichen, sondern auch aus rechtlichen Gründen eine Reihe wichtiger Besonderheiten wie insb. eine mögliche Insolvenzanfechtung (§§ 129 ff. InsO), Ab- und Aussonderungsrechte (§§ 47 ff. InsO), das Wahlrecht des Insolvenzverwalters bei beidseitig noch nicht vollständig erfüllten gegenseitigen Verträgen (§ 103 InsO) sowie die Frage der Vertretungsbefugnis (vgl. insb. §§ 80, 270 InsO). In der Praxis werden Unternehmenskäufe in der Krise oder Insolvenz unter dem Schlagwort **Distressed M&A** zusammengefasst. Im Bereich von *Distressed M&A* sind zwei Differenzierungen vorzunehmen:

- Zunächst ist danach zu unterscheiden, ob die Zielgesellschaft und/oder der Gesellschafter der Zielgesellschaft sich in der Krise respektive Insolvenz befindet.
- Des Weiteren spielt der Zeitpunkt der Transaktion eine entscheidende Rolle, d. h. es kommt darauf an, ob der Verkauf in der Krise, im vorläufigen Insolvenzverfahren oder nach Insolvenzeröffnung erfolgt.

In allen diesen Konstellationen spielt neben dem besonderen emotionalen Druck, der mit Beginn der Krise ohnehin auf der Verkäuferseite lastet, der Zeitdruck, der insb. durch die haftungsträchtige und strafbewehrte Pflicht zur unverzüglichen Stellung eines **Insolvenzantrags** ausgelöst wird, eine entscheidende Rolle (vgl. § 15a InsO, die vorübergehenden Corona-Sonderregeln in § 1 COVInsAG sollen hier ausgeklammert werden; vgl. außerdem *Schauerte* in Bauer/Düsterlho, Distressed M&A, S. 8). Dies alles führt dazu, dass meist wenig Zeit für eine geordnete *Due Diligence* verbleibt, obwohl diese gerade bei einer wirtschaftlichen Schieflage der Zielgesellschaft besonders wichtig wäre. Heute wird der Unternehmenskauf aus der Insolvenz verstärkt als Sanierungsinstrument eingesetzt, was durchaus auch im Sinne des Gesetzgebers ist (vgl. *Vorwerk* in Holzapfel/Pöllath, Unternehmenskauf, Rd. 2322 m. w. N.).

9.1 Unternehmenskauf in der Krise vor dem Insolvenzantrag

Sollte sich ausschließlich die **Zielgesellschaft in der Krise** befinden (und nicht, ggf. auch, der Verkäufer), dann gelten grds. die allgemeinen rechtlichen Rahmenbedingungen für Transaktionen, aber es ändert sich die Bewertung von Risiken (*Blech* in Meyer-Sparenberg/Jäckle, M&A, § 61 Rd. 5). Folgendes ist daher beim Erwerb einer Zielgesellschaft, die sich in der Krise befindet, zu beachten:

- Aus der Perspektive des **Verkäufers** besteht das besondere Problem, dass sämtliche Transaktionen zwischen dem Verkäufer und der Zielgesellschaft dem Risiko der **Insolvenzanfechtung** gem. §§ 129 ff. InsO unterliegen. Der Verkäufer muss damit rechnen, dass die Sanierung der Zielgesellschaft durch den Käufer scheitert und die dann erfolgende Insolvenz der Zielgesellschaft dazu führt, dass z. B. vor dem Verkauf zurückgeführte Gesellschafterdarlehen nun vom Insolvenzverwalter angefochten und somit zurückgeführt werden müssen (§§ 135 I, 143 I InsO). Dies kann z. B. bei den verbreiteten *Cash Pooling*-Systemen zu erheblichen Verpflichtungen des Verkäufers führen (*Blech* in Meyer-Sparenberg/Jäckle, M&A, § 61 Rd. 8; hier sind viele Fragen noch ungeklärt, vgl. *van Marwyk*, ZInsO 8/2015, S. 335 ff.). Dabei spielt es keine Rolle, dass der Verkäufer zum Zeitpunkt der Anfechtung kein Gesellschafter mehr ist. Da die Insolvenzanfechtung durch den Insolvenzverwalter erfolgt (§ 129 I InsO), kann der Käufer auch nicht wirksam auf die Geltendmachung der Insolvenzanfechtung verzichten.

- Aus der Perspektive des **Käufers** gewinnt die *Due Diligence* an Bedeutung. Des Weiteren wird der Käufer versuchen einen **Sanierungsbeitrag** der Gläubiger zu erhalten und die Wirksamkeit der Transaktion davon abhängig zu machen (*Blech* in Meyer-Sparenberg/Jäckle, M&A, § 61 Rd. 19). Bei einem *Asset Deal* besteht außerdem das (de facto erhöhte) Risiko einer gesetzlichen Haftung insb. aus § 75 AO, § 613a BGB, § 25 HGB, § 4 BBodSchG sowie ggf. aus Art. 107 f. AEUV i.V.m. § 48 VwVfG wg. der Rückforderung rechtswidriger Beihilfen, wenn der Kaufpreis nicht marktüblich war. Außerdem sollten bei der Übertragung einzelner Vermögenswerte mögliche Aussonderungsrechte und Absonderungsrechte Dritter im Fall der Insolvenz der Zielgesellschaft (§§ 47 ff. InsO) bedacht werden (dagegen gilt § 25 HGB beim Kauf aus der Insolvenz nicht, *Vorwerk* in Holzapfel/Pöllath, Unternehmenskauf, Rd. 2377).

Sollte sich der **Verkäufer in der Krise** befinden, hat vor allem der Käufer an Folgendes zu denken (vgl. hierzu insb. *Blech* in Meyer-Sparenberg/Jäckle, M&A, § 60 Rd. 23 ff.):

- Die **Werthaltigkeit der Garantien** und Freistellungen des Verkäufers sind fraglich und im Falle der späteren Insolvenz des Verkäufers wirtschaftlich praktisch wertlos.
- Ein besonderes Risiko beim Kauf eines Unternehmens von einem Verkäufer in der Krise besteht darin, dass es später doch noch zur Insolvenzeröffnung auf Ebene des Verkäufers kommen könnte, mit der Folge, dass es dann zur **Insolvenzanfechtung** gem. §§ 129 ff. InsO kommen kann. Dies gilt vor allem für den Unternehmenskaufvertrag selbst, da die Übertragung eines Unternehmens ein anfechtbares Rechtsgeschäft i. S. v. § 129 I InsO darstellt, wenn die weiteren Voraussetzungen eines Anfechtungstatbestandes vorliegen: In Betracht kommen insoweit insb. die kongruente Deckungsanfechtung (§ 130 I InsO), die inkongruente Deckungsanfechtung (§ 131 I InsO), die Vorsatzanfechtung (§ 133 I InsO) und bei fehlerhafter Berechnung des Kaufpreises unter Umständen auch die Anfechtung wegen Unentgeltlichkeit (§ 135 I InsO). Ficht der Insolvenzverwalter nach Insolvenzeröffnung auf Verkäuferebene eine Unternehmensübertragung erfolgreich an, dann sind die übertragenden Vermögenswerte zur Masse zurückzugewähren (§ 143 I InsO).

Praxishinweis: Vor dem Hintergrund dieser Anfechtungstatbestände sollte idealerweise die Kaufpreisfindung im Kaufvertrag klar dokumentiert und nach Möglichkeit durch eine beigefügte *Fairness Opinion* belegt werden (*Buchta* in Hölters, HdB Unternehmenskauf, Rd. 16.94).

- Eine etwaige spätere Insolvenz des Verkäufers ist des Weiteren mit dem Risiko des **Wahlrechts des Insolvenzverwalters** gem. § 103 InsO bei von beiden Seiten noch nicht erfülltem Kaufvertrag belastet (ggf. greift § 105 InsO).

Praxishinweis: Die tatbestandlichen Voraussetzungen dieses Wahlrechts des Insolvenzverwalters dürften wohl eher selten vorliegen.

- Es besteht außerdem de facto das erhöhte Risiko in der *Due Diligence* nicht erkannter **Sicherheitenbestellungen der Zielgesellschaft** zugunsten des Verkäufers.

Wegen der besonderen rechtlichen Risiken beim Erwerb eines Unternehmens vor Insolvenzeröffnung ist es empfehlenswert den Unternehmenskaufvertrag bereits vor der Insolvenzeröffnung zu verhandeln, aber erst nach Insolvenzeröffnung zu unterzeichnen (**Pre-packaged Deal**).

> **Paxishinweis:** Die *Pre-packaged Deal*-Struktur wird von der Praxis sehr häufig eingesetzt.

9.2 Unternehmenskauf nach Insolvenzantrag und vor Insolvenzeröffnung

Den Zeitraum zwischen Insolvenzantrag und Insolvenzeröffnung (oder Ablehnung der Insolvenzeröffnung mangels Masse gem. § 26 InsO) wird als das **Insolvenzeröffnungsverfahren** bezeichnet. In dieser Phase wird vom Insolvenzgericht ein vorläufiger Insolvenzverwalter eingesetzt, der entweder ein sog. »starker« vorläufiger Insolvenzverwalter ist, wenn er die gesetzlichen Befugnisse aus § 22 I InsO hat (was zwingend der Fall ist, wenn das Insolvenzgericht dem Schuldner die Verwaltungs- und Verfügungsbefugnis über sein Vermögen entzogen hat), oder ein sog. »schwacher« vorläufiger Insolvenzverwalter, wenn das Gericht die Pflichten des vorläufigen Insolvenzverwalters gem. § 22 II InsO bestimmt hat.

> **Praxishinweis:** Die Einsetzung eines »schwachen« vorläufigen Insolvenzverwalters ist in der Praxis der Regelfall.

Die Bestellung eines vorläufigen Insolvenzverwalters ist ein Sicherungsmittel (§ 21 InsO): Ein »schwacher« vorläufiger Insolvenzverwalter kann jede Verfügung des Schuldners dadurch verhindern, dass er seine Zustimmung verweigert. Der Unterschied zum »starken« vorläufigen Insolvenzverwalter besteht darin, dass der »starke« Insolvenzverwalter das Vertretungsorgan (also typischerweise den Geschäftsführer) aus der Stellung der Vertretungsperson verdrängt und die Wirkungen der Verfahrenseröffnung bereits in das Eröffnungsverfahren vorverlagert werden. Der »starke« vorläufige Insolvenzverwalter handelt daher selbst, während bei Einsetzung eines »schwachen« vorläufigen Insolvenzverwalters nach wie vor das bisherige Vertretungsorgan (also etwa der Geschäftsführer) mit dessen Zustimmung handelt. Ein »starker« Insolvenzverwalter kann daher auch Verbindlichkeiten begründen, die nach Insolvenzeröffnung als Masseverbindlichkeiten bindend sind (§ 55 II InsO, statt Insolvenzforderungen gem. § 38 InsO), d. h. ein Unternehmensverkauf durch den »starken« vorläufigen Insolvenzverwalter im Insolvenzeröffnungsverfahren wäre theoretisch denkbar (*Vorwerk* in Holzapfel/Pöllath, Unternehmenskauf, Rd. 2357 f.). Ein »schwacher« vorläufiger Insolvenziger vermag nur im Rahmen seiner besonderen Befugnisse Transaktionen abzuschließen (Uhlenbruck/*Sinz*, InsO, § 55, Rd. 93).

> **Praxishinweis:** Letztlich dürfte auch im vorläufigen Insolvenzverfahren das o. g. Konstrukt eines *Pre-packaged Deals* der probate Weg sein.

9.3 Unternehmenskauf nach Insolvenzeröffnung

Ist das Insolvenzverfahren bereits eröffnet, dann unterliegt der Unternehmenskauf unmittelbar den Regeln der Insolvenzordnung: Mit **Eröffnung des Insolvenzverfahrens** gehen die Befugnisse zur Verwaltung und zur Verfügung über das Schuldnervermögen auf den **Insolvenzverwalter** (*insolvency administrator*) über (§ 80 I InsO). Für besonders bedeutsame Handlungen wie einen Unternehmensverkauf sollte der Insolvenzverwalter die Zustimmung des Gläubigerausschusses und/oder der Gläubigerversammlung einholen (§ 160 InsO), um persönliche Haftungsrisiken zu vermeiden (vgl. § 60 I InsO). Vorsorglich wird der Insolvenzverwalter einen Unternehmensverkaufsvertrag nur unter der aufschiebenden Bedingung (§ 158 I BGB) der Zustimmung der Gläubigerversammlung unterzeichnen (auch oder gerade, weil die Unterzeichnung des Unternehmenskaufvertrags ansonsten im Außenverhältnis wirksam wäre, § 164 InsO).

Im Insolvenzverfahren bietet sich eine sog. **übertragende Sanierung** an: Hierbei handelt es sich um einen *Asset Deal* bei dem die wirtschaftliche Einheit vom überschuldeten und/oder zahlungsunfähigen Unternehmensträger getrennt wird und der Erlös den Insolvenzgläubigern zugutekommt (*Vorwerk* in Holzapfel/Pöllath, Unternehmenskauf, Rd. 2349 f.). Grundsätzlich gelten auch hier die allgemeinen Regeln für einen *Asset Deal* allerdings mit einigen Besonderheiten:

- Der Insolvenzverwalter sollte Wirtschaftsgüter, die einem **Aussonderungsrecht** (*right of separation*) eines Gläubigers unterliegen (§ 47 InsO), selbstverständlich vom *Asset Deal* ausnehmen.

- Bei Vermögenswerten, die einem **Absonderungsrecht** (*separate satisfaction*) eines Gläubigers unterliegen (§§ 49 bis 51 InsO), ist zunächst zu klären, bei wem das Verwertungsrecht liegt (vgl. § 166 InsO). In der Regel wird das Verwertungsrecht beim Insolvenzverwalter liegen, der vor einer Verwertung die absonderungsberechtigen Gläubiger zu informieren hat (§ 168 InsO). Soweit der Insolvenzverwalter keine Verwertungsbefugnis hat, wird er sich um eine entsprechende Vereinbarung mit den verwertungsbefugten Gläubigern bemühen (*Vorwerk* in Holzapfel/Pöllath, Unternehmenskauf, Rd. 2383).

- Vor dem Hintergrund der persönlichen Haftung des Insolvenzverwalters aus §§ 60, 61 InsO wird dieser i. d. R. auch zur Abgabe von **Garantien** kaum bereit sein und sich auf die Zusicherung seiner eigenen Vertretungsbefugnis beschränken (vgl. *Vorwerk* in Holzapfel/Pöllath, Unternehmenskauf, Rd. 2350 f.). Dies hat zumindest den Vorteil, dass die oft zeitraubenden Verhandlungen über Garantien entfallen.

- Hinsichtlich der mit der insolventen Gesellschaft bestehenden **Arbeitsverhältnisse** ist zu beachten, dass auch hier § 613a BGB gilt, d. h. Arbeitsverhältnisse würden bei einem *Asset Deal* (der regelmäßig als Betriebsübergang oder Teilbetriebsübergang zu qualifizieren sein wird) auf den Erwerber des Betriebs oder Teilbetriebs übergehen. Durch die gezielte Auswahl eines Betriebsteils kann z. B. die Übernahme von für die Fortführung des Betriebsteils nicht benötigten Personals vermieden werden (vgl. *Kortmann* NJW Spezial 2020, 533). Des Weiteren steht dem Insolvenzverwalter ein Sonderkündigungsrecht zu (§ 113 InsO) und die §§ 120 bis 128 InsO geben dem Insolvenzverwalter weitere Befugnisse bei arbeitsrechtlichen Verpflichtungen.

> **Praxishinweis:** Um den gesetzlichen Übergang von Arbeitsverhältnissen auf einen Erwerber zu vermeiden, werden häufig vor dem Betriebsübergang Arbeitsverhältnisse auf eine separate Gesellschaft überführt (z. B. eine **Beschäftigungs- und Qualifizierungsgesellschaft, BQG**). Der Erwerber kann sich anschließend die Arbeitnehmer »herauspicken«, denen er ein Angebot machen möchte (vgl. *Vorwerk* in Holzapfel/Pöllath, Unternehmenskauf, Rd. 2399 f.).

- Auch im Falle des Kaufs aus der Insolvenz gilt das **Kartellrecht** (▶ Teil II 7.1). Eine Besonderheit ist jedoch auf europäischer Ebene der *failing company defense* (*Vorwerk* in Holzapfel/Pöllath, Unternehmenskauf, Rd. 2402).

Denkbar ist auch die Einbettung der übertragenden Sanierung in einen Insolvenzplan (§§ 217 ff. InsO, dazu später), dann erfolgt die Transaktion in Form eines *Share Deals*. Dieser bedarf ggf. der Zustimmung des Insolvenzgerichts (§ 254 I InsO), was wiederum zu Verzögerungen führen kann (*Vorwerk* in Holzapfel/Pöllath, Unternehmenskauf, Rd. 2407).

9.4   Besondere Verfahrensarten

Der Gesetzgeber hat einige Verfahrensarten geschaffen, bei denen vor allem hinsichtlich der Verwaltungs- und Vertretungsbefugnis Besonderheiten im Vergleich zum Regelinsolvenzverfahren bestehen.

A *Eigenverwaltung*
Bei der Eigenverwaltung verbleit die **Verwaltungs- und Verfügungsbefugnis** bei dem **Geschäftsführungsorgan** der insolventen Gesellschaft, allerdings wird diese unter die Aufsicht eines Sachwalters gestellt (§§ 270 ff. InsO).

Soweit das Insolvenzgericht keinen Vorbehalt gem. § 277 InsO angeordnet hat, wäre die Geschäftsführung berechtigt, Unternehmenskaufverträge abzuschließen. Allerdings soll der Schuldner Geschäfte, die nicht zum gewöhnlichen Geschäftsbetrieb gehören nur mit **Zustimmung des Sachwalters** vornehmen (§ 275 I InsO). Außerdem soll der Schuldner bei Rechtshandlungen von besonderer Bedeutung die Zustimmung des Gläubigerausschusses einholen (§ 276 S. 1 InsO). Nicht notwendig sind dagegen etwaige Zustimmungen von Aufsichtsräten oder Gesellschafterversammlungen, die außerhalb eines Insolvenzverfahrens erforderlich wären (§ 276a InsO).

B *Schutzschirmverfahren*
Eine Variante der Eigenverwaltung ist das sog. Schutzschirmverfahren (§ 270b InsO). Ziel des Schutzschirmverfahrens ist die **Vorbereitung einer Unternehmenssanierung** auf Basis eines Insolvenzplans, nicht aber die Vermeidung eines Insolvenzverfahrens oder der Verkauf des Unternehmens (*Vorwerk* in Holzapfel/Pöllath, Unternehmenskauf, Rd. 2372, 2374). Der Schuldner, d. h. das eigenverwaltende Geschäftsführungsorgan, kann (wie im Regelverfahren der vorläufige Insolvenzverwalter) vom Insolvenzgericht ermächtigt werden, Masseverbindlichkeiten zu begründen (§ 270b III InsO).

9.5   Insolvenzplanverfahren

Von der Regelinsolvenz abweichende Regelungen ermöglicht das Insolvenzplanverfahren (§ 1 i.V.m. §§ 217 ff. InsO), welches auf dem Gedanken der privatautonomen Vereinbarung aller Beteiligten beruht. Wichtiger Teil eines Insolvenzplans ist meistens ein Schuldenschnitt.

9.6   Debt-Equity-Swap

Eine durchaus verbreitete Möglichkeit, einem Unternehmen in der Krise, aber auch im Rahmen eines Insolvenzplanverfahrens zu helfen, ist der sog. *Debt to Equity-Swap* bei welchem eine Forderung eines Gläubigers gegenüber dem Unternehmen in dieses gegen eine gesellschaftsrechtliche Beteiligung am Unternehmen eingebracht wird. Mit der Einbringung der Forderung erlischt die Forderung i.d.R. durch Konfusion, da nun Gläubiger und Schuldner der Forderung identisch sind. Alternativ kann der Gläubiger auch einfach auf die Forderung durch Erlassvertrag (§ 397 BGB) verzichten (Uhlenbruck/*Hirte*, InsO, § 225a Rd. 20). Bei entsprechender Werthaltigkeit der Forderung können die Anteile an der Gesellschaft im Wege der Sachkapitalerhöhung geschaffen werden (§ 183 AktG, § 56 GmbHG) oder (alternativ) können die Altgesellschafter im Wege des *Share Deals* dem Gläubiger als Gegenleistung für dessen Forderung Anteile an der Gesellschaft übertragen (allerdings mit dem Haftungsrisiko des übernehmenden Gesellschafters aus § 16 II GmbHG). Um die gewünschte Beteiligungshöhe des eintretenden Gesellschafters zu erreichen, wird in der Praxis häufig zuvor eine Kapitalherabsetzung (§§ 222 ff. AktG, § 58 GmbHG) durchgeführt (*Buchta* in Hölters, HdB Unternehmenskauf, Rd. 16.42a). Die Insolvenzordnung sieht in § 225a II vor, dass bei einem *Debt-Equity-Swap* im Rahmen eines Insolvenzplans zwar die Zustimmung des betroffenen Gläubigers notwendig ist (§ 225a II S. 2 InsO), nicht aber die Zustimmung aller Gesellschafter.

10   Besonderheiten bei Private Equity-Transaktionen

Wenn Finanzinvestoren (PE-Gesellschaften) als Käufer oder Verkäufer an Unternehmenstransaktionen beteiligt sind, ergeben sich Besonderheiten, von denen einige hier dargestellt werden sollen. Diese Besonderheiten resultieren zu einem wesentlichen Teil daraus, dass hier Fonds mit beschränkter Laufzeit Gelder von Investoren einsammeln und über eine mehrstufige

Holdingstruktur in Zielgesellschaften investieren und vor diesem Hintergrund von Anfang an einen Exit anstreben, der meist nach 3 bis 7 Jahren erfolgen soll (▶ Teil I 7.3).

10.1 Wenige Garantien von Finanzinvestoren

Obwohl PE-Investoren beim Erwerb von Gesellschaften selbst umfangreiche Garantien fordern, sind sie aufgrund ihrer Fondstruktur beim Verkauf von Gesellschaften kaum bereit, ihrerseits Garantien abzugeben, da sie die Gewinne aus dem Verkauf komplett an ihre Investoren abführen müssen und außerdem das durch fremde Manager geführte Unternehmen nur für eine beschränkte Dauer in ihrem Portfolio gehalten haben (*Jaques* in Ettinger/Jaques, Unternehmenskauf, E 33). So liegt der Höchstbetrag der Haftung bei Verkäufen von Finanzinvestoren häufig gerade einmal bei ca. 5% des Kaufpreises (*Meyer-Sparenberg* in Meyer-Sparenberg/Jäckle, M&A, § 45 Rd. 102). Als Kompensation bieten Finanzinvestoren an, etwaige eigene noch nicht verjährte Forderungen aus dem Erwerb abzutreten (vgl. *Jaques* in Ettinger/Jaques, Unternehmenskauf, E 34), was jedoch meist kein adäquater Ausgleich sein wird.

10.2 Beteiligung des Managements der Zielgesellschaft

Ein besonderes Merkmal von PE-Investitionen ist die (mittelbare) Beteiligung des bisherigen Managements an der Zielgesellschaft, entweder klassisch in Form von Optionen oder virtuellen Optionen (*phantom stocks*) oder durch eine echte Eigenkapitalbeteiligung durch ein eigenes Investment der Manager (z. B. in Form eines **Management Equity Program**; vgl. *Richter* in Meyer-Sparenberg/Jäckle, M&A, § 55 Rd. 2 ff.). Wenn der Preis für diese Beteiligung unter dem vom Hauptinvestor gezahlten Preis liegt, wird insoweit von **Sweet Equity** gesprochen. Eine solche Beteiligung bietet den Finanzinvestoren verschiedene Vorteile: Neben der Motivation des Managements, an die hier sicher sofort gedacht wird, ist dies die Bindung des Managements an die Gesellschaft, was für Finanzinvestoren, die selbst nicht über die notwendigen Manager für ihre zahlreichen Portfoliogesellschaften verfügen, besonders wichtig ist. Aber es kommt noch ein weiteres, nicht ganz so offensichtliches Motiv für die Beteiligng des Managments hinzu: Wenn das Management (im Falle einer echten *Equity* Beteiligung) bereit ist, eigenes Geld in die Gesellschaft zu investieren, dann glaubt das Management offenbar selbst an den Erfolg der Zielgesellschaft – und das dürfte die beste Absicherung sein, die ein Investor bekommen kann. Bei der Strukturierung der Beteiligung des Managments ist zu beachten, dass es zu einem Gleichlauf der Interessen des Finanzinvestors und des Managements kommt.

Gleichzeitig besteht die Möglichkeit, als Gegenleistung für die Beteiligung an einem *Management Equity Program* von dem **Management Garantien** zur Zielgesellschaft etwa hinsichtlich der Offenlegung der relevanten Dokumente im Rahmen der *Due Diligence* oder hinsichtlich des *Businessplans* zu verlangen (*Management-Warranty-Letter*, vgl. *Jaques* in Ettinger/Jaques, Unternehmenskauf, E 32; *Meyer-Sparenberg* in Meyer-Sparenberg/Jäckle, M&A, § 44 Rd. 153). Verpflichtet ist das Management zur Abgabe derartiger Garantien gegenüber dem Investor ebenso wenig wie gegenüber dem Verkäufer (insb. existiert in Dienst- oder Arbeitsverträgen keine entsprechende Nebenverpflichtung des Managements, derartige Garantien abzugeben).

Wer zu den privilegierten Managern gehört, welche die Teilnahme an einem *Management Equity Program* angeboten wird, entscheidet der Finanzinvestor (ggf. in Abstimmung mit den Vorständen bzw. Geschäftsführern der Zielgesellschaft). Dabei wird die oberste Leitungsebene immer dazu gehören, hinzu kommen eventuell Manager der zweiten und bei größeren Gesellschaften auch der dritten Ebene (vgl. *Richter* in Meyer-Sparenberg/Jäckle, M&A, § 55 Rd. 12 ff.). Die Beteiligung kann (ausnahmsweise) direkt an der Zielgesellschaft oder mittelbar auf Ebene der Erwerbsgesellschaft oder einer separaten, an der Erwerbsgesellschaft beteiligten Gesellschaft erfolgen. Finanzinvestoren bevorzugen es meist, das Management nicht direkt an der erworbenen Gesellschaft zu beteiligen.

Um zu verhindern, dass ein Manager zu einem früheren Zeitpunkt als geplant die *Equity*-Beteiligung auf einen Dritten überträgt, werden diese Anteile meist vinkuliert. Sollte ein Manager die Gesellschaft vor dem geplanten Exit verlassen, sichern sich Finanzinvestoren durch die Vereinbarung von Optionen auf den Rückerwerb der Anteile dieses Managers ab. Dieser Rückerwerb erfolgt gegen Zahlung eines Kaufpreises, dessen Höhe vor allem von den Gründen für das Ausscheiden eines Managers abhängt: Ein sog. **Good Leaver**, dies ist ein Manger, der sein Ausscheiden nicht zu verantworten hat, soll an einer etwaigen Wertsteigerung der Zielgesellschaft partizipieren, während ein sog. **Bad Leaver**, dies ist ein Manager, der sein Ausscheiden selbst zu verantworten hat, einen niedrigeren Preis erhalten soll (vgl. *Richter* in Meyer-Sparenberg/Jäckle, M&A, § 55 Rd. 110 ff.).

Vertiefender Hinweis: Die rechtliche Wirksamkeit von derartigen Rückkaufrechten kann je nach Ausgestaltung wegen Sittenwidrigkeit (§ 138 BGB) unwirksam sein, vor allem wenn deren Ausübung nicht an sachliche Gründe gebunden ist (vgl. *Richter* in Meyer-Sparenberg/Jäckle, M&A, § 55 Rd. 86 ff. m. w. N.).

10.3   Exit als Ziel

Ein zentrales Thema bei PE-Investitionen sind die Exit-Möglichkeiten nach **drei bis sieben Jahren.** Idealerweise erfolgt der Exit durch einen **Börsengang** (*Initial Public Offering*/IPO), aber i. d. R. in Form eines Weiterverkaufs der Gesellschaft an einen Strategen (**Trade Sale**) oder einen anderen Finanzinvestor (**Secondary Buy-out**). Es kann vorkommen, dass diese Exitvarianten parallel verfolgt werden (*Dual Track Strategie*) (vgl. *Jäckle/Strehle/ Claus* in Meyer-Sparenberg/Jäckle, M&A, § 51 Rd. 124). Soweit ein Finanzinvestor nicht sämtliche Anteile an einer Zielgesellschaft erworben hat, aber der Weiterverkauf einer bloßen Mehrheitsbeteiligung für potentielle Käufer nicht so interessant ist, wie der Erwerb von 100% der Anteile an einer Zielgesellschaft, muss der Finanzinvestor eine Möglichkeit schaffen, auch in dieser Konstellation die Minderheitsbeteiligungen der anderen Gesellschafter mitzuverkaufen: Dies geschieht durch die Vereinbarung von Mitverkaufspflichten (**drag-along right**). Dabei verpflichtet sich der Minderheitsgesellschafter, seine Anteile zu denselben Konditionen und zu demselben Preis zu veräußern wie dies der Finanzinvestor tun würde. Dies ist sicher eine weitreichende Verpflichtung, die auf dem Gedanken der parallellaufenden Interessen beruht. Umgekehrt wird der Minderheitsgesellschafter darauf bestehen, seine Anteile zu denselben Konditionen wie der Finanzinvestor mitverkaufen zu dürfen, wenn dieser seine Anteile veräußert (Mitverkaufsrecht, **tag-along right**).

Auf die Besonderheiten der Finanzierung von Unternehmenskäufen durch Finanzinvestoren soll nachstehend im Rahmen der Darstellung der Akquisitionsfinanzierung etwas näher eingegangen werden (▶ Teil II 12).

11 Besonderheiten bei Venture Capital-Transaktionen

Der *Venture Capital Investor*, also der Investor von Wagnis- bzw. Risikokapital, erwirbt im Gegensatz zum *Private Equity Investor* typischerweise ausschließlich mit Eigenkapital eine Minderheitsbeteiligung an einem jungen, innovativen Unternehmen mit hohem Wachstumspotential (*Start-up*). Rechtliche Grundlage eines solchen Erwerbs ist regelmäßig eine **Beteiligungs- und Gesellschaftervereinbarung** (*Subscription and Shareholders› Agreement*), die nachfolgend wie üblich als **Beteiligungsvertrag** bezeichnet werden soll. Ein solcher Beteiligungsvertrag ist auch bei klassischen M&A-Transaktionen nicht selten, ist aber für VC-Investments charakteristisch und soll daher die Basis der nachstehenden Ausführungen bilden.

11.1 Grundstruktur des Beteiligungsvertrags

Der Beteiligungsvertrag bildet die Grundlage aller Vereinbarungen zwischen Investor und den bisherigen Gesellschaftern (Altgesellschaftern) sowie i. d. R. der Gesellschaft. Wie sich bereits aus der sperrigen Bezeichnung als Beteiligungs- und Gesellschaftervereinbarung ergibt, enthält der Beteiligungsvertrag im Kern zwei Regelungsbereiche:

- Die **Regelungen über die eigentliche Beteiligung**, d. h. die Gesellschafter (und die Zielgesellschaft) verpflichten sich, eine Kapitalerhöhung durchzuführen und der Investor verpflichtet sich gegen eine Einlage (inkl. eines Agio) die neu entstandenen Anteile (Geschäftsanteile einer GmbH oder Aktien an einer AG) zu übernehmen (▶ Teil II 5.10.2).
- Des Weiteren treffen die (künftigen) Gesellschafter umfangreiche **Regelungen über die zukünftigen Rechte und Pflichten der Gesellschafter** (zu den Details ▶ Teil II 5.10.3). Diese Regelungen könnten auch im Gesellschaftsvertrag stehen (der Begriff »Gesellschafter*vereinbarung*« wird bewusst in Abgrenzung zu dem Begriff »Gesellschafts*vertrag*« verwendet, juristisch hat diese unterschiedliche Begriffsverwendung keine Relevanz), dies hätte aber bei Kapitalgesellschaften mehrere Nachteile: Die Vereinbarungen würden erst mit Eintragung im HR wirksam (§ 54 III GmbHG, § 181 III AktG), sie wären im HR für jedermann einsehbar (§ 9 HGB) und Änderungen würden (in jedem Fall) eine notarielle Beurkundung (§ 53 II GmbHG) bzw. notarielle Niederschrift (§ 130 I AktG) verlangen. Der Nachteil der Aufnahme in eine Gesellschaftervereinbarung ist, dass es sich dort nur um bloße schuldrechtliche Verpflichtungen handelt, während

eine Aufnahme in den Gesellschaftsvertrag als korporative Wirkung eine Art Verdinglichung zur Folge hätte (vgl. *Tönies/Fischer* in Holzapfel/Pöllath, Unternehmenskauf, Rd. 1802 m. w. N.). Der Beteiligungsvertrag wird teilweise als »Schattenordnung« bezeichnet, da die relevanten Regelungen vor allem im Beteiligungsvertrag stehen und der Gesellschaftsvertrag im Extremfall nur noch die notwendigen Standardregelungen enthält (vgl. dazu *Heckschen* in Drygala/Wächter, VC, S. 207).

Beispiel: Steht im Gesellschaftsvertrag einer GmbH, dass Geschäftsanteile nur mit Zustimmung der Gesellschafterversammlung übertragen werden können (Vinkulierungsklausel, § 15 V GmbHG, der eine Ausnahme von § 137 S. 1 BGB darstellt), ist eine Abtretung ohne diese Zustimmung unwirksam. Steht (nur) im Beteiligungsvertrag dasselbe Verbot, ist dies eine bloße Verpflichtung, Geschäftsanteile nur mit Zustimmung der Gesellschafterversammlung abzutreten, damit wäre aber eine Abtretung auch ohne Zustimmung wirksam, würde aber andere Sanktionen wie z. B. eine Schadensersatzpflicht nach sich ziehen.

11.2 Beteiligung durch Kapitalerhöhung

Die Anteile für den Investor sollen meist durch eine Barnominalkapitalerhöhung bei der Zielgesellschaft geschaffen werden. Die Übernahme bereits bestehender Anteile (bei den meisten M&A-Transaktionen) ist theoretisch auch denkbar, kommt bei VC-Investments aber praktisch kaum vor (vgl. *Tönies/Fischer* in Holzapfel/Pöllath, Unternehmenskauf, Rd. 1805). Die Höhe der Beteiligung beruht meist auf einer Unternehmensbewertung der Gesellschaft vor dem Einstieg des Investors (*pre-money* Bewertung, *Tönies/Fischer* in Holzapfel/Pöllath, Unternehmenskauf, Rd. 1804). Neben der notwendigen Einzahlung in Höhe des Nominalkapitals wird meist eine weitere Zuzahlung (Agio) des Investors in die sonstige Kapitalrücklage gezahlt (§ 272 II Nr. 4 HGB), d. h. die gesamte Gegenleistung des Investors fließt in die Gesellschaft und nicht wie bei den meisten M&A- und PE-Transaktionen an die bisherigen Gesellschafter.

11.3 Verbesserung der Gesellschafterposition

Da der Investor nur eine Minderheitsbeteiligung erwirbt, werden häufig über bestehende gesetzliche Regelungen hinaus zusätzliche Informations- und Kontrollrechte zugunsten des Investors geschaffen. Des Weiteren ist an einen Verwässerungsschutz im Falle des Einstiegs weiterer Investoren bei künftigen Finanzierungsrunden sowie an die bevorzugte Behandlung des Investors an etwaigen Exit-Erlösen zu denken (*Tönies/Fischer* in Holzapfel/Pöllath, Unternehmenskauf Rd. 1804). Was sonstige Exit-Regelungen angelangt, kann grds. auf die vorstehenden Ausführungen zu *Private Equity* verwiesen werden.

11.4   Weitere Regelungen bei VC-Investments

Hinsichtlich weiterer Regelungen gibt es eine weitgehende Vergleichbarkeit zu M&A- und vor allem *Private Equity*-Transaktionen, etwa im Hinblick auf den Katalog von Garantien und Freistellungen sowie die daran anknüpfenden Rechtsfolgen. Um eine vorzeitige ordentliche Kündigung des Beteiligungsvertrages (bei einer GbR gem. § 723 I S. 1 BGB) zu verhindern, wird teilweise die Vereinbarung einer festen Laufzeit angeraten (z. B. von 10 bis 15 Jahren, *Tönies/Fischer* in Holzapfel/Pöllath, Unternehmenskauf, Rd. 1814), wobei hier sicher zwischen den verschiedenen Regelungsbereichen des Beteiligungsvertrags differenziert werden sollte und ggf. vielleicht der Ausschluss der ordentlichen Kündigung genügt. Im Übrigen werden die Schlussbestimmungen eines Beteiligungsvertrags die üblichen Bestimmungen (insb. Schriftformklausel, salvatorische Klausel, Rechts- und Gerichtsstandswahl) enthalten.

11.5   Form des Beteiligungsvertrages

Da der Beteiligungsvertrag vor allem schuldrechtliche Verpflichtungen zur Vornahme formpflichtiger Handlungen enthält (etwa eine Kapitalerhöhung bei einer GmbH durchzuführen, vgl. § 55 I GmbHG), stellen sich eine Reihe komplizierter Formfragen, die sich jedoch in der Praxis oft dadurch erledigen, dass ohnehin zumindest eine eindeutig formpflichtige Verpflichtung vorgenommen wird (etwa die Verpflichtung zur Übertragung eines GmbH-Geschäftsanteils, vgl. § 15 IV S. 1 GmbHG), die dazu führt, dass der gesamte Beteiligungsvertrag beurkundungspflichtig wird. Im Einzelnen gilt Folgendes (umfassend hierzu *Heckschen* in Drygala/Wächter, VC, S. 208 ff.):

- Interne Verpflichtungen zur Übernahme von Geschäftsanteilen unterliegen nicht der Form des § 55 I GmbHG.
- Die Verpflichtung zur Durchführung von Änderungen des Gesellschaftsvertrags unterliegt nicht der Form des § 53 II S. 1 GmbHG.

- Exit-Regelungen mit Verpflichtungen zur Veräußerung von GmbH-Geschäftsanteilen bedürfen stets der notariellen Beurkundung (§ 15 IV S. 1 GmbHG), was (wie einführend ausgeführt) dazu führt, dass der gesamte Beteiligungsvertrag beurkundet werden muss.

12 Die Finanzierung von Unternehmenskäufen

Die Finanzierung von Unternehmenskäufen kann durch Eigenkapital und/ oder durch Fremdkapital erfolgen. Meist werden beide Finanzierungsformen kombiniert, zurzeit häufig mind. 40% EK und 60% FK (*Diem/Jahn*, Akquisitionsfinanzierungen, § 1 Rd. 5; dies gilt jedenfalls für die Zeit vor dem Ausbruch der Corona-Pandemie). Das Fremdkapital wird meist von Finanzinstituten oder *Debt Fonds* in Form von Krediten (erstrangige Senior-Kredite und nachrangige Mezzanie-Kredite sowie andere Formen nachrangiger Finanzierungsformen wie z. B. *High Yield Bonds*, vgl. *Diem/Jahn*, Akquisitionsfinanzierung § 1 Rd. 17) zur Verfügung gestellt, wobei größere Summen meist von einem Konsortium bereitgestellt werden (*Syndicated Loan*), welches von einem *Arranger* koordiniert wird. Daneben kommt es vor, dass auch der Verkäufer an der Finanzierung durch ein (nachrangiges) Verkäuferdarlehen (*Vendor Loan*) beteiligt ist (vgl. *Linde* in Holzapfel/Pöllath, Unternehmenskauf, Rd. 1431; dieses ist von *earn-out* Klauseln im SPA zu unterscheiden, bei denen es nicht um die Kaufpreisfinanzierung, sondern um die Kaufpreisbestimmung geht).

> **Praxishinweis:** Anders als SPA existieren bei Kreditverträgen Vorlagen in Form des *LMA Leveraged Finance Facilities Agreement*, welches im Markt häufig als Grundlage verwendet wird (*Diem/Jahn*, Akquisitionsfinanzierungen, § 28 Rd. 1). In der Regel dürften diese Verträge wohl Allgemeine Geschäftsbedingungen (AGB) i. S. v. § 305 BGB darstellen (a. A. *Diem/Jahn*, Akquisitionsfinanzierungen, § 28 Rd. 2).

12.1 Strukturierung des Erwerbs über eine Zweckgesellschaft

Vor allem Finanzinvestoren gehen dabei in der Grundstruktur häufig wie folgt vor: Sie gründen eine neue Gesellschaft (**NewCo**) als Zweckgesellschaft (*Special Purpose Vehicel*, SPV), welche dann einerseits mit Eigenkapital ausgestattet wird und andererseits Kredite aufnimmt. Zwischen die NewCo und die Investoren (die sog. *Sponsor*) werden häufig weitere (Holding-)Gesellschaften (HoldCo) geschaltet, die teilweise auch Kredite aufnehmen und an die NewCo weiterreichen (*Linde* in Holzapfel/Pöllath, Unternehmenskauf, Rd. 1414 ff.). Die NewCo erwirbt dann mit den bereitgestellten Finanzmitteln die Zielgesellschaft. Sämtliche Risiken der Transaktion werden in der NewCo gebündelt und die Investoren hinter der NewCo übernehmen selbst keine Verpflichtungen, d. h. das Risiko der Investoren ist auf das in der NewCo eingesetzte Eigenkapital beschränkt (*Diem/Jahn*, Akquisitionsfinanzierungen, § 1 Rd. 10 f., 18). Anders als bei Strategen, die bei dem Erwerb über eine Zweckgesellschaft (SPV), eine *parent company guarantee* abgeben (▶ Teil II 5.1.1), sind Finanzinvestoren dazu praktisch nie bereit (und können sich mit dieser Position regelmäßig durchsetzen).

> **Vertiefender Hinweis**: Häufig wird der Begriff NewCo leichtfertig mit der Bezeichnung *shelf company* (Vorratsgesellschaft) gleichgesetzt, was nicht ganz zutreffend ist: Eine **Vorratsgesellschaft** ist eine bereits existierende Gesellschaft, die von einem privaten Anbieter nur zum Zwecke der Veräußerung gegründet wurde, wodurch ein Investor bei der Gründung der »NewCo« etwas Zeit spart. Jedenfalls soweit es sich bei der NewCo um eine deutsche Kapitalgesellschaft (meist in Form einer GmbH) handelt, empfiehlt es sich jedoch, statt des Erwerbs einer Vorratsgesellschaft, die von der Rechtsprechung als »wirtschaftliche Neugründung« betrachtet wird (BGHZ 153, 158 = NJW 2003, 892), besser eine GmbH (rechtlich) neu zu gründen. Eine echte Neugründung hat den Vorteil, dass hierdurch anschließende (überdies fehleranfällige) Anpassungen des Gesellschaftsvertrags (Firma, Geschäftsgegenstand, oft auch Sitz und ggf. sogar des Geschäftsjahres, usw.) und der Wechsel der Geschäftsführer sowie weiterer Änderungen (Konto, Geschäftsadresse, usw.) vermieden werden. Erforderlich ist für eine Neugründung lediglich, dass der Investor mind. zwei oder drei Wochen vor der Unterzeichnung des Unternehmenskaufvertrags die Gründung der neuen GmbH eingeleitet hat, damit diese im HR eingetragen ist, wenn das SPA unterzeichnet wird (die GmbH entsteht erst mit Eintragung im HR und darf erst nach der Eintragung als Erwerbsvehikel eingesetzt werden).

12.2 Bestellung von Kreditsicherheiten

Die finanzierenden Banken werden nicht zuletzt vor dem Hintergrund der fehlenden Garantien durch die Investoren die Erfolgsaussichten der Transaktion im Rahmen einer eigenen Prüfung bewerten und u. a. auch den Unternehmenskaufvertrag analysieren. Dabei wird die Frage der möglichen **Sicherheiten** (*colleterals*) eine große Rolle spielen: Da die Investoren selbst keine Sicherheiten bestellen, kommen insofern nur die Erwerbsgesellschaft (NewCo) und vor allem die Zielgesellschaft als Besteller von Sicherheiten in Betracht (umfassend hierzu *Diem/Jahn*, Akquisitionsfinanzierungen § 41 Rd. 2 ff.). Die Sicherheiten oberhalb der Zielgesellschaft werden vor dem *Closing* bestellt, die Sicherheiten, die die Zielgesellschaft bestellen soll, werden erst unmittelbar nach dem *Closing* gestellt (*Linde* in Holzapfel/Pöllath, Unternehmenskauf, Rd. 1454).

A Verwendung der Beteiligung an der NewCo als Sicherheit

Die Investoren oder die entsprechende Zwischenholding wird zunächst die **Anteile an der Erwerbsgesellschaft** (idealerweise einschließlich der Verpfändung oder Sicherungsabtretung etwaiger Gesellschafterdarlehen) als bedeutende Sicherheit verpfänden (§§ 1273 ff. BGB).

B Verwendung der Vermögenswerte der NewCo als Sicherheiten

Die Erwerbsgesellschaft (NewCo) wird regelmäßig die erworbenen **Anteile an der Zielgesellschaft** (ebenfalls idealerweise einschließlich der Verpfändung oder Sicherungsabtretung etwaiger Gesellschafterdarlehen) als weitere wichtige Sicherheit verpfänden und daneben außerdem etwaige Ansprüche aus dem Unternehmenskaufvertrag gegen den Verkäufer und etwaige Ansprüche gegen die beauftragten Berater insb. wegen fehlerhafter *Due Diligence*-Berichte zur Sicherheit abtreten.

C Verwendung der Vermögenswerte der Zielgesellschaft als Sicherheiten

Des Weiteren sollen nach dem Willen der Investoren regelmäßig auch durch die Zielgesellschaft(en) umfassende Sicherheiten etwa in Form der Verpfändung von Beteiligungen an Tochtergesellschaften, dinglichen Belastungen an Grundstücken in Form von Sicherungsgrundschulden, Sicherungsübereignungen von beweglichem Vermögen, Sicherungsabtretung von Forderungen und Sicherungsabtretung oder Verpfändung von gewerblichen Schutzrechten zur **Besicherung von Gesellschafterverbindlichkeiten** bereitgestellt werden (*upstream securities*). Dies ist aber im deutschen Gesellschaftsrecht abhängig von der Gesellschaftsform nur in engen rechtlichen Grenzen zulässig, soweit es sich – wie üblich – um einen *Share Deal* handelt (bei einem *Asset Deal* greifen die nachstehend dargestellten gesellschaftsrechtlichen Schutzmechanismen naturgem. nicht, ▶ Teil II 4.7).

Rechtsvergleichender Hinweis: Nicht alle Jurisdiktionen sehen hier so weitreichende Beschränkungen wie das deutsche Kapitalgesellschaftsrecht vor. Insbesondere die *Common Law*-Jurisdiktionen wie in den USA und England kennen bei ihren Kapitalgesellschaften (*Corporation/Inc.*, *Limited/Ltd.*) derartig weitgehende Regeln nicht, was bei grenzüberschreitenden Transaktionen zu entsprechendem Beratungsbedarf führt.

D Grenzen der Sicherheitenbestellung durch eine Tochter-GmbH

Das GmbH-Gesetz ist durch Regelungen des **vorgelagerten Gläubigerschutzes** gekennzeichnet (vgl. insb. §§ 5, 7 II/III, 14, 19, 30, 33 GmbHG). Diese sollen sicherstellen, dass die Einlagen von den Gesellschaftern tatsächlich geleistet werden und die von den Gesellschaftern geleisteten Einlagen nicht an diese zurückgezahlt werden. Dabei wird nicht auf die konkret geleisteten Mittel (wie etwa die im Rahmen der Gründung eingezahlten EUR 25.000 Nominalkapital abgestellt), sondern es kommt darauf an, dass es durch direkte oder indirekte Leistungen (welcher Art auch immer, was auch die Bestellung von Sicherheiten umfasst) an Gesellschafter nicht zu einer Unterbilanz bei der (Ziel-)Gesellschaft kommt bzw. diese nicht vertieft wird (§ 30 GmbHG, Verbot der *financial assistance*). Die h. M. nimmt bei der Frage von Auszahlungen an Gesellschafter eine bilanzielle Betrachtung vor, d. h. eine Leistung ist nur zulässig, solange die Summe der Aktiva die Summe der Passiva zuzüglich des Nominalkapitals deckt (vgl. *Hommelhoff* in Lutter/Hommelhoff, GmbHG, § 30 Rd. 9 ff. m. w. N.). Oder positiv formuliert: Bei der GmbH sind (anders als bei der AG) Leistungen aus freien Mitteln an die Gesellschafter jederzeit möglich, ebenso wie grds. eine bilanzielle Unterdeckung herbeiführende Geschäfte mit Dritten. Allerdings ist die Bestellung von Sicherheiten zugunsten eines Dritten, die der Absicherung eines Darlehens eines (direkten oder indirekten) Gesellschafters dienen, kein solches unter dem Gesichtspunkt des § 30 GmbHG stets zulässiges Drittgeschäft.

Die entscheidende Frage bei der Sicherheitenbestellung ist nun, auf welchen Zeitpunkt im Rahmen des § 30 GmbHG abgestellt wird:

- Ist der Zeitpunkt der Sicherheitenbestellung maßgebend, würde bei konsequenter bilanzieller Betrachtung gem. § 251 HGB i. d. R. keine bilanzielle Auswirkung vorliegen (so wären gem. § 251 HGB Bürgschaften nur unter der Bilanz zu vermerken), d. h. es läge dann auch kein Verstoß gegen § 30 GmbHG vor, es sei denn es müsste bereits zum Zeitpunkt der Bestellung der Sicherheit gem. § 249 HGB eine Rückstellung gebildet werden.

- Ist dagegen erst der Zeitpunkt der Inanspruchnahme der Sicherheiten-bestellung maßgebend, dann wäre jedenfalls ganz klar, dass im Normal-fall dann eine bilanzielle Auswirkung einträte.

Die h. M. stellt zwar auf den früheren Zeitpunkt der Sicherheitenbestellung ab, nimmt dann aber eine eher wirtschaftliche und weniger bilanzielle Be-trachtung vor und bejaht bei Sicherheitenbestellungen der Zielgesellschaft zur Absicherung von Krediten des Gesellschafters einen Verstoß gegen § 30 GmbHG. Die Bestellung der Sicherheiten unter Verstoß gegen § 30 GmbHG führt nicht zur Nichtigkeit der Bestellung, da § 30 GmbHG nicht als gesetzliches Verbot i. S. v. § 134 BGB angesehen wird (*Knepper* in Meyer-Sparenberg/Jäckle, M&A, § 17 Rd. 33 m. w. N.). Allerdings bestehen Ansprü-che gegen den Gesellschafter aus § 31 GmbHG und Ansprüche auf Scha-densersatz gegen die Geschäftsführer der Zielgesellschaft aus § 43 III GmbHG, wenn diese schuldhaft handeln, wobei eine Weisung der Gesell-schafter in diesem Kontext unwirksam wäre.

Praxishinweis: Gerade die drohende Haftung der Geschäftsführer führt in der Praxis dazu, dass Bedenken hinsichtlich eines möglichen Versto-ßes gegen § 30 GmbHG nicht einfach übergangen werden können.

Soweit in der Praxis trotz dieser restriktiven Regelungen Sicherheiten be-stellt werden, enthalten die Vereinbarungen regelmäßig eine Verpflich-tung von dieser Vereinbarung keinen Gebrauch zu machen, wenn die Gel-tendmachung zu einem Verstoß gegen § 30 GmbHG führen würde (sog. **Limitation Language**). Derartige Formulierungen waren in der Vergangen-heit Standard, wurden dann in Frage gestellt und dürften nunmehr wieder üblich sein. Vor dem Hintergrund der nicht unerheblichen Gefahr der per-sönlichen Haftung der Geschäftsführer der Zielgesellschaft, die die Doku-mente für die Sicherheitenbestellungen ja unterzeichnen und damit persön-lich verantworten müssen, ist die Aufnahme derartiger Schutzklauseln als Mindestmaßnahme zum Schutz der Geschäftsführer dringend anzuraten.

E Grenzen der Sicherheitenbestellung durch eine Tochter-AG
Bei der AG sind zwei Tatbestände zu beachten, das Verbot der Einlagen-rückgewähr (§ 57 AktG) und die Begrenzungen beim Erwerb eigener Aktien (§§ 71, 71a AktG).

EA Verbot der Einlagenrückgewähr
Bei der AG gilt der **Grundsatz der umfassenden Vermögensbindung (§ 57 AktG)**, d. h. anders als bei der GmbH wird bei der AG das gesamte Vermögen

und nicht nur das zur Erhaltung des Nominalkapitals erforderliche Kapital geschützt (*Diem/Jahn*, Akquisitionsfinanzierungen § 45 Rd. 1). Ansonsten ist § 57 AktG grds. dem § 30 GmbHG vergleichbar, so dass insoweit auf die Ausführungen zu § 30 GmbHG verwiesen werden kann (*Diem/Jahn*, Akquisitionsfinanzierungen § 45 Rd. 23 f.). Im Ergebnis dürfte es daher unter sehr engen Voraussetzungen zulässig sein, dass eine AG Sicherheiten zur Besicherung von Gesellschafterverbindlichkeiten bestellt. Wurden die Grenzen des § 57 AktG überschritten, sind die Sicherheitenbestellungen wie bei der GmbH wohl trotzdem grds. wirksam (*Diem/Jahn*, Akquisitionsfinanzierungen § 45 Rd. 24 f.).

Wie dem Geschäftsführer bei der GmbH droht auch dem Vorstand der AG das Risiko persönlicher Haftung bei Verstößen gegen § 57 AktG (§ 93 III Nr. 1 AktG). Vor diesem Hintergrund dürfte auch hier die Aufnahme einer *Limitation Language* in die Bestellungsverträge aufgenommen werden, auch wenn diese bei der AG nach h. L. wegen der umfassenden Vermögensbindung nicht relevant werden dürfte (*Diem/Jahn*, Akquisitionsfinanzierungen § 45 Rd. 40).

EB Beschränkungen des Erwerbs eigener Aktien

Bei der AG besteht noch eine weitere Beschränkung: § 71AktG beschränkt den Erwerb eigener Aktien (der hier nicht vorliegt) und § 71a AktG verbietet Umgehungsgeschäfte, wozu explizit die Leistung von Sicherheiten einer AG zum Erwerb von Aktien an der AG zählt. Erfasst wird von § 71a AktG grds. auch die nachträgliche Besicherung des Erwerbs von Aktien (vgl. Hüffer/*Koch*, AktG § 71a Rd. 3 m. w. N.). Im Ergebnis zulässig sind damit nur Besicherungen von Gesellschafterverbindlichkeiten im Rahmen des Ausnahmetatbestandes des § 71a I S. 3 AktG, wenn also ein Beherrschungs- oder Gewinnabführungsvertrag besteht. Dies wiederum läuft auch hier darauf hinaus, dass Sicherheiten im Ergebnis nur bestellt werden können, wenn die Existenz der AG nicht gefährdet wird und der Verlustausgleichsanspruch aus § 302 AktG werthaltig und durchsetzbar ist (vgl. *Diem/ Jahn*, Akquisitionsfinanzierungen § 45 Rd. 47).

Rechtsfolge des Verstoßes gegen §§ 71, 71a AktG ist, dass »nur« das Verpflichtungsgeschäft (also die Sicherungsabrede), nicht aber das Verfügungsgeschäft (also die dingliche Übertragung) nichtig ist (§ 71 IV AktG), so dass die Gesellschaft einen bereicherungsrechtlichen Anspruch (§ 812 I BGB) auf Rückübertragung der gestellten Sicherheiten hätte.

EC Grenzen der Sicherheitenbestellung durch eine Tochter-GmbH & Co. KG
Noch vertrackter wird es bei der GmbH & Co. KG. Die GmbH & Co. KG ist
bekanntlich eine Kommanditgesellschaft (also eine Personengesellschaft,
vgl. § 161 HGB) mit einer GmbH als (persönlich haftende) Komplementärin.
Es handelt sich also um die seit langem anerkannte Kombination von zwei
Gesellschaftstypen, die unter dem Aspekt der Haftung wegen Rückgewähr
der Einlage nach den jeweiligen Regeln (also KG-Recht für die KG und
GmbH-Rech für die GmbH) zu prüfen sind.

Zunächst zur Situation bei der **Kommanditgesellschaft** (KG): Bei Personengesellschaften haften die Gesellschafter grds. persönlich unbeschränkt
für die Verbindlichkeiten der Gesellschaft (§ 128 HGB, ggf. analog), so dass
es Regelungen zur Unterbilanzhaftung wie bei den Kapitalgesellschaften
(§ 30 GmbHG, § 57 AktG) hier nicht bedarf. Eine Besonderheit gilt bei den
Kommanditisten, die nur bis zur Höhe ihrer Einlage haften (§§ 171 I, 172 I
HGB). Im Falle der Einlagenrückgewähr haftet der Kommanditist aus § 172
IV HGB. Eine solche Einlagenrückgewähr kann (wie bei den Kapitalgesellschaften) auch in der Bestellung von Sicherheiten zur Besicherung von Gesellschafterverbindlichkeiten bestehen (*Diem/Jahn*, Akquisitionsfinanzierungen, § 44 Rd. 16 m.w.N.), mit der Konsequenz, dass der **Kommanditist**
gegenüber den Gläubigern in Höhe der im HR eingetragenen **Haftsumme**
haftet (§ 172 IV HGB). Der entscheidende Unterschied zu den Kapitalerhaltungsbestimmungen bei den Kapitalgesellschaften besteht aber darin,
dass die Haftung auf die Höhe der Hafteinlage beschränkt ist. Da die Hafteinlage meist recht niedrig ist, wird dieses Risiko in der Praxis überschaubar sein. Ein weiterer wichtiger Unterschied zur Rechtslage bei der GmbH
ist, dass der Geschäftsführer der Komplementär GmbH, der die Geschäfte
der KG führt und somit auch die Sicherheitenbestellungen vornehmen
wird, sich nicht schadensersatzpflichtig macht, da § 172 IV HGB (anders als
§ 30 GmbHG) keine Pflicht des Organs zur Erhaltung der Hafteinlage enthält (*Diem/Jahn*, Akquisitionsfinanzierungen, § 45 Rd. 19).

Nun zu der Situation bei der **Komplementär-GmbH** bei der zwei Konstellationen zu unterscheiden sind (vgl. hierzu *Diem/Jahn*, Akquisitionsfinanzierungen, § 44 Rd. 2 ff.):

• Sollte die Komplementär-GmbH ausnahmsweise auch als Kommanditist
  über eine Hafteinlage an der KG beteiligt sein, dann können Leistungen
  der KG an einen anderen Kommanditisten, der zugleich Gesellschafter
  der GmbH ist (was regelmäßig der Fall sein wird), durch einen Wertver-
  lust der KG bei der Komplementär-GmbH eine Unterbilanz entstehen.

- Unabhängig von der Frage der Beteiligung als Kommanditist kann es bei der persönlich für die Verbindlichkeiten der KG haftenden Komplementär-GmbH zu einer Unterbilanz kommen, wenn durch die Besicherung der KG-Vermögenswerte zur Absicherung der Verbindlichkeiten des Gesellschafters der Komplementär-GmbH eine Inanspruchnahme durch Gläubiger der KG gem. §§ 161 II, 128 HGB droht, die nicht durch werthaltige Rückgriffsforderungen der Komplementär-GmbH gegen die KG aus §§ 161 II, 110 HGB gedeckt ist.

ED Besonderheiten bei Bestehen eines Vertragskonzerns

Beim Lesen der im Jahre 2008 im Rahmen einer GmbH-Reform (MoMiG) eingeführten § 30 I S. 2 GmbHG, § 57 I S. 2 AktG oder § 71a I S. 3 AktG scheint sich die gesamte soeben dargestellte Problematik in Luft aufzulösen, da bei Bestehen eines Beherrschungs- oder Ergebnisabführungsvertrags (Unternehmensverträge gem. § 291 AktG), also bei Bestehen eines Vertragskonzerns, die Kapitalerhaltungsbestimmungen der § 30 I S. 1 GmbHG, § 57 I S. 1 AktG und § 71a I S. 1 AktG keine Anwendung finden. Ein solcher Unternehmensvertrag könnte nach dem *Closing* zwischen der Erwerbsgesellschaft (NewCo) und der Zielgesellschaft abgeschlossen werden.

Grundgedanke dieser relativ neuen Regelung ist, dass Konsequenz des Abschlusses eines Unternehmensvertrags, egal ob in der Variante des Beherrschungs- oder Gewinnabführungsvertrags, eine Verlustausgleichspflicht gem. § 302 AktG besteht. Wenn nun aber mit der Verwertung der Sicherheiten zu rechnen ist, müssen die Organe der Zielgesellschaft prüfen, ob in diesem Fall der Verlustausgleichsanspruch des § 302 AktG werthaltig ist oder nicht. Da die Sicherheiten verwertet würden, wenn die NewCo die Darlehen nicht mehr bedient und die NewCo ohnehin über keine nennenswerten Vermögenswerte außer der verpfändeten Beteiligung an der Zielgesellschaft verfügt, werden die Organe stets zu dem Ergebnis gelangen, dass der Ausgleichsanspruch nicht werthaltig ist. Dies wiederum bedeutet, dass wir wieder am Anfang der Problematik stehen.

Im Ergebnis heißt dies, dass der Abschluss eines Unternehmensvertrags zwischen der NewCo und der Zielgesellschaft zwar das Risiko etwas reduziert, aber das Problem nicht endgültig löst.

EE Zivilrechtliche Grenzen der Sicherheitenbestellung

Neben den dargestellten gesellschaftsrechtlichen Grenzen existieren auch zivilrechtliche Grenzen: Zu denken ist hier an den sog. existenzvernichtenden Eingriff (§ 826 BGB) und die Nichtigkeit von Sicherheitenbestellungen wegen Sittenwidrigkeit (§ 138 BGB):

- Der auf § 826 BGB gestützte **existenzvernichtende Eingriff** besagt im Kern, dass die Gesellschafter einer GmbH (oder AG) außerhalb der Grenzen der Kapitalerhaltungsbestimmungen nicht beliebig über das Vermögen der Gesellschaft verfügen können, vielmehr ist es den Gesellschaftern nicht gestattet, ohne Rücksicht auf die Zweckbindung der GmbH das Vermögen und dadurch die Möglichkeit, Verbindlichkeiten zu erfüllen, zu entziehen (vgl. zu den Details Palandt/*Sprau*, § 826 Rd. 35 m. w. N.). Die Bestimmung des Anwendungsbereichs des exisitenzvernichtenden Eingriffs ist naturgem. schwierig.
- Sicherheitenbestellungen können in Ausnahmefällen wegen **Sittenwidrigkeit** nichtig sein (§ 138 BGB), wenn die Gesellschafter gemeinsam mit den Kreditgebern kollusiv zu Lasten der (Ziel-)Gesellschaft zusammengewirkt und dabei mit bedingtem Schädigungsvorsatz gehandelt haben (vgl. *Diem/Jahn*, Akquisitionsfinanzierungen, § 47 Rd. 12 f.). Da die Sittenwidrigkeit hier gerade in der dinglichen Besicherung zu sehen ist, erfasst die Nichtigkeit hier auch ausnahmsweise die Wirksamkeit der Sicherheitenbestellung selbst. Insgesamt sind die tatbestandlichen Hürden beim § 138 BGB in dieser Konstellation jedoch recht hoch, so dass diese nur in seltenen Fällen zur Anwendung gelangen dürften.

12.3 Verschmelzung der NewCo auf die Zielgesellschaft

Auch um die dargestellten Probleme zu unterlaufen, versuchen die Finanzinvestoren die Darlehensverbindlichkeiten aus der Finanzierung des Unternehmenskaufs auf die Zielgesellschaft zu übertragen (*debt push down*), was z. B. dadurch geschehen kann, dass die Erwerbsgesellschaft, welche die Kredite aufgenommen hat, auf die Zielgesellschaft verschmolzen wird (*down stream merger*, ▶ Teil III 3.1). Allerdings darf der mit einem solchen *down stream merger* verbundene Verschmelzungsverlust (die NewCo verfügt ja praktisch nur über Verbindlichkeiten) nicht dazu führen, dass im Ergebnis das Nominalkapital der aufnehmenden Zielgesellschaft angegriffen wird. Würde das Nominalkapital angegriffen, dann wäre die Verschmelzung der NewCo auf die Zielgesellschaft nach h. M. unzulässig, außerdem käme der Tatbestand des existenzvernichtenden Eingriffs (§ 826 BGB) in Betracht (*Linde* in Holzapfel/Pöllath, Unternehmenskauf, Rd. 1507 m. w. N.).

Praxishinweis: Dieser Einsatz eines *down stream mergers* kann dazu führen, dass ein ehemals wirtschaftlich grundsolides Unternehmen nun mit gewaltigen Verbindlichkeiten belastet wird.

12.4 Upstream Securities – Fazit

Wer sich nach Lektüre dieses Abschnitts zu der rechtlichen Problematik von *upstream securities* ein wenig an Faust erinnert fühlt, der nach allem Bemühen und Studieren nicht schlauer ist als zuvor, dem sei gesagt, dass es nicht an ihm liegt, vielmehr ist dies die Konsequenz eines unglücklichen Gemengelage: Eine ohnehin bereits schwierige Rechtsmaterie, die je nach Rechtsform auch noch anders beurteilt werden muss und nicht unbedingt internationalen Standards entspricht, wurde durch die GmbH-Reform (Mo-MiG) im Jahre 2008 verändert, gleichzeitig fehlt es aber bislang an wegweisenden höchstrichterlichen Urteilen; die Rechtspraxis scheint sich vor allem an dem Wunsch der Investoren zu orientieren. Den Preis in Form des schwer zu erfassenden, rechtlichen Haftungsrisikos zahlen vor allem die Geschäftsführer und Vorstände der Zielgesellschaft. Folgende praktischen Empfehlungen können Organen m.E. insb. gegeben werden, wobei sich auch hierüber m Einzelnen streiten ließe:

- Keine Bestellung von Sicherheiten für Verbindlichkeiten des künftigen Gesellschafters vor dem *Closing* (m.E. gilt dies auch für die aufschiebend bedingte Stellung von *upstream securities*).
- Bei Stellung der Sicherheiten genau prüfen, ob bereits zu diesem Zeitpunkt eine Inanspruchnahme von Sicherheiten droht, die mangels Werthaltigkeit zu einer Unterbilanz bei einer GmbH oder schlimmerem führen könnte. Besteht hier ein Risiko sollte von der Sicherheitenbestellung Abstand genommen werden.
- Diese Prüfung ebenso wie alle anderen Vorgänge in diesem Kontext besonders sorgfältig dokumentieren.
- Unter keinen Umständen Handlungen vornehmen, die die Existenz der eigenen Gesellschaft gefährden könnten (klingt simpel, dürfte aber in der Unternehmenspraxis zu schwierigen Fragen führen).
- In sämtliche Dokumente vorsorglich eine *Limitation Language* aufnehmen.
- Auf dem Abschluss eines Unternehmensvertrags zwischen der Erwerbsgesellschaft und der Zielgesellschaft bestehen (was nicht immer durchsetzbar sein dürfte).
- Die geplanten Maßnahmen durch die Gesellschafterversammlung (und einen etwaigen Aufsichtsrat oder Beirat) absegnen lassen und, soweit rechtlich möglich, eine entsprechende Weisung erteilen lassen (mag diese bei *upstream securities* auch nicht verbndlich sein).
- Rechtsrat eines tatsächlich unabhängigen und qualifizierten Rechtsexperten einholen und diesen entsprechend dokumentieren.

13 Legal Opinion

Vor allem im Kontext der Finanzierung und Bestellung von Sicherheiten werden *Legal Opinions* eingesetzt. Entgegen der Bezeichnung handelt es sich hier nicht um (irgend-)ein rechtliches Gutachten in dem die Argumente zu einer komplexen Rechtsfrage abgewogen werden, sondern um eine für Juristen unübliche einfache und klare Aussage zu einem konkreten Rechtsverhältnis, welches ein externer Anwalt gegenüber dem einem Dritten (wie z. B. einer Bank) abgibt.

Beispiel: Eine New Yorker Bank schließt mit einem amerikanischen Konzern einen Darlehensvertrag. *Condition Precedent* (CP) für die Auszahlung des Darlehens ist u. a., dass bestimmte Sicherheiten (*collaterals*) wirksam bestellt wurden. Eine dieser CP ist, dass die deutsche Tochtergesellschaft in der Rechtsform der GmbH dem Darlehensvertrag durch Schuldbeitritt (*accession*) (§ 311 BGB) als Gesamtschuldner (§ 421 BGB) beigetreten ist. Da die New Yorker Bank die Vertretungsverhältnisse bei der deutschen GmbH nicht kennt und zur Klärung dieser Frage keine deutsche Kanzlei beauftragen will, soll die deutsche Kanzlei des amerikanischen Unternehmens (sog. *Local Counsel*) eine **Capacity Opinion** abgeben, deren Inhalt im Kern ist, dass die deutsche GmbH durch die Geschäftsführer X und Y bei Erklärung des Schuldbeitritts aus Sicht des anwendbaren deutschen Rechts wirksam vertreten wurde. Diese Erklärung könnte noch hinsichtlich des Bestehens der GmbH und der Wirksamkeit des Schuldbeitritts aus deutscher Sicht ergänzt werden. Entscheidend ist, dass hier eine Erklärung ohne Einschränkungen abgebeben wird. Derartige Einschränkungen sind aber in dem Text vor und nach dieser Erklärung enthalten, wo z. B. ausgeführt wird, auf welcher Tatsachengrundlage diese Aussagen getroffen werden (z. B. Einsichtnahme in das HR XY an dem Tag zu einer bestimmten Uhrzeit), auf welchen Annahmen die Erklärung beruht (vorgelegte Dokumente sind keine Fälschungen), auf welcher Rechtsgrundlage die Aussage getroffen wurde (ausschließlich dem in Deutschland geltenden Recht) und an wen die Opinion ausschließlich adressiert ist (kein Dritter soll sich darauf verlassen).

Aus Sicht der Kanzlei, die eine Erklärung abgibt, existieren hier unter Haftungsgesichtspunkten zwei besondere Gefahren: Zum einen wird hier eine absolute Aussage getroffen und zum anderen wird diese Aussage häufig gegenüber einem Nicht-Mandanten erklärt (dem ausschließlich die *Opinion* vorliegt und mit dem keine weiteren Gespräche stattgefunden haben in deren Verlauf ggf. auf besondere Risiken hingewiesen worden ist). Diese besondere Gefährdungslage weist Parallelen zum *Vendor Due Diligence Report* auf, wenn dieser einem Dritten auf Basis eines *Reliance Letters* zur Verfügung gestellt wird. Um das Risiko einzugrenzen werden zwei Maßnahmen ergriffen: Zum einen wird sehr genau darauf geachtet, dass nur das absolut notwendige und rechtlich absolut unstreitige in die *Opinion* aufgenommen wird, zum anderen muss kanzleiintern jede *Opinion* einem sog. *Opinion Panel* vorgelegt werden, welches die *Opinion* intern gegenprüft und freigeben muss. Bei der Abgabe einer *Capacity Opinion* werden die Anwälte immer auch die Publizitätswirkung des § 15 HGB berücksichtigen, da selbst in dem Fall, dass ein Geschäftsführer zur Zeit der Abgabe einer Erklärung bereits abberufen war, dieser gegenüber Dritten noch eine wirksame Erklärung abgeben konnte, wenn er noch im HR eingetragen war.

> **Praxishinweis:** Vor dem Hintergrund dieses Procederes sind derartige *Opinion* trotz ihrer oft sehr trivialen Aussagen recht teuer, während z. B. die Vertretungsbescheinigungen eines Notars (§ 21 I BNotO), die im Bereich der *Capacity Opinion* dieselbe Wirkung haben, für einen vergleichsweise geringen Betrag zu haben sind. Die *Capacity Opinion* hat sich international aber durchgesetzt, da die USA weder ein HR kennen, dem sich die Vertretungsbefugnis so klar entnehmen ließe, noch einen Notar im kontinentaleuropäischen Sinne kennen (*Latin Notary* oder *Civil Law Notary* im Gegensatz zum juristisch nicht gleichwertigen US-amerikanischen *Notary Public*). Allerdings ist zu bedenken, dass die internationalen Großkanzleien, die derartige Opinions abgeben, im Gegensatz zu Notaren über eine Haftpflicht verfügen, die das Risiko einer fehlerhaften Opinion auch wirtschaftlich abdecken.

14 Transaktionen in ausgewählten Sektoren

Es dürfte nachvollziehbar sein, dass eine Darstellung der diversen Spezialprobleme bei Unternehmenskäufen in verschiedenen Wirtschaftsbereichen den Rahmen dieses Lehrbuchs sprengen würde. Es soll aber zumindest der Versuch unternommen werden, nachfolgend kurz typische Aspekte beim Erwerb von mittelständischen Unternehmen, bei der Veräußerung von Immobilien und beim Portfolio-Transfer durch Finanzinstitute anzureißen (vgl. zu Unternehmensverkäufen in verschiedenen, besonders regulierten Branchen z. B. *Kaufmann/Ramb* in Hölters, HdB Unternehmenskauf, Rd. 17.1 ff., oder Meyer-Sparenberg/Jäckle, M&A, §§ 64 bis 75).

14.1 Besonderheiten bei der Veräußerung mittelständischer Unternehmen

Grundsätzlich gelten auch beim Kauf eines Unternehmens aus dem Mittelstand dieselben Regeln wie bei anderen Unternehmenskäufen, aber es existieren auch hier Besonderheiten von denen einige besonders relevanten hier dargestellt werden sollen (umfassend hierzu: *Ettinger/Jaques*, Unternehmenskauf; *Hemel/Link*, Zukunftssicherung für Familienunternehmen; *Wegmann/Siebert*, Unternehmensverkauf; *Feix/Büchler/Straub*, M&A; *Becker/Ulrich/Botzkowski*, Mergers & Acquisitions im Mittelstand).

A Nachfolgeproblematik im Mittelstand
Die Problematik der oft ungeklärten Unternehmensnachfolge für mittelständische Unternehmen gehört aufgrund der besonderen Struktur der deutschen Wirtschaft zu den wichtigsten Treibern für Unternehmenskäufe in Deutschland (▶ Teil I 2). Grundsätzlich kommen folgende Möglichkeiten zur Lösung der Nachfolgefrage in Betracht (vgl. hierzu *Picot* in Picot, Unternehmenskauf, § 7 Rd. 1 ff.; *Jaques* in Ettinger/Jaques, Unternehmenskauf, A 3 ff.; auf die außerordentlich komplexen erbschaftsteuerlichen Fragen in diesem Kontext kann hier nicht eingegangen werden, vgl. insb. § 13b ErbStG, bei dem die Förderung des Mittelstands im Fokus steht):

- **Familieninterne Lösung** durch die unentgeltliche oder auch entgeltliche Übertragung des Unternehmens auf ein Mitglied der Familie im Rahmen einer vorweggenommenen Erbfolge (hier wird oft einem Übertragungsvertrag und seltener von einem Schenkungsvertrag gesprochen). Soweit eine Gegenleistung vereinbart wird, kann diese auch in einer Versorgungsleistung in Form einer Leibrente (§ 759 BGB) bestehen.
- Gründung einer **Familienstiftung**, worunter eine verselbständigte Vermögensmasse in Form einer juristischen Person zu verstehen ist, die einen bestimmten Stiftungszweck verfolgt und die keine Gesellschafter hat. Durch eine solche Familienstiftung wird einerseits eine Aufteilung des Vermögens z. B. auf verschiedene Familienstämme vermieden, andererseits die Versorgung der Familie (Stiftungszweck) langfristig sichergestellt (der Zweck einer Stiftung muss nicht zwingend gemeinnützig i. S. v. § 52 AO sein, er muss nur aus Sicht des Stifters fremdnützig sein, d. h. eine Stiftung für den Stifter oder aber auch eine Selbstzweckstiftung wären unzulässig, *Picot* in Picot, Unternehmenskauf, § 7 Rd. 207). Der Stifter kann die Stiftung durch ein Stiftungsgeschäft unter Lebenden oder durch ein Stiftungsgeschäft von Todes wegen gründen. Rechtsgrundlage der Stiftung sind einerseits §§ 80 ff. BGB und andererseits die Stiftungsgeset-

ze der einzelnen Bundesländer. Zu beachten ist in diesem Kontext insb. die sog. Erbersatzsteuer (§ 1 I Nr. 4 i.V.m. § 9 I Nr. 4 ErbStG).

- **Familienexterne Lösung** durch einen Verkauf an eigene Mitarbeiter (EBO), das interne Management (MBO), ein externes Management (MBI), einen strategischen Investor oder einen Finanzinvestor. Die beiden zuletzt genannten Varianten bilden die primäre Grundlage der nachfolgenden Anmerkungen.

B Due Diligence und Garantien

Oft ist die **Aufbereitung der Daten und Dokumente** jedenfalls bei einem kleineren mittelständischen Unternehmen nicht auf demselben Qualitätsniveau wie bei einer Tochtergesellschaft eines DAX 30-Konzerns. Daher sollte der verkaufswillige Mittelständler für die Vorbereitung des Datenraums ausreichend Zeit aufwenden, insb. wenn die Mitarbeiter über das Vorhaben noch nicht informiert sind und die Vorbereitungen vertraulich erfolgen sollen.

Ein typisches Risiko z. B. bei einer von einem Gesellschafter-Geschäftsführer geführten GmbH sind steuerliche Risiken wie **verdeckte Gewinnausschüttungen** (vGA). Sämtliche **Verträge mit Angehörigen** (§ 15 AO) sollten daher nicht nur im Voraus schriftlich, klar und eindeutig vereinbart worden sein, sondern besonders kritisch insb. unter dem Gesichtspunkt des Drittvergleichs geprüft werden. Gleichzeitig sollte der Verkäufer mögliche steuerliche Risiken soweit wie möglich bereits im Vorfeld bereinigen.

Mittelständler sind manchmal zu großzügig bei der **Abgabe von Garantien**, da sie von der Qualität des eigenen Unternehmens überzeugt sind und die Risiken von Garantien oft unterschätzen. Ein Berater mittelständischer Unternehmen sollte dem entsprechend entgegenwirken.

Im SPA wird die Frage eines **nachvertraglichen Wettbewerbsverbots** geregelt werden müssen (▶ Teil II 5.1.10).

C Familienrechtliche Implikationen

Ist der Verkäufer eine natürliche Person, die im gesetzlichen **Güterstand der Zugewinngemeinschaft** lebt, ist sowohl beim *Asset Deal* als auch beim *Share Deal* an eine Zustimmung des Ehepartners gem. § 1365 BGB zu denken, da jedenfalls nicht ausgeschlossen werden kann, dass die Zielgesellschaft 90% des Vermögens des Verkäufers ausmacht, was nach h. M. bereits für die Bejahung des Tatbestandmerkmals »Vermögens im Ganzen« genügt (sog. Einzeltheorie, vgl. *Koch* in Säcker/ua, MüKo BGB § 1365 Rd. 9 ff.

m. w. N.), bei kleineren Vermögen, die bei einem Unternehmensverkauf selten vorliegen dürften, genügt für die Anwendung des § 1365 BGB bereits, dass 85% des Vermögenswerts veräußert werden, wobei in beiden Fällen die Gegenleistung *nicht* berücksichtigt wird. Aus Gründen des Verkehrsschutzes verlangt die h. M. jedoch, dass der Käufer zumindest von Umständen Kenntnis hat aus denen sich ergibt, dass es sich um das gesamte Vermögen des Veräußerers handelt (subjektive Theorie, vgl. *Koch* in Säcker/ua, MüKo BGB § 1365 Rd. 28 m. w. N.), die Bejahung dieses ungeschriebenen Tatbestandsmerkmals dürfte aber beim Unternehmenskauf regelmäßig naheliegen. Wird ein Unternehmenskaufvertrag ohne die gem. § 1365 I S. 1 BGB erforderliche Genehmigung abgeschlossen, ist der Vertrag zunächst schwebend unwirksam und wird mit Genehmigung, die auch konkludent erfolgen kann (§ 182 II BGB), rückwirkend wirksam oder, wenn das Wirksamwerden nicht mehr möglich ist, ist der Unternehmenskaufvertrag nichtig (§ 1366 BGB).

Praxishinweise: (1) Vor dem Hintergrund dieser fatalen Rechtsfolge darf bei der Prüfung der Notwendigkeit einer güterrechtlichen Genehmigung kein Risiko eingegangen werden. (2) In der notariellen Praxis wird im Hinblick auf güterrechtliche Implikationen oft die Formulierung *»ohne Ehevertrag verheiratet«* bei der Erfassung der persönlichen Daten der Erschienenen verwendet, um deutlich zu machen, dass der gesetzliche Güterstand der Zugewinngemeinschaft gilt (§§ 1363 ff. BGB). (3) Kommt möglicherweise ausländisches Ehegüterrecht zur Anwendung, wird sich eine Prüfung dieser Frage und ggf. sogar eine vorsorgliche Vereinbarung deutschen Ehegüterrechts nicht vermeiden lassen (aus deutscher Sicht sind insofern die Ehegüterrechts-VO der EU maßgebend).

Vertiefender Hinweis: Zu beachten ist, dass § 1365 BGB anders als der wortähnliche, vorstehend dargestellte § 311b III BGB interpretiert wird. Dies zeigt erneut, dass derselbe Begriff oder eine ähnliche Formulierung in Rechtsnormen bei der Auslegung zu sehr unterschiedlichen Ergebnissen führen kann.

D Steuerliche Begünstigung der Betriebsaufgabe

Steuerlich kommen bei der altersbedingten Betriebsaufgabe jeweils auf Antrag zwei begünstigende Tatbestände in Betracht, die jeweils nur einmal im Leben geltend gemacht werden können und jeweils voraussetzen, dass der Betrieb oder Teilbetrieb nach Vollendung des 55. Lebensjahres oder

nach Eintritt der dauernden Berufsunfähigkeit (im sozialversicherungs-
rechtlichen Sinne) veräußert wird:

- Gemäß § 16 IV EStG ist der Veräußerungsgewinn bis zu EUR 45.000 steuerfrei (Freibetrag). Dieser Freibetrag ermäßigt sich um den Betrag, den der Veräußerungsgewinn EUR 136.000 übersteigt, d. h. ab einem Veräußerungsgewinn von EUR 181.000 hat dieser Freibetrag keine Bedeutung mehr.
- Gemäß § 34 III EStG werden außerordentliche Einkünfte bis zu einem Betrag von EUR 5.000.000 nach einem ermäßigten Steuersatz versteuert.

Diese Vergünstigungen dienen der Sicherung der Altersvorsorge mittelständischer Unternehmer (BFH, Beschl. vom 09.12.2002, X bez. § 34 III
EStG: Sozialzwecknorm; Blümich/*Schallmoser*, EStG, § 16 Rd. 667 und Blü-
mich/*Lindberg*, EStG, § 34 Rd. 5).

Unabhängig von Alter und Berufsunfähigkeit enthält § 34 I EStG eine **Pro-
gressionsminderung** auch für Fälle der Betriebsveräußerung oder Teilbe-
triebsveräußerung, die dazu führt, dass der Veräußerungsgewinn auf fünf
Jahre verteilt wird. Soweit der Veräußerer bereits mit den den übrigen
Einkünften den Spitzensteuersatz erreicht, hat diese Regelung keine Relevanz (*Pupeter* in Holzapfel/Pöllath, Unternehmenskauf, Rd. 154).

E Professionalität und Kostensensibilität

Mittelständische Unternehmen verfügen i. d. R. über keine eigenen M&A-
Abteilungen und häufig auch über keine einschlägige Transaktionsexperti-
se (*Dreher/Ernst*, M&A, S. 57). Hinzu kommt im Mittelstand mitunter eine
erhöhte Kostensensibilität, so dass Experten mitunter erst spät hinzugezogen werden (*Dreher/Ernst*, M&A, S. 58). Dies verändert den Umgang der Parteien miteinander deutlich im Vergleich etwa zu Verhandlungen zwischen
Finanzinvestoren.

F Kulturelle Besonderheiten

In kultureller Hinsicht ist zu beachten, dass der **persönliche Kontakt und
authentisches Auftreten** bei Verhandlungen mit einem Inhaber eines mittelständischen Unternehmens, welches bereits seit Generationen von einer
Familie geführt wird, einen anderen Stellenwert haben als etwa bei Transaktionen zwischen zwei Finanzinvestoren (vgl. hierzu *Wegmann/Siebert*, Un-
ternehmensverkäufe, S. 42). Besondere Sensibilität ist dabei wohl nach wie
vor bei Transaktionen im Osten Deutschlands geboten, wo Unternehmer
nach der Wiedervereinigung oft volkseigene Betriebe oder ganze Kombina-

te unter schwierigen Rahmenbedingungen aus der Planwirtschaft in die Marktwirtschaft überführen mussten (speziell zu Unternehmenskäufen in den östlichen Bundeländern vgl. *Blum* in Blum/Gleißner/Nothnagel/Veltins, Vade Mecum, insb. S. 4 ff.). Diese kulturellen und psychologischen Aspekte beim Erwerb eines mittelständischen Unternehmens in allen Regionen der Bundesrepublik sollten bei der Gesprächsführung und der Festlegung der Verhandlungsstrategie eines (ausländischen) Bieters keinesfalls unterschätzt werden.

14.2 Besonderheiten bei Immobilientransaktionen

Im deutschen Recht stehen Gebäude als wesentliche Bestandteile des Grundstücks stets im Eigentum des Grundstückseigentümers (§§ 93 f., 946 BGB; Ausnahmen finden sich in § 1 I WEG, § 1 I ErbbauRG), weil hierdurch das rechtliche Auseinanderreißen und damit die Zerstörung wirtschaftlicher Werte verhindert wird. Das Steuer- und Handelsrecht dagegen trennt zwischen den Wirtschaftsgütern Grund und Boden auf der einen und Gebäude auf der anderen Seite. Bei einer sog. Immobilientransaktion ist also aus juristischer Sicht das Grundstück der Kaufgegenstand. Da die Besonderheiten einer Immobilientransaktion beim *Asset Deal* besonders relevant werden, konzentrieren sich die nachfolgenden Ausführungen auf Immobilientransaktionen im Wege des *Asset Deals*. Fragen der immobilienrechtlichen *Due Diligence* wurden bereits im Rahmen der *Legal Due Diligence* dargestellt (▶ Teil II 3.9.3).

14.2.1 Immobilienerwerb im Wege des Asset Deals

Soweit eine Immobilientransaktion im Wege des *Asset Deals* vollzogen wird, gelten die zivilrechtlichen Formvorschriften, d. h. der gesamte Kaufvertrag (das Verpflichtungsgeschäft) bedarf der **notariellen Beurkundung** (§ 311b I S. 1 BGB) und die Übertragung (das Verfügungsgeschäft) bedarf neben der dinglichen Einigung (Auflassung), die vor einem (inländischen) Notar zu erklären ist (§ 925 BGB), als Publizitätsakt der Eintragung des Erwerbers im Grundbuch als konstitutive Voraussetzung für den wirksamen Erwerb des Eigentums an einem Grundstück (§ 873 I BGB). Da die Umschreibung im Grundbuch meist einige Zeit erfordert, ist bei einem Immobilienerwerb im Weg des *Asset Deals* bis um dinglichen Vollzug deutlich mehr Zeit als bei anderen Transaktionen einzuplanen.

Eine weitere Besonderheit ist, dass bei der Übertragung von Grundstücken behördliche Verzichtserklärungen oder Negativatteste notwendig sind, wie vor allem der Verzicht der zuständigen Gemeinden auf die Ausübung des **gemeindlichen Vorkaufsrechts** gem. §§ 24 ff. BauGB (oder entsprechende Negativerklärungen). Des Weiteren können weitere Genehmigungen von Gebietskörperschaften in bestimmten Entwicklungs- oder Naturschutzgebieten notwendig sein (§§ 51 I Nr. 1, 109 I, 144 II Nr. 1, 169 I Nr. 3 BauGB, § 66 I BNatSchG; dazu können landesrechtliche Erfordernisse kommen).

Während bei einem *Share Deal* der Käufer durch die aufschiebend bedingte Abtretung der Anteile an der Zielgesellschaft gegen Eingang des Kaufpreises auf dem Konto des Verkäufers grds. davor geschützt wird, den Kaufpreis zu zahlen, ohne Eigentümer der Beteiligung zu werden, funktioniert dieser schlichte **Sicherungsmechanismus** bei Immobilien nicht, da die dingliche Einigung bei Grundstücken nicht unter einer Bedingung erfolgen darf (§ 925 II BGB). Um einen für Käufer und Verkäufer akzeptable wechselseitige Schutz zu schaffen und die teure und vom Gesetzgeber nur subsidiär zugelassene Einrichtung eines notariellen Treuhandkontos zu vermeiden (§ 57 BeurkG), erfolgt die Kaufpreiszahlung regelmäßig unter drei Vollzugsvoraussetzungen (**Trias der Fälligkeitsvoraussetzungen**, vgl. *Bismarck/Freytag/Kress* in Meyer-Sparenberg/Jäckle, M&A, § 64 Rd. 167 ff.; *Hertel* in Limmer, Würzburger Notarhandbuch, Teil II Rd. 181):

- Zur Absicherung des Erwerbers wird eine **Vormerkung** im Grundbuch eingetragen (sog. Auflassungsvormerkung, § 883 I BGB). Die Vormerkung bewirkt, dass nach Eintragung einer Vormerkung vorgenommene Verfügungen über ein Grundstück gegenüber dem Vormerkungsberechtigten unwirksam sind (§ 883 II BGB).
- Freistellung von allen Lasten, die vom Käufer nicht zu übernehmen sind (**Lastenfreistellung**). Hierzu ist die Vorlage aller erforderlichen Unterlagen in grundbuchtauglicher Form erforderlich oder die Löschung aller vorrangigen Belastungen.
- Vorlage aller erforderlichen behördlichen **Genehmigungen** (wie z. B. der Verzicht auf ein Vorkaufsrecht durch die Gemeinde oder die Bestätigung, dass ein Verzicht nicht erforderlich ist) in grundbuchtauglicher Form.

Im Grundstückskaufvertrag wird häufig vereinbart, dass das Vorliegen dieser Voraussetzungen vom Notar bescheinigt wird. Wurden keine weiteren Fälligkeitsvoraussetzung vereinbart, dann ist mit Zugang der **Fälligkeitsmitteilung** der Kaufpreis zu zahlen. Mit Kaufpreiszahlung geht der Besitz an der Immobilie auf den Käufer über, der Eigentumserwerb erfolgt erst mit Eintragung des Käufers im Grundbuch, was wie erwähnt, einige Zeit in Anspruch nehmen kann.

Auf der anderen Seite hat der Immobilienerwerb für den Käufer neben diesen Komplikationen auch Vorteile: Wenn der Verkäufer im Grundbuch als Eigentümer eingetragen ist, kann der Käufer im Falle der Nichtberechtigung des Verkäufers trotzdem Eigentum an dem Grundstück erwerben, wenn kein Widerspruch im Grundbuch eingetragen war und dem Käufer die Unrichtigkeit des Grundbuchs nicht positiv bekannt war (**gutgläubiger Erwerb**), d.h. selbst grob fahrlässige Unkenntnis des Erwerbers würde hier den gutgläubigen Erwerb nicht verhindern (§ 892 BGB; anders etwa als bei beweglichen Sachen, vgl. § 932 II BGB). Die Beweislast für die positive Kenntnis von der Nichtberechtigung des Verkäufers liegt überdies beim Gegner des Erwerbers (Palandt/*Herrler*, § 892 Rd. 26). Die Kombination von weitreichendem gutgläubigem Erwerb und den strengen Förmlichkeiten des Grundbuchs führen in Deutschland zu einem hohen Grad an **Transaktionssicherheit** beim Erwerb von Immobilien. Daher ist in Deutschland im Gegensatz zu anderen Jurisdiktionen eine Versicherung für den Fall des fehlgeschlagenen Erwerbs von Grundstückseigentum (*title insurance*) weder üblich noch notwendig.

Eine weitere Besonderheit von Immobilientransaktionen im Wege des *Asset Deals* ist, dass der neue Eigentümer kraft Gesetzes in die bestehenden Mietverhältnisse eintritt (»**Kauf bricht Miete nicht**«), was gleichermaßen für Wohnimmobilien wie Gewerbeimmobilien gilt (§§ 566, 578 BGB). In der Regel wird im Innenverhältnis zwischen Käufer und Verkäufer vereinbart, dass der Vermieterwechsel bereits mit dem Nutzungsübergang eintritt.

14.2.2 Steuerliche Aspekte beim Immobilienerwerb

Aus steuerlicher Sicht ist die bei inländischen Immobilientransaktionen vor allem die **Grunderwerbsteuer**, eine Verkehrssteuer auf Basis des Grunderwerbsteuergesetzes (GrEStG), zu beachten, die je nach Bundesland (Art. 105 IIa S.2 GG) zwischen 3,5 und 6,5% beträgt (vgl. die Übersicht von *Brill* in Carlé/Strahl, Unternehmenskauf, Rd. 274). Es ist absolut üblich, dass die Grunderwerbsteuer vom Käufer getragen wird (*Söhlke/Reckwardt* in Holzapfel/Pöllath, Unternehmenskauf, Rd. 2455), wobei im Verhältnis zur Finanzverwaltung Käufer und Verkäufer Steuerschuldner sind (§ 13 GrEStG). Das Grunderwerbsteuergesetz knüpft stärker als andere Steuergesetze an zivilrechtliche Strukturen an, stellt nur in Ausnahmefällen auf eine wirtschaftliche Betrachtung ab (§ 1 IIIa GrEStG) und versucht alle Umgehungstatbestände zu erfassen, so dass es immer schwieriger wird, die Grunderwerbsteuer vermeidende Gestaltungen zu finden (Carlé/Strahl/*Brill*, Unternehmenskauf, Rd. 273, 275). Die Basisfälle für den Anfall der Grunderwerbsteuer sind in Tabelle 8 zur ersten Orientierung dargestellt.

Praxishinweise: (1) Die Vermeidung der Grunderwerbsteuer ist häufig der Grund für die oft auftauchenden 94,9%-Beteiligungen in Organigrammen von Zielgesellschaften. Dies gilt in besonderem Maße für Wohnungsbaugesellschaften. (2) Durch die Erhöhung der Grunderwerbsteuer ist die Bedeutung von Co-Investoren, die 5,1% der Anteile übernehmen, gestiegen (*Pupeter* in Holzapfel/Pöllath, Unternehmenskauf, Rd. 589). (3) Praktisch übernimmt im Innenverhältnis immer der Erwerber die Grunderwerbsteuer. Da die Übernahme der Grunderwerbsteuer bei der Berechnung der Grunderwerbsteuer nicht als Teil der Gegenleistung betrachtet wird, würde eine (teilweise) Übernahme der Grunderwerbsteuer durch den Verkäufer bei gleichzeitiger entsprechender Erhöhung des Kaufpreises zu einer »Grunderwerbsteuer auf Grunderwerbsteuer« führen (*Pupeter* in Holzapfel/Pöllath, Unternehmenskauf, Rd. 576). (4) Zu beachten ist, dass der Gesetzgeber momentan über Änderungen bei der Grunderwerbsteuer nachdenkt.

Tab. 8: Basisfälle für Grunderwerbsteuerzahlungen

Art der Transaktion	Steuerbarer Grundtatbestand	Gestaltungsvarianten
Asset Deal (einschließlich inländischem Grundstück)	Verpflichtung zum Erwerb eines Grundstücks (§ 1 I Nr. 1 GrEStG) sowie weitere alternative Tatbestände (§ 1 I GrEStG)	Aufteilung des Kaufpreises auf bewegliche und unbewegliche Sachen.
Share Deal bei Personengesellschaft (mit inländischem Grundstück)	Verpflichtung zur Übertragung von mind. 95% der Anteile an einer Personengesellschaft auf neue Gesellschafter innerhalb von fünf Jahren (§ 1 IIa S. 1 GrEStG) sowie weitere Tatbestände (§ 1 IIa S. 2 f., IIIa GrEStG, selten der gegenüber § 1 IIa GrEStG nachrangige § 1 III GrEStG)	Erwerb von zunächst nur 94,9 % der Anteile; ggf. nach fünf Jahren die verbliebenen 5,1%. (dann § 1 III GrEStG nur bez. der 5,1%)
Share Deal bei Kapitalgesellschaft (mit inländischem Grundstück)	Verpflichtung zum Erwerb oder tatsächliche Übertragung (unmittelbar oder mittelbar) von mind. 95% der Anteile an einer Kapitalgesellschaft (§ 1 III GrEStG) sowie weitere Tatbestände (§ 1 III, IIIa GrEStG).	Erwerb von nur 94,9 % der Anteile.

Die Veräußerung von Immobilien im Wege des *Asset Deals* ist grds. **umsatz-steuerbefreit** (§ 4 Nr. 9 a UStG), ebenso wie im Falle des *Share Deals* (§ 4 Nr. 8 f UStG). Allerdings besteht beim *Asset Deal* die **Option**, auf die Umsatzsteuerbefreiung zu verzichten (§ 9 I, III UStG), was den Vorteil hat, dass der Verkäufer in der Vergangenheit geltend gemachte Vorsteuer nicht berichtigen muss (§ 15 a VIII UStG, vgl. hierzu in *Söhlke/Reckwardt* in Holzapfel/Pöllath, Unternehmenskauf, Rd. 2506 ff.).

Umstrukturierungen im Konzern sind unter bestimmten Voraussetzungen grds. gem. § 6a GrEStG von der Grunderwerbsteuer befreit, allerdings sind damit nicht alle Fälle erfasst, so dass eine genaue grunderwerbsteuerliche Prüfung auch bei Umstukturierungen im Konzern erforderlich bleibt (*Dietrich* in Limmer, HdB Unternehmensumwandlung, Teil 7 Rd. 614 f.).

14.3 Besonderheiten bei Finanzinstituten

14.3.1 Erwerb von Finanzinstituten

Unternehmenskäufe im **Bankensektor** sind in besonderem Maße durch regulatorische Vorgaben, insb. durch das Kreditwesengesetz (KWG) (*German Banking Act*) geprägt. So kommt die Übernahme einer Bank im Wege des *Asset Deals* neben den bereits dargestellten allgemeinen Problemen beim *Asset Deal* auch aus spezifischen bankrechtlichen Gründen kaum in Betracht:

- Die erforderliche **Bankerlaubnis** (§ 32 KWG) kann nicht einfach mitübertragen werden, so dass der Erwerber, der nicht bereits über eine passende Erlaubnis verfügt, eine neue Erlaubnis beantragen müsste.
- Weitere Probleme entstehen beim *Asset Deal* durch das **Bankgeheimnis**, welches entgegen weit verbreiteter Meinung nicht gesetzlich garantiert wird, sondern auf einer gewohnheitsrechtlich anerkannten zivilrechtlichen Nebenabrede zwischen Bank und Bankkunde beruht und in den Banken-AGB in Ziff. 2 (1) anerkannt wird, sowie dem parallel dazu geltendem **Datenschutz** (vgl. generell zu steigenden Bedeutung des Datenschutzes bei Unternehmenskäufen *Klausch/Mentzel*, BB 2020, 1610 ff.).

Vor dem Hintergrund dieser besonderen Schwierigkeiten eines *Asset Deals* ist bei der Übernahme eines Finanzinstituts der *Share Deal* die zu empfehlende Erwerbsform. Wer beabsichtigt, eine bedeutende Beteiligung an einem Finanzinstitut zu erwerben, hat dies der BaFin unverzüglich schriftlich anzuzeigen (§ 2c KWG). Eine bedeutende Beteiligung ist insb. bei einem Erwerb von 10% des Nominalkapitals oder der Stimmrechte anzunehmen.

14.3.2 Portfolio-Veräußerungen durch Finanzinstitute

Die vorstehend geschilderten regulatorischen Hürden bestehen auch bei einer Portfolio-Veräußerungen, selbst wenn diese sich auf die Aktivseite der Bilanz, also auf bestehende Forderungen, beschränkt (*Adolff/Paul* in Meyer-Sparenberg/Jäckle, M&A, § 66 Rd. 6). Um dem Bankgeheimnis und dem Datenschutz bei der *Due Diligence* genüge zu tun, wird hier in der Praxis mitunter mit einem sog. *Red Data Room* gearbeitet, d. h. es wird ein Datenraum mit nicht-anonymisierten personenbezogenen Daten eingerichtet, der nur von Beratern des Erwerbsinteressierten eingesehen werden kann, die gesetzlichen Verschwiegenheitsverpflichtungen unterliegen (*Burmeister/Link* in Meyer-Sparenberg/Jäckle, M&A, § 65 Rd. 50). Selbst nach der Abtretung der Forderungen (über die der Kunde unverzüglich zu informieren ist, § 496 II S.1 BGB) bleibt das veräußernde Finanzinstitut im Verhältnis zum Kunden Vertragspartner und darf die Identität des Vertragspartners nicht ohne dessen Zustimmung gegenüber dem Käufer des Portfolios offenlegen, was dazu führt, dass das veräußernde Finanzinstitut weiterhin die Administration der entsprechenden Darlehen vornehmen muss (*Adolff/Paul* in Meyer-Sparenberg/Jäckle, M&A, § 66 Rd. 7). Vor diesem Hintergrund kommt es in der Praxis teilweise noch nicht einmal zur Abtretung, sondern nur zu einer Risikounterbeteiligung des Erwerbers (*sub-participation*, vgl. *Adolff/Paul* in Meyer-Sparenberg/Jäckle, M&A, § 66 Rd. 9). Datenschutzrechtliche Erleichterungen gelten im Übrigen nur bei der Veräußerung von *Non-Performing Loans* (NPL), da in diesem Fall ausnahmsweise auch personenbezogene Daten ohne ausdrückliche Einwilligung der Betroffenen übermittelt werden dürfen (*Adolff/Paul* in Meyer-Sparenberg/Jäckle, M&A, § 66 Rd. 6 m. w. N.).

Vor dem Hintergrund dieser Probleme beim direkten Transfer eines Portfolios hat sich in der Praxis folgende Ausgliederungs-Beteiligungserwerb-Anwachsungs-Struktur einschließlich doppelter Gesamtrechtsnachfolge entwickelt (vgl. hierzu insb. *Bergjan* in Holzapfel/Pöllath, Unternehmenskauf, Rd. 2411; *Adolff/Paul* in Meyer-Sparenberg/Jäckle, M&A, § 66 Rd.11):

1. **Ausgliederung des Portfolios** aus dem Vermögen des Finanzinstituts gem. § 123 III UmwG typischerweise auf eine GmbH & Co. KG (aufnehmender Rechtsträger, der entweder bereits existiert, dann handelt es sich um eine Ausgliederung zur Aufnahme gem. § 123 III Nr.1 UmwG, oder der Rechtsträger wird mit der Ausgliederung neu gegründet, dann

handelt es sich um eine Ausgliederung zur Neugründung gem. § 123 III Nr. 2 UmwG). Der aufnehmende Rechtsträger muss bei diesem Modell eine Personengesellschaft sein, da die nachstehend beschriebene Anwachsung nur bei Personengesellschaften möglich ist. Da es sich bei der Ausgliederung um eine partielle Gesamtrechtsnachfolge handelt (§ 131 I Nr. 1 UmwG), bedarf es keiner Zustimmung der Vertragspartner und das gesamte, vom Finanzinstitut frei definierte Portfolio geht mit allen bestellten Sicherheiten und (personenbezogenen) Daten auf den aufnehmenden Rechtsträger über. Die Ausgliederung ist außerdem grds. unter Fortführung der Buchwerte also ohne Aufdeckung der stillen Reserven und damit steuerneutral möglich (§ 24 UmwStG, vgl. hierzu *Bergjan* in Holzapfel/Pöllath, Unternehmenskauf Rd. 2412).

2. Der Erwerber wird auf Basis eines Kaufvertrags zwischen Erwerber und Finanzinstitut an der Portfolio-Gesellschaft typischerweise durch den **Erwerb eines Kommanditanteils** an der GmbH & Co. KG beteiligt. Dieser Beteiligungserwerb erfolgt (aufgrund entsprechender aufschiebend bedingter Willenserklärungen) typischerweise eine logische Sekunde nachdem die Ausgliederung im HR zunächst des übernehmenden und dann des übertragenden Rechtsträgers eingetragen wurde (§§ 130, 131 UmwG) und somit das gesamte Portfolio dinglich auf die GmbH & Co. KG übergegangen ist (*Adolff/Paul* in Meyer-Sparenberg/Jäckle, M&A, § 66 Rd. 11).

3. Anschließend erfolgt der Austritt des Finanzinstituts als Gesellschafter aus der KG, wodurch es zur Auflösung der Gesellschaft und zur **Anwachsung** bei dem Erwerber ebenfalls im Wege der Gesamtrechtsnachfolge kommt (§§ 161 II, 105 III HGB i.V.m. § 738 BGB), d.h. das gesamte in der KG befindliche Portfolio mit allen Rechten und Pflichten geht auf den Erwerber als einzig verbliebenem Gesellschafter der ehemaligen KG über (eine Personengesellschaft muss immer mind. zwei Gesellschafter haben, so dass die Auflösung beim Austritt des vorletzten Gesellschafters zwingend erfolgt). Im Ergebnis ist somit das gesamte Portfolio ohne Zustimmung der Bankkunden und ohne datenschutzrechtliche Hindernisse auf den Käufer übertragen worden.

Der Nachteil dieser Struktur ist, dass die Ausgliederung aus Gründen des Gläubigerschutzes dazu führt, dass die beteiligten Rechtsträger, also in unserem Beispiel das Finanzinstitut und die GmbH & Co. KG, zwingend für die Dauer von fünf Jahren als **Gesamtschuldner** (§ 421 BGB) für die vor dem Wirksamwerden der Ausgliederung begründeten Verbindlichkeiten des Finanzinstituts haften (§ 133 UmwG, bez. Versorgungsleistungen aufgrund des Betriebsrentengesetzes gilt eine zehnjährige Haftungsdauer). Dies bedeutet einerseits, dass der übernehmende Rechtsträger, also die GmbH &

Co. KG, im Außenverhältnis für alle Verbindlichkeiten des Finanzinstituts, die zum Zeitpunkt des Wirksamwerdens der Ausgliederung begründet waren, haftet (also nicht nur für die übernommenen Verbindlichkeiten), und anderseits, dass das Finanzinstitut für die übertragenden Verbindlichkeiten weiter haftet. Im Innenverhältnis sind daher wechselseitige (werthaltige) Freistellungen notwendig.

15 Managerhaftung bei Unternehmenskäufen

Die persönliche Verantwortung der handelnden Manager soll hier zumindest im Überblick dargestellt werden. Dabei geht es primär um die Haftung der Mitglieder der handelnden Organe wie der Geschäftsführer, Vorstände und Aufsichtsräte (sog. Organhaftung) gegenüber der eigenen Gesellschaft (**Innenhaftung** gem. § 43 GmbHG, §§ 93, 116 AktG).

15.1 Grundlagen der Organhaftung

Die zivilrechtliche Haftung von Geschäftsführern, Vorständen und Aufsichtsräten ist in den zurückliegenden Jahrzehnten immer mehr in den Fokus der Justiz und der Medien gerückt. Durch den Gesetzgeber und die Rechtsprechung sowie aufgrund von kulturellen Veränderungen ist sie zu einem immer größeren Risiko für Mitglieder dieser Organe geworden. Das Haftungsrisiko ist deswegen so groß, weil

- die Organe für jede Form der Fahrlässigkeit, d. h. auch für **leichte Fahrlässigkeit,** haften (eine m.E. sinnvolle optionale Beschränkung der Haftung auf grobe Fahrlässigkeit in den Gesellschaftsverträgen und/oder Dienstverträgen ist im deutschen Recht anders als in anderen Jurisdiktionen jedenfalls bei der AG nicht möglich),
- die **Beweislast** (*burden of proof*) für die objektive Pflichtwidrigkeit (und das Verschulden) des Handelns anders als sonst im Zivilrecht bei den Organen liegt (§ 93 II S. 2 AktG, diese Beweislastumkehr gilt trotz Fehlen einer entsprechenden Regelung im GmbHG auch für GmbH-Geschäftsführer, vgl. *Thümmel,* Rd. 227 m. w. N.; normalerweise kommt es nur bez. des subjektiven Verschuldens zur Beweislastumkehr zugunsten des Gläubigers, vgl. etwa § 280 I S. 2 BGB),
- die Organe als treuhänderische Verwalter fremden Vermögens ein alles **umfassendes Pflichtenspektrum** (einschließlich der besonders haftungsträchtigen Verpflichtung zur Compliance) haben

- und die Organe unbeschränkt und (auch wenn sie persönlich nur ein minimaler Verstoß wegen fehlender Kontrolle der anderen Organmitglieder trifft) **gesamtschuldnerisch mit ihrem gesamten Vermögen haften** (vgl. insb. §§ 93 II S. 1, 116 AktG, § 43 II GmbHG jeweils i.V.m. § 421 BGB). Die Rechtslage ist somit für Organe extrem ungünstig und wird durch das Phänomen des *Hindsight Bias* (Rückschaufehler) noch einmal verschärft, da nach einer fehlgeschlagenen Transaktion jeder Laie »es schon immer gewusst hat« und auch Gerichte dieser subjektiven Fehleinschätzung unterliegen können.

Wegen der oft hohen wirtschaftlichen Bedeutung von Managemententscheidungen reicht unter Umständen auch die Deckungssumme von sog. **D&O-Versicherungen** (*Directors› and Officers› Liability Insurance*) nicht zur Abdeckung dieser Risiken aus, was insb. in dem dualistischen System (*two-tier system*) der *Corporate Governance* aus Vorstand und Aufsichtrat zu erheblichen Problemem führen kann, da die D&O-Versicherung vor dem Hintergrund des in den USA geltenen monistischen Systems (*one-tier system*) der *Corporate Governance* entwickelt wurde (vgl. zur Problematik der D&O-Versicherung im *two tier system Fassbach/Hülsberg*, CB 2018, S. 186-188).

Auch eine **Entlastung** auf der jährlichen Hauptversammlung (*Annual General Meeting*/AGM) führt jedenfalls bei Vorständen einer AG nicht zu einer Haftungsbefreiung (§ 120 II S. 2 AktG, allerdings ist die Rechtslage insoweit bei der GmbH für die Geschäftsführer günstiger, vgl. *Fischer*, WPR S. 213 f.; im Englischen gibt es keine passende Übersetzung für Entlastung, da es in den angelsächischen Jurisdiktionen keine entsprechende Maßnahme gibt, am passendsten dürfte die Übersetzung »*to discharge*« sein). Ebenfalls zu keiner Haftungsbefreiung des Vorstands gegenüber der AG führt die Zustimmung des Aufsichtsrats (§ 93 IV S. 2 AktG). Eine Haftungsbefreiung liegt aber für Maßnahmen der Geschäftsführung einer AG vor, die gem. § 119 II AktG der Hauptversammlung vorgelegt wurden und von der HV gesetzmässig beschlossen wurden (§ 93 IV S. 1 AktG, vgl. *Drinhausen* in Hölters, AktG, § 119 Rd. 15).

15.2 Haftung für fehlgeschlagene Unternehmenskäufe und Business Judgement Rule

Was den Bereich der Haftung von Organen wegen **fehlgeschlagener Transaktionen** anbelangt, wird über dieses Thema bei Transaktionen oft intensiv gesprochen, es scheint aber trotz der hohen Anzahl der Transaktionen, die als nicht erfolgreich angesehen werden müssen (▶ Teil I 12), doch erstaunlich selten Unternehmenstransaktionen zu geben, wo es tatsächlich zu einer persönlichen Haftung von Vorständen oder Geschäftsführer oder gar Aufsichtsräten wegen fehlgeschlagener Unternehmenskäufe gekommen ist (vgl. *Bücker/Kulenkamp* in Krieger/Schneider, HdB Managerhaftung, 29.2). Es mag zwar sein, dass dieser Eindruck täuscht, da derartige Verfahren unter Umständen in nicht-öffentlichen Schiedsverfahren entschieden werden, aber immerhin müssten etwaige, in diesen Fällen naheliegende Vergleiche mit Vorständen einer AG (in oder außerhalb von Schiedsverfahren) durch die Hauptversammlung genehmigt werden (§ 93 IV S. 3 AktG), was jedenfalls bei Publikumsgesellschaften zu einer entsprechenden Transparenz führen würde.

Der entscheidende Grund für die offenbar seltene Inanspruchnahme von Vorständen wegen fehlgeschlagener Unternehmenskäufe dürfte in der **Business Judgement Rule** (BJR, § 93 I S. 2 AktG, gilt analog für Geschäftsführer einer GmbH) zu sehen sein. Danach haften Vorstände bei unternehmerischen Entscheidungen wie Unternehmenskäufen nicht, wenn sie auf der Basis angemessener Informationen, d. h. insb. auf Basis einer *Due Diligence*, zum Wohle der Gesellschaft gehandelt haben, d. h. insb. keine eigenen Interessen verfolgt haben. Die BJR wird oft auch als sicherer Hafen (*safe harbour*) bezeichnet und wird bei einem professionell beratenden und umsichtig agierenden Vorstand dazu führen, dass er auch in dem durchaus nicht unwahrscheinlichen Fall eines Fehlschlags einer Transaktion kein persönliches Haftungsrisiko trägt. Wichtig ist vor allem, dass die *Due Diligence* und der gesamte Weg der Entscheidungs- und Kaufpreisfindung sorgfältig dokumentiert wird (*Pitkowitz*, Praxishandbuch, Rd. 470), da die Beweislast für das pflichtgem.e Handeln beim Organ liegt (daher ist auch die Anforderung einer *Fairness Opinion* zum Kaufpreis oft sinnvoll, wenn nicht gar zwingend geboten).

15.3 Haftungsrisiken bei der Besicherung von Gesellschafterverbindlichkeiten

Schwer einzuschätzende Risiken drohen den Geschäftsführern und Vorständen der **Zielgesellschaft**, wenn Sie im Rahmen eines LBO Sicherheiten zur **Besicherung von Gesellschafterverbindlichkeiten** bestellen (Anspruchsgrundlage wären hier vor allem § 93 III i.V.m. § 57 AktG, § 43 III GmbHG i.V.m. § 30 GmbHG). Dies ist – wie oben ausgeführt – insb. bei der AG nur in engen und überdies unklaren Voraussetzungen zulässig (▶ Teil

II 12.2). Verschärfend wirkt sich hier aus, dass sich Vorstände und Geschäftsführer auf den sicheren Hafen der *Business Judgement Rule* bei der hier drohenden Verletzung von Kapitalschutzmaßnahmen insb. aus § 57 AktG und § 30 GmbHG (den sog. »Todsünden« des Kapitalgesellschaftsrechts) nicht berufen können, wie sich bei der AG bereits aus der Systematik des § 93 I, III AktG ergibt (Hüffer/*Koch*, AktG § 93 Rd. 68). Auch können im Bereich der Kapitalerhaltung keine wirksamen Weisungen erteilt werden (§ 43 III S. 3 GmbHG, der Vorstand einer AG ist ohnehin grds. nicht weisungsgebunden, § 76 AktG).

15.4 Gesteigertes Haftungsrisiko aufgrund der Konzernstruktur

Oft decken **Konzernstrukturen** sich nicht mit den Geschäftsfeldern einer Gesellschaft, was manchmal historische Gründe hat, manchmal mit persönlichen Interessen zu tun hat, oft aber auch das Resultat von Steueroptimierungen ist (► Teil I 5). Dies wiederum führt dazu, dass mitunter Organe Zuständigkeiten für Gesellschaften haben, mit deren operativen Geschäft sie gar nicht vertraut sind (wenn sie etwa Funktionen in Zwischenholdings wie einer Luxemburger S.à r.l. übernehmen). Dies erhöht wiederum das Risiko von Fehlentscheidungen und das Argument mangelnder Fachkenntnis sollten die betroffenen Organe im Falle eines Prozesses besser nicht vortragen.

15.5 Haftungsrisiken beim Unternehmensverkauf in der Krise

Liegt ein Insolvenzgrund (§§ 17 ff. InsO) vor, haben die Geschäftsführer oder Vorstände unverzüglich, spätestens jedoch nach drei Wochen **Insolvenz** anzumelden (§ 15a I S. 1 InsO). Tun sie dies nicht, weil sie etwa noch über einen Unternehmensverkauf verhandeln und hoffen, so die Insolvenz doch noch abwenden zu können, machen sie sich persönlich haftbar (§ 823 II BGB i.V.m. § 15a I InsO). Hinzu kommt die Haftung wegen Zahlungen nach Eintritt der Zahlungsunfähigkeit oder Überschuldung (§ 64 GmbHG, § 92 II AktG).

15.6 Geringes Haftungsrisiko für Arbeitnehmer

Der Vollständigkeit halber sei noch erwähnt, dass **Arbeitnehmer** (§ 611a BGB), zu denen auch die angestellten Prokuristen (§§ 48 ff. HGB) gehören, aufgrund der restriktiven Rechtsprechung des Bundesarbeitsgerichts (BAG) zur Haftung gegenüber dem Arbeitgeber im Ergebnis in der Praxis so gut wie kein oder schlimmstenfalls ein nur recht überschaubares persönliches Haftungsrisiko tragen (vgl. BAG 15.11.2012 AP BGB § 611 Haftung des Arbeitnehmers Nr. 137; Anspruchsgrundlage gegenüber Arbeitnehmern wäre §§ 280 I, 619a BGB, vgl. insg. hierzu *Preis* in Müller-Glöge/u. a., Erfurter Kommentar § 619a BGB Rd. 13 ff.). So haften Arbeitnehmer bei leichter Fahrlässigkeit gar nicht, bei mittlerer/normaler Fahrlässigkeit kommt es zur Schadensteilung ggf. mit einer Beschränkung bei der Höhe (str.), bei grober Fahrlässigkeit kommt es grds. zur vollen Haftung (insg. sehr str.) und bei Vorsatz haften auch Arbeitnehmer unbeschränkt (vgl. *Fischer*, WPR, S. 228). Im Außenverhältnis gelten diese weitreichenden Haftungsprivilegien von Arbeitnehmern nicht, aber ein Arbeitnehmer, der im Außenverhältnis haftet, im Innenverhältnis aber nicht haftet, hat gegenüber seinem Arbeitgeber einen Freistellungsanspruch (haftet also in dieser Konstellation im Ergebnis nicht persönlich, solange der Arbeitgeber solvent ist). Hinzu kommt im Innen- wie im Außenverhältnis, dass Arbeitnehmer bei Transaktionen kaum wesentliche Entscheidungen treffen oder Handlungen vornehmen dürften und schon aus diesem Grunde kein relevantes Haftungsrisiko bei Unternehmenstransaktionen tragen dürften.

15.7 Strafrechtliche Risiken

Nicht ganz unerwähnt bleiben sollen die **strafrechtlichen Risiken** von Transaktionen. So kann die Zahlung einer zivilrechtlich nicht gerechtfertigten Abfindung an einen nach Vollzug einer Transaktion ausscheidenden Vorstandsvorsitzenden im Extremfall den Straftatbestand der **Untreue** (§ 266 StGB) erfüllen, wie der BGH in dem Strafverfahren gegen Mitglieder des Aufsichtsrats der Mannesmann AG im Nachgang zu der Übernahme der AG durch Vodafone festgestellt hat (BGH v. 21.12.2005 – 3 StR 470/04): In der mündlichen Urteilsbegründung hat der damalige Vorsitzende Richter des dritten Strafsenats des BGH, *Tolksdorf*, ausgeführt, dass Aufsichtsräte (ebenso wie Vorstände und Geschäftsführer) nur »*Gutsverwalter und nicht Gutsherrn*« sind, die als Treuhänder fremdes Vermögen nur verwalten und nicht im großen Stil ohne rechtliche Grundlage verteilen dürfen (https://www.manager-magazin.de/unternehmen/artikel/a-471417-6.html, mit kritischem Kommentar).

Im Rahmen von Besicherungen können Verletzungen von Kapitalerhaltungsbestimmungen unter Umständen sogar den Straftatbestand des Bankrotts (§ 283 StGB) verwirklichen (*Jenner* in Schalast, M&A-Geschäft, S. 343). Ebenso sind beim Verkauf eines Unternehmens in einer Krisensituation die Insolvenztatbestände der §§ 283 ff. StGB zu beachten. Bei Versäumung der Verpflichtung zur Insolvenzanmeldung droht die Strafbarkeit gem. § 15a IV, V InsO. Auf spezifische kapitalmarktrechtliche Straftatbestände wie vor allem den strafbaren Insiderhandel wird an späterer Stelle noch eingegangen werden (▶ Teil II 8.1 D).

15.8 Berufsrechtliche Konsequenzen

Eine strafrechtliche Verurteilung kann im Extremfall auch zu einem Berufsverbot führen (§ 70 StGB), was in diesem Kontext eher ein theoretisches Risiko sein sollte. Kurz erwähnt seien noch mögliche negative regulatorische Konsequenzen für die Berufsausübung von Managern vor allem in der Finanzwirtschaft (vgl. z. B. §§ 25c, 36 KWG, § 24 VAG).

Teil III Unternehmensumstrukturierungen

1 Umstrukturierungen auf Basis des Umwandlungsgesetzes

Umstrukturierungen von Unternehmen erfolgen primär auf Basis des **Umwandlungsgesetzes (UmwG)** (*German Transformation Act*). Dieses bildet daher den Schwerpunkt der nachfolgenden Darstellung. Das Umwandlungsgesetz sieht **vier Umwandlungsarten** vor (**§ 1 I UmwG**):

1. Die (vor allem in der Konzernpraxis bedeutsame) **Verschmelzung** (§ 1 I Nr. 1 i.V.m. §§ 2 ff. UmwG) einschließlich der grenzüberschreitenden Verschmelzung innerhalb der EU und des EWR gem. §§ 122a ff. UmwG, jeweils in den Alternativen zur Aufnahme (was die Regel ist) oder zur Neugründung (was eher selten vorkommt).
2. Die **Spaltung** (§ 1 I Nr. 2 i.V.m. §§ 123 ff. UmwG) in den drei Varianten Aufspaltung (§ 123 I UmwG), Abspaltung (§ 123 II UmwG) und (der besonders praxisrelevanten) Ausgliederung (§ 123 III UmwG), ebenfalls jeweils in den Alternativen zur Neugründung oder zur Aufnahme.
3. Die (in der Praxis sehr seltene) **Vermögensübertragung** (§ 1 I Nr. 3 i.V. m. §§ 174 ff. UmwG).
4. Der (sehr praxisrelevante) **Formwechsel** (§ 1 I Nr. 4 i.V.m. §§ 190 ff. UmwG), der zu einem Wechsel der Rechtsform ohne Vermögensübertragung führt (bei allen anderen

Neben den Umwandlungsformen im UmwG sind nur Umwandlungen zulässig, die der Gesetzgeber ausdrücklich in anderen Gesetzen zugelassen hat (**Numerus Clausus der Umwandlungsformen**, § 1 II UmwG), d. h. die Gerichte dürfen nicht im Wege der richterlichen Rechtsfortbildung weitere Umwandlungsformen entwickeln. Der Grundsatz des NC der Umwandlungsformen schließt aber Umwandlungsvarianten auf Basis gesetzlicher Regelungen außerhalb des Umwandlungsgesetzes nicht aus (keine Sperrwirkung).

> **Beispiel:** Das UmwG schließt Anwachsungsmodelle im Personengesellschaftsrecht nicht aus (▶ Teil III 3.5.2).

Vor dem Hintergrund des NC der Umwandlungsformen wird es kaum überraschen, dass die Bestimmungen des Umwandlungsgesetzes **zwingend** sind, soweit das UmwG nicht explizit eine Abweichung zulässt (§ 1 III UmwG), was nur selten der Fall ist. Das Umwandlungsgesetz ist im Übrigen ein sehr **technisches Regelwerk**, welches anders als das BGB auf Generalklauseln und unbestimmte Rechtsbegriffe weitgehend verzichtet, stattdessen mit relativ eindeutigen Begriffen arbeitet und einem mehrstufigen **Baukastenprinzip** folgt, welches leider nicht gerade zur Übersichtlichkeit des Umwandlungsrechts beiträgt. Daher dürfte das UmwG vielleicht das Gesetz sein, welches am ehesten eine Anwendung durch Künstliche Intelligenz ermöglicht, mag es bis dahin auch noch ein weiter weg sein.

> **Beispiel:** Zentraler Begriff des UmwG ist der des »**Rechtsträgers**« (vgl. z. B. § 1 I UmwG). Diese Rechtsträger sind immer eindeutig definiert (vgl. §§ 3, 124, 191 UmwG), etwa im Unterschied zu Begriffen wie »Betrieb«, »Betriebsteil« oder »Unternehmen« in anderen Gesetzen (vgl. z. B. § 20 I UmwStG, § 613a I BGB oder § 1 I KSchG), die jeweils im Wege der Auslegung zu bestimmen sind. Bei der grenzüberschreitenden Verschmelzung wechselt der Gesetzgeber allerdings auch im UmwG zu dem allgemeineren Terminus »Gesellschaft« (vgl. §§ 122a ff. UmwG).

Das Umwandlungsgesetz ist am 1.1.1995 in Kraft getreten. Die Wurzeln des Umwandlungsrechts reichen aber bis zum ADHGB von 1861 zurück (vgl. zur Geschichte des Umwandlungsrechts *Kraft* in Kraft/Redenius-Hövermann, Umwandlungsrecht, S. 9 ff.). Während es in praktisch allen Jurisdiktionen Gesetze zur Schaffung juristischer Personen gibt, gehören Gesetze wie das Umwandlungsgesetz nicht zum Standard aller Rechtsordnungen. Für die Unternehmenspraxis in Deutschland ist das UmwG ein Glücksfall.

2 Gemeinsame Merkmale von Umwandlungen

Um die wesentlichen Elemente und Gemeinsamkeiten aller Umwandlungsformen zu verdeutlichen und nicht im Schachtel-Labyrinth des UmwG mit seinen ca. 300 Umwandlungsvarianten (*Stoye-Benk/Cutura*, HdB Umwandlungsrecht, Kap. 2 Rd. 14) den Überblick zu verlieren, werden diese Gemeinsamkeiten vorab zusammenfassend dargestellt. Danach werden (entsprechend ihrer Bedeutung für die Praxis) schwerpunktmäßig die Verschmelzung, die Spaltung und der Formwechsel erläutert. Die Ausführungen des nächsten Kapitels haben damit den Charakter eines Allgemeinen Teils zum Umwandlungsgesetz, obwohl das UmwG selbst explizit keinen Allgemeinen Teil hat, vielmehr verwendet der Gesetzgeber die Verschmelzung (§§ 2 ff. UmwG) als Grundvariante auf der die anderen Umwandlungsformen aufbauen (vgl. insb. § 125 UmwG) – oder anders formuliert: Das Verschmelzungsrecht in §§ 2 ff. UmwG fungiert als der Allgemeine Teil des Umwandlungsgesetzes (vgl. zu den Grundlagen des UmwG insb. *Limmer* in Limmer, HdB Unternehmensumwandlung, Teil 1, Rd. 148 ff.; *Stoye-Benk/Cutura*, HdB Umwandlungsrecht, Kap. 2 Rd. 1 ff.; *Kraft* in Kraft/Redenius-Hövermann*, Umwandlungsrecht Kap. 1 Rd. 1 ff.).

2.1 Gesamtrechtsnachfolge und Identitätsprinzip als entscheidende Vorteile

Der entscheidende Vorteil von Umwandlungen auf Basis des Umwandlungsgesetzes ist die (im Falle der Spaltung partielle, *partial*) **Gesamtrechtsnachfolge** (Universalsukzession, *universal succession*) im Gegensatz zur Einzelrechtsnachfolge (Singularsukzession, *singular succession*) beim *Asset Deal*, d.h. Umwandlungen gem. UmwG ermöglichen (wie bei einem Erbfall) bei der Verschmelzung und Spaltung die Übertragung von Aktiva und Passiva im Ganzen kraft Gesetzes ohne Einhaltung des sachenrechtlichen Bestimmtheitsprinzips und vor allem ohne die Zustimmung Dritter (§§ 20 I Nr. 1, 131 I Nr. 1 UmwG). Der Formwechsel wird hier nicht genannt, weil es beim Formwechsel überhaupt nicht zu einer Übertragung und somit auch nicht zu einer Gesamtrechtsnachfolge kommt, vielmehr bleibt die rechtliche und wirtschaftliche Identität des Rechtsträgers beim Formwechsel einfach bestehen (**Identitätsprinzip**, § 202 I Nr. 1 UmwG, steuerlich wird allerdings teilweise eine Übertragung fingiert, ▶ Teil III 5.4.9).

> **Beispiele:** (1) Der vollständige Austausch einer Vertragspartei erfordert zivilrechtlich grds. die Zustimmung der bisherigen und neuen Vertragspartner (regelmäßig also einen dreiseitigen Vertrag). Ohne die Zustimmung des Vertragspartners können nur einzelne Forderungen abgetreten werden (§§ 398 ff. BGB), soweit nicht auch dies ausgeschlossen wurde. Anders ist dies bei der Gesamtrechtsnachfolge im Rahmen einer Verschmelzung oder Spaltung: Hier können Verträge von der Gesellschaft A auf die Gesellschaft B ohne Zustimmung der Vertragspartner der Gesellschaft A vollständig auf die Gesellschaft B übertragen werden. Der Vertragspartner wird im Gegenzug durch die dargestellten Gläubigerschutzbestimmungen geschützt. (2) Das Eigentum an Grundstücken wird zivilrechtlich bekanntlich gem. §§ 873, 925 BGB durch dingliche Einigung (sog. Auflassung) und die konstitutive Eintragung des neuen Eigentümers im Grundbuch übertragen. Gehört bei einer Verschmelzung

oder Spaltung ein Grundstück zum Eigentum des übertragenden Rechtsträgers, so geht das Eigentum ohne Auflassung und ohne Eintragung im Grundbuch mit Wirksamwerden der Umwandlung durch Eintragung der Verschmelzung im HR auf den übernehmenden Rechtsträger über (§§ 20 I Nr. 1, 131 I Nr. 1 UmwG). Damit wird die bisherige Eintragung im Grundbuch unrichtig und kann gem. § 894 BGB entsprechend korrigiert werden (diese Korrektur des Grundbuchs wirkt aber nur deklaratorisch, da der übernehmende Rechtsträger auch ohne Umschreibung des Grundbuchs bereits Eigentümer des Grundstücks geworden ist).

Vertiefender Hinweis: Die im Rahmen des *Share Deals* bereits diskutierten **Change of Control-Klauseln** werden abhängig von ihrem genauen Wortlaut i. d. R. auch auf Umwandlungsvorgänge Anwendung finden. Allerdings ist bei Umwandlungsfällen zu prüfen, ob die Ausübung der Rechte einer solchen Klausel nicht gegen das Schikaneverbot (§§ 226, 242 BGB) verstößt (vgl. *Stoye-Benk/Cutura*, HdB Umwandlungsrecht, Kap. 2 Rd. 31).

2.2 Umwandlungsfähige Rechtsformen

An Umwandlungen können nur **Rechtsträger** beteiligt sein, die vom Gesetzgeber explizit zugelassen wurden. Dies sind praktisch immer Rechtsträger, die in einem **Register** wie vor allem dem HR eingetragen sind. Dies hängt damit zusammen, dass auf Basis eines Registers immer zuverlässig die Rechtsverhältnisse des Rechtsträgers festgestellt werden können. Aus diesem Grund kommt die **Gesellschaft bürgerlichen Rechts** (GbR, § 705 BGB), die (jedenfalls bislang) in keinem Register geführt wird, grds. nicht als Beteiligte einer Umwandlung in Betracht (zugelassen ist die GbR ausnahmsweise aber als möglicher neuer Rechtsträger nach einem Formwechsel, § 191 II Nr. 1 UmwG).

2.3 Grenzüberschreitende Umwandlungen

Grenzüberschreitende Umwandlungen sind auf Ebene des sekundären Europarechts und des deutschen Rechts bislang nur punktuell geregelt, müssen allerdings aufgrund der durch das primäre Europarecht garantierten **Niederlassungsfreiheit** (Art. 49, 54 AEUV) grds. ermöglicht werden. Die

Formulierung »Rechtsträger mit Sitz im Inland« in § 1 I UmwG ist europachrechtskonform dahingehend auszulegen, dass das UmwG nur für Rechtsträger mit Satzungssitz im Inland Regelungen für Umwandlungen trifft, die auch bei grenzüberschreitenden Sachverhalten einzuhalten sind, das UmwG aber grenzüberschreitende Umwandlungen nicht grds. verbietet (vgl. *Marsch-Barner/Wilk* in Kallmeyer, UmwG, vor §§ 122a-122m Rd. 9 ff. m. w. N.). Im Ergebnis kommt es hierdurch zu einer Diskrepanz zwischen dem, was rechtlich zulässig ist, und dem, was in der Rechtspraxis in Ermangelung einfachgesetzlicher Regelungen tatsächlich mit angemessenem Aufwand umgesetzt werden kann.

Praktisch umsetzbar sind bislang die **grenzüberschreitende Verschmelzung** im Rahmen und auf Basis der §§ 122a ff. UmwG. Dabei ist zu beachten, dass innerhalb der europarechtlichen Vorgaben die Sachrechte (nicht zu verwechseln mit den Sachenrechten) der Jurisdiktionen der betroffenen Gesellschaften kumulativ zur Anwendung gelangt (sog. **Vereinigungstheorie**, *Marsch-Barner/Wilk* in Kallmeyer, UmwG, vor §§ 122a-122m Rd. 2).

Beispiel: Bei einer grenzüberschreitenden Verschmelzung einer deutschen GmbH auf eine niederländische NV gelten für die deutsche GmbH insb. das UmwG und das GmbHG und für die niederländische NV spiegelbildlich die entsprechenden niederländischen Rechtsnormen.

Eine weitere gesetzliche bereits geregelte Möglichkeit grenzüberschreitende Umwandlung umzusetzen ermöglicht die **Europäischen Aktiengesellschaft (SE)**. Auf die SE und die verschiedenen Varianten grenzüberschreitender Umwandlungen wird im Rahmen der Darstellung der einzelnen Umwandlungsvarianten näher eingegangen (▶ Teil III 4.1). Eine weitere Alternative wäre die Aufnahme einer ausländischen Kapitalgesellschaft als Gesellschafterin einer deutschen Personengesellschaft und nachfolgendem Austritt der Altgesellschafter mit dem Effekt der **(grenzüberschreitenden) Anwachsung** (§ 738 BGB).

Praxishinweis: Soweit grenzüberschreitende Umwandlungen zwar theoretisch zulässig sein mögen, aber aufgrund fehlender Regelungen nicht praktikabel sind, sollte versucht werden, mit den Möglichkeiten der bereits kodifizierten nationalen Umwandlungen die Voraussetzungen für eine nicht explizit geregelte grenzüberschreitende Umwandlung zu schaffen (vgl. hierzu *vRummel* in Kraft/Redenius-Hövermann, Umwandlungsrecht Rd. 92, 96).

Grenzüberschreitende Umwandlungen sind von grenzüberschreitenden Sitzverlegungen zu unterscheiden. Auf diese wird später eingegangen (► Teil III 5.1.12).

2.4   Förmlichkeit des Umwandlungsprozesses

Umwandlungen unterliegen zwingenden formellen Anforderungen: Die Förmlichkeit von Umwandlungsmaßnahmen sind daran erkennbar, dass Umwandlungsbeschlüsse stets **notariell beurkundet** werden müssen (vgl. §§ 6, 13 III, 122c IV, 125, 193 III UmwG) und Umwandlungen bei den HR angemeldet werden müssen (§§ 16, 122l I, 129, 198 UmwG). Die Handelsregisteranmeldungen wiederum bedürfen – wie auch sonst – stets der **notariellen Beglaubigung** (§ 12 HGB).

> **Praxishinweis:** Vor dem Hintergrund der umfassenden notariellen Beurkundungs- und Beglaubigungserfordernissen bei allen Umwandlungen nach dem UmwG ist klar, dass Notarinnen und Notare mit vielen gesellschaftsrechtlichen Vorgängen die Berufsgruppe mit der größten Erfahrung im Umwandlungsrecht sind. Bei einfach gelagerten Vorgängen (dies sind vor allem konzerninterne Umwandlungen) ist daher aus Unternehmenssicht die Zwischenschaltung eines externen Rechtsanwalts oft nicht zwingend erforderlich.

2.5   Handelsregistereintragung als Wirksamkeitsvoraussetzung

Ein weiteres gemeinsames Merkmal von Umwandlungen ist, dass Umwandlungen immer erst mit Eintragung in das HR wirksam werden (**konstitutive/rechtsbegründende Wirkung der Handelsregistereintragung**) (§§ 20 I, 131 I, 202 I/II UmwG) und eine Rückgängigmachung einer einmal erfolgten Eintragung nicht möglich ist, es existiert somit insb. **keine »Entschmelzung«** (etwa gem. §§ 395, 397 FamFG, vgl. *Marsch-Barner* in Kallmeyer, UmwG, § 20 Rd. 47; *Haspl* in Kraft/Redenius-Hövermann, Umwandlungsrecht Kap. 2 Rd. 82), was insb. durch die Heilung von Verfahrensfehlern durch die Eintragung (§ 20 I Nr. 4, II, § 131 I Nr. 4, II, § 202 I Nr. 3, II UmwG) und die Beschränkung von Anfechtungs- und Nichtigkeitsklagen (§§ 14 II, 125, 195 UmwG) erreicht wird (die damit verbundenen Rechtsschutzdefizite werden durch das SpruchG kompensiert). Die konstitutive Wirkung der Eintragung und der Ausschluss der Rückgängigmachung einer einmal erfolgten

Eintragung dienen der Rechtssicherheit und Transparenz. Die Notwendigkeit der Eintragung ermöglicht es, dass das HR (bzw. die dort tätigen Richter und Rechtspfleger) die Rechtsmäßigkeit aller Beschlüsse und Anträge vor dem Wirksamwerden sorgfältig prüfen. Durch das Zusammenspiel von Notariaten und HR besteht bei Umwandlungen ein sehr hoher Grad an Zuverlässigkeit.

2.6 Mehrheitserfordernisse für Umwandlungsbeschlüsse

Die Umwandlungsbeschlüsse (also die regelmäßig notwendigen Zustimmungsbeschlüsse der Gesellschafterversammlungen der beteiligten Gesellschaften) bedürfen typischerweise derselben **qualifizierten Mehrheit** wie die vorgeschriebenen Mehrheiten für Änderungen der Gesellschaftsverträge der jeweiligen Gesellschaft (vgl. *Limmer* in Limmer, HdB Unternehmensumwandlung, Teil 1 Rd. 191), d. h.:

- Bei **Kapitalgesellschaften** ist eine Mehrheit von 75% notwendig (§§ 50 I S. 1, 65 I S. 1, 125, 240 UmwG), die im Gesellschaftsvertrag (nur) erhöht werden kann (§§ 50 I S. 2, 65 I S. 2 UmwG).
- Bei **Personengesellschaften** bedarf es regelmäßig einer Mehrheit von 100% (§ 43 I, 125, 217 I S. 1 UmwG), die im Gesellschaftsvertrag (nur) bis auf 75 % herabgesetzt werden kann (§§ 43 II, 125, 217 I S. 3 UmwG).

2.7 Schutzbestimmungen des Umwandlungsrechts

Das sehr inhaber- und unternehmensfreundliche Umwandlungsgesetz stellt für andere *Stakeholder* ein Risiko dar. Daher enthält das Umwandlungsgesetz zahlreiche Bestimmungen zum **Schutz von drei Gruppen: Minderheitsgesellschafter, Gläubiger und Arbeitnehmer.** Diese Schutzbestimmungen sollen nachfolgend zunächst im Überblick für alle Umwandlungsformen dargestellt werden.

2.8 Bestimmungen zum Schutz von Minderheitsgesellschaftern

Aus den vorstehenden Ausführungen zu den Mehrheitserfordernissen (die auch zu den Schutzbestimmungen gezählt werden könnten) ergibt sich, dass es insb. bei Kapitalgesellschaften vorkommen kann, dass ein Zustimmungsbeschluss zu einer Umwandlung gegen den Willen von Minderheitsgesellschaftern, die über 25% oder weniger der Stimmen in der Gesellschafterversammlung einer Kapitalgesellschaft verfügen, erfolgen kann. Daher hat der Gesetzgeber verschiedene Regelungen zum Schutz von Minderheitsgesellschaftern in das Umwandlungsgesetz aufgenommen:

- Zunächst sind die Leitungsorgane aller an einer Umwandlung beteiligten Rechtsträger zur Erstellung eines **Berichts** zu der geplanten Umwandlung verpflichtet (§§ 8, 127, 162, 176, 192 UmwG). Ein Bericht ist nicht erforderlich, wenn **alle Anteilsinhaber** aller beteiligten Rechtsträger darauf **verzichten** oder alle Anteile an dem übertragenden Rechtsträger dem übernehmenden Rechtsträger gehören (§§ 8 III, 127 S. 2, 176, 192 II UmwG); die zweite Alternative betrifft die (in der Praxis recht verbreitete) Verschmelzung der Tochtergesellschaft (*subsidiary*) auf die Muttergesellschaft (*parent company*) (**Konzernverschmelzung**).

> **Praxishinweis:** In den meisten Umwandlungsbeschlüssen wird auf die Erstellung eines Berichts verzichtet, soweit es sich nicht ohnehin um eine Konzernverschmelzung handelt, d. h. in der Praxis werden nur sehr selten Umwandlungsberichte erstellt.

- Wenn sich durch die Umwandlung die Rechtsform ändert, dann haben Minderheitsgesellschafter ein **Recht auf Austritt** aus der Gesellschaft gegen **Barabfindung** (§§ 29 ff. UmwG bei Verschmelzung in eine andere Rechtsform; § 125 i.V.m. §§ 29 ff. UmwG bei Spaltung auf einen Rechtsträger in einer anderen Rechtsform; § 207 UmwG bei Formwechsel, der naturgem. stets zu einer neuen Rechtsform führt).
- Die Minderheitsgesellschafter des übertragenden Rechtsträgers können auf **Verbesserung des Umtauschverhältnisses** klagen (§§ 15, 125, 176, 196 UmwG). Hierfür ist ein spezielles Verfahren gem. § 1 Nr. 4 **Spruchverfahrensgesetz** (SpruchG) vorgesehen, welches vom Gesetzgeber als Ausgleich für den Ausschluss einer Anfechtungsklage gegen die Wirksamkeit des Umwandlungsbeschlusses (§§ 14 II, 125, 195 UmwG) geschaffen wurde. Hintergrund dieser recht komplizierten Regelung ist, dass der Gesetzgeber eine Registersperre durch eine Klage gegen den Umwandlungsbeschluss verhindern will, wenn es »nur« um die Höhe der Gegenleistung geht, nicht aber um die Wirksamkeit des Beschlusses.

> **Praxishinweis:** In der Praxis erfolgen Umwandlungen meist konzernintern mit Zustimmung aller Beteiligten, so dass die Ausübung von Rechten von Minderheitsgesellschaftern keine Rolle spielen. Im Ergebnis sind

Umwandlungen daher i. d. R. deutlich leichter umzusetzen als die zahlreichen und oft recht komplizierten Schutzbestimmungen (hier zugunsten der Minderheitsgesellschafter) auf den ersten Blick erwarten ließen
(was aber nicht bedeuten soll, dass diese Schutzbestimmungen keine Berechtigung hätten).

2.9 Bestimmungen zum Schutz von Gläubigern

Die Forderungen von Gläubigern können auf verschiedene Arten durch
Umwandlungen gefährdet werden, so etwa durch den (Regime-)Wechsel
von Personen- in Kapitalgesellschaften, da hierdurch die persönliche, un-
beschränkte und gesamtschuldnerische Haftung der Gesellschafter entfällt
(vgl. § 128 S. 1 HGB, ggf. analog, einerseits und § 1 I S. 2 AktG oder § 13 II
GmbHG andererseits). Daher wurden vom Gesetzgeber eine ganze Reihe
wichtiger Schutzmechanismen im Umwandlungsgesetz installiert:

- Wird im Rahmen der Umwandlung eine neue Gesellschaft gegründet,
  dann gilt das **Gründungsrecht** dieser Rechtsform, d. h. es kommen insb.
  die gesamten Kapitalaufbringungsbestimmungen zur Anwendung (§§ 36
  II, 135 II, 197 UmwG). Da es sich bei der Umwandlung zur Neugründung
  immer um eine **Sachgründung** handelt, gelten somit insb. auch die jeweiligen Bestimmungen über die Sachgründung der jeweiligen Rechtsform (§§ 27 ff. AktG, § 9 GmbHG).
- Bei dem **Formwechsel** und der Verschmelzung bleibt die bisherige Haftungsmasse den Gläubigern erhalten (eine Ausnahme findet sich in § 45
  UmwG für den Fall, dass übertragender Rechtsträger eine Personenhandelsgesellschaft ist), bei der **Verschmelzung** kann sich die Haftungssituation allerdings erheblich verschlechtern, wenn der übernehmende
  Rechtsträger defizitär ist. Bei der **Spaltung** kann sich die Haftungsmasse
  schlagartig verringern, um dieses Defizit bei der Spaltung zu kompensieren, hat der Gesetzgeber bei den Spaltungsvorgängen für Verbindlichkeiten des übertragenden Rechtsträgers, die vor dem Wirksamwerden
  der Spaltung begründet worden sind, eine **fünfjährige gesamtschuldnerische Haftung** aller beteiligten Rechtsträger angeordnet (§ 133
  UmwG i. V. m. §§ 421 ff. BGB), im Falle von Versorgungsverpflichtungen
  nach dem Betriebsrentengesetz verlängert sich die Verjährungsfrist auf
  zehn Jahre (§ 133 III S. 2 UmwG) (bei einer Verschmelzung würde eine
  solche Regelung keinen Sinn machen, da die übertragende Gesellschaft
  in der aufnehmenden Gesellschaft aufgeht).

Praxishinweis: Da im Vorfeld von Unternehmensverkäufen häufig die zu veräußernden Geschäftsbereiche ausgegliedert werden, kommt der gesamtschuldnerischen Haftung aus § 133 UmwG eine erhebliche praktische Bedeutung zu. Zunächst wird bei der Ausgliederung eines relativ unbedeutenden Geschäftsbereichs aus einer börsennotierten AG jeder primär an die gesamtschuldnerische Haftung des übertragenden Rechtsträgers denken, aber dies gilt auch umgekehrt: Der übernehmende Rechtsträger haftet für die gesamte Passivseite der Bilanz der börsennotierten AG gesamtschuldnerisch mit der AG (mag diese Haftung sich i. d. R. auch nicht realisieren).

- Können Gläubiger **glaubhaft machen**, dass durch die Umwandlung die Erfüllung ihrer Forderung gefährdet ist, dann können Sie innerhalb von sechs Monaten nach Bekanntmachung der Eintragung der Umwandlung im HR des Rechtsträgers, dessen Gläubiger sie sind, **Sicherheitsleistung** verlangen (§§ 22, 125, 133 I, 204 UmwG i.V.m. §§ 232 ff. BGB). Die Glaubhaftmachung kann durch eine eidesstattliche Versicherung erfolgen (§ 294 I ZPO, eine vorsätzlich falsche Versicherung an Eides statt wäre gem. § 156 i.V.m. § 14 StGB strafbar).

Das UmwG sieht bei der Verschmelzung und den drei Spaltungsvarianten eine **Erhöhung des Nominalkapitals** bei dem übernehmenden Rechtsträger vor (§§ 2, 123 I, II, III UmwG). Es war in der Vergangenheit umstritten, ob diese Vorgabe dem Gläubigerschutz dient, was nicht zuletzt vor dem Hintergrund der vom Gesetzgeber geschaffenen Möglichkeit der übertragenden Rechtsträger auf die Anteilsgewährung zu verzichten (§§ 54 I S. 3, 68 I S. 3 UmwG) von der h. M. verneint wird, d. h. die grds. Anteilsgewährungspflicht dient nicht dem Gläubigerschutz (*Limmer* in Limmer, HdB Unternehmensumwandlung, Teil 1, Rd. 176 m. w. N.). Unabhängig von der Frage der Notwendigkeit einer Nominalkapitalerhöhung beim übernehmenden Rechtsträger ist zu beachten, dass es keinen Grundsatz gibt, dass das Nominalkapital des übertragenden Rechtsträgers erhalten bleiben müsse (*Limmer* in Limmer, HdB Unternehmensumwandlung, Teil 1, Rd. 175 m. w. N.).

Beispiel: Die X GmbH (übertragender Rechtsträger) mit einem Stammkapital von EUR 100.000 wird auf die Y GmbH (übernehmender Rechtsträger) mit einem Stammkapital von EUR 25.000 verschmolzen. In diesem Fall ist es nicht notwendig, dass das Stammkapital der Y GmbH auf

EUR 125.000 erhöht wird (so überhaupt eine Nominalkapitalerhöhung durchgeführt wird), vielmehr würde es genügen, dass das Stammkapital der übernehmenden Y GmbH z. B. nur um EUR 1.000 auf EUR 26.000 erhöht würde, mag dies auch nicht ganz zu Unrecht als »kalte Kapitalherabsetzung« empfunden werden (vgl. *Limmer* in Limmer, HdB Unternehmensumwandlung, Teil 1, Rd. 175). Immerhin müßte in diesem Beispiel gegenüber dem HR der Y GmbH nachgewiesen werden, dass die X GmbH zumindest einen Wert von EUR 1.000 hat (was wiederum ein Grund wäre, auf die Nominalkapitalerhöhung soweit wie möglich ganz zu verzichten).

Praxishinweis: Soweit die Möglichkeit besteht, auf die Gewährung von Anteilen zu verzichten, wird davon i. d. R. Gebrauch gemacht, so dass die Nominalkapitalerhöhung in der Praxis eine deutlich geringere Rolle spielt als die Lektüre des UmwG vermuten ließe. In der Vergangenheit war bei der Verschmelzung von Schwestergesellschaften eine Nominalkapitalerhöhung unvermeidbar, was von der Praxis dadurch umgangen wurde, dass die zu übertragende Schwestergesellschaft zunächst unter die übernehmende Schwestergesellschaft gehängt wurde, um eine logische Sekunde später eine Verschmelzung der Tochter- auf die Muttergesellschaft durchzuführen, bei welcher auch nach altem Recht eine Nominalkapitalerhöhung nicht notwendig war.

2.10 Bestimmungen zum Schutz von Arbeitnehmern

Neben dem Umwandlungsrecht bleibt das Arbeitsrecht anwendbar. Der Gesetzgeber hat aber in den Schlussbestimmungen des Umwandlungsgesetzes (§§ 322 ff. UmwG) einige Regelungen zur Verzahnung von Umwandlungsrecht und Arbeitsrecht vorgenommen, die in der Vergangenheit zu einigen Problemen geführt haben (vgl. *Limmer* in Limmer, HdB Unternehmensumwandlung, Teil 1, Rd. 198). Hiebei handelt es sich um folgende Regelungen:

- Bei den übertragenden Umwandlungen, also bei der Verschmelzung, der Spaltung und der Vermögensübertragung (im Unterschied zu dem hier nicht relevanten Formwechsel), stellt sich die Frage der Anwendbarkeit des **Betriebsübergangs** i. S. v. § 613a BGB: Nach dem klaren Wortlaut des § 613a BGB findet diese Bestimmung nur auf Betriebsübergänge im

Wege des Rechtsgeschäfts Anwendung, d. h. § 613a BGB fände eigentlich bei dem Übergang per (partieller) Gesamtrechtsnachfolge, welche bei den Umwandlungen vorliegt, überhaupt keine Anwendung. Vor diesem Hintergrund bestimmt der Gesetzgeber in § 324 UmwG, dass die Anwendung von § 613a I, IV bis VI BGB »unberührt« bleibt. Damit will der Gesetzgeber zum Ausdruck bringen, dass § 613a I, IV bis VI BGB auch im Falle von Umwandlungen anwendbar sind. Somit sind bei jedem Umwandlungsvorgang die tatbestandlichen Voraussetzungen des § 613a I BGB zu prüfen (Rechtsgrundverweisung, vgl. BAG NJW 2018, 885). Hinsichtlich der Voraussetzungen des § 613a BGB wird auf die Ausführungen im Rahmen der Darstellung des *Asset Deals* verwiesen (▶ Teil II 5.2.3.9). Was die Rechtsfolgenseite anbelangt, sind die Konsequenzen der Anwendbarkeit des § 613a BGB bei den verschiedenen Umwandlungsformen unterschiedlich, daher wird darauf bei der Erläuterung der jeweiligen Umwandlungsvariante in Teil III 3 eingegangen.

- Im Falle der **Spaltung** behält der Arbeitnehmer für die Dauer von **zwei Jahren** den bestehenden **Kündigungsschutz** (§ 323 I UmwG). Auf die Details wird bei der Darstellung der Spaltung in Teil III 3.2 eingegangen.
- Die jeweilige rechtsgeschäftliche Basis der Umwandlung (Verschmelzungsvertrag, Spaltungsvertrag bzw. Spaltungsplan oder der Umwandlungsbeschluss) muss **Angaben zu den Folgen für die Arbeitnehmer** und Arbeitnehmervertretungen enthalten (§ 5 I Nr. 9 UmwG bez. Verschmelzung; § 126 I Nr. 11 UmwG bez. Spaltung und § 194 I Nr. 7 UmwG bez. Formwechsel). Das entsprechende Dokument bzw. dessen Entwurf muss wiederum spätestens einen Monat vor der Beschlussfassung der Anteilsinhaber an die gem. Betriebsverfassungsgesetz zuständigen Betriebsräte (grds. alle Betriebsräte aller beteiligten Rechtsträger) zugeleitet werden (§§ 5 III, 126 III, 194 II UmwG). Der **Betriebsrat** ist also vorab über die Verschmelzung **zu informieren**, aber die Zustimmung des Betriebsrats ist nicht notwendig. Existiert kein Betriebsrat, dann entfällt diese Verpflichtung, d. h. es muss keine Ersatzzustellung an die Arbeitnehmer erfolgen (*Stoye-Benk/Cutura*, HdB Umwandlungsrecht, Kap. 2 Rd. 40).

Praxishinweis: Die Zuleitung der o. g. Umwandlungsdokumente an den Betriebsrat spielt in der Unternehmenspraxis durchaus eine größere Rolle und führt oft zu Problemen, obwohl die Zustimmung des BR gar nicht notwendig ist. Der BR kann auf die Einhaltung der Monatsfrist verzichten, nicht jedoch auf die Zuleitung als solche. Eine schriftliche Bestätigung über den Erhalt des Verschmelzungsvertrags (ggf. in Kombination mit einem Verzicht auf die Einhaltung der Monatsfrist) sollte die

jeweilige Geschäftsführung vom BR erbeten und der HR-Anmeldung beifügen. Aus zeitlichen Gründen wird in der Praxis meist nur der Entwurf
des Verschmelzungsvertrags dem BR zugeleitet.

- Neben der etwaigen Pflicht die Arbeitnehmer gem. § 613a V BGB zu
  informieren und neben der Verpflichtung zur Information der etwaigen
  Betriebsräte gem. §§ 5 III, 125 UmwG bestehen zahlreiche Verpflichtungen zur Einbeziehung des **Betriebsrats** nach dem Betriebsverfassungsgesetz: Für verschiedene Einzelmaßnahmen bestehen Zustimmungspflich-
  ten des Betriebsrates (§§ 99 ff. BetrVG), vor etwaigen Kündigungen ist
  der Betriebsrat anzuhören (§ 102 BetrVG) und vor Betriebsänderungen
  ist der Betriebsrat zu unterrichten (§§ 111 ff. BetrVG). Besteht kein Betriebsrat, dann entfallen auch die entsprechenden Verpflichtungen.

Die Problematik der Folgen einer grenzüberschreitenden Verschmelzung
(§§ 122a ff. UmwG) für die (unternehmerische) **Mitbestimmung** sind im Gesetz über die Mitbestimmung der Arbeitnehmer bei einer grenzüberschreitenden Verschmelzung (MgVG) geregelt. Auf Einzelheiten wird im Rahmen
der Darstellung der grenzüberschreitenden Verschmelzung eingegangen.

2.11   Das Umwandlungssteuergesetz

Das Umwandlungsgesetz wird im Steuerrecht durch das **Umwandlungssteuergesetz** (UmwStG) flankiert. Das UmwStG baut auf dem UmwG auf
und der Hauptzweck des UmwStG besteht darin, betriebswirtschaftlich
sinnvolle und zivilrechtlich mögliche Umwandlungen durch die Verhinderung der Aufdeckung stiller Reserven steuerneutral zu gestalten (*Hörtnagel*
in Schmitt/Hörtnagel, Kommentar zum UmwG/UmwStG, Einführung Rd.21).

Zwar geht auch das UmwStG bei übertragenden Umwandlungen zunächst
von einem Ansatz des gemeinen Werts beim aufnehmenden Rechtsträger
und damit von einer Aufdeckung der stillen Reserven aus, jedoch ist unter
bestimmten Voraussetzungen auch der Ansatz mit den steuerlichen Buchwerten beim aufnehmenden Rechtsträger zulässig und damit eine steuer-
neutrale Übertragung möglich (§§ 20 II, 24 II UmwStG).

Anders als bei Unternehmenskäufen existiert für Umwandlungen also eine
gesetzliche Regelung, die als lex specialis den allgemeinen steuerlichen Regelungen vorangeht (*Dietrich* in Limmer, HdB Unternehmensumwandlung,

Teil 7 Rd. 2; *Götz/Kölbl* in Picot, Unternehmenskauf, § 10 Rd. 1). Allerdings verdrängt das UmwStG nicht das Grunderwerbsteuergesetz, das Umsatzsteuergesetz und das Erbschaftsteuer- und Schenkungsteuergesetz, so dass nach diesen Gesetzen trotz Steuerneutralität nach dem UmwStG weiterhin Steuern anfallen können (*Dietrich* in Limmer, HdB Unternehmensumwandlung, Teil 7 Rd. 3).

Das europarechtliche Diskriminierungsverbot verlangt auch für die Besteuerung, dass eine grenzüberschreitende Umwandlung nicht schlechter gestellt werden darf als eine rein nationale Umwandlung (*Dietrich* in Limmer, HdB Unternehmensumwandlung, Teil 7 Rd. 5), was mit dem SEStEG auch in deutsches UmwStG umgesetzt wurde.

3 Die einzelnen Umwandlungsformen

Nachfolgend werden die einzelnen Umwandlungsformen Verschmelzung, Spaltung, Vermögensübertragung und Formwechsel dargestellt. Bei diesen vier Umwandlungsformen fällt – wie bereits erwähnt – aus dogmatischer Sicht der Formwechsel aus dem Rahmen, da beim Formwechsel anders als bei allen anderen Umwandlungsformen keine Übertragung stattfindet. Daher wird der Formwechsel vom Gesetzgeber, trotz seiner erheblichen Praxisrelevanz, in §§ 1 I Nr. 4, 190 ff. UmwG als letzte der vier Umwandlungsformen geregelt und hier entsprechend zum Schluss dargestellt.

3.1 Die Verschmelzung

Unter der Verschmelzung (*merger*) versteht das Umwandlungsgesetz die Zusammenführung zweier (oder mehrerer) Rechtsträger zu einem einzigen Rechtsträger ohne Liquidation des/der übertragenden Rechtsträger(s) bei der die Gesellschafter des (der) erlöschenden Rechtsträger theoretisch Anteile an dem übernehmenden Rechtsträger erhalten (§ 2 UmwG, wobei in der Praxis meist auf eine Nominalkapitalerhöhung verzichtet wird). Dabei werden zwei Alternativen unterschieden: Die Verschmelzung zur Aufnahme (§ 2 Nr. 1 UmwG) und die Verschmelzung zur Neugründung, wenn das Vermögen zweier oder mehrerer bei einem neuen Rechtsträger zusammengeführt wird (§ 2 Nr. 2 UmwG). Denkbar sind hier verschiedene Varianten: Die Verschmelzung einer Tochtergesellschaft auf die Muttergesellschaft (*upstream merger*), der umgekehrte Fall der Verschmelzung einer Muttergesellschaft auf eine Tochtergesellschaft (*downstream merger*) oder die Verschmelzung auf eine Schwestergesellschaft (*side-step merger*). Verschmelzungen setzen keine gesellschaftsrechtliche Verbindung zwischen den Gesellschaften voraus, aber die meisten Verschmelzungen erfolgen zwischen miteinander verbundenen Gesellschaften.

Optisch lässt sich die Verschmelzung, hier in der praxistypischen Variante der Verschmelzung einer 100%igen Tochtergesellschaft in der Rechtsform einer GmbH auf die Muttergesellschaft ebenfalls in der Rechtsform einer GmbH (*upstream merger*), d. h. eine Verschmelzung zur Aufnahme und i. d. R. ohne Kapitalerhöhung, wie folgt darstellen (▶ Abb. 3).

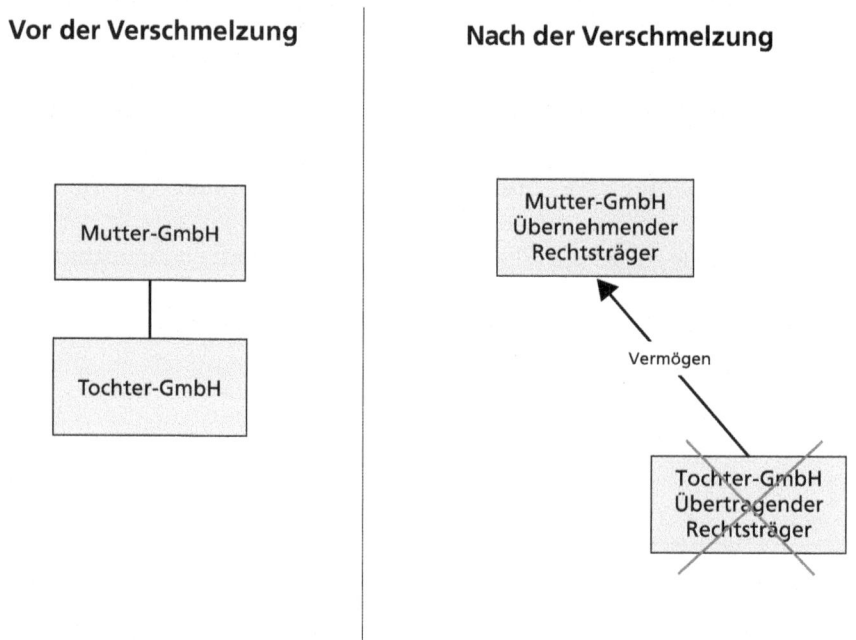

Abb. 3: Idealtypischer Ablauf einer Verschmelzung zwischen zwei GmbH

3.1.1 Alternativen zur Verschmelzung bei inaktiven Gesellschaften

Ein typisches Beispiel für eine Verschmelzung ist die Verschmelzung einer operativ nicht mehr aktiven Kapitalgesellschaft (*dormant company*) auf die Muttergesellschaft. Dieses ist das praxisübliche Verfahren zur Eliminierung einer nicht mehr benötigen Gesellschaft. Zu diesem Vorgehen gibt es bei vermögenslosen Gesellschaften folgende Alternativen:

- Eine naheliegende Alternative wäre die **Liquidation** (§§ 60 ff. GmbHG, §§ 264 ff. AktG, vom Gesetzgeber auch als Auflösung mit anschließender Abwicklung/Liquidation tituliert, § 2 UmwG definiert die Verschmelzung vor diesem Hintergrund als »Auflösung ohne Abwicklung«). Die Liquidation dauert aber schon aufgrund des sog. Wartejahres (§ 73 GmbHG, § 272 AktG) stets mind. ein Jahr und erfordert in dieser Zeit die Erstellung von drei Bilanzen (vgl. §§ 71 ff. GmbHG, §§ 270 ff. AktG), womit die Liquidation im Vergleich zu einer Verschmelzung aus technischer Sicht deutlich unattraktiver ist.

- Bei Personengesellschaften kann durch die Austretung aller bis auf einen Gesellschafter eine **Anwachsung** (§ 738 BGB, ggf. über §§ 161 II, 105 III HGB) herbeigeführt werden, welche zwei Effekte hat: Kraft Gesetzes gehen sämtliche verbliebenden Aktiva und Passiva auf den letzten Gesellschafter über und die Personengesellschaft löst sich auf (dies hängt damit zusammen, dass Personengesellschaften immer mind. zwei Gesellschafter benötigen). Dies ist eine sehr einfache und schnelle Möglichkeit der Eliminierung einer Personengesellschaft. Auf die Anwachsung, die nicht nur bei inaktiven Gesellschaften eine Option ist, wird unten noch einmal näher eingegangen.

- Eine theoretisch in Betracht kommende und auf den ersten Blick recht einfache Alternative zur Verschmelzung wäre die **Löschung** einer Kapitalgesellschaft von Amts wegen gem. § 394 FamFG i.V.m. §§ 60 I Nr. 7, 66 V GmbHG, §§ 262 I Nr. 6, 264 II AktG: Diese würde die Vermögenslosigkeit der Kapitalgesellschaft voraussetzen, die meist vorliegt oder ggf. auch noch herbeigeführt werden könnte. Bei Personengesellschaften käme eine Löschung gem. § 393 FamFG in Betracht, es sei denn keiner der persönlich haftenden Gesellschafter wäre eine natürliche Person (dann käme § 394 FamFG über § 393 IV FamFG zur Anwendung). Allerdings wird die relativ unbekannte Löschung unabhängig von der Rechtsform von der Praxis eher selten genutzt.

- Von einer Reaktivierung einer nicht mehr operativ tätigen GmbH (**Mantelverwendung**) ist i.d.R. abzuraten, da die Wiederverwendung eines GmbH-Mantels von der Rechtsprechung wie der Erwerb einer Vorratsgesellschaft (▸ Teil II 12.1) als »**wirtschaftliche Neugründung**« angesehen wird, auf welche ohnehin die Gründungsbestimmungen entsprechend anzuwenden sind (BGHZ 153, 158 = NJW 2003, 892), so dass eine rechtliche Neugründung i.d.R. der bessere Weg sein dürfte. Auch würde dies bei einem späteren Verkauf der reaktivieren Mantelgesellschaft die (*Legal*) *Due Diligence* nur unnötig verkomplizieren, da z.B. Teil der *Legal Due Diligence* auch die Prüfung der gesamten *share history* der ehemaligen Mantel-GmbH wäre.

Praxishinweis: Während die Anwachsung der Verschmelzung meist vorgezogen wird, ist die Verschmelzung gegenüber der Liquidation meist attraktiver. Eine Löschung wäre eine elegante Variante, die im Ergebnis selten genutzt wird. Von einer Mantelverwertung ist stets abzuraten.

3.1.2 Verschmelzungsfähige Rechtsträger

Nicht alle Gesellschaften sind verschmelzungsfähig, aber es können Rechtsträger verschiedener Rechtsformen miteinander verschmolzen werden (§ 3 IV UmwG). Verschmelzungsfähige Rechtsträger sind ausschließlich (Enumerationsprinzip, § 3 I UmwG):

- **Personengesellschaften**: Verschmelzungsfähig sind die Personenhandelsgesellschaften OHG und KG sowie Partnerschaftsgesellschaften (aber nicht die GbR).
- **Kapitalgesellschaften**: Die Kapitalgesellschaften GmbH, AG, eingetragene Genossenschaften, eingetragene Vereine, genossenschaftliche Prüfungsverbände und der Versicherungsverein auf Gegenseitigkeit/VVaG (§ 3 I Nr. 2 bis 6 UmwG) sowie die Europäische Aktiengesellschaft/SE (Art. 9 I lit. C (ii) SE-VO i.V.m. § 3 I Nr. 2 UmwG). Die UG (haftungsbeschränkt) als Variante der GmbH (vgl. § 5a UmwG) kann als übertragende Gesellschaft an einer Verschmelzung teilnehmen, sie kann aber nicht aufnehmende Gesellschaft unter Anteilsgewährung gegen Sacheinlagen sein, solange das Sacheinlageverbot des § 5a II S. 2 GmbHG gilt (*Kleindiek* in Lutter/Hommelhoff, GmbHG, § 5a Rd. 69).

Nicht verschmelzungsfähig sind: Erbengemeinschaften, Stiftungen, stille Gesellschaften. Auf die Möglichkeit der Beteiligung an grenzüberschreitenden Verschmelzungen wird später eingegangen.

3.1.3 Der Verschmelzungsvertrag

Grundlage der Verschmelzung bildet ein Vertrag zwischen der (den) übertragenden Rechtsträger(n) und dem übernehmenden Rechtsträger (**Verschmelzungsvertrag**). Den Mindestinhalt dieses Verschmelzungsvertrags bestimmen § 5 I Nr. 1 bis 9 UmwG für alle Rechtsformen und §§ 40, 46 UmwG mit rechtsformspezifischen Vorgaben. Der Verschmelzungsvertrag bedarf der notariellen Beurkundung (§ 6 UmwG).

Praxishinweis: (1) Der Verschmelzungsvertrag wird von den Vertretungsorganen unterzeichnet, wobei insb. die Beschränkungen des § 181 Alt. 2 BGB zu beachten sind, wenn auf beiden Vertragsseiten dieselben organschaftlichen Vertreter handeln sollten, was bei Verschmelzungen innerhalb von Konzernen regelmäßig der Fall ist. (2) Üblicherweise wird für den Verschmelzungsvertrag ein Standardformular verwendet, der aber keiner AGB-Inhaltskontrolle unterliegt (§ 310 IV S. 1 BGB).

3.1.4 Die Zustimmungsbeschlüsse

Die jeweiligen Gesellschafterversammlungen der beiden beteiligten Rechtsträger müssen dem Verschmelzungsvertrag zustimmen (§ 13 I UmwG, **Zustimmungsbeschlüsse**). Die Zustimmungsbeschlüsse bedürfen der **notariellen Beurkundung** (§ 13 III S. 1 UmwG). Für die Zustimmungsbeschlüsse sind qualifizierte Mehrheiten notwendig: Bei der AG und der GmbH ist eine **Mehrheit von 75%** der abgegebenen Stimmen erforderlich (höhere Anforderungen im Gesellschaftsvertrag sind bei der GmbH gem. § 50 I 2 UmwG bzw. bei der AG gem. § 65 I 2 UmwG möglich). Bei Personengesellschaften ist grds. Einstimmigkeit erforderlich (§ 43 I UmwG), soweit der Gesellschaftsvertrag nicht eine Mehrheitsentscheidung von mind. 75% der abgegebenen Stimmten vorsieht (§ 43 II UmwG).

Im Falle einer **Konzernverschmelzung** existieren seit einiger Zeit technische Erleichterungen: Ein Zustimmungsbeschluss ist entbehrlich, wenn eine übernehmende Aktiengesellschaft mind. 90% der Anteile der übertragenden Kapitalgesellschaft hält und zusätzlich nicht mind. 5% der Aktionäre der übernehmenden Aktiengesellschaft eine Beschlussfassung fordern (§ 62 I UmwG) oder wenn eine 100%ige Tochter-Kapitalgesellschaft auf ihre Mutter-Aktiengesellschaft verschmolzen wird (§ 62 IV UmwG).

Praxishinweis: Meist werden der Verschmelzungsvertrag und die beiden Gesellschafterbeschlüsse mit der Zustimmung der Anteilseigener zu der Verschmelzung in einem Dokument gemeinsam beurkundet.

3.1.5 Verschmelzungen mit und ohne Kapitalerhöhung

Der Gesetzgeber geht von dem Grundprinzip aus, dass eine Verschmelzung mit einer Nominalkapitalerhöhung bei dem übernehmenden Rechtsträger verbunden ist, d. h. bei der Verschmelzung zur Aufnahme erhalten die Anteilseigener des übertragenden Rechtsträgers als Gegenleistung Anteile an dem übernehmenden Rechtsträger. Eine solche Kapitalerhöhung kann durch den **Verzicht** aller Anteilsinhaber des übertragenden Rechtsträgers auf eine Kapitalerhöhung in notarieller Urkunde (§§ 54 I 2, 68 I 3 UmwG) vermieden werden. Abgesehen davon kann auch ein Verbot einer Kapitalerhöhung vorliegen (§§ 54 I, 68 I UmwG).

Praxishinweis: In der Praxis erfolgen (konzerninterne) Verschmelzungen regelmäßig ohne Kapitalerhöhung.

Das Umtauschverhältnis ist im Verschmelzungsvertrag anzugeben (§ 5 I Nr. 3 UmwG). Es erfolgt die Prüfung durch einen Verschmelzungsprüfer (§ 12 II 1, § 2 Nr. 3, § 60 UmwG), soweit kein Verzicht erklärt wurde (§ 9 II, III UmwG). GmbH und AG müssen die Kapitalerhöhung unter Ausschluss des Bezugsrechts beschließen, dies entspricht im Wesentlichen einer Kapitalerhöhung gegen Sacheinlage (die Aktiva des übertragenden Vermögensträgers stellen die Einlage dar). Die Kapitalerhöhung muss vor Eintragung der Verschmelzung eingetragen werden (der Zeitpunkt des Kapitalerhöhungsbeschlusses ist nicht entscheidend).

3.1.6 Die Verschmelzung zur Aufnahme und zur Neugründung

Bei der Verschmelzung können ein oder mehrere Rechtsträger als Ganzes auf einen bestehenden Rechtsträger übertragen werden (Verschmelzung zur Aufnahme, § 2 Nr. 1 UmwG) oder es können ein oder mehrere Rechtsträger als Ganzes auf einen durch Verschmelzung entstehenden neuen Rechtsträger übertragen werden (Verschmelzung zur Neugründung, § 2 Nr. 2 UmwG).

Das besondere Merkmal der Verschmelzung zur Neugründung ist somit, dass der übernehmende Rechtsträger erst mit der Verschmelzung entsteht. Es sind damit die für den neu entstehenden Rechtsträger geltenden Gründungsvorschriften anwendbar (ggf. mit Sachgründungsbericht, vgl. §§ 36 II, 58 I, 75 UmwG). Für die Verschmelzung zur Neugründung enthalten im Übrigen die §§ 36 bis 38, §§ 56 bis 59, 73 bis 76, 96 bis 98, 114 bis 117 UmwG rechtsformspezifische ergänzende Regelungen.

Praxishinweis: Eine Verschmelzung zur Neugründung wird eher selten durchgeführt, die Verschmelzung zur Aufnahme ist die Regel.

3.1.7 Der Verschmelzungsbericht

Zum Schutz der Anteilsinhaber sieht das Umwandlungsgesetz einen Verschmelzungsbericht der Geschäftsführungen der beteiligten Gesellschaften in Schriftform vor, der die Verschmelzung in rechtlicher und wirtschaftlicher Hinsicht ausführlich erläutern soll und damit (theoretisch) zum zentralen **Informationsinstrument** des Umwandlungsrechts wird (§ 8 I UmwG). Der Verschmelzungsbericht ist allerdings in folgenden (bereits bekannten) Fällen nicht notwendig:

- Wenn alle Anteilsinhaber aller beteiligten Rechtsträger ihren Verzicht erklären (§ 8 III S. 1, Alt. 1 UmwG). Die Verzichtserklärungen bedürfen der notariellen Beurkundung (§ 8 III S. 2 BeurkG). Dieser Verzicht entspricht der Praxis in Deutschland, ist aber europarechtlich wg. Verstoßes gegen Art. 9 Fusions-RL umstritten.
- Wenn eine 100%ige Tochtergesellschaft (*wholly owned subsidiary*) auf die Muttergesellschaft (*parent company*) verschmolzen wird (§ 8 III S. 1 Alt. 2 UmwG).
- Wenn bei Personengesellschaften alle Gesellschafter zur Geschäftsführung berechtigt sind (§ 41 UmwG). Diese Bestimmung wird auf Rechtsträger mit vergleichbaren Strukturen analog angewendet (str., vgl. *Marsch-Barner* in Kallmeyer, UmwG, § 8 Rd. 41 m. w. N.).

Praxishinweis: In der Regel ist kein Verschmelzungsbericht erforderlich, weil entweder alle Anteilsinhaber auf den Verschmelzungsbericht verzichten und/oder es sich um eine Verschmelzung einer 100%igen Tochtergesellschaft handelt.

3.1.8 Die Verschmelzungsprüfung

Die Verschmelzungsprüfung dient der Feststellung der Rechtmäßigkeit des Verschmelzungsvertrags bzw. des Entwurfs des Verschmelzungsvertrags (§§ 9 ff. UmwG). Wie der Verschmelzungsbericht ist die **Verschmelzungsprüfung** in einigen Fallkonstellationen nicht notwendig:

- Wenn eine **100%ige Tochtergesellschaft** auf die Muttergesellschaft verschmolzen wird (§ 9 II UmwG).
- Wenn alle Anteilsinhaber ihren **Verzicht** erklären (§ 9 III i.V.m. § 8 III S. 1, Alt. 1 UmwG).

Praxishinweis: In der Praxis wird i.d.R. eine Verschmelzungsprüfung nicht durchgeführt, weil entweder alle Anteilsinhaber auf den Verschmelzungsbericht verzichten und/oder es sich um die Verschmelzung einer 100%igen Tochtergesellschaft handelt. Insofern ist die praktische Situation wie die bei dem vorstehend dargestellten Verschmelzungsbericht.

3.1.9 Die Handelsregisteranmeldungen

Da die Verschmelzung wie alle Umwandlungsmaßnahmen erst mit Eintragung im HR wirksam wird (§ 20 I UmwG), muss die Verschmelzung bei dem HR der übertragenden und des übernehmenden Rechtsträgers angemeldet werden (§ 16 I UmwG). Wie bei Handelsregisteranmeldungen üblich, müssen diese von den Vertretungsorganen der betroffenen Gesellschaften in vertretungsberechtigter Anzahl unterzeichnet werden und die Unterschriften müssen notariell beglaubigt werden (§ 12 HGB). Der Notar wird die Anmeldungen dann sobald wie möglich in elektronischer Form bei den HR einreichen (§ 53 BeurkG).

Zu den Anlagen der Anmeldung bei dem untergehenden Rechtsträger gehört insb. die **Bilanz des untergehenden Rechtsträgers** (§ 17 II S. 1 UmwG), die für die Fortführung der Buchwerte bei der übernehmenden Gesellschaft erforderlich ist. Aus diesem Grunde darf der Bilanzstichtag nicht zu weit zurückliegen, weswegen der Gesetzgeber bestimmt hat, dass zum Zeitpunkt der (elektronischen) Einreichung des Abschlusses der **Bilanzstichtag nicht mehr als acht Monate zurückliegen darf** (§ 17 II S. 4 UmwG). Dabei ist die Bilanz in der Form einzureichen, wie sie bei der untergehenden Gesellschaft zu erstellen war (§§ 242 ff. HGB), d.h. bestand bei der untergehenden Gesellschaft eine Prüfungspflicht (§§ 316 I, 340k, 341k HGB), dann gilt dies auch für die einzureichende Bilanz (und umgekehrt nicht) (§ 17 II S. 2 UmwG, vgl. *Lanfermann* in Kallmeyer, UmwG, § 17 Rd. 36).

Praxishinweis: Diese 8-Monats-Frist hat weitreichende Bedeutung für die Praxis, da damit der Zeitraum für die Einreichung der Verschmelzungsanmeldung begrenzt wird. Wenn bei der untergehenden Gesellschaft – wie in Deutschland üblich – das Geschäftsjahr dem Kalenderjahr entspricht, endet die Einreichungsfrist am 31. August. Gleichzeitig kann die HR-Anmeldung erst erfolgen, wenn die Bilanz in der für die untergehende Gesellschaft vorgeschriebenen Form vorliegt. Außerdem ist der

Verschmelzungsvertrag oder sein Entwurf spätestens ein Monat vor Beschlussfassung der Gesellschafter dem zuständigen Betriebsrat zuzuleiten (§ 5 III UmwG). Aus diesen drei Vorgaben (HR-Einreichung spätestens 8-Monatsfrist nach Bilanzstichtag, Zuleitung an den Betriebsrat ein Monat vor Beschlussfassung und Erstellung der Bilanz) sowie die notwendige Erstellung, Abstimmung und notarielle Beurkundung bzw. Beglaubigung der Dokumente ergibt sich ein (oft unterschätztes) relativ enges Zeitfenster, das in der Praxis häufig zu technischen Problemen führt und daher eine lebensnahe Planung erfordert.

In der Handelsregisteranmeldung sollte auch die Versicherung des Vertretungsorgans, dass keine Klage gegen die Wirksamkeit des Umwandlungsbeschlusses erhoben worden ist (§ 16 II 1 UmwG), aufgenommen werden (**Negativerklärung**). Es muss aber nicht der Ablauf der Klagefrist des § 14 I UmwG abgewartet werden. Alternativen zur Negativerklärung wären die notariell beurkundete Verzichtserklärung aller Anteilsinhaber oder ein Unbedenklichkeitsbeschluss (§ 16 III UmwG).

3.1.10 Rechtsfolgen der Eintragung der Verschmelzung

Mit der Eintragung der Verschmelzung in das HR des *übernehmenden* Rechtsträgers wird die Verschmelzung wirksam, d.h. die **Eintragung im HR ist konstitutiv** (§ 20 I UmwG). Mit der Eintragung im HR geht das Vermögen einschließlich der Verbindlichkeiten des übertragenden Rechtsträger, d.h. alle Aktiva und Passiva, auf den übernehmenden Rechtsträger im Wege der **Gesamtrechtsnachfolge** (Universalsukzession) über, d.h. es findet – wie bereits dargestellt – keine Einzelrechtsübertagung statt, was gerade der entscheidende Vorteil der Verschmelzung ist (z.B. gehen Verträge ohne die Zustimmung der Vertragspartner über).

Konsequenterweise erlischt der übertragende Rechtsträger mit dem Wirksamwerden der Verschmelzung (§ 20 I Nr. 2 UmwG) und etwaige **Mängel der Verschmelzung werden geheilt** (§ 20 I Nr. 4, II UmwG), um eine Rückgängigmachung der Verschmelzung wegen formeller Mängel zu verhindern (**keine »Entschmelzung«**). In Betracht käme stattdessen im Sinne einer wirtschaftlichen Rückgängigmachung nur die Durchführung einer völlg neuen Umwandlungsmaßnahme in Form der nachstehend dargestellten Spaltung.

Beispiel: Die HReintragungen bei einer Verschmelzung zur Aufnahme lauten bei der übertragenden GmbH und der übernehmenden GmbH wie in Tabelle 9 dargestellt (Originaltext AG/HR Köln).

Tab. 9: Beispielhafte Handelsregistereintragung bei einer Verschmelzung

Übertragende Gesellschaft HRB 24848 vom 29.05.2020 (das Blatt wurde mit einem roten Kreuz durchgestrichen, um das Erlöschen der Gesellschaft deutlich zu machen, da die Daten selbst im HR niemals gelöscht werden)	Übernehmende Gesellschaft HRB 23690 vom 29.05.2020
»Die Gesellschaft ist als übertragender Rechtsträger nach Maßgabe des Verschmelzungsvertrages vom 30.04.2020 sowie der Zustimmungsbeschlüsse ihrer Gesellschafterversammlung vom 30.04.2020 und der Gesellschafterversammlung des übernehmenden Rechtsträgers vom selben Tag mit der Agentur Leven GmbH mit Sitz in Köln (Amtsgericht Köln, HRB 23690) verschmolzen.«	»Die Gesellschaft ist als übernehmender Rechtsträger nach Maßgabe des Verschmelzungsvertrages vom 30.04.2020 sowie der Zustimmungsbeschlüsse ihrer Gesellschafterversammlung vom 30.04.2020 und der Gesellschafterversammlung des übertragenden Rechtsträgers vom selben Tag mit der Leven Verwaltungs-GmbH mit Sitz in Köln (Amtsgericht Köln – HRB 24848 –) verschmolzen.«

3.1.11 Steuerliche Effekte der Verschmelzung

Grundsätzlich besteht auch bei der Verschmelzung die Möglichkeit, diese steuerneutral zu gestalten. Dabei ist zwischen der Verschmelzung einer Kapitalgesellschaft auf eine Personengesellschaft (§§ 3 ff. UmwStG) und der Verschmelzung von einer Körperschaft auf eine andere Körperschaft (§§ 11 ff. UmwStG) zu differenzieren.

- Bei der Verschmelzung einer **Körperschaft auf eine Personengesellschaft** kann die Körperschaft unter bestimmten Voraussetzungen in ihrer Schlussbilanz die steuerlichen Buchwerte ansetzen, welche gleichzeitig die Wertansätze der Personengesellschaft bilden.
- Bei der Verschmelzung einer **Körperschaft auf eine andere Körperschaft** können unter bestimmten Voraussetzungen ebenfalls die Buchwerte zu Grunde gelegt werden. Soweit aber die übernehmende Körperschaft an der übertragenden Körperschaft als Gesellschafter beteiligt ist und ein Vergleich des Buchwerts der Beteiligung zu den Buchwerten

des übergehenden Vermögens einen Gewinn ergibt, ist dieser gem. § 8b KStG i. H. v. 5% steuerpflichtig (*Dietrich* in Limmer, HdB Unternehmensumwandlung, Teil 7 Rd. 204).

3.1.12 Die grenzüberschreitende Verschmelzung

Für grenzüberschreitende Verschmelzungen (*cross-border merger*) gilt grds. zunächst dasselbe, was auch für rein innerstaatliche Verschmelzungen gilt (§ 122a II UmwG). Hinzu kommen aber die §§ 122a bis 122l UmwG, welche den Rahmen der Zulässigkeit und das Verfahren von grenzüberschreitenden Verschmelzungen aus Sicht des deutschen Rechts bestimmen. Die §§ 122a ff. UmwG setzen Richtlinien der Europäischen Union (EU-RL 2017/1132, Gesellschaftsrichtlinie, vormals EU-RL 2005/56/EG) sowie die Rechtsprechung des EuGH zur Niederlassungsfreiheit um (vgl. *Marsch-Barner/Wilk* in Kallmeyer, UmwG, vor §§ 122a-122m Rd. 1 ff. m. w. N.).

Geregelt werden die **Hinein- und die Hinaus-Verschmelzung** sowie die **Verschmelzung zur Aufnahme und zur Neugründung**. Dabei gelangen die für die beteiligten Gesellschaften geltenden Sachrechte kumulativ zur Anwendung (**Vereinigungstheorie**), was insb. bedeutet, dass eine grenzüberschreitende Verschmelzung voraussetzt, dass die Rechtsordnungen der an der Verschmelzung beteiligten Gesellschaften eine Verschmelzung zulassen. Oder anders formuliert: Das EU-Recht verlangt nicht, dass die Mitgliedstaaten innerstaatliche Verschmelzungen zulassen, nur eine Beschränkung von nationalen Verschmelzungsmöglichkeiten auf innerstaatliche Vorgänge wäre mit dem EU-Recht nicht zu vereinbaren.

A Sachlicher und persönlicher Anwendungsbereich
Grenzüberschreitende Verschmelzungen sind nicht generell, sondern nur in bestimmten Konstellationen zulässig, da grenzüberschreitende Verschmelzungen einerseits hinsichtlich der betroffenen Jurisdiktionen (sachlicher Anwendungsbereich) und andererseits hinsichtlich der Rechtsformen (persönlicher Anwendungsbereich) beschränkt sind:

- Beschränkung des **sachlichen Anwendungsbereichs** bei grenzüberschreitenden Verschmelzungen: Die zu verschmelzenden Gesellschaften müssen (zwei verschiedenen) Mitgliedsstaaten der **Europäischen Union** (EU) oder eines anderen Vertragsstaats des **Europäischen Wirtschaftsraum** (EWR) angehören (§ 122a I UmwG). Hierbei handelt es sich um dynamische Verweisungen (Semler/Stengel/*Drinhausen*, UmwG § 122a Rd. 14): Zum EWR gehören aktuell (neben den EU-Mitgliedsstaaten) Island, Norwegen und Lichtenstein (nicht aber die Schweiz). Für das Vereinigte

Königreich enthält das UmwG vor dem Hintergrund des Brexits eine Sonderregel (§ 122m UmwG). Oder anders formuliert: Rein innerstaatliche Verschmelzungen oder Verschmelzungen deutscher Rechtsträger mit Gesellschaften aus Drittstaaten werden von den §§ 122a UmwG nicht erfasst. Maßgebend für die Bestimmung der Jurisdiktion ist der Satzungssitz der jeweiligen Gesellschaft.

- Auch der **persönliche Anwendungsbereich** von grenzüberschreitenden Verschmelzungen ist beschränkt:
  - An einer grenzüberschreitenden Verschmelzung können bestimmte **Kapitalgesellschaften** beteiligt sein (§ 122b I Nr. 1 UmwG): In Deutschland sind dies die AG, KGaA und GmbH (inkl. UG) sowie die SE mit Sitz im Inland (über Art. 9 I c ii) SE-VO; für die Gründung einer neuen SE gelten vorrangige Spezialvorschriften in Art. 2 I, 17 ff. SE-VO). Nicht an einer grenzüberschreitenden Verschmelzung beteiligt sein können der eingetragene Verein und der Versicherungsverein auf Gegenseitigkeit (VVaG), da diese beiden Rechtsformen nicht durch Anteile, sondern durch Mitgliedschaftsrechte gekennzeichnet sind.
  - **Personengesellschaften** kommen als Beteiligte einer grenzüberschreitenden Verschmelzung nur unter drei Voraussetzungen (neuerdings) in Betracht: (i) Nur als übernehmende oder neue Gesellschaft, (ii) nur wenn sie i. d. R. nicht mehr als 500 Arbeitnehmer haben, und (iii) wenn es sich um eine Personenhandelsgesellschaft handelt (§ 122b I Nr. 2 UmwG). In Deutschland können damit die OHG und KG (inkl. der GmbH & Co. KG) unter Beachtung der Arbeitnehmerzahl als übernehmende Gesellschaften an einer grenzüberschreitenden Verschmelzung beteiligt sein (§ 122b I Nr. 2 i.V.m. § 3 I Nr. 1 UmwG), nicht aber die PartG, die keine Personenhandelsgesellschaft ist, und nicht die GbR, die auch keine Peronenhandelsgesellschaft ist und die auch nicht Beteiligte einer rein innerstaatlichen Verschmelzung sein kann (vgl. § 3 I Nr. 1 UmwG).

Vertiefende Hinweise: (1) Der Einsatz von Personengesellschaften als aufnehmende Gesellschaft bei grenzüberschreitenden Verschmelzungen ist erst seit dem 1.1.2019 möglich und verfolgt den Zweck, den englischen *Limiteds* mit Satzungssitz in England und Verwaltungssitz in Deutschland vor dem Hintergrund des Brexits insb. eine Verschmelzung auf eine GmbH & Co. KG zu ermöglichen. Allerdings wurde dieses Ziel zum einen nur unzureichend erreicht, da mit Vollzug des Brexits eine solche grenzüberschreitende Verschmelzung nicht mehr möglich ist (mangels Satzungssitzes in einem EU-/EWR-Staat) und die Regelung zum anderen nicht auf englische Kapitalgesellschaften beschränkt ist (vgl. *Marsch-Barner/Wilk* in Kallmeyer, UmwG, § 122b Rd.9). (2) Es wurde hier die Grenze von 500 Arbeitnehmern eingefügt, um zu verhindern, dass eine GmbH & Co. KG als aufnehmende oder neue Gesellschaft statt einer GmbH oder AG gewählt wird, um auf diese Weise die (unternehmerische) Mitbestimmung nach dem Drittelbeteiligungsgesetz zu verhindern (§ 1 DrittelbG erfasst insb. die GmbH und die AG, aber keine Personengesellschaften, also vor allem auch nicht die GmbH & Co. KG) (vgl. *Marsch-Barner/Wilk* in Kallmeyer, UmwG, § 122b Rd.10). Im Ergebnis ist daher die Möglichkeit grenzüberschreitender Verschmelzungen für Personengesellschaften deutlich beschränkter als die innerstaatlichen Verschmelzungen, da §§ 2 ff. UmwG keine Beschränkungen in Abhängigkeit von der Arbeitnehmerzahl kennt.

– Weitere Einschränkungen des persönlichen Anwendungsbereichs der §§ 122a ff. UmwG enhält § 122b II UmwG für (Europäische) Genossenschaften und für Organisationsformen für die gemeinsame Anlage von Wertpapieren, womit Investmentaktiengesellschaften erfasst werden (*Marsch-Barner/Wilk* in Kallmeyer, UmwG, § 122b Rd. 13).'

Praxishinweis: Soweit eine grenzüberschreitende Verschmelzung nach diesen Bestimmungen nicht möglich ist, sollte geprüft werden, ob nicht eine vorgeschaltete nationale Umwandlung eine alternative Struktur bieten könnte.

B Der Verschmelzungsplan

An die Stelle eines Verschmelzungsvertrags tritt bei der grenzüberschreitenden Verschmelzung funktional der Verschmelzungsplan (*terms of merger*) (§ 122c UmwG) als gesellschaftsrechtlicher **Organisationsakt**. Der Inhalt ähnelt dem Inhalt beim Verschmelzungsvertrag, allerdings enthält der Verschmelzungsplan keine schuldrechtlichen Verpflichtungen (*Marsch-Barner/Wilk* in Kallmeyer, UmwG, § 122c Rd. 4).

Die Bestimmung des **Umtauschverhältnisses** in § 122c II Nr. 2 UmwG bereitet in grenzüberschreitenden Konstellationen noch größere Probleme als bei rein innerstaatlichen Fällen, insb. da es keine international anerkannten **Bewertungsmethoden** gibt (*vRummel* in Kraft/Redenius-Hövermann, Umwandlungsrecht Rd. 69). Daher sollte im Verschmelzungsplan eine Bewertungsmethode bestimmt werden (*Lanfermann* in Kallmeyer, UmwG § 122c Rd. 11).

Der Verschmelzungsplan bedarf der notariellen **Beurkundung** (§ 122c IV UmwG). Außerdem ist der Verschmelzungsplan oder sein Entwurf spätestens einen Monat vor den Zustimmungbeschlüssen beim HR zum Zwecke der **Bekanntmachung** durch das HR einzureichen (§ 122d UmwG).

C Der Verschmelzungsbericht

Auch bei einer grenzüberschreitenden Verschmelzung bedarf es eines Verschmelzungsberichts (§ 122a II i.V.m. § 8 UmwG), der über die Anforderungen des § 8 UmwG hinaus insb. die Auswirkungen der Verschmelzung auf die Gläubiger und die Arbeitnehmer erläutern muss (§ 122e UmwG).

Der Verschmelzungsbericht ist den Anteilsinhabern und dem zuständigen **Betriebsrat** oder in Ermangelung eines Betriebsrats allen Arbeitnehmern einen Monat vor dem Zustimmungsbeschluss der Gesellschafter zugänglich zu machen (§ 122e S. 2 UmwG). Da der Verschmelzungsbericht nicht nur die Anteilsinhaber, sondern auch die Arbeitnehmer schützen soll, ist ein **Verzicht** auf den Verschmelzungsbericht durch die Anteilsinhaber gem. § 122e S. 3 i.V.m. § 8 III UmwG nicht möglich, es sei denn eine Personenhandelsgesellschaft ist übernehmende oder neue Gesellschaft (§ 122e S. 3 i.V.m. § 122b I Nr. 2 UmwG). Vor dem Hintergrund der Einfügung der Ausnahme für Personenhandelsgesellschaften, wird die Möglichkeit der Notwendigkeit des Verschmelzungsberichts bei Verzicht der Anteilsinhaber und des Betriebsrats bzw. aller Arbeitnehmer als ungeschriebene Ausnahme diskutiert (vgl. *Marsch-Barner/Wilk* in Kallmeyer, UmwG, § 122e Rd. 13 ff.).

Praxishinweis: Vor dem Hintergrund der unklaren Rechtslage beim Verzicht auf den Verschmelzungsbericht bei der grenzüberschreitenden Verschmelzung sollte auf eine Erstellung eines Verschmelzungsberichts nur bei einem Verzicht der Anteilsinhaber und aller Arbeitnehmer oder deren Vertretung und in Abstimmung mit dem zuständigen HR Gebrauch gemacht werden (vgl. *Marsch-Barner/Wilk* in Kallmeyer, UmwG § 122e Rd. 14).

D Die Verschmelzungsprüfung

Die Verschmelzungsprüfung bei der grenzüberschreitenden Verschmelzung setzt auf der Verschmelzungsprüfung bei innerstaatlichen Verschmelzungen auf (§ 122f i.V.m. §§ 9 bis 12 UmwG). Anders als bei dem Verschmelzungsbericht wird hier auch auf die **Verzichtsmöglichkeiten** in § 9 II, III UmwG verwiesen, d.h. eine Verschmelzungsprüfung ist nicht notwendig, wenn sich alle Anteile des übertragenden Rechtsträgers in der Hand des übernehmenden Rechtsträgers befinden (Verschmelzung der Tochtergesellschaft auf die Muttergesellschaft, Konzernverschmelzung) oder wenn alle beteiligten (nationalen wie ausländischen) Anteilsinhaber auf die Verschmelzungsprüfung verzichten.

E Die Zustimmungsbeschlüsse
Der Verschmelzungsplan benötigt (entsprechend dem Verschmelzungsvertrag bei rein innerdeutschen Verschmelzungen) der Zustimmung der Anteilsinhaber (§ 122a II i.V.m. § 13 UmwG). Die formellen wie materiellen Anforderungen an die Zustimmungsbeschlüsse werden von dem jeweiligen Gesellschaftsstatut der Gesellschaften bestimmt, bei einer GmbH oder AG mit Satzungssitz in Deutschland gelten dieselben Anforderungen wie bei rein nationalen Verschmelzungen (*Marsch-Barner/Wilk* in Kallmeyer, UmwG § 122g Rd. 3, 10). Die Besonderheit bei grenzüberschreitenden Verschmelzungen besteht darin, dass die Zustimmung der Anteilsinhaber von der späteren Bestätigung der Art der Mitbestimmung abhängig gemacht werden kann (§ 122g UmwG).

F Handelsregisteranmeldungen, Verschmelzungsbescheinigung
  und Eintragung
Das Verschmelzungsverfahren vollzieht sich in zwei Schritten (vgl. hierzu *vRummel* in Kraft/Redenius-Hövermann, Umwandlungsrecht Rd. 76 ff.), die in §§ 122k und § 112l UmwG aus deutscher Perspektive geregelt sind:

• Zunächst erfolgt eine Anmeldung der Verschmelzung bei dem Register der übertragenden Gesellschaft durch die organschaftlichen Vertreter der übertragenden Gesellschaft (§ 122k I UmwG, der die **Hinausverschmelzung** regelt). Das Register der übertragenden Gesellschaft prüft (nur), ob aus nationaler (deutscher) Perspektive dieses Registers die Voraussetzungen für die Eintragung der Verschmelzung vorliegen und stellt im positiven Fall hierüber eine **Verschmelzungsbescheinigung** (*merger certificate*) gem. § 122k II S.1 UmwG aus. Das deutsche Register trägt außerdem in das HR ein, dass die Verschmelzung unter den Voraussetzungen des Rechts des Staates, dem die übernehmende Gesellschaft unterliegt, wirksam wird (§ 122k II S.3 UmwG). Die Verschmelzungsbescheinigung enthält das Vertretungsorgan der übertragenden Gesellschaft, welches diese gemeinsam mit dem Verschmelzungsplan innerhalb von sechs Monaten der für die übernehmende Gesellschaft zuständigen Stelle vorzulegen hat (§ 122k III UmwG).
• In einem zweiten Schritt erfolgt die Anmeldung der Verschmelzung bei der für die übernehmende Gesellschaft zuständigen Stelle (§ 122l I

UmwG, der die **Hineinverschmelzung** regelt). Diese prüft nun neben den nationalen Voraussetzungen zusätzlich auch das Vorliegen der Ordnungsgem.heit der Verschmelzung (§ 122l UmwG), aber es erfolgt keine erneute Prüfung nach dem Recht der übertragenden Gesellschaft (dies wird ja bereits durch die Verschmelzungsbescheinigung abgedeckt). Trägt die für die übernehmende Gesellschaft zuständige Stelle die Verschmelzung ein, dann teilt diese Stelle dies von Amts wegen den für die übertragende Gesellschaft zuständigen Stelle mit (§ 122l III UmwG), welches nunmehr den Tag des Wirksamwerdens der Verschmelzung in seinem Register vermerkt (§ 122k IV UmwG).

Beispiel: Die Eintragung einer grenzüberschreitenden Verschmelzung einer englischen Limited auf eine deutsche AG lautet bei der übernehmenden deutschen AG wie folgt (Original aus AG/HR Düsseldorf, HRB 64741, Eintragung vom 4.12.2012): »Die Gesellschaft ist als übernehmender Rechtsträger nach Maßgabe des Verschmelzungsplans vom 16.08.2012 sowie der Zustimmungsbeschlüsse ihrer Hauptversammlung vom 16.08.2012 und der Gesellschafterversammlung des übertragenden Rechtsträgers vom 16.08.2012 mit der Portal United Limited mit Sitz in Birmingham, Großbritannien (Companies House Nr. 5178347) verschmolzen.«

G Zusätzlicher Schutz der Gläubiger

Wenn der übernehmende Rechtsträger nicht dem deutschen Recht unterliegt (es sich also aus deutscher Sicht um eine ausländische Gesellschaft handelt), dann kann sich dies auf den Gläubiger besonders negativ auswirken, daher werden für diesen Fall die Rechte des Gläubigers in § 22 UmwG durch § 122j UmwG dahingehend erweitert, dass Gläubiger ihre Rechte auf Sicherheitsleistung bereits vor Vollzug der Verschmelzung (innerhalb von zwei Monaten nach Bekanntmachung des Verschmelzungsplans) geltend machen können. Bei den übrigen Fällen bleibt es bei der Regelung des § 22 UmwG über § 122a II UmwG.

H Folgen der grenzüberschreitenden Verschmelzung für die Mitbestimmung

Die Folgen einer grenzüberschreitenden Verschmelzung für die (unternehmerische) Mitbestimmung sind – wie bereits erwähnt – im Gesetz über die Mitbestimmung der Arbeitnehmer bei einer grenzüberschreitenden Verschmelzung (MgVG) geregelt. Diese Regelung ist deswegen notwendig, da nicht alle Mitgliedstaaten der EU eine (unternehmerische) Arbeitnehmermitbestimmung im Aufsichtsrat kennen (zum Begriff vgl. § 2 VII MgVG). Das MgVG bestimmt als Grundprinzip, dass das Recht des Sitzstaates für die Fra-

ge des anwendbaren Mitbestimmungsrechts maßgebend sei (§ 4 MgVG).
Führt die grenzüberschreitende Verschmelzung zu Nachteilen für die Arbeitnehmermitbestimmung kommt es zu dem vorrangigen Verhandlungsweg
(§§ 5 ff. MgVG) und ggf. zu einer Auffangregelung. Vor dem Hintergrund des
Mitstimmungsstandards in Deutschland gelangt die Verhandlungs- oder
Auffangregelung dann zur Anwendung, wenn eine mitbestimmte Auslandsgesellschaft auf eine nicht-mitbestimmte Gesellschaft, die deutschem Recht
unterliegt, verschmolzen wird oder aber, und dies ist eine verbreitete Konstellation, wenn eine nicht-bestimmte Auslandsgesellschaft auf eine mitbestimmte Gesellschaft in Deutschland verschmolzen wird (*Habersack* in Ha-
bersack/Hennsler, Mitbestimmungsrecht, MgVG, Überblick Rd. 1).

3.2   Die Spaltungsvarianten

Die Spaltung ist der spiegelbildliche Vorgang zur Verschmelzung, d. h. Teile des Vermögens des übertragenden Rechtsträgers werden auf einen oder
mehrere bestehende oder neu zu gründende Rechtsträger übertragen.
Spaltungsvorgänge gibt es in drei Varianten, die – wie üblich – jeweils in
den Alternativen zur Neugründung oder zur Aufnahme möglich sind (§ 1 I
Nr. 2 i.V.m. § 123 UmwG):

- **Aufspaltung** (§ 123 I UmwG, *split-up*),
- **Abspaltung** (§ 123 II UmwG, *split-off*),
- **Ausgliederung** (§ 123 III UmwG, *spin-off*).

Diese drei Varianten der Spaltung werden nachfolgend im Einzelnen dargestellt. Die Darstellung folgt der vom Gesetzgeber vorgegebenen Reihenfolge, obwohl in der Praxis die vom Gesetzgeber zuletzt genannte Ausgliederung die größte Bedeutung hat.

Im Englischen finden sich diverse Bezeichnung für Spaltungsvorgänge wie
spin-off, *carve-out* oder *demerger*, die sich aber nicht zwingend einzelnen der
vorstehend genannten drei Varianten zuordnen lassen und alle am ehesten
zur Ausgliederung passen. Die in den drei *Bullet Points* vorgeschlagenen
englischen Übersetzungen für die drei Spaltungsvarianten dürften aber am
ehesten passen (vgl. *Rosengarten/Burmeister/Klein*, M&A, S. 156).

3.2.1   Spaltungsfähige Rechtsträger

Nicht alle Gesellschaften sind spaltungsfähig, aber es können Rechtsträger
verschiedener Rechtsformen an einem Spaltungsvorgang beteiligt sein

(§ 124 IV i.V.m. § 3 IV UmwG). Verschmelzungsfähige Rechtsträger sind ausschließlich (Enumerationsprinzip, § 124 I i.V.m. § 3 I UmwG):

- Übertragende, übernehmende und neue Rechtsträger können sein: Kapitalgesellschaften (GmbH, AG, KGaA, Sonderregeln greifen für die SE); Personengesellschaften (OHG, KG, nicht: GbR); Partnerschaftsgesellschaften, eingetragene Genossenschaften, eingetragene Vereine, genossenschaftliche Prüfungsverbände, der VVaG.
- Nur übertragende Rechtsträger können sein: Wirtschaftliche Vereine (§ 22 BGB); bei Ausgliederung nur eingetragene Einzelkaufleute, Stiftungen, Gebietskörperschaften. Die UG (haftungsbeschränkt) als Variante der GmbH (vgl. § 5a UmwG) kann als übertragende Gesellschaft an einer Spaltung teilnehmen, sie kann aber nicht aufnehmende Gesellschaft unter Anteilsgewährung gegen Sacheinlagen sein, solange das Sacheinlageverbot des § 5a II S. 2 GmbHG gilt (*Kleindiek* in Lutter/Hommelhoff, GmbHG, § 5a Rd. 69).

3.2.2 Die Aufspaltung

Bei der Aufspaltung (§ 123 I UmwG) geht das gesamte Vermögen des Rechtsträgers ohne Abwicklung als Gesamtheit auf mind. zwei andere bereits bestehende (Aufspaltung durch Neuaufnahme) oder neu zu gründende Rechtsträger (Aufspaltung zur Neugründung) gegen Gewährung von Antei-

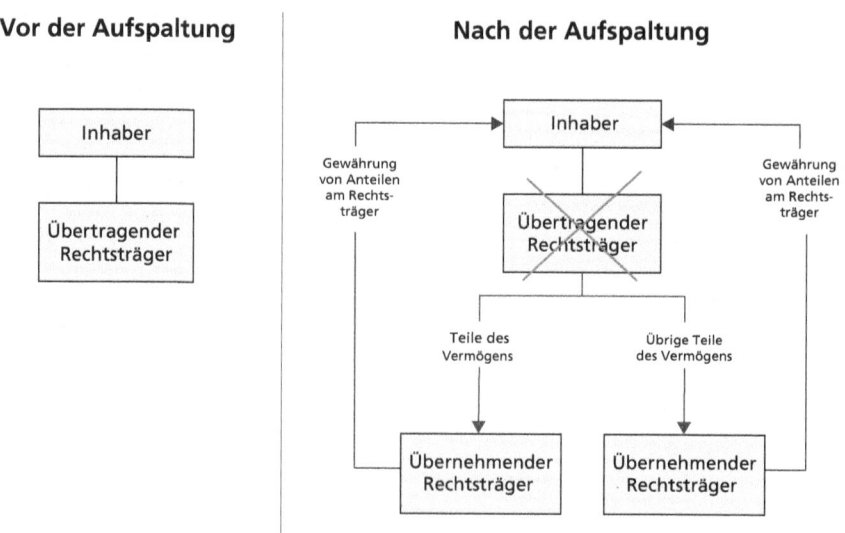

Abb. 4: Idealtypische Darstellung einer Aufspaltung (*split-up*)

len an diesen aufnehmenden bzw. neuen Rechtsträgern an die Anteilsinhaber des übertragenden Rechtsträgers über (▶ Abb. 4).

3.2.3 Die Abspaltung

Bei der Abspaltung (§ 123 II UmwG) bleibt der abspaltende Rechtsträger bestehen und überträgt Vermögensteile auf einen oder mehrere andere Rechtsträger, die entweder bereits bestehen (Abspaltung zur Aufnahme) oder mit der Abspaltung neu gegründet werden (Abspaltung zur Neugründung) gegen Gewährung von Anteilen an diesen aufnehmenden bzw. neuen Rechtsträger an die Anteilsinhaber des übertragenden Rechtsträgers (▶ Abb. 5).

> **Beispiel:** Die Siemens AG hat im Jahre 2020 die Abspaltung zur Aufnahme (§ 123 II Nr. 1 UmwG) genutzt, um die Energiesparte auf die neue Siemens Energy AG zu überführen.

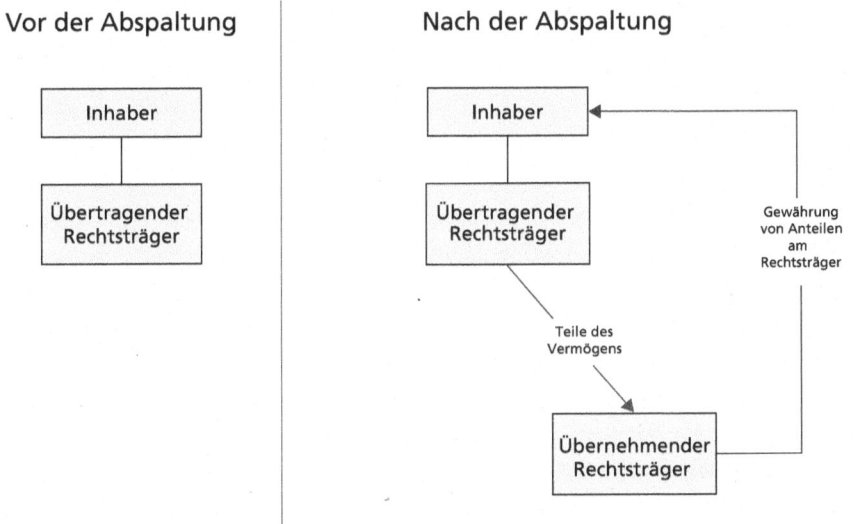

Abb. 5: Idealtypische Darstellung einer Abspaltung (*split-off*)

3.2.4 Die Ausgliederung

Die wichtigste Variante der Spaltung ist die Ausgliederung (§ 123 III UmwG). Bei der Ausgliederung überträgt der übertragende Rechtsträger Teile seines Vermögens auf den übernehmenden Rechtsträger (Ausgliederung durch Aufnahme) oder den neu gegründeten Rechtsträger (Ausgliederung zur Neugründung) und erhält dafür selbst Anteile (§ 123 III UmwG). Die Ausgliederung unterscheidet sich durch Konstruktion und typische Interessenlage grundlegend von den anderen Spaltungsarten (Aufspaltung und Abspaltung) und hätte vom Gesetzgeber vor diesem Hintergrund auch als eigene Umwandlungsform geregelt werden können (vielleicht sogar sollen). Die Ausgliederung ist die mit Abstand verbreitetste Umwandlungsform innerhalb der Spaltungen (▶ Abb. 6).

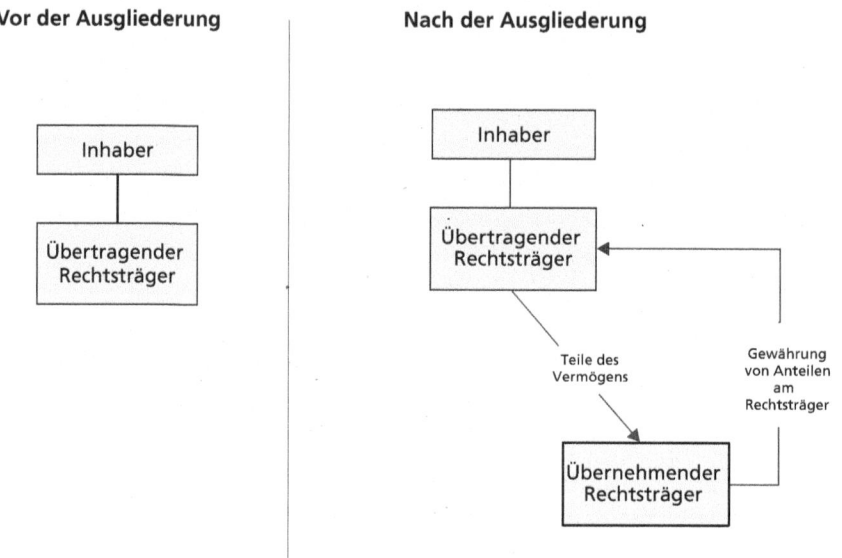

Vor der Ausgliederung

Inhaber

Übertragender Rechtsträger

Nach der Ausgliederung

Inhaber

Übertragender Rechtsträger

Teile des Vermögens

Gewährung von Anteilen am Rechtsträger

Übernehmender Rechtsträger

Abb. 6: Idealtypische Darstellung einer Ausgliederung (*spin-off*)

3.2.5 Die Kombination von Spaltungsvorgängen

§123 IV UmwG erweitert den Spielraum von Unternehmen noch dadurch,

- dass die Kombination von Spaltungen zur Aufnahme und zur Neugründung für zulässig erklärt werden,
- dass auch Abspaltung und Ausgliederung miteinander kombiniert werden dürfen (die Aufspaltung scheidet insoweit für diese Mischformen aus, da hier der übertragende Rechtsträger erlischt),
- dass mehrere Abspaltungs- oder Ausgliederungsverträge kombiniert werden können.

3.2.6 Beschränkungen für Gebietskörperschaften

Die Ausgliederung wird oft bei der Privatisierung von Betrieben der öffentlichen Hand eingesetzt. Bei Spaltungsvorgängen aus der öffentlichen Hand sehen die §§ 168 ff. UmwG jedoch einige Beschränkungen vor:

- Eine Spaltung unter Beteiligung von Gebietskörperschaften ist ausschließlich in der Form der Ausgliederung, nicht aber in Form der Aufspaltung oder Abspaltung zulässig (§ 168 UmwG).
- Bei Gebietskörperschaften ist nur die Ausgliederung eines Unternehmens, entgegen § 123 III UmwG aber nicht die Ausgliederung von einzelnen Vermögenswerten zulässig (§ 168 UmwG).

3.2.7 Der Spaltungsvertrag

Grundlage der Spaltung ist der Spaltungs- und Übernahmevertrag (§ 126 UmwG). § 126 UmwG entspricht in weiten Teilen dem § 5 UmwG (ausgenommen aber § 126 I Nr. 9, 10 UmwG). § 126 UmwG gilt für Spaltung zur Aufnahme, bei der Spaltung zur Neugründung tritt mangels eines existierenden Vertragspartners der Spaltungsplan an die Stelle des Spaltungs- und Übernahmevertrags (§ 136 I 2 UmwG). § 126 UmwG gilt grds. für alle Spaltungen zur Aufnahme, aber § 126 I Nr. 3, 4, 10 UmwG gelten nicht für die Ausgliederung. Im Übrigen gilt § 126 UmwG rechtsformübergreifend.

Der Spaltungsvertrag zwischen übertragendem und übernehmendem Rechtsträger ist die Grundlage der Spaltung. Bei der Spaltung zur Neugründung tritt der **Spaltungsplan** an die Stelle des Spaltungsvertrags, da es noch gar keinen Vertragspartner auf Seite der aufnehmenden Gesellschaft gibt. Bei dem Spaltungsplan handelt es sich um eine einseitige, nichtempfangsbedürftige Willenserklärung). Spaltungsvertrag bzw. Spaltungsplan bedürfen der notariellen Beurkundung (§§ 125 S. 1, 135 I 1 i.V.m. § 6 UmwG), der Mindestinhalt des Spaltungsvertrags bzw. Spaltungsplans ergibt sich aus §§ 126, 136 UmwG: Umtauschverhältnisse der Anteile, ein Abfindungsangebot ist bei der Ausgliederung nicht notwendig, die Parteien bestimmen auf Basis der Privatautonomie, welche Vermögenswerte übergehen und welche nicht, vorausgesetzt das Zivilrecht lässt die Teilbarkeit zu (nicht gegeben bei Dienstleistungen, § 613a BGB oder akzessorischen Rechten; problematisch sind Dauerschuldverhältnisse); es kann sogar nur ein einzelner Gegenstand im Wege der Spaltung übertragen werden (Vorsicht ist hier geboten, wenn auf diese Weise ansonsten bestehende Übertragungshindernisse umgangen werden).

Entsprechend dem **sachenrechtlichen Bestimmtheitsgebot** müssen die Vermögenswerte gem. § 126 I Nr. 9 UmwG benannt werden, deswegen spricht man hier von einer partiellen Gesamtrechtsnachfolge; bei der Übertragung von Verträgen und Verbindlichkeiten ist wegen der Gesamtrechtsnachfolge keine Zustimmung der Vertragspartner/Dritter notwendig (keine Anwendung der §§ 415 ff. BGB).

Vergessene Vermögenswerte, die auch im Rahmen der Auslegung nicht zugeordnet werden können, verbleiben beim übertragenden Rechtsträger; nicht möglich ist dies bei der Aufspaltung (der übertragende Rechtsträger existiert hier ja nicht mehr), daher gilt bei der Aufspaltung in diesem Fall folgende Regelung:

- **Aktiva:** Gesamtberechtigung aller übernehmenden Rechtsträger im Verhältnis ihrer Beteiligung am Reinvermögen (§ 131 III UmwG; vgl. Semler/Stengel/*Leonard*, UmwG, § 131 Rd. 70).
- **Passiva:** Gesamtschuldnerische Haftung aller übernehmenden Rechtsträger im Außenverhältnis, im Innenverhältnis Haftung gem. ihrer Beteiligung am Reinvermögen (§ 131 I/III UmwG, vgl. Semler/Stengel/*Leonard*, UmwG, § 131 Rd. 72).

3.2.8 Die Zustimmungsbeschlüsse

Wie bei der Verschmelzung wird der Spaltungsvertrag (bzw. Spaltungsbericht bei der Spaltung zur Neugründung) nur wirksam, wenn die jeweiligen Anteilsinhaber zustimmen (vgl. § 125 S. 1 UmwG i.V.m. §§ 13 I, 36 UmwG). Mit Blick auf die Zustimmungsbeschlüsse gelten folgende Einzelbestimmungen:

- Vorabinformation der Gesellschafter (vgl. bei GmbH §§ 125 S. 1, 47, 49, 56 UmwG; vgl. bei AG §§ 125 S. 1, 61, 63, 64, 73 UmwG);
- Zustimmung mit Dreiviertelmehrheit (vgl. §§ 125 S. 1, 50, 56, 65 I, 73 UmwG); es gelten keine Stimmverbote (vgl. insoweit § 47 IV GmbHG, § 136 I AktG); Sonderregelung in § 51 I UmwG; bei Personengesellschaften grds. Zustimmung aller Gesellschafter, soweit der Gesellschaftsvertag keine andere Mehrheit zulässt (§ 125 S. 1 i.V.m. § 43 I UmwG).

3.2.9 Spaltung mit und ohne Kapitalerhöhung

Grundsätzlich findet eine Kapitalerhöhung in Form einer Sachkapitalerhöhung bei der Spaltung zur Aufnahme oder einer Sachgründung bei der

Spaltung zur Neugründung statt. Keine Kapitalerhöhung ist erforderlich bei Verzicht der Anteilsinhaber des übertragenden Rechtsträgers auf die Gewährung von Anteilen (§ 125 S. 1 i.V.m. § 54 I 3 UmwG), soweit es sich um eine Abspaltung oder Aufspaltung (nicht Ausgliederung) zur Aufnahme handelt.

3.2.10 Der Spaltungsbericht

Ein Spaltungsbericht ist – wie bei der Verschmelzung – grds. von den Vertretungsorganen aller beteiligter Rechtsträger jeweils separat oder gemeinsam aufzustellen (§ 127 S. 1, HS 1 UmwG). Ein Spaltungsbericht ist nicht notwendig, wenn alle Anteilsinhaber auf den Bericht in notariell beurkundeter Form verzichten (§ 127 S. 2 i.V.m. § 8 VIII UmwG); ein Vorab-Verzicht z. B. in dem Gesellschaftsvertrag ist nicht möglich. Dagegen ist fraglich und umstritten, ob ein Bericht bei einem 100%-Beteiligungsverhältnis entfällt (dies wäre gem. § 127 S. 2 i.V.m. § 8 VIII S. 1, Alt. 2 UmwG genaugenommen bei der Up-stream-Ausgliederung möglich), kann aber letztlich wegen der Möglichkeit des Verzichts in diesen Fällen dahinstehen.

3.2.11 Die Spaltungsprüfung

Eine Spaltungsprüfung ist wie bei der Verschmelzung (§ 125 UmwG i.V.m. §§ 9 bis 12 UmwG) grds. notwendg, da es immer zu einem Anteilstausch kommt (ausgenommen bei der Ausgliederung, s. u.). Der Bericht ist auch notwendig, wenn sich alle Anteile eines übertragenden Rechtsträgers in der Hand des übernehmenden Rechtsträgers befinden (§ 125 UmwG nimmt § 9 II UmwG von der Verweisung aus; aber (nur) bei der Ausgliederung erfolgt keine Spaltungsprüfung, § 125 S. 2 UmwG). Allerdings ist eine Spalungsprüfung nicht notwendig, wenn alle Anteilsinhaber darauf in einer notariell beurkundeten Erklärung verzichten (§ 9 III i.V.m. 8 III UmwG; vgl. *Sickinger* in Kallmeyer, UmwG, § 125 Rd. 10).

3.2.12 Handelsregisteranmeldung

Die Anmeldepflicht der Organe folgt aus §§ 125 S. 1, 16 I UmwG. Zuerst erfolgt die Eintragung beim übernehmenden, dann beim übertragenden Rechtsträger (§ 130 I 1 UmwG). Auch bei der Spaltung ist die Eintragung des Spaltungsvorgangs im HR konstitutiv für das Wirksamwerden der Spaltung (§ 131 I UmwG).

3.2.13 Rechtsfolgen der Eintragung der Spaltung im Handelsregister

Die Eintragung der Spaltung in das HR des übertragenden Rechtsträgers führt insb. zur sog. **partiellen Gesamtrechtsnachfolge**, d.h. es kommt zum Vermögenswechsel der im Spaltungsvertrag identifizierten Aktiva und Passiva vom übertragenden zum übernehmenden Rechtsträger (§ 131 I Nr. 1 UmwG).

Beispiel: Nachfolgend die Eintragung des AG/HR Essen zu einer Spaltung in der Alternative Abspaltung zur Aufnahme von einer GmbH auf eine AG (▶ Tab. 10).

Tab. 10: Beispielhafte Handelsregistereintragung bei einer Spaltung

HR der übertragenden Gesellschaft (AG Essen, HRB 16281)	HR der übernehmenden Gesellschaft (AG Essen, HRB 14525)
	Eintragung vom 11.04.2016: »Die Gesellschaft hat nach Maßgabe des Abspaltungs- und Übernahmevertrages vom 04.04.2016 sowie des Zustimmungsbeschlusses der Gesellschafterversammlung des übertragenden Rechtsträgers vom 04.04.2016 Teile des Vermögens (Beteiligungen an Gesellschaften) der GBV Fünfte Gesellschaft für Beteiligungsverwaltung mbH mit Sitz in Essen (Amtsgericht Essen, HRB 16281) als Gesamtheit im Wege der Umwandlung durch Abspaltung übernommen. Die Abspaltung wird erst wirksam mit Eintragung auf dem Registerblatt des übertragenden Rechtsträgers.«
Eintragung vom 13.04.2016: »Die Gesellschaft hat aufgrund des Abspaltungs- und Übernahmevertrages vom 04.04.2016 und des Zustimmungsbeschlusses der Gesellschafterversammlung vom selben Tag Beteiligungen an Gesellschaften auf die RWE Aktiengesellschaft, Essen, (Amtsgericht Essen HRB 14525) als übernehmende Gesellschaft im Wege der Abspaltung zur Aufnahme gem. § 123 Abs. 2 Nr. 1 UmwG übertragen.«	

Tab. 10: Beispielhafte Handelsregistereintragung bei einer Spaltung – Fortsetzung

HR der übertragenden Gesellschaft (AG Essen, HRB 16281)	HR der übernehmenden Gesellschaft (AG Essen, HRB 14525)
	Eintragung vom 19.04.2016: »Die Abspaltung ist mit der Eintragung auf dem Registerblatt des übertragenden Rechtsträgers, GBV Fünfte Gesellschaft für Beteiligungsverwaltung mbH, am 13.04.2016 wirksam geworden.«

3.2.14 Steuerliche Aspekte von Spaltungsvorgängen

Der Gesetzgeber hat die steuerlichen Folgen von Spaltungen recht kurz geregelt:

- In § 15 UmwStG verweist bei der Aufspaltung und Abspaltung auf Körperschaften auf die entsprechenden Bestimmungen bei der Verschmelzung.
- In § 16 UmwStG werden die Aufspaltung und Abspaltung auf eine Personengesellschaft ebenfalls durch einen Verweis auf die entsprechenden Bestimmungen bei der Verschmelzung geregelt.

Nicht geregelt wird mit diesen Verweisungen die Ausgliederung, die steuerrechtlich als Einbringung betrachtet wird, für die besondere Bestimmungen gelten (§§ 20, 24 UmwStG). Auf die damit verbundenen komplexen steuerlichen Fragen (doppeltes Teilbetriebserfordernis) kann hier nicht näher eingegangen werden.

3.2.15 Sonderfall Umwandlung einzelkaufmännischer Unternehmen

Ein im HR eingetragener Einzelkaufmann kann das von ihm betriebene Unternehmen aus seinem eigenen Vermögen abtrennen und in eine in andere Gesellschaft einbringen (§§ 152 bis 160 UmwG). Dies entspricht der Ausgliederung, andere Alternativen nach dem UmwG wie Auf- oder Abspaltung hat der Kaufmann nicht, da der Kaufmann keinen Anteilsinhaber hat. Motive für diese Form der Ausgliederung können neben dem Ziel der Haftungsbeschränkung die Schaffung einer von der Person des Kaufmanns unabhängigen Struktur sein (z. B. im Rahmen einer Nachfolgeplanung). Subsidiär zu §§ 152 ff. UmwG gelten die allgemeinen und rechtsformspezifischen Vorschriften für die Ausgliederung (§§ 123 bis 137 und §§ 138 bis 146 UmwG sowie § 125 UmwG i.V.m. §§ 2 ff. UmwG).

Der Einzelkaufmann hätte aber noch eine Alternative: Die Einbringung des Unternehmens oder von Unternehmensteilen als Sacheinlage im Rahmen etwa der Neugründung einer GmbH. Der Vorteil des UmwG gegenüber den allgemeinen Regeln zur Sacheinlage ist aber wie stets beim UmwG die Gesamtrechtsnachfolge (§§ 20 I Nr. 1, 131 I Nr. 1 UmwG).

A Voraussetzungen

Voraussetzung ist, dass die Verbindlichkeiten des Kaufmanns nicht sein Vermögen übersteigen. Aufnehmende Gesellschaft kann insb. eine Personen- oder eine Kapitalgesellschaft sein. Die jeweiligen Gründungsvorschriften der aufnehmenden Gesellschaft sind einzuhalten. Der formelle Aufwand ist relativ gering: Weder ein Spaltungsplan noch ein Spaltungsbericht sind notwendig.

B Rechtsfolgen

Es kommt zur Gesamtrechtsnachfolge. Der Einzelkaufmann haftet gem. §§ 156, 157 UmwG für Altverbindlichkeiten für die Dauer von fünf Jahren gesamschuldnerisch mit der Gesellschaft. Die Gesellschaft haftet gem. § 133 UmwG und § 25 HGB für Altverbindlichkeiten.

3.2.16 Grenzüberschreitende Spaltungsvorgänge

Für die Frage der Zulässigkeit und Möglichkeit grenzüberschreitender Verschmelzungen gelten die Grundsätze, die bereits zu Beginn des Umwandlungsrechts dargestellt wurden. Grundsätzlich ist insb. die Hineinspaltung von der Niederlassungsfreiheit gedeckt und die Hinausspaltung wohl ebenfalls, aber zumindest nicht untersagt. Auf EU-Ebene existieren bereits Vorbereitungen für eine Erweiterung der Gesellschaftsrichtlinie in Bezug auf grenzüberschreitende Spaltungen (vgl. insg. zur Problematik *Marsch-Barner/Wilk* in Kallmeyer, UmwG vor §§ 122a-122m Rd. 12 ff.). Die Leserinnen und Leser werden daher gut daran tun, sich gerade in diesem Bereich über den jeweils aktuellen Stand der Entwicklung zu informieren.

Da es aber bislang noch keine rechtliche Umsetzung gibt (§§ 122a ff. UmwG gelten unmittelbar nur für die grenzüberschreitende Verschmelzung), stellt sich die Frage der praktischen Umsetzung grenzüberschreitender Spaltungen bis es eine entsprechende Regelung gibt. Zwei Alternativen kommen hier in Betracht:

- Die juristisch anspruchsvolle Möglichkeit wäre, die direkte Durchführung einer grenzüberschreitenden Spaltung unter analoger Anwendung der §§ 122a ff. UmwG und entsprechender Weiterentwicklung der nationalen Bestimmungen über Spaltungen.

- Zu Vermeidung vieler komplizierter und ungeklärter Rechtsfragen wird z.B. die zunächst eine rein innerstaatliche Spaltung durchgeführt, anschließend eine grenzüberschreitende Verschmelzung, um abschließend wieder eine innerstaatliche Spaltung durchzuführen, um das ursprüngliche Ziel zu erreichen. Zu denken wäre je nach Konstellation auch an den Einsatz eines Anwachsungsmodells.

Praxishinweis: In der Praxis dürfte die zweite Alternative die geeignetere Variante sein, mögen die vor- und/oder nachgelagerten innerstaatlichen Umwandlungsvorgänge auch umständlich sein, dürfte dies doch die höchste Transaktionssicherheit bieten. Die zu erwartenden gesetzlichen Regelungen sollten die Problematik mittelfristig lösen.

3.3 Die Vermögensübertragung

Die Vermögensübertragung (§ 1 I Nr. 3 UmwG i.V.m. §§ 174 bis 189 UmwG) ist auf sehr spezielle Sachverhalte beschränkt und hat in der Praxis nur eine sehr geringe Bedeutung (*Kallmeyer/Sickinger* in Kallmayer, UmwG, § 175 Rd. 1). Die Besonderheit der Vermögensübertragung besteht darin, dass sie auf bestimmte Rechtsträger beschränkt ist (vgl. abschließende Regelung in § 175 UmwG, soweit keine anderen gesetzlichen Regelungen wie z.B. in § 13 VAG bestehen): Entweder bei der Übertragung von einer Kapitalgesellschaft auf den Bund, ein Land, eine Gebietskörperschaft oder einen Zusammenschluss von Gebietskörperschaften (§ 175 Nr. 1 UmwG) oder bei der Übertragung zwischen Versicherungsunternehmen in der Rechtsform der AG, VVaG oder eines öffentlich-rechtlichen Versicherungsunternehmens (§ 175 Nr. 2 UmwG) (▶ Abb. 7):

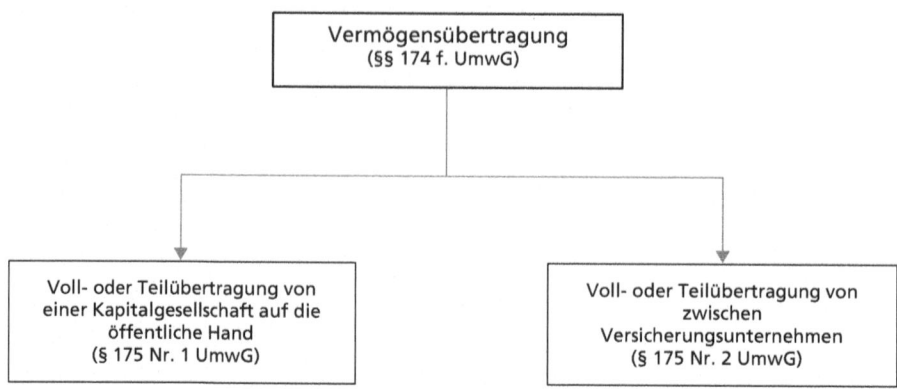

Abb. 7: Arten der Vermögensübertragung

Der Unterschied zu anderen Umwandlungsarten besteht bei der Vermögensübertragung darin, dass die Anteilsinhaber nicht an den übernehmenden oder neu gegründeten Rechtsträgern beteiligt werden, stattdessen erhalten sie eine Gegenleistung anderer Art (z. B. Entschädigung in Geld).

> **Praxishinweise:** (1) Der Anwendungsbereich des § 175 Nr. 1 UmwG ist in der Praxis vor allem bei der Rückführung von Eigen- oder Beteiligungsgesellschaften zu finden. (2) Versicherungsgesellschaften greifen statt auf § 174 Nr. 2 UmwG eher auf die Bestandsübertragung gem. § 13 VAG zurück.

Die Rechtsfolge der Vermögensübertragung ist die Vollübertragung (§ 174 I UmwG), vergleichbar der Verschmelzung, da der übertragende Rechtsträger gleichzeitig liquidiert wird (dabei ist ggf. § 179a AktG zu beachten). Alternativ kommt die Teilübertragung (§ 174 II UmwG), die mit der Spaltung verglichen werden kann, in Betracht.

3.4 Der Formwechsel

Der Formwechsel ist in § 1 I Nr. 4 UmwG i.V.m. §§ 190 bis 304 UmwG geregelt. Seine Besonderheit besteht darin, dass die Identität des Rechtsträgers bestehen bleibt (**Identitätswahrung**), nur das »Rechtskleid« des Rechtsträgers ändert sich, d. h. es findet im Gegensatz zu den übrgen Umwandlungsvarianten im UmwG gerade keine Vermögensübertragung statt (§ 202 I Nr. 1 UmwG).

Praxishinweis: Der Formwechsel ist sehr verbreitet (z. B. im Vorfeld eines IPO oder um ein passenderes Rechtskleid für ein Unternehmen zu schaffen). In der Vergangenheit wurde z. B. die Adam Opel GmbH in der Krisensituation in eine AG umgewandelt, wodurch insb. der Einfluss der amerikanischen Muttergesellschaft reduziert wurde, da bei der AG anders als bei der GmbH die Gesellschafter kein Weisungsrecht gegenüber dem Management hat (soweit kein Beherrschungsvertrag abgeschlossen wurde und keine Eingliederung vorliegt) (vgl. https://www.handelsblatt.com/unternehmen/industrie/mehr-mitsprache-opel-wird-erst-2011-zur-ag/3645956.html).

Graphisch ließe sich der (identitätswahrende) **Formwechsel** (zugegebenermaßen intellektuell wenig beeindruckend) wie in Abbildung 8 darstellen. Dies macht vor allem deutlich, dass bei dieser Umwandlungsvariante überhaupt keine Übertragung stattfindet, sondern lediglich ein Wechsel des »Rechtskleids«.

Abb. 8: Identitätswahrender Formwechsel als »Wechsel des Rechtskleids«

3.4.1 Rechtsträger eines Formwechsels

Auch beim Formwechsel ist eindeutig geregelt, welche Rechsformen formwechselnde oder Rechtsträger sein können (§ 191 UmwG):

- Formwechselnde Rechtsträger können sein: Kapitalgesellschaften, Personenhandelsgesellschaften, eingetragene Genossenschaften, eingetragene Vereine, genossenschaftliche Prüfungsverbände, VVaG.
- Neue Rechtsträger können sein: Kapitalgesellschaften, Personenhandelsgesellschaften, eingetragene Genossenschaften, Partnerschaftsgesellschaften und ausnahmsweise die Gesellschaft bürgerlichen Rechts, die ansonsten (mangels Eintragung in einem Register) kein umwandlungsfähiger Rechtsträger ist.

Da die **UG (haftungsbeschränkt)** eine Rechtsformvariante der GmbH ist (vgl. § 5a GmbHG), ist diese grds. wie die GmbH umwandlungsfähig. Allerdings ist ein Formwechsel in eine UG (haftungsbeschränkt) nicht möglich (*Kleindiek* in Lutter/Hommelhoff, GmbHG, § 5a Rd. 69). Umgekehrt ist der Wechsel von der Unternehmergesellschaft (haftungsbeschränkt) in eine »Voll-GmbH« gem. § 5a V GmbHG ein außerhalb des UmwG geregelter Formwechsel, der unumkehrbar ist.

3.4.2 Der Umwandlungsbeschluss

Der Umwandlungsbeschluss ist gem. § 193 UmwG die rechtgeschäftliche Grundlage des Formwechsels. Die notarielle Beurkundung des Beschlusses ist notwendig (§ 193 III S. 1 UmwG). Der Inhalt des Umwandlungsbeschlusses ergibt sich aus § 194 Nr. 1 bis 7 UmwG, rechtsformspezifische Ergänzungen enthalten §§ 218 I, 234, 243 UmwG. Es gelten die o. g. Mehrheitserfordernisse je nach Rechtsform:

- Dreiviertelmehrheit bei Kapitalgesellschaften (§ 240 UmwG); ist in Vinkulierungsklauseln die Zustimmung aller Anteilsinhaber vorgesehen, müssen alle dem Formwechsel zustimmen (Wortlaut und Auslegung der Norm sind umstritten);
- grds. Einstimmigkeit bei Personengesellschaften (§ 217 UmwG).

Die **Gründungsvorschriften** der neuen Rechtsform sind einzuhalten (§ 197 UmwG). Bei einem Formwechsel insb. in eine AG oder GmbH muss deren neuer Gesellschaftsvertrag im Beschluss enthalten sein (§ 218 UmwG).

3.4.3 Der Bericht über den Formwechsel

Grundsätzlich setzt ein Formwechsel einen ausführlichen, schriftlichen Umwandlungsbericht des jeweiligen Vertretungsorgans voraus (§ 192 I UmwG). Kein Bericht ist notwendig, wenn der formwechselnde Rechtsträger nur einen Anteilsinhaber hat (§ 192 II S. 1, Alt. 1 UmwG) oder alle Anteilsinhaber in einer notariell beurkundeten Erklärung auf die Erstattung des Berichts verzichten (§ 192 II S. 1, Alt. 2, S. 2 UmwG).

3.4.4 Barabfindung und Prüfung der Barabfindung

Ein Barabfindungs-Prüfungsbericht ist rechtsformübergreifend zu erstatten, wenn der formwechselnde Rechtsträger gem. § 207 I UmwG seinen Anteilsinhabern eine angemessene Barabfindung anzubieten hat (vgl. § 208 UmwG i.V.m. §§ 30 II 1, 12 I 1 UmwG).

3.4.5 Die Handelsregisteranmeldung und Handelsregistereintragung

Im Normalfall ist die Anmeldung beim HR in dem der formwechselnde Rechtsträger eingetragen ist und in der Zukunft auch eingetragen bleiben soll einzureichen (§ 198 I UmwG). In Ausnahmefällen, wenn bislang keine Registereintragung existiert, ist die Anmeldung beim neuen, künftigen Register einzureichen (§ 198 II S. 1 UmwG).

Ändert sich durch den Formwechsel das Register (nicht bloß die Abteilung innerhalb desselben Registers), dann ist beim »alten« und »neuen« Register anzumelden (§ 198 II S. 2 UmwG). Bei der bloßen Änderung der Abteilung, also z. B. von HR A zu HR B beim Wechsel von einer Personen- in eine Kapitalgesellschaft liegt keine Änderung des Registers vor (kein Fall des § 198 II S. 2 UmwG).

Auch hier hat die Eintragung des Formwechsels im HR konstitutive Wirkung (§ 202 I Nr. 1 UmwG).

Beispiel: Die Eintragung eines Formwechsels von einer AG in eine GmbH im HR könnte wie folgt lauten (Original des AG/HR Dortmund, HRB 17608, vom 5.12.2014): »Die Gesellschaft ist nach Maßgabe des Beschlusses der Gesellschafterversammlung vom 19.11.2014 im Wege des Formwechsels in die REMONDIS Vermögensverwaltungs GmbH umgewandelt.«

3.4.6 Rechtsfolgen des Formwechsels

Zunächst ist wichtig festzuhalten, dass beim Formwechsel im Gegensatz zu den anderen Formwechseln keine Vermögensübertragung stattfindet (§ 202 I Nr. 1 UmwG). Aus den Mitgliedschaften am alten Rechtsträger werden Mitgliedschaften am neuen Rechtsträger (§ 202 I Nr. 2 UmwG), dies bezeichnet man als Grundsatz der Identität der Anteilsinhaber.

Formfehler der notariellen Beurkundung und ggf. erforderlicher Zustimmungs- und Verzichterklärungen werden ex tunc (»rückwirkend«) geheilt (§ 202 I Nr. 3 UmwG). Bei sonstigen (schweren) Mängeln schafft § 202 III UmwG Rechtklarheit, d. h. es erfolgt nach Eintragung des Formwechsels im HR keine Rückgängigmachung in die alte Rechtsform.

3.4.7 Zusätzliche Bestimmungen für besondere Formwechsel

Für bestimmte Varianten des Formwechsels existieren zusätzliche Regelungen, die nachfolgend kurz angesprochen werden sollen.

A Formwechsel einer Personengesellschaft in eine Kapitalgesellschaft
Das Vermögen der Personengesellschaft muss mind. das Stammkapital der GmbH bzw. das Grundkapital der AG decken (§ 220 UmwG) oder anders formuliert: Eine Unterbilanz wäre ein Eintragungshindernis.

Die Altgesellschafter haften fünf Jahre für Altverbindlichkeiten persönlich weiter wie bei § 128 HGB (§ 224 UmwG). Diese 5-Jahresfrist betrifft nur das Außenverhältnis, erfasst also insb. nicht Einlagepflichten.

Beim Formwechsel in eine AG (oder KGaA) gelten die Bestimmung über die Nachgründung (§ 52 I AktG) ab der Eintragung des Formwechsels (§ 220 III S. 2 UmwG).

B Formwechsel einer Kapitalgesellschaft in eine andere Kapitalgesellschaft
Eine etwaige Unterbilanz muss beseitigt werden (§§ 245 I 2, 220 UmwG), es besteht aber die Möglichkeit der vereinfachten Kapitalherabsetzung (§§ 58a ff. GmbHG, §§ 229 ff. AktG).

Eine Nachgründung (§ 52 AktG) ist nicht durchzuführen, wenn die GmbH vor dem Wirksamwerden des Formwechsels bereits länger als zwei Jahre im HR eingetragen war (§ 245 I S. 3 UmwG). Fraglich ist, was gilt, wenn die 2-Jahresfrist nicht erfüllt ist: es stellt sich dann die Frage, ob die 2-Jahresfrist mit Wirksamwerden des Formwechsels oder mit Eintragung der GmbH beginnt (vgl. hierzu *Blasche* in Kallmeyer, UmwG, § 245, Rd. 11).

3.4.8 Grenzüberschreitender Formwechesl

Für den **grenzüberschreitenden Formwechsel** existiert bislang eine EU-Richtlinie 2019/2121 v. 27.11.2019), aber noch keine Umsetzung in das deutsche Recht, welche bis zum 31.1.2023 erfolgen muss. Bis die entsprechenden rechtlichen Regelungen geschaffen wurden, müssen grenzüberschreitende Herausformwechsel auf Basis der nationalen Formwechselbestimmungen (§§ 190 ff. UmwG) i.V.m. der analogen Anwendung der Bestimmungen über grenzüberschreitende Verschmelzungen (§§ 122a ff. UmwG analog) durchgeführt werden (OLG Saarbrücken v. 7.1.2020, BeckRS 2020, 226, dazu *Leuering/Rubner*, NJW-Spezial 2020, 175 f.) oder – vermutlich besser – Formwechsel nach rein nationalem Recht mit einer grenzüberschreitenden Verschmelzung kombiniert werden.

3.4.9   Steuerliche Folgen des Formwechsels

Zivilrechtlich erfolgt der Formwechsel identitätswahrend ohne Übertragung von Aktiva und Passiva. Dies ist auch steuerlich unproblematisch, wenn ein Formwechsel von einer Personengesellschaft in eine andere Personengesellschaft oder von einer Kapitalgesellschaft in eine andere Kapitalgesellschaft erfolgt (**homogener Formwechsel**).

Steuerrechtlich kommt es jedoch bei einem Formwechsel zwischen einer Personen- und einer Kapitalgesellschaft zu einem Wechsel des Besteuerungssystems (heterogener oder **kreuzender Formwechsel**). In diesen Fällen eines heterogenen Formwechsels **fingiert das Steuerrecht einen Vermögensübergang** (vgl. *Dietrich* in Limmer, HdB Unternehmensumwandlung, Teil 7 Rd. 193, 611). Dabei ist zwischen zwei Varianten zu unterscheiden:

- Bei einem **Formwechsel von einer Kapital- in eine Personengesellschaft** besteht wie bei einer Verschmelzung einer Kapital- auf eine Personengesellschaft unter bestimmten Voraussetzungen die Möglichkeit der Fortführung der steuerlichen Buchwerte (§ 9 S. 1 i.V.m. §§ 3 bis 8 UmwStG).

- Bei dem **Formwechsel einer Personen- in eine Kapitalgesellschaft** besteht wie bei anderen Umwandlungen unter bestimmten Voraussetzungen die Möglichkeit der Fortführung der steuerlichen Buchwerte (§ 25 S. 1 i.V.m. §§ 20 bis 23 UmwStG), so dass auch diese Umwandlung steuerneutral erfolgen kann. Dabei ist zu beachten, dass insb. das etwaige betriebsnotwendige Sonderbetriebsvermögen der Persongesellschaft mit übertragen werden muss, was zivilrechtlich einer besonderen Vereinbarung bedarf, da es nicht Teil des Gesamthandsvermögens der Personengesellschaft ist.

3.5   Erweiterung der Organhaftung

Die Mitglieder des Vertretungsorgans (z. B. Vorstand, Geschäftsführer) und ggf. des Aufsichtsorgans (Aufsichtsrat) haften gesamtschuldnerisch für rechtswidrige und schuldhafte Umwandlungsmaßnahmen (§§ 25, 205 UmwG). Die Geltendmachung dieser Ansprüche kann nur durch einen besonderen Vertreter erfolgen (§ 206 UmwG). Die Verjährungsfrist beläuft sich auf fünf Jahre (§ 205 II UmwG). Der Zweck der Regelungen ist, dass über die allgemeinen Organhaftungsregeln hinaus (s. dazu § 43 GmbHG, §§ 93, 116 AktG) auch die Anteilsinhaber und die Gläubiger des formwechselnden Rechtsträgers einen Schadensersatzanspruch gegen Organmitglieder haben sollen. Es besteht Anspruchskonkurrenz zu den allgemeinen Organhaftungsregelungen (vgl. *Lutter*, UmwG § 205, Rd. 1).

4 Umstrukturierungen außerhalb des Umwandlungsgesetzes

Das UmwG entfaltet trotz des NC der Umwandlungsformen keine Sperrwirkung für Umwandlungen auf Basis anderer Gesetze.

4.1 Umstrukturierungsoptionen unter Einsatz der Europäischen Aktiengesellschaft

Weitere (grenzüberschreitende) Umwandlungsformen eröffnet das Europarecht bei der Gründung einer Europäischen Aktiengesellschaft (Societas Europaea/SE) (*Stoye-Benk/Cutura*, HdB Umwandlungsrecht, Kap. 2 Rd. 6, sprechen insoweit treffend von einer »Kettenverschmelzung unter Zwischenschaltung einer europäischen Aktiengesellschaft«). Die SE ist eine hochkomplexe Struktur, insb. durch die subsidiäre Geltung des nationalen Aktienrechts des jeweiligen Mitgliedstaates der EU. Auch die zentralen Rechtsgrundlagen sind eher unübersichtlich:

- EU-Verordnung (SE-VO),
- SE-Ausführungsgesetz (SEAG),
- Nationales/deutsches Aktiengesetz (AktG).

Die Vorteile einer SE bestehen jedenfalls aus deutscher Sicht in den Bereichen Image, Mitbestimmung sowie der Möglichkeit zwischen einem monistischem (einstufigem) System mit einem Verwaltungsrat und einem dualistischem (zweistufigen) System aus Aufsichtsrat und Vorstand der *Corporate Governance* zu wählen (Art. 38 SE-VO). Die SE-VO sieht vier Alternativen zur Gründung einer SE vor:

1. Gründung einer SE durch **Verschmelzung** von Aktiengesellschaften, wenn mind. zwei der AGs dem Recht verschiedener Mitgliedstaaten unterliegen (Art. 2 I, 17 ff. SE-VO).
2. Gründung einer **Holding-SE** durch Aktiengesellschaften oder GmbH, von denen mind. zwei dem Recht verschiedener Mitgliedstaaten unterliegen oder wenn zwei der Gesellschaften seit mind. zwei Jahren eine Tochtergesellschaft oder Zweigniederlassung in einem anderen Mitgliedstaat haben (Art. 2 II, 32 ff. SE-VO).
3. Gründung einer gemeinsamen **Tochter-SE** durch zwei oder mehr juristische Personen des öffentlichen oder privaten Rechts, wenn mind. zwei dem Recht verschiedener Mitgliedstaaten unterliegen oder wenn zwei

der Gesellschaften seit mind. zwei Jahren eine Tochtergesellschaft oder Zweigniederlassung in einem anderen Mitgliedstaat haben (Art. 2 III, 35 f. SE-VO).

4. Umwandlung einer Aktiengesellschaft in eine SE im Wege des **Formwechsels**, wenn die AG seit mind. zwei Jahren eine Tochtergesellschaft in einem anderen Mitgliedstaat hat (Art. 2 IV, 37 SE-VO).

5. Daneben besteht eine **sekundäre Möglichkeit**: Gründung einer Tochtergesellschaft in Form einer SE durch eine SE (ggf. auf Vorrat) (Art. 3 II SE-VO).

Die vorstehend aufgelisteten Gründungsvarianten sind abschließend. Eine Gründung im Wege der Spaltung ist nicht vorgesehen. Die Verschmelzung und Umwandlung setzen jeweils AG voraus, d. h. diese Varianten stehen insb. einer GmbH oder KGaA nicht zur Verfügung; die entsprechende GmbH oder KGaA könnte ggf. vorher nach den Bestimmungen des UmwG in eine AG umgewandelt werden. Vor dem Formwechsel muss die AG ihr Grundkapital auf 120.000 EUR erhöhen, soweit das Grundkapital darunter liegt.

Wie andere Kapitalgesellschaften entsteht auch die SE mit **Eintragung im HR** (Art. 16 I SE-VO). Nach der Gründung ist die SE wie eine (deutsche) AG zu behandeln, soweit die Rechtsnormen zur SE keine Sonderregeln enthalten (Art. 9 I lit. C ii SE-VO). Dies hat u. a. folgende Konsequenzen:

• Rückumwandlung der SE in eine AG oder andere im UmwG vorgesehene Rechtsform ist möglich;
• eine SE kann auch an Spaltungsvorgängen gem. UmwG beteiligt sein;
• SE kann grds. auch an grenzüberschreitenden Verschmelzungen beteiligt sein.

4.2 Umstrukturierungen auf Basis des Personengesellschaftsrechts

Eine Personengesellschaft (*partnership*) kann seine Rechtsformwechsel in eine andere Rechtsform auch außerhalb des Umwandlungsgesetze auf teilweise sehr viel einfachere Art und Weise vollziehen (*Leuering/Rubner*, NJW-Spezial 2019, 591). Möglich ist eine Rechtsformänderung durch (meist gezielte, ggf. aber auch unbewusst-konkludente) Änderung des Gesellschaftsvertrags oder des Geschäftsgegenstandes namentlich in folgenden Fällen:

• Wechsel einer GbR in eine OHG durch faktische Änderung des Gesellschaftszweckes hin zum Betreiben eines Handelsgewerbes (§ 105 I HGB) oder durch Eintragung im HR (§ 105 II HGB).

- Einzelhandelsunternehmen wird durch Aufnahme eines Gesellschafters zur OHG.
- Die OHG (§ 105 HGB) wird zur KG (§ 161 I HGB) durch Änderung der Haftung bei zumindest einem Gesellschafter.
- Wechsel von der GbR in eine PartG (dieser Wechsel erfordert gem. § 3 I PartGG die Schriftform und kann daher praktisch nicht unbewusst-konkludent erfolgen).
- **Anwachsung gem. § 738 I BGB,** wenn der vorletzte Gesellschafter aus der Personengesellschaft austritt und diese sich damit ohne Liquidation auflöst, da eine Personengesellschaft stets mind. zwei Gesellschafter benötigt. Handelt es sich bei dem einzig verbliebenden »Gesellschafter« um eine natürliche Person, wird ggf. ein einzelkaufmännisches Unternehmen entstehen.

Beispiele: (1) Alle Kommanditisten einer GmbH & Co. KG treten aus der KG und damit wächst das gesamte Vermögen der KG der verbliebenden Komplementär-GmbH an. (2) Die OHG wird durch Ausscheiden des vorletzten Gesellschafters zum einzelkaufmännischen Unternehmen.

- Die OHG-Gesellschafter gründen eine AG durch Einbringung ihrer Beteiligungen im Wege der Sachgründung.

Grundsätzlich ist ein Rechtsformwechsel jeweils in beide Richtungen möglich, allerdings bleibt eine im HR eingetragene OHG oder KG bis zu ihrer Löschung Formkaufmann (§§ 105 II HGB, 106 II i.V.m. § 6 I HGB).

4.3   Bestandsübertragung durch Versicherungen

Versicherungsbestände können ohne Zustimmung der Versicherungsnehmer im Wege der **Gesamtrechtsnachfolge** übertragen, d. h. eine Übertragung jedes einzelnen Versicherungsvertrags ist nicht erforderlich (§ 13 V VAG). Allerdings ist für diese Übertragung die **Zustimmung der Versicherungsaufsicht** notwendig (§ 13 I S. 1 VAG). Der Begriff »Erstversicherer« in § 13 VAG wurde verwendet, um Rückversicherer von dem Anwendungsbereich der Vorschrift auszuschließen. Der Vertrag bedarf der Schriftform, aber die mögliche notarielle Beurkundung gem. § 311b III BGB wurde vorsorglich ausgeschlossen (§ 13 VI VAG).

Während bei der Bestandsübertragung für Versicherungen eine Erleichterung existiert, hat der Gesetzgeber bei **Umwandlungen** von Erstversicherungsunternehmen eine Verschärfung für Versicherungen geschaffen: Gem. § 14 VAG bedarf jede Umwandlung gem. §§ 1 bis 122a UmwG der Zustimmung der Aufsichtsbehörde.

4.4 Grenzüberschreitende Sitzverlegungen

Die Frage der Zulässigkeit der Verlegung des Sitzes einer Gesellschaft in eine andere Jurisdiktion ist eine Frage des sog. **Internationalen Gesellschaftsrechts**, die deutlich komplexer ist als es auf den ersten Blick scheint. Ausgangspunkt der Problematik sind vor allem zwei Unterscheidungen:

- Es ist zunächst zwischen dem tatsächlichen **Verwaltungssitz** und dem im Gesellschaftsvertrag bestimmten **Satzungssitz** zu differenzieren.
- Des Weiteren ist zwischen der Frage der Zulässigkeit des **Wegzugs** und der Frage der Zulässigkeit des **Zuzugs** zu unterscheiden.

Erschwerend kommt hinzu, dass das Internationale Gesellschaftsrecht bislang nicht kodizifiziert wurde (vgl. zur Kodifikation des sog. Internationalen Privatrecht/IPR, Art. 3 EGBGB).

A Sitztheorie vs. Gründungstheorie
Es kommen für die Bestimmung des anwendbaren Gesellschaftsstatuts bei Fällen mit Auslandsberührung nur zwei Anknüpfungspunkte für die Frage des anwendbaren Gesellschaftsrechts in Betracht:

- Eine Möglichkeit ist die Anknüpfung an den Ort des tatsächlichen Verwaltungssitzes für die Frage des anwendbaren Gesellschaftsrechts maßgebend (**Sitztheorie**). Diese Sitztheorie entspricht der h. M. in **Deutschland**.
- Alternativ kann das anwendbare Gesellschaftsrecht nach dem Ort der Gründung angeknüpft werden (**Gründungstheorie**). Diese Gründungstheorie wird vom Europäischen Gerichtshof (EuGH) auf Basis der Niederlassungsfreiheit (Art. 49, 54 AEUV) innerhalb der **EU** angewendet.

Dies führt für Deutschland zu einer komplizierten Gemengelage: Im Verhältnis zu Gesellschaften, die nach dem Recht eines anderen EU-Mitgliedstaates gegründet wurden, gilt auch in Deutschland die Gründungstheorie. Im Verhältnis zu Drittstaaten gilt nach wie vor die Sitztheorie (h. M., vgl. *Göthel* in Göthel, M&A, § 28 Rd. 7 f.).

Beispiel: Die Rechtsprechung des EuGH hatte in der Vergangenheit dazu geführt, dass in England nach englischem Recht gegründete *Limiteds* ihren Verwaltungssitz nach Deutschland verlegen konnten, dabei in England im *Companies House* in Cardiff eingetragen blieben (Satzungssitz) und in Deutschland identitätswahrend nach englischem Gesellschaftsstatut als *Limited* fortbestanden (Gründungstheorie). Mit dem Vollzug des Brexits gilt (vorbehaltlich besonderer Regelungen) für englische Gesellschaften mit Verwaltungssitz in Deutschland entsprechend der nunmehr wieder geltenden Sitztheorie deutsches Gesellschaftsrecht, welches eine *Limited* weder kennt noch zulässt (NC der Rechtsformen).

B Verlegung des Verwaltungssitzes in das EU-Ausland

Das EU-Recht beschäftigt sich bei der Frage der grenzüberschreitenden Sitzverlegung primär mit der Frage des Zuzugs, überläßt die gleichzeitig auftauchende Frage der Zulässigkeit des Wegzugs aber wohl noch primär dem nationalen Recht (vgl. *Bayer* in Kallmeyer, UmwG, § 4a Rd. 15 m. w. N.). Der deutsche Gesetzgeber hat die Verlegung des Verwaltungssitzes einer GmbH oder einer AG in das Ausland im Rahmen der letzten großen Reform des GmbHG (MoMiG) zugelassen. Der Wortlaut der § 4a GmbHG und § 5 AktG läßt dies zwar nicht erkennen, aber dies war die Intention des Gesetzgebers (*Göthel* in Göthel, M&A, § 28 Rd. 10). Dies führt zu dem Ergebnis, dass deutsche Kapitalgesellschaften ihren Verwaltungssitz jedenfalls in einen anderen EU-Mitgliedsstaaten verlegen kann (unter Beibehaltung des Satzungssitzes, d. h. der Eintragung im HR in Deutschland).

Veriefender Hinweis: Ein Grund für die Verlegung des Sitzes kann bei einem Unternehmen in der Krise sein, die Anwendbarkeit eines günstigeren **Insolvenzrechts** zu erreichen (sog. *forum shopping*). Hintergrund ist Art. 3 I EuInsVO, der bei der Zuständigkeit darauf abstellt, wo der Schuldner den Mittelpunkt seiner hauptsächlichen Interessen hat (*Center of Main Interests*, **COMI**). Bei Gesellschaften wird vermutet, dass dies der Ort des Sitzes der Gesellschaft ist (Art. 3 I S. 3 EuInsVO), wenn dieser nicht in den letzten drei Monaten vor Stellung des Insolvenzantrags in einen anderen Mitgliedsstaat verlegt worden ist (Art. 3 I S. 4 EuInsVO). Anders als sonst im Internationalen Privatrecht wird hier mit der internationalen Zuständigkeit auch über das anzuwendende Sachrecht entschieden (Art. 7 EuInsVO knüpft bei der Frage des anzuwendenden Insolvenzrecht an die Zuständigkeit an, was zu dem entsprechenden Insolvenzstatut führt), so dass der Frage der internationalen Zuständigkeit des Insolvenzgerichts eine doppelte Bedeutung zukommt. Um Mißbräuchen vorzubeugen, wird in der Praxis versucht, konstruierte Sitzverlegungen aus dem geschilderten Grund zu unterbinden.

5   Sonderfall: Rechtsformwechsel einer GmbH & Co. KG in eine GmbH

Zu den klassischen Rechtsproblemen in der Praxis gehört der Wechsel von der GmbH & Co. KG in die GmbH. Eine GmbH & Co. KG ist bekanntlich eine Kommanditgesellschaft mit einer GmbH als (i. d. R. einziger) Komplementärin, d. h. das operative Geschäft befindet sich in der KG, die Komplementär-GmbH fungiert als unbeschränkt haftender Gesellschafter und führt (durch die Geschäftsführer der Komplementär-GmbH) die Geschäfte der KG.

Soll nun die KG in eine GmbH überführt werden, kommen hierfür verschiedene Varianten in Betracht. Die Rechtsformänderung kann auf Basis des Umwandlungsgesetzes erfolgen, sie kann aber auch auf Basis der personengesellschaftsspezifischen Anwachsung durchgeführt werden oder aber auf einer Einbringung des Betriebs der KG oder der Beteiligungen an der KG im Wege der Einzelrechtsnachfolge. Diese Alternativen sollen nachfolgend dargestellt werden.

5.1   Varianten auf der Basis des Umwandlungsgesetzes

Das UmwG eröffnet folgende zwei Möglichkeiten für den Wechsel von der GmbH & Co. KG in die GmbH:

- Es könnte ein **Formwechsel der KG in eine GmbH** gem. § 1 I Nr. 4 i.V. m. §§ 190 ff. UmwG erfolgen. Der Vorteil bestände in der recht einfachen und identitätswahrenden Änderung des Rechtskleids ohne jeden Transfer verbunden mit einem hohen Grad an Rechtssicherheit und Transparenz. Der Nachteil wäre, dass die bisherige Komplementärin (i. d. R. funktionslos) zurückbliebe, daher könnte die ehemalige Komplementär-GmbH nun auf die neue GmbH verschmolzen werden.
- In Betracht kämen auch verschiedene Verschmelzungsvarianten wie insb. die **Verschmelzung der KG auf die Komplementär-GmbH** oder Verschmelzung der KG auf eine neue GmbH gem. § 1 I Nr. 1 i.V.m. §§ 2 ff. UmwG. Der Vorteil wäre die Gesamtrechtsnachfolge.

5.2 Varianten auf Basis einer Anwachsung

Die (nur) bei Personengesellschaften mögliche Anwachsung (§ 738 BGB) schafft zwei weitere, für die Praxis sehr interessante Möglichkeiten für den Wechsel von der GmbH & Co. KG in eine GmbH.

- Sämtliche Kommanditisten scheiden mit oder ohne Abfindung aus, hierdurch wächst das Vermögen der KG bei der Komplementär-GmbH an und die KG wird ohne Liquidation gem. §§ 161 II, 105 III HGB i.V.m. § 738 I S. 1 BGB aufgelöst (klassische Anwachsung, sog. **einfaches Anwachsungsmodell**). Die Vorteile dieser Lösung sind Einfachheit, Kostengünstigkeit und Gesamtrechtsnachfolge.
- Einbringung sämtlicher Kommanditanteile der Kommanditisten in die Komplementär-GmbH durch rechtsgeschäftliche Übertragung im Zuge einer Kapitalerhöhung gegen Sacheinlage bei der Komplementär-GmbH mit der Konsequenz der Anwachsung (sog. **erweitertes Anwachsungsmodell**). Neben den o. g. Vorteilen einer einfachen Anwachsung wäre der Nachteil, dass dies eine Erhöhung des Nominalkapitals bei der Komplementär-GmbH erfordert.

> **Praxishinweis:** In der Praxis wird diese Variante im Ergebnis häufig aus steuerlichen Gründen gewählt, wobei der Anwachsungsrichtung besonders Augenmerk gebührt.

5.3 Einbringung des Betriebs oder der Beteiligungen

Neben den vorstehend genannten Varianten kommen theoretisch noch zwei Alternativen auf Basis der allgemeinen Regeln in Betracht:

- Klassischer *Asset Deal*, d. h. Übertragung aller Aktiva und Passiva der KG auf die Komplementärin. Dies hat aber praktisch kaum einen Sinn, da dieses Verfahren technisch aufwendig und nur Einzelrechtsnachfolge (vielleicht mangels Zustimmung Dritter sogar gar nicht) möglich ist. Hinzu kommen geringe Transparenz und das Risiko, dass wichtige Vermögenswerte nicht übertragen wurden. Außerdem müsste die leere KG-Hülle später noch beseitigt werden. Im Ergebnis daher keine praxisgerechte Alternative.
- Gründung einer neuen GmbH durch die Kommanditisten. In diese GmbH werden dann die Anteile an der Komplementärin und die Kommanditbeteiligungen eingebracht. Dies hätte den Nachteil, dass die Gesellschafter der GmbH nur an einer Holding beteiligt wären.

> **Praxishinweis:** Das einfache oder erweiterte Anwachsungsmodell sind die in der Praxis präferierten Varianten. Bei der Wahl des Modells spielt bei Vorhandensein von Grundstücken die Frage der Grunderwerbsteuer aber eine entscheidende Rolle, da die Grunderwerbsteuer nicht vom UmwStG erfasst wird. Dies bedeutet, dass bei dem Vorhandensein von Grundstücken mit entsprechenden Werten in der Praxis vermutlich der Formwechsel gewählt würde (umfassend zur Problematik *Harneit*, Umwandlung, S. 65 f.).

6 Weitere typische Umstrukturierungs- und Integrationsmaßnahmen

Im Nachgang zu einer Unternehmensübernahme werden typischerweise weitere Maßnahmen zur Integration der übernommenen Gesellschaft ergriffen (*Post-Merger Integration*/PMI). Dabei hängen Umfang und Tiefe der PMI naturgem. mit dem Grad der angestrebten Integration zusammen. Nachfolgend sollen einige typische juristische Integrationsmaßnahmen dargestellt werden (zum PMI im coronabedingten *Lockdown* vgl. *Schlottbohm*, M&A Review v. 24.09.2020, https://ma-review.de/post-merger-integration-im-lockdown/).

6.1 Änderungen des Gesellschaftsvertrags

Während in Deutschland die meisten Gesellschaften ein **Geschäftsjahr** (*business/financial/fiscal year*) haben, welches sich mit dem Kalenderjahr deckt, ist dies in anderen Jurisdiktionen wie z. B. den USA anders. Um ein einheitliches Geschäftsjahr innerhalb einer Unternehmensgruppe herbeizuführen, wird beim *Share Deal* zeitnah nach dem *Closing* das Geschäftsjahr der Zielgesellschaft an das Geschäftsjahr der übrigen Gruppengesellschaften angepasst, was rechtlich zulässig ist, aber bei GmbH und AG als Änderung des Gesellschaftsvertrags eines notariellen Gesellschafterbeschlusses, einer HR-Anmeldung und einer Eintragung im HR bedarf (§§ 53 ff. GmbHG, §§ 179 ff. AktG). Die Änderung des Geschäftsjahrs wird erst mit Eintragung im HR wirksam (§ 54 III GmbHG, § 181 III AktG). Die Umstellung auf ein vom Kalenderjahr abweichendes Geschäftsjahr bedarf der **Zustimmung der Finanzverwaltung** (§ 4a I S. 2 Nr. 2 S. 2 EStG, § 8b II S. 2 EStDV, § 7 IV S. 3 KStG), welche diese in derartigen Konstellationen regelmäßig erteilt

(ohne die Zustimmung der Finanzverwaltung wird i. d. R. keine Registereintragung erfolgen). Mit einer etwaigen Änderung des Geschäftsjahres werden meist weitere Änderungen des Gesellschaftsvertrages wie die Anpassung der **Firma** (§§ 17 ff. HGB) der Zielgesellschaft verbunden.

Häufig wird es auch zu einer Änderung von **Geschäftsordnungen** für
den Aufsichtsrat und/oder den Vorstand kommen: So wird im Zuge einer
Unternehmensübernahme regelmäßig insb. die **Liste der zustimmungs-
pflichtigen Geschäfte** an die neue Situation angepasst. Diese (nur intern
wirkende) Liste legt fest, für welche Art von Geschäften die Geschäftsführer bzw. Vorstände die vorherige schriftliche Zustimmung des Aufsichtsrats bzw. der Gesellschafterversammlung benötigen (vgl. § 82 II AktG, § 37
II GmbHG).

6.2   Änderungen auf der Führungsebene

Auf der operativen Führungsebene wird es häufig zur Bestellung und Abberufung von **Geschäftsführern** (*Managing Directors*), **Vorständen** (*Members
of the Management Board*) oder **Aufsichtsräten** (*Members of the Supervisory
Board*) kommen. Bei deutschen Kapitalgesellschaften ist dies immer eine
natürliche Person und (anders als z. B. in den Niederlanden) niemals eine
juristische Person (§§ 76 III, 100 I AktG, § 6 II GmbHG). Soweit die Zielgesellschaft ausnahmsweise über einen **Beirat** (*Advisory Board*) verfügt, ist
auch insoweit an Änderungen zu denken.

Die Ein- und Austragung von Vorständen und Geschäftsführern im HR
(§ 81 AktG, § 39 GmbHG) hat nur deklaratorische (rechtsbestätigende) Bedeutung, d. h. die Bestellung bzw. Abberufung dieser Organe ist mit Beschlussfassung und Information der betroffenen Person wirksam (Aufsichtsräte werden nicht im HR eingetragen, insoweit wird nur eine Liste
im HR hinterlegt, § 106 AktG). Dabei ist unbedingt zu beachten, dass die
gesellschaftsrechtliche Bestellung oder Abberufung von Organen von dem
Abschluss bzw. der Beendigung der jeweiligen Dienstverträge zu unterscheiden ist, was regelmäßig das größere Problem ist (Aufsichtsräte haben
keine Anstellungsverträge, auf Arbeitnehmervertreter im Aufsichtsrat soll
hier nicht näher eingegangen werden). Tabelle 11 fasst die wichtigsten Regelungen für den Wechsel auf der Führungsebene noch einmal zusammen.

Tab. 11: Wichtige Regelungen für den Wechsel auf der Führungsebene von Kapitelgesellschaften

	Geschäftsführer (GmbH)	Vorstand (AG)	Aufsichtsrat (AG)
Bestellung	Bestellung mit einfacher Mehrheit durch die Gesellschafterversammlung (§ 46 Nr. 5 GmbHG, ggf. AR vgl. § 52 GmbHG); daneben wird i. d. R. ein Dienstvertrag abgeschlossen.	Bestellung mit einfacher Mehrheit durch den AR für die Dauer von höchstens fünf Jahren (§ 84 I AktG); daneben wird i. d. R. ein Dienstvertrag abgeschlossen.	Bestellung mit einfacher Mehrheit durch die HV, etwaige Arbeitnehmervertreter werden von den Arbeitnehmern gewählt (§ 101 I AktG); jeweils für höchstens fünf Jahre (§ 102 I AktG).
Abberufung	Abberufung mit einfacher Mehrheit durch die Gesellschafterversammlung § 46 Nr. 5 GmbHG, ggf. AR vgl. § 52 GmbHG) i. d. R. ohne wichtigen Grund möglich (§ 38 I GmbHG); Achtung: daneben i. d. R. Beendigung des Dienstvertrags notwendig.	Abberufung mit einfacher Mehrheit als Organ nur aus wichtigem Grund (§ 84 III AktG); Achtung: daneben i. d. R. Beendigung des Dienstvertrags notwendig (vgl. § 84 I S. 5 und III S. 5 AktG).	HV kann jederzeit mit ¾-Mehrheit die Bestellung der frei gewählten Aufsichtsräte widerrufen (§ 103 I AktG).

6.3 Schaffung einer steuerlichen Organschaft

Eine weitere wichtige Integrationsmaßnahme ist die Schaffung eines Vertragskonzerns durch Abschluss eines **Ergebnisabführungsvertrages** (§ 291 AktG) zwischen der Zielgesellschaft und dem Erwerber vor allem zur Begründung einer (ggf. neuen) steuerlichen Organschaft (§§ 14 ff. KStG, § 2 II S. 2 GewStG, § 2 II S. 1 Nr. 2 UStG) (zur Beendigung einer etwaigen Organschaft im Zuge einer Transaktion, ▶ Teil II 5.1.11). Aus steuerlicher Sicht bedürfen die Unternehmensverträge grds. einer Laufzeit von mind. fünf Jahren (§ 14 I Nr. 3 KStG), aus (steuer-)rechtlicher Sicht werden Unternehmensverträge erst mit der Eintragung in das HR wirksam (§ 294 II AktG). Da die Übertragung der Zielgesellschaft meist im Laufe eines Wirtschaftsjahres erfolgt, kann wegen der fehlenden finanziellen Eingliederung (§ 14 I Nr. 1 KStG) die Organschaft erst mit Ablauf des Wirtschaftsjahres begründet werden; in diesen Fällen hilft oft die Schaffung eines **Rumpfgeschäftsjahres**, um den Zeitraum bis zur Begründung einer Organschaft zu verkürzen. Später kann dann wieder auf das gewünschte Geschäftsjahr umgestellt werden.

6.4 Sonstige Integrationsmaßnahmen

Auf weitere zahlreiche Integrationsmaßnahmen z. B. in den Bereichen IT, HR und vor allem die für den Erfolg einer solchen Transaktion traditionell unterschätzte kulturelle Zusammenführung kann hier nicht näher eingegangen werden (vgl. hierzu insb. *Jansen*, M&A, S. 361 ff.). In welchem Umfang Integrationsmaßnahmen notwendig werden, hängt davon ab, wie weit die Integration der übernommenen Gesellschaft(en) vollzogen werden soll. Dabei wird es auch eine Rolle spielen, ob ein späterer Weiterverkauf der übernommenen Gesellschaft geplant ist oder jedenfalls denkbar ist, denn in diesem Fall sollte die Integration bessser auf die notwendigen Anpassungen beschränkt werden.

Praxishinweise: (1) Was die beliebten Maßnahmen zur kulturellen Integration anbelangt, entsteht der Eindruck, dass hier Anspruch und Wirklichkeit mitunter auseinanderfallen. (2) Die IT-Integration kann schnell zu einer der entscheidenden Knackpunkte für den Erfolg einer Transaktion werden, daher sollte dem Thema der späteren IT-Integration bereits im Rahmen der *(IT) Due Diligene* besonderes Augenmerk geschenkt werden.

Glossar

Englischer Fachbegriff	Kurzerläuterung
Acting in concert	abgestimmtes Verhalten, welches den Tatbestand des Kontrollerwerbs bei öffentlichen Übernahmen begründen kann
Advisory Board	Beirat
Alternative Dispute Resolution (ADR)	alternative Streitbeilegungsmethoden wie Schiedsgerichtsbarkeit oder Mediation
Annex (auch appendix, attachment, exhibit, schedule)	Anlage
Annual Financial Statement	Jahresabschluss (im britischen Englisch eher als annual accounts bezeichnet)
Annual General Meeting (AGM)	ordentliche Hauptversammlung/ Gesellschafterversammlung (im Gegensatz zum extraordinary shareholder meeting).
Arm's length	Drittvergleich
Articels of association	Gesellschaftsvertrag
Arbitration	Schiedsgerichtsbarkeit
Asset deal	Erwerb der Vermögenswerte der Zielgsellschaft im Gegensatz zum Erwerb der Beteiligung an der Zielgesellschaft beim share deal
Asset Purchase Agreement (APA)	Erwerb der Vermögenswerte und Verbindlichkeiten der Zielgesellschaft (im Gegensatz zum Erwerb der Anteile einer Gesellschaft beim Share Deal)
Auction (process)	Auktionsverfahren/ Bieterverfahren, durch eine Investmentbank oder einen M&A-Berater strutkurierter Unternehmensverkauf (▶ bidding process)
Authorised capital	genehmigtes Kapital
Bad leaver	Manager, der aufgrund eigener Entscheidung oder aufgrund eines Fehlverhaltens die Gesellschaft verlässt und daher seine Gesellschafterbeteiligung zu ungünstigen Bedingungen zurückübertragen muss (▶ good leaver)
Basket	Bagatellgrenze bei der Haftung, auch als Freibetrag oder Freigrenze bezeichnet (▶ de-minimis)

Englischer Fachbegriff	Kurzerläuterung
Beauty Contest	Auswahlverfahren im Vorfeld der Beauftragung von Beratern, die sich beim »Schönheitswettbewerb« potentiellen Auftraggeber präsentieren (▶ pitch)
Best efforts/ Best endeavors	Verpflichtung, sich um eine bestimmte Handlung oder ein bestimmtes Ergebnis zu bemühen, wenn die rechtliche Umsetzung nicht erzwungen werden kann.
Best knowledge	Qualifier zur Einschränkung von Garantien auf subjektive Kenntnis, die genaue Bedeutung sollte im SPA definiert werden
Bible/ Closing Bible	Konvolut sämtlicher finaler Dokumente einer Transaktion als Arbeitsunterlage für alle Beteiligten
Bidder	Bieter (in einem Auktionsverfahren)
Bidding process	Bieter-/ Auktionsverfahren, i. d. R. durch eine Investmentbank oder einen M&A-Berater strutkurierter Unternehmensverkauf (▶ auction process)
Binding offer/ Binding bid	»Bindendes Angebot« eines Bieters insb. in Bietungsverfahren/ Auktionen; meist aber nicht bindend im Rechtssinne
Board of Directors (BoD)	Verwaltungsrat; wegen des strukturellen Unterschieds des monistischen Systems der Corporate Governance im Gegensatz zum dualistischen (deutschen) System sollte BoD nicht mit Vorstand oder Aufsichtsrat übersetzt werden
Boiler plate clause	(i. d. R. unstreitige) Standardklausel im Anteilskaufvertrag (SPA), wie z. B. die salvatorische Klausel
Break(-up) fee	Kostenregelung im Falle des Abbruchs der Vertragsverhandlungen
Business Angel	privater Investor, der Start-ups mit Know-how und ggf. Finanziellen Beteiligungen unterstützt
Business Judgement Rule (BJR)	Regel für Unternehmensentscheidungen, begründet haftungstechnisch einen »sicheren Hafen«, geregelt in § 93 I S. 2 AktG
By-laws	Geschäftsordnung
Call option	Kaufoption (▶ put option)
Cap	Obergrenze/ Haftungshöchstgrenze
Capacity opinion	Bestätigung der Vertretungsverhältnisse einer Gesellschaft durch eine Kanzlei gegenüber einem Dritten
Carve-out	Ausgliederung eines Geschäftsbereichs auf einen neuen Rechtsträger, technisch oft auf Basis des UmwG

Englischer Fachbegriff	Kurzerläuterung
Cash Free/ Debt Free (CFDF)	Berechnung des Kaufpreises unter der Annahme einer Zielgesellschaft, die am Closing Date frei von Barmitteln und Finanzverbindlichkeiten ist, oder bei der zum Closing Date vorhandene Barmittel und Finanzverbindlichkeiten sich kaufpreiserhöhend oder kaufpreismindernd auswirken
Cash pooling	Form der Konzerninnenfinanzierung durch tägliche Transfers zwischen den Konten der Konzerngesellschaften
Casting vote	ausschlaggebendes Stimmrecht bei Abstimmungs-Patt zur Überwindung eines Deadlocks (ggf. in Form eines Zweitstimmtrechts)
Catch-all clause	Auffangbestimmung
Center of Main Interest (COMI)	Mittelpunkt des hauptsächlichen Interesses (des Schuldners), Anknüpfungspunkt für die Zuständigkeit des Insolvenzgerichts und damit verbunden das anwendbare Insolvenzrecht
Change of Control-Klausel	Ausstiegsklausel bei Kontrollwechsel (meist Gesellschafterwechsel)
Choice of jurisidiciton	Wahl des Gerichtsstands
Choice of law	Wahl des anwendbaren (Sach-)Rechts
Clean team	Prüfer bei einer Due Diligence, die nicht in das operative Geschäft des Käufers eingebunden sind und besonderen Vertraulichkeitsvorgaben unterliegen
Closing	Vollzugszeitpunkt (zu unterscheiden vom vorgelagerten signing), wird teilweise auch als transfer date bezeichnet
Closing Accounts/ Completion Accounts	Bilanz zum Vollzugszeitpunkt zur Bestimmung des adjustierten Kaufpreises (im Gegensatz zum Locked box- Verfahren)
Club Deal	Gemeinsames Investment von zwei oder mehr Finanzinvestoren
Co-Determination	Mitbestimmung
Collaterals	Sicherheiten für Kredite
Commercial Due Diligence (CDD)	betriebswirtschaftliche, zukunftsbezogene Prüfung der Zielgesellschaft
Commercial register	Handelsregister
Compliance	Regeltreue bzw. Regelkonformität
Compliance Management System (CMS)	Gesamtheit aller Maßnahmen eines Unternehmens zur Sicherstellung der Einhaltung aller internen und externen Regeln

Englischer Fachbegriff	Kurzerläuterung
Condition Precedent (CP)	»aufschiebende Bedingung«, teilweise aber nicht i. e. S. von § 158 I BGB zu verstehen, sondern nur als Voraussetzung für eine Verpflichtung
Confidentiality agreement	Vertraulichkeitsvereinbarung (▶ NDA)
Confirmatory Due Diligence	nachgelagerte, bestätigende Prüfung der Zielgesellschaft kurz vor dem Signing oder sogar erst zwischen Signing und Closing (der Begriff wird uneinheitlich verwendet)
Conflict check	Prüfung, ob ein Mandat (unter rechtlichen Gesichtspunkten) angenommen werden darf
Consideration	Gegenleistung/ Kaufpreis, daneben auch im Kontext der Consideration Rule im Common Law zu sehen, nach der ein wirksamer Vertragsschluss grds. wechselseitige Verpflichtungen verlangt
Constructive dividends	verdeckte Gewinnausschüttung
Contingency fee	Erfolgshonorar
Contribution in kind	Sacheinlage
Core business	Kerngeschäft, Konzentration auf das Kerngeschäft als Motiv für Unternehmensverkäufe
Corporate Governance	Grundsätze der Unternehmensführung, der »rechtliche und faktische Ordnungsrahmen für die Leitung und Überwachung eines Unternehmens«, heißt es in der Präambel des Deutschen Corporate Governance Kodex; siehe auch § 161 AktG
Corporation	Kapitalgesellschaft; GmbH = German Limited Liability Company (präziser, aber nicht üblich: Closed Corporation), AG = German Stock Corporation
Covenant	Verpflichtung, etwas zu tun oder zu unterlassen, insb. in Unternehmenskaufverträgen, aber auch sehr häufig in Darlehensverträgen, in denen die Finanzinstitute die Einhaltung bestimmter Kennziffern verlangen
Cross-border merger	grenzüberschreitende Verschmelzung
Crown Jewels Defense	Abwehrmaßnahme der Zielgesellschaft gegen feindliche Übernahme
Cultural Due Diligence	Analyse der Unternehmenskultur der Zielgesellschaft und der Kompatibilität mit der Unternehmskultur beim Erwerber
Data room	Datenraum
Data room index	Inhaltsverzeichnis des Datenraums

Englischer Fachbegriff	Kurzerläuterung
Data room rules	Verhaltensregeln für den Aufenthalt im Datenraum
Deal breaker	wesentliches Problem (finding), welches zu einem Abbruch der Verhandlungen führen kann
Debt-equity-swap/ debt to equity swap	Umwandlung von Schulden in Eigenkapital als Sanierungsinstrument
Debt push down	Überführung der Verbindlichkeiten der Erwerbergesellschaft auf die Zielgesellschaft z. B. im Wege eines downstream mergers
Deferred consideraton/ purchase price	gestundeter Kaufpreis
Delisting	von der Börse nehmen, im Gegensatz zum IPO (▶ Taking private)
Demerger	Spaltung/ Ausgliederung (im Gegensatz zur Verschmelzung)
De-minimis (clause)	Bagatellgrenze (Freibetrag oder Freigrenze) bei der Haftung (▶ basket)
Directors' & Officers' Liability Insurance (D&O Insurance)	Vermögensschadenshaftpflicherung für Fälle der Organhaftung
Disclaimer	Haftungsausschluss oder -begrenzung
Disclosure Schedules/ Disclosure Exhibits	Anlagen zum Unternehmenskaufvertrag, in dem die Sachverhalte offengelegt werden, die nicht von der Garantie erfasst werden; soweit ein Discolsure Letter verfasst wird, werden insoweit garantieübergreifende Sachverhalte offengelegt
Distressed M&A	Erwerb notleidender Unternehmen/Kauf eines Unternehmens in der Krise oder aus der Insolvenz oder von einem Gesellschafter in der Krise oder Insolvenz
Domination and profit and loss absorption agreement	Beherrschungs- und Ergebnisabführungsvertrag (§§ 291 ff. AktG)
Dormant company	Gesellschaft ohne Geschäftstätigkeit
Downstream merger	Verschmelzung einer Muttergesellschaft auf eine Tochtergesellschaft (im Gegensatz zum upstream oder side-step merger)
Draft	Entwurf
Drag-along	Mitverkaufspflicht (▶ tag-along)

Englischer Fachbegriff	Kurzerläuterung
Dual track	zweispurige Exitstrategie von Auktionsverfahren und Börsengang eines Finanzinvestors
Due Diligence (Review)	Prüfung der Zielgesellschaft mit gebotener Sorgfalt
Due Diligence Report	Bericht über die Prüfung der Zielgesellschaft
Earn-out	variabler Zusatzkaufpreis abhängig von der wirtschaftlichen Entwicklung der Zielgesellschaft
Effective date	wirtschaftlicher Übertragungsstichtag
Empire Building	Umschreigung für eigennützige Zielverfolgung des Managements bei Unternehmenskäufen
Employee Buy-out (EBO)	Übernahme der Zielgesellschaft durch die Arbeitnehmer der Zielgesellschaft
Employment law	(Individual-)Arbeitsrecht (▶ labour law)
Engagement Letter	Vereinbarung über Beauftragung eines Beraters
Enterprise Value (EV)	Unternehmenswert (i. d. R. auf CFDF-Basis)
Environmental Due Diligence	Prüfung insb. der umweltrechtlichen Verhältnisse der Zielgesellschaft vor allem im Hinblick auf Umweltlasten und der öffentlich-rechtlichen Genehmigungslage (Umwelt Compliance)
Escrow account	Treuhandkonto
Exclusivity agreeemtent	Vereinbarung, die einem Bieter Exklusivität bei den Verhandlungen zusichert
Exit	Ausstieg aus einer Beteiligung insb. bei Finanzinvestoren
Executive Summary	Zusammenfassung/ Kurzfassung
Fact book	Zusammenstellung von Informationen über die Zielgesellschaft ohne (rechtliche) Bewertung dieser Tatsachen
Fairness Opinion	Gutachten zur Angemessenheit eines Kaufpreises beim Unternehmenskauf
Financial assistance	Sicherheitenbestellung der Tochtergesellschaft zugunsten Muttergesellschaft (▶ upstream securities)
Financial Due Diligence (FDD)	Prüfung der Vermögens-, Ertrags- und Finanzverhältnisse der Zielgesellschaft
Finding(s)	Ergebnisse, insb. Identifikation von potentiellen Deal Breakern bei der Due Diligence
Fiscal unity	Organschaft
Forum Shopping	Herbeiführung der Zuständigkeit eines den eigenen Interessen entsprechenden günstigen Gerichts

Englischer Fachbegriff	Kurzerläuterung
Full(y) fledged due diligence	vollständige Prüfung der Zielgesellschaft
General Counsel	Leiter der Rechtsabteilung, Chefsyndikus
Going-Concern(-Prinzip)	Bewertung von (Bilanz-)Positonen auf Basis der Annahme der Fortführung des Unternehmens
Golden Parachute Defense	Abwehrmaßnahme der Zielgesellschaft gegen feindliche Übernahme
Good leaver	Manager der einvernehmlich und ohne Fehlverhalten die Gesellschaft verlässt und daher seine Gesellschafterbeteiligung behalten oder zum Verkehrswert rückübertragen darf (► bad leaver)
Goodwill	Firmen- oder Geschäftswert
(Independent) Guarantee	(selbständige) Garantie als eigenständige Haftungsgrundlage und Ersatz für gesetzliche Ansprüche im SPA, im BGB nicht explizit als Vertragstyp geregelt, aber aufgrund der Vertragsfreiheit zulässig, daher wird in den SPAs insoweit meist § 311 BGB zitiert
Greenmail Defense	Abwehrmaßnahme der Zielgesellschaft gegen feindliche Übernahme
Heads of Agreement	etwas ungebräuchliche Bezeichnung für eine Absichtserklärung (► LoI und MoU)
Hidden Champions	Mittelständische (deutsche) Unternehmen, die trotz geringem Bekanntheitsgrad europaweit und/ oder global zu den Marktführern zählen
Hostile takeover	feindliche Übernahme, d. h. die Übernahme wird gegen den Willen es Managements der Zielgesellschaft angestrebt
HR Due Diligence	Prüfung des Humankapitals der Zielgesellschaft
Indemnification	Freistellung: Diese bietet dem Erwerber einen umfassenderen Schutz als der durch Unter- und Obergrenzen beschränkte Schadensersatz bei Garantieverletzungen
Indicative offer/ bid	indikatives Angebot
Information Memorandum (IM)	Verkaufsbroschüre typischerweise in einem Auktionsverfahren (die Übersetzung mit Prospekt wird aus Haftungsgründen meist vermieden)
Initial Public Offering (IPO)	Börsengang (auch going public im Gegensatz zu taking private oder delisting)
Insider/ insider trading	Eingeweihter, der über nicht öffentlich bekannte Informationen verfügt/ Insiderhandel

Englischer Fachbegriff	Kurzerläuterung
Intellectual Property (IP)	geistiges Eigentum, insb. gewerbliche Schutzrechte und Urheberrecht
Integrity Due Diligence (IDD)	Prüfung der aktuellen oder potentiellen Geschäftspartner der Zielgesellschaft vor allem im Hinblick auf mögliche strafrechtliche Risiken
IP Due Diligence	Prüfung der Gewerblichen Schutzrechte und Urheberrechte der Zielgesellschaft
IT Due Diligence	Prüfung der Information Technoloy Systeme der Zielgellschaft und Klärung der (oft unterschätzen) Frage der IT-Kompabilität mit den IT-Systemen des Erwerbers
Joint and several liability	gesamtschuldnerische Haftung (§ 421 BGB)
Joint Venture (JV)	Gemeinschaftsunternehmen
Key employees	Gruppe der nicht eindeutig definierten) besonders wichtigen Mitarbeiter
Labour law (UK)/ labor law (USA)	(Kollektives) Arbeitsrecht (▶ employment law)
Land charge	Grundpfandrecht (in Deutschland meist in Form von nicht-akzessorischen Grundschulden, selten als Hypothek)
Leakage	Mittelabfluss zwischen wirtschaftlichem Übergang und Signing, der i. d. R. durch eine Non-Leakage Klausel abgesichert wird
Legal Due Diligence	Prüfung der rechtlichen Verhältnisse der Zielgesellschaft
Legal Opinion	Stellungnahme einer Kanzlei zu einem konkreten Rechtsverhältnis gegenüber einer dritten Partei zu der i. d. R. kein Mandatsverhältnis besteht
Letter of Comfort	Patronatserklärung
Letter of Intent (LoI)	Absichtserklärung (▶ MoU)
Leveraged Buy-out (LBO)	Unternehmenskauf mit hohem Anteil an Fremdkapital was zu einer entsprechenden Hebelwirkung bei der Verzinsung des eingesetzten Kapitals führt
Litigation	Rechtsstreitigkeiten, Gerichtsverfahren
Limitation language	Vereinbarung über die Verwertungsbeschränkung bei Sicherheitenbestellungen zugunsten der Gesellschafterin
Locked Box (Methode)	Bestimmung eines Festkaufpreises beim Signing (im Gegensatz zur Closing Accounts Methode)
local counsel	lokaler Berater insb. Kanzlei in einer bestimmten Jurisdiktion

Englischer Fachbegriff	Kurzerläuterung
Management Buy-in (MBI)	externes Management übernimmt die Zielgesellschaft
Management Buy-out (MBO)	Management der Zielgesellschaft übernimmt die Zielgesellschaft
Material Adverse Change (MAC)	schwerwiegende negative Veränderung meist zwischen Signing und Closing
Materiality qualifier	Beschränkung von (einzelnen) Garantien auf wesentliche Verletzungen
Mediation	außergerichtlicher (alternativer) Streitbeilegungsmechanismus
Memorandum of Understanding (MoU)	Absichtserklärung (▶ LoI und Heads of Agreement)
Merger	Verschmelzung (juristisch i. e. S.) oder Zusammenschluss (wirtschaftlich i.w.S.)
Merger certificate	Verschmelzungsbescheinigung
Merger clearance	kartellrechtliche Freigabe
Mergers and Acquitions (M&A)	Wörtlich umfasst die Bezeichnung M&A die beiden Bereiche Zusammenschlüsse (Fusionen) und Übernahmen von Unternehmen. In einem weiteren Sinne wird M&A aber als Oberbegriff für alle Varianten von Unternehmenstransaktionen verwandt.
Merger Waves	M&A-Wellen
Non-Disclosure Agreement (NDA)	Vertraulichkeitsvereinbarung (s. auch Confidentiality Agreement)
Non-Performing Loans (NPL)	notleidende Kredite
Non-solicitation	Abwerbeverbot
One-tier system	einstufiiges/ monistisches System der Corporate Governance bestehend aus einem board of directors (▶ two-tier system)
Opinion Panel	internes Gremium einer Kanzlei, welches Legal Opinions überprüft und freigibt
Ordinary course of business	gewöhnlicher Geschäftsgang
Pac Man Defense	Abwehrmaßnahme der Zielgesellschaft gegen feindliche Übernahme
Parent company guarantee	Garantie der Muttergesellschaft

Englischer Fachbegriff	Kurzerläuterung
Partnership	Personengesellschaft, GbR = German Civil Law Partnership, OHG = German Commercial Partnership, KG = German Limited Partnership (Komplementär = general partner, Kommanditist = limited partner), PartG = German Professional Partnership, PartG mbB = German Limited Professional Partnership
Pitch	Bewerbung einer Bank oder eines Beraters um ein Mandat (▶ beauty contests)
Pledge	Pfandrecht
Poison Pill Defense	Abwehrmaßnahme der Zielgesellschaft gegen feindliche Übernahme
Post-M&A Disputes / M&A Litigation	Streitigkeiten der Parteien nach Abschluss der Transaktion, insb. wegen behaupteter Garantieverletzungen
Post-Merger Integration (PMI)	Summe der Maßnahmen zur Eingliederung der Zielgesellschaft in das übernehmende Unternehmen
Power of Attorney (PoA)	Vollmacht (▶ proxy)
Pre-emptive right	Vorkaufsrecht (▶ right of first refusal)
Preferred bidder	bevorzugter Bieter oder Verhandlungspartner im Auktionsverfahren (der ggf. Exklusivität erhält)
Pre-packaged deal	vor (Insolvenzeröffnung) ausverhandlelte Transaktion
Private Equity (PE)	Finanzinvestor(en)
Process Letter/ Procedure Letter	Prozessbrief, der den Ablauf eines Auktionsverfahrens darstellt
product liabilty	Produkthaftung
Proxy	(Stimmrechts-)Vollmacht in den USA (▶ power of attorney)
Public M&A	Übernahme einer börsennotierten Gesellschaft (der Begriff »public« in einem Corporate-Kontext bedeutet grds. börsennotiert und nicht etwa öffentlich-rechtlich)
Public takeover	öffentliche Übernahme (▶ Public M&A)
Purchase Price Allocation (PPA)	Zuordnung des Kaufpreises auf einzelne Aktiva und Passiva
Put option	Verkaufsoption (▶ call option)
Qualifier	Formulierungszusätze zur Einschränkung des Umfangs von Garantien (▶ best knowledge oder materiality qualifier)

Englischer Fachbegriff	Kurzerläuterung
Questions and Anwers (Q&A Sessions)	Befragung z. B. des Mangements der Zielgesellschaft im Anschluss an eine Managementpräsentation
Recitals	Präambel, Vorbemerkung in einem Vertrag
Red Data Room	Datenraum mit besonders sensiblen Daten, die nur gegenüber Beratern mit berufsrechtlichen Verschwiegenheitsverpflichtungen offengelegt werden
Red Flag Due Diligence	Due Diligence Prüfung, die auf die Identifikation von Deal Breakern beschränkt ist
Remedy/remedies	Rechtsbehelf(e), Rechtsfolgenseite
Right of first refusal	Vorkaufsrecht (▶ pre-emptive right)
Reliance Letter/ Non-Reliance Letter	Regelung der Rechtsbeziehungen zwischen Berater und Nicht-Mandanten
Reps & Warranties / Representations and Warranties	Gewährleistungen/Garantien insb. des Verkäufers; die traditionelle englische Bezeichnung als Reps & Warranties paßt nicht in die deutsche Rechtsdogmatik und wird daher meist nur umgangssprachlich verwendet.
Retainer	erfolgsunabhängige Grundvergütung, Vorschuss
Secondary buy-out	Verkauf einer Gesellschaft von einem Finanzinvestor an einen anderen Finanzinvestor (▶ Trade Sale)
(Company/ corporate) Secretary	Amt in einer Gesellschaft im angelsächsischen Rechtsraum, welches im deutschen Recht nicht existiert; der Secretary führt das Siegel der Gesellschaft und hat insb. die Aufgabe Board Minutes zu erstellen, Beschlüsse des Boards umzusetzen und die Einhaltung (gesellschaftsrechtlicher) Regeln einzuhalten (der Secretary ist also kein Sekretär im deutschen Sinne).
Share deal	Erwerb der Beteiligung (Aktien, Geschäftsanteile etc.) einer Zielgesellschaft im Gegensatz zum Erwerb der Vermögenswerte beim asset deal
(Ordinary/ extraordinary) Shareholders‹ meeting	(ordentliche/außerodentliche) Gesellschafterversammlung (▶ Annual Sharehoder Meeting)
Shareholder Value (Ansatz)	Managementtheorie, welche die Interessen der Anteilseigner in den Vordergrund stellt (im Gegensatz zum Stakeholder Value-Ansatz).
Share pledge	Anteilsverpfändung
Share Purchase Agreement (SPA)	Anteilskaufvertrag
Shelf company	Vorratsgesellschaft (teilweise auch Regalgesellschaft)

Englischer Fachbegriff	Kurzerläuterung
Side step merger	Verschmelzung einer Gesellschaft auf eine Schwestergesellschaft (im Gegensatz zum upstream oder downstream merger)
Signing	Unterzeichnung des Kaufertrags oder eines anderen Verpflichtungsgeschäfts (► closing)
Site visit	Besichtigung der Zielgesellschaft
Special Purpose Vehicle (SPV)	(Ein-)Zweckgesellschaft (manchmal auch Vehikelgesellschaft), wird oft mit einer Vorratsgesellschaft (*shelf company*) gleichgesetzt, aber ein SPV kann auch neu gegründet werden
Spin-off	Ausgliederung eines Unternehmensteils
Sponsor	(Finanz-)Investor, der Eigenkapital zu Zwecken der Akquisitionsfinanzierung bereitstellt
Squeeze-out	Ausschluss von Minderheitsaktionären gegen Abfindung
Stock corporation (act)	Aktiengesellschaft (Aktiengesetz)
Stakeholder Value (Ansatz)	Managementlehre bei der alle Anspruchssteller (Interessengruppen) eines Unternehmens berücksichtigt werden (im Gegensatz zum Shareholder Value-Ansatz)
Start-up	neu gegründetes, innovatives Unternehmen
Steering Committee	meist ad-hoc eingesetztes Gremium, welches die zentrale Projektleitung auf Käufer- oder Verkäuferseite übernimmt (früher auch als Lenkungsausschuss bezeichnet)
Step-up	Aufstockung von Buchwerten der Wirtschaftsgüter beim Asset Deal
Subscription (and Share-holders‹) Agreement	Verpflichtung zur Übernahme neuer Anteile (Zeichnung) z. B. bei VC im Rahmen eines Beteiligungsvertrags
Subsidiary	Tochtergesellschaft
Sweet Equity	Beteiligung des Managements in einem LBO zu besonders vorteilhaften Konditionen
Syndicated loan	Konsortialkredit
Tag-along right	Mitverkaufsrecht (► drag-along)
Take-over bid	Übernahmeangebot (► tender offer)
Taking private	von der Börse nehmen, im Gegensatz zum *going public* (► delisting)
Target (company)	Zielgesellschaft
Tax Due Diligence	steuerliche Prüfung der Zielgesellschaft

Englischer Fachbegriff	Kurzerläuterung
Teaser	Informationsbrief mit kurzen Informationen über das Target in einem Auktionsverfahren
Templates	»Schablone« als Muster für die standardisierte Erfassung von Dokumenten
Tender offer	Übernahmeangebot (▶ takeover bid)
Term Sheet	Eckpunktepapier
threshold	Schwellenwert
Tombstone	Souvenir meist in Form eines Acrylblocks, welches die Eckdaten der Transaktion und die Namen der beteiligten Beratungsgesellschaften festhält und den beteiligten Personen übergeben wird
Track Record	Liste der Transaktionen mit eigener Beteiligung
Trade sale	Verkauf einer Zielgesellschaft (als Exitvariante eines Finanzinvestors) an einen Investor/Strategen (▶ secondary buy-out)
Transfer date	Rechtlicher Übertragungsstichtag (▶ closing)
Two-tier system	Zweistufiges bzw. dualistisches System der Corporate Governance bestehend aus Vorstand und Aufsichtsrat (▶ one-tier system)
Umbrella agreement	Rahmenvertrag oder übergeordneter Vertrag, welcher die Grundlage für weitere Vereinbarungen bildet
(Partical) Universal succession	(partielle) Gesamtrechtsnachfolge/ Universalsukzession (im Gegensatz zur Einzelrechtsnachfolge, singular succession)
Upstream merger	Verschmelzung einer Tochtergesellschaft auf die Muttergesellschaft (im Gegensatz zum downstream merger)
Upstream securities	Besicherung von Gesellschafter-verbindlichkeiten durch eine Tochtergesellschaft (▶ financial assistance)
Vendor Due Diligence (VDD)	Due Diligence Prüfung durch den Verkäufer
Vendor Loan	Verkäuferdarlehen
Venture Capital (VC)	Wagnis- oder Risikokapital
Virtual Data Room (VDR)	digitaler Datenraum
Warranty & Indemnity Insurance (W&I-Insurance)	Gewährleistungsversicherung bei Unternehmenskäufen

Englischer Fachbegriff	Kurzerläuterung
Whistleblowing Hotline	Hinweisgebersystem, Bestandteil eines Compliance Management Systems
White Knight	weißer Ritter, Abwehrmaßnahme gegen feindliche Übernahme

Literaturverzeichnis

Angerer, L./Geibel, St./Süßmann, R., Wertpapiererwerbs- und Übernahmegesetz, Kommentar, 3. Auf. 2017

BaFin, Emittentenleitfaden der Bundesanstalt für Finanzdienstleistungen, 4. Aufl. 2013

Bauer, Chr./von Düsterlho, J.-E., (Hrsg.), Distressed Mergers & Acquisitions: Kauf und Verkauf von Unternehmen in der Krise, 2016

Baumbach, A./Hopt, K.J., Kommentar zum Handelsgesetzbuch, 38. Aufl. 2018

Baumbach, A./Hueck, A., Gesetz betreffend die Gesellschaft mit beschränkter Haftung, Kommentar, 22. Aufl. 2019

Becker, W./Ulrich, P./Botzkowski, T., Mergers & Acquisitions im Mittelstand – Best Practices für den Akquisitionsprozess (Management und Controlling im Mittelstand), 2016

Beisel, W./Klumpp, H.-H., Der Unternehmenskauf, Gesamtdarstellung der zivil- und steuerrechtlichen Vorgänge einschließlich gesellschafts-, arbeits- und kartellrechtlicher Fragen bei der Übertragung eines Unternehmens, 7. Aufl. 2016

Beisel, D./Andreas, F. E. (Hrsg.), Due Diligence, Beck'sches Mandats Handbuch, 3. Auflage 2017

Berens, W./Brauner, H.U./Knauer, Th./Strauch, J. (Hrsg.), Due Diligence bei Unternehmensakquisitionen, 8. Aufl. 2019

Bleuel, H.-H., Internationales Management – Grundlagen, Umfeld, Entscheidungen, 2017

Blümich, Kommentar zum EStG, KStG, GewStG, hrsg. von Heuermann, B./Brandis, P., Stand: März 2020

Blum, U./Gleißner, W./Nothnagel, P./Veltins, M.A. (Hrsg.), Vademecum für Unternehmenskäufe, 2018

Carlé, Th./Strahl, M. (Hrsg.), Unternehmens- und Anteilskauf, Beratungswissen, Beratungshinweise, Beratungspraxis, 2016

CMS European M&A Study, 2019 (https://cms.law/de/DEU/Publication/CMS-European-M-A-Study)

Diem, A./Jahn, C.H., Akquisitionsfinanzierungen: Kredite für Unternehmenskäufe, 4. Aufl. 2019

Dreher, M./Ernst, D., Mergers & Acquisitions, Grundlagen und Verkaufsprozess mittlerer und großer Unternehmen, 2. Aufl. 2016

Drygala, T./Wächter, G.H. (Hrsg.), Bilanzgarantien bei M&A-Transaktionen: Beiträge der 1. Leipziger Konferenz 'Mergers & Acquisitions' am 16. und 17.5.2014 in Leipzig

Drygala, T./Wächter, G.H. (Hrsg.), Venture Capital, Beteiligungsverträge und »Unterkomplexitätsprobleme«, Beiträge der 3. Leipziger Konferenz »Mergers & Acquisitions« am 19. und 20.5.2017 in Leipzig, 2018

Eilers, St./Koffka, N.M./Mackensen, M./Paul, M. (Hrsg.), Private Equity: Unternehmenskauf, Finanzierung, Restrukturierung, Exitstrategien, 3. Aufl. 2018

Enders, C., Strukturierte Finanzierungen, Von ABS und Leveraged Buyouts bis zur Projektfinanzierung, 2018

Engelhardt, C., Mergers & Acquisitions, Strategien, Abläufe und Begriff im Unternehmenskauf, 2016

Ettinger, J./Jaques, H. (Hrsg.), Beck'sches Handbuch Unternehmenskauf im Mittelstand, 2. Aufl. 2017

Feix, Th./Büchler, J.-Ph./Straub, Th. (Hrsg.), Mergers & Acquisitions: Erfolgsfaktoren für mittelständische Unternehmen, 2017

Fischer, P.C., Globalisierung und Recht: Auswirkungen der Globalisierung auf die Praxis grenzüberschreitender Transaktionen aus deutscher Perspektive, Düsseldorf Working Papers in Applied Management and Economics, Nr. 27, 2014; http://hdl.handle.net/10419/103943

Fischer, P.C., Wirtschaftsprivatrecht, 2016

Fisher, R./Ury, W./Patton, U., Das Harvard Konzept, die unschlagbare Methode für beste Verhandlungsergebnisse, 25. Aufl. 2015

Fleischer, H./Hüttemann, R. (Hrsg.), Rechtshandbuch Unternehmensbewertung, 2. Aufl. 2019

Glaum, M./Hutzschenreuter, Th., Mergers & Acquisitions, Management externen Unternehmenswachstums, 2010

Göthel, St. G. (Hrsg.), Grenzüberschreitende M&A-Transaktionen – Unternehmenskäufe, Umstrukturierungen, Joint Ventures, SE, 5. Aufl. 2019

Habersack, M./Hennsler, M., Mitbestimmungsrecht, Kommentierung des MitbestG, des DrittelbG, des SEBG und des MgVG, 4. Aufl. 2018

Hahn, C., Der Beteiligungsvertrag: Ein Überblick für Start-ups und Investoren, 2015

Hahn, C. (Hrsg.), Finanzierung von Start-up-Unternehmen, 2018

Harneit, J., Umwandlung einer GmbH & Co. KG in eine GmbH, Untersuchung am Beispiel eines grundbesitzhaltenden Unternehmens, 2019

Hasenauer, C./Stingl, H., Due Diligence, Praxisleitfaden für Transaktionen, Wien 2015

Hemel, U./Link, H., Zukunftssicherung für Familienunternehmen – Beteiligungen, Verkäufe und Übernahmen, 2018

Hennsler, M./Strohn, L. (Hrsg.), Gesellschaftsrecht, 4. Aufl. 2019

Hettler, St./Stratz, R.-C./Hörtnagl, R. (Hrsg), Unternehmenskauf, Beck'sches Mandats Handbuch, 2. Aufl. 2013

Hoffmann-Becking, M. (Hrsg.), Münchener Handbuch zum Gesellschaftsrecht, Bd. 4, Aktiengesellschaft, 4. Aufl. 2015

Hölters, W. (Hrsg.), Aktiengesetz, Kommentar, 3. Aufl. 2017

Hölters, W. (Hrsg.), Handbuch Unternehmenskauf, 9. Aufl. 2019

Holzapfel, H.-J./Pöllath, R. (Hrsg.), Unternehmenskauf in Recht und Praxis, Rechtliche und steuerliche Aspekte, 15. Aufl. 2016

Hüffer, U. /Koch, J., Kommentar zum Aktiengesetz, 14. Aufl. 2020

Immenga, U./Mestmäcker, E.J. (Hrsg.), Wettbewerbsrecht, 6. Aufl. 2019

Jansen, St. A., Mergers & Acquisitions, Unternehmensakquisitionen und -kooperationen, Eine strategische, organisatorische und kapitalmarkttheoretische Einführung, 6. Aufl. 2016

Joecks, W./Miebach, K., Münchener Kommentar zum StGB, 3. Aufl. 2017

Kallmeyer, H. (Hrsg.), Umwandlungsgesetz, Kommentar, 7. Aufl. 2020

Kiem, R. (Hrsg.), Kaufpreisgelungen beim Unternehmenskauf, Bewertung – Kaufpreisermittlung – Klauselgestaltung – Kaufpreisanpassung, 2. Aufl. 2018

Kraft, J./Redenius-Hövermann, J. (Hrsg.), Umwandlungsrecht, 2015

Krieger, G./Schneider, U.H. (Hrsg.), Handbuch Managerhaftung, Vorstand Geschäftsführer Aufsichtsrat. Pflichten und Haftungsfolgen. Typische Risikobereiche, 3. Aufl. 2017

Lappe, Th./Gattringer, V. (Hrsg.), Carve-out Transaktionen, Recht, Steuern und Bilanzen bei Ausgliederung und Verkauf von Unternehmensteilen, 2016

Limmer, P. (Hrsg.), Handbuch der Unternehmensumwandlung, 6. Aufl. 2019

Limmer, P./Hertel, C./Franz, N./Mayer, J. (Hrsg.), Würzburger Notarhandbuch, 5. Aufl. 2018

Lucks, K./Meckl, R., Internationale Mergers & Acquisitions, Der prozessorientierte Ansatz 2. Auf. 2015

Lutter/Hommelhoff, GmbH-Gesetz, Kommentar, 20. Aufl. 2020

Lutter, Umwandlungsgesetz – Kommentar mit systematischer Darstellung des Umwandlungssteuerrechts und Kommentierung des SpruchG, 6. Aufl. 2019

Mehrbrey, K.L., Streitigkeiten beim Unternehmenskauf, M&A Litigation, 2018

Meyer-Sparenberg, W./Jäckle, C. (Hrsg.), Beck'sches M&A-Handbuch, Planung, Gestaltung, Sondeformen, regulatorische Rahmenbedingungen und Streibeilegung bei Mergers & Acquisitions, 2017

Moosmayer, K., Compliance, Praxisleitfaden für Unternehmen, 2015

Müller-Glöge, R./Preis, U./Schmidt, I. (Hrgs.), Erfurter Kommentar zum Arbeitsrecht, 19. Aufl. 2019

Müller-Stewens, G./Kunisch, S./Binder, A., (Hrsg.), Mergers & Acquisitions, Handbuch für Strategen, Analysten, Berater und Juristen, 2. Aufl. 2016

Niederdrenk, R., Commercial Due Diligence: Die Königsdisziplin, 2017

Palandt, Bürgerliches Gesetzbuch, Kommentar, 79. Aufl. 2020

Park, T. (Hrsg.), Kapitalmarktstrafrecht, Straftaten – Ordnungswidrigkeiten – Finanzaufsicht – Compliance, 4. Aufl. 2017

Picot, G. (Hrsg.), Handbuch Mergers & Acquisitions, Planung – Durchführung – Integration, 5. Aufl. 2012

Picot, G. (Hrsg.), Unternehmenskauf und Restrukturierung, 4. Aufl. 2013

Pitkowitz, M.M., Praxishandbuch Vorstands- und Aufsichtsrathaftung, 2014

Risse, J./Kästle, F., M&A und Corporate Finance von A – Z, 3. Aufl. 2017

Rock, H., Erfolgreiche Verhandlungsführung mit dem Driver-Seat-Konzept, 2019

Rosengarten, J./Burmeister, F./Klein, M., Mergers & Acquisitions in Germany, German Law Accessible, 2. Aufl. 2016

Säcker, F.J./Rixecker, R./Oetker, H./Limpberg, B. (Hrsg.), Münchener Kommentar (MüKo) zum Bürgerlichen Gesetzbuch, 7. Aufl. 2017/8. Aufl. (unterschiedliche Bearbeitungsstände)

Schalast, Chr. (Hrsg.), Aktuelle Aspekte des M&A-Geschäfts, Jahrbuch 2016

Schalast, Chr./Raettig, L. (Hrsg.), Grundlagen des M&A-Geschäftes: Strategie – Recht – Steuern, 2019

Schlechtriem, P./Schwenzer, I./Schroeter, U. (Hrsg.), Kommentar zum UN-Kaufrecht (CISG), 7. Aufl. 2019

Schmal, St., Konsolidierungswellen und Prognoseverhalten von Finanzanalysten, Eine empirische Untersuchung der M&A-Aktivität von US-amerikanischen Unternehmen, 2015

Schmitt, J./Hörtnagel, R. (Hrsg.), Umwandlungsgesetz und Umwandlungssteuergesetz, Kommentar, 8. Aufl. 2018

Schwark, E./Zimmer, D. (Hrsg.), Kapitalmarktrechts-Kommentar, 4. Aufl. 2010

Seibt, Chr. H. (Hrsg.), Beck'sches Formularbuch Mergers & Acquisitions, 3. Auflage 2018

Semler, J./Stengel, A. (Hrsg.), Umwandlungsgesetz, Kommentar, 4. Aufl. 2017

Spindler, G./Stilz, E. (Hrsg.), Aktiengesetz, 4. Aufl. 2019

Stoye-Benk, Chr./Cutura, V., Handbuch Umwandlungsrecht für die rechtsberatende und notarielle Praxis, 3. Aufl. 2012

Thümmel, R.C., Persönliche Haftung von Managern und Aufsichtsräten, Haftungsrisiken bei Managementfehlern, Risikobegrenzung und D&O-Versicherung, 5. Aufl. 2016

Thüsing, G./Giebeler, R./Hey, Th. (Hrsg.), Handwörterbuch für Aufsichtsräte, Recht und Praxis von A bis Z, 2018

Triebel, V./Vogenauer, St., Englisch als Vertragssprache, Fallstricke und Fehlerquellen, 2018

Uhlenbruck, Insolvenzordnung, Kommentar, Hrsg. Hirte, H./Vallender, H., 15. Aufl. 2019

Van Kann, J. (Hrsg.), Praxishandbuch Unternehmenskauf: Leitfaden Mergers & Acquisitions, 2. Aufl. 2017

Wegmann, J./Siebert, H., Unternehmensverkauf – Leitfaden für kleine und mittlere Unternehmen, 2. Aufl. 2020

Weise, St./Krauß, H.-F. (Hrsg.), Beck'sche Online-Formulare Vertrag, 51. Aufl. 2020

Weitnauer, W., Management Buy-Out, Handbuch für Recht und Praxis, 2. Aufl. 2013

Wirtz, B.W., Mergers & Acquisitions Management, Strategie und Organisation von Unternehmenszusammenschlüssen, 4. Aufl. 2016

Abkürzungsverzeichnis

a. A.	anderer Ansicht
a. a. O.	am angegebenen Ort
Abs.	Absatz
ADHGB	Allgemeines Deutsches Handelsgesetzbuch
ADR	Alternative Dispute Resolution
a. F.	alte Fassung
AG	Aktiengesellschaft
AGB	Allgemeine Geschäftsbedingungen
AGM	Annual General Meeting
AktG	Aktiengesetz
Alt.	Alternative
AO	Abgabenordnung
AP	Arbeitsrechtliche Praxis (Nachschlagewerk des BAG)
APA	Asset Purchase Agreement
AR	Aufsichtsrat
AStG	Außensteuergesetz
Aufl.	Auflage
AWG	Außenwirtschaftsgesetz
AWV	Außenwirtschaftsverordnung
BaFin	Bundesanstalt für Finanzdienstleistungsaufsicht
BAG	Bundesarbeitsgericht
BauGB	Baugesetzbuch
BB	Betriebs-Berater (Zeitschrift)
BBodSchG	Bundes-Bodenschutzgesetz
Bd.	Band
BeckRS	Beck online Rechtsprechung
Beschl.	Beschluss
BetrAVG	Gesetz zur Verbesserung der betrieblichen Altersversorgung
BetrVG	Betriebsverfassungsgesetz
BeurkG	Beurkundungsgesetz
bez.	bezüglich
BFH	Bundesfinanzhof
BGB	Bürgerliches Gesetzbuch
BGH	Bundesgerichtshof
BGHZ	Entscheidungssammlung des BGH in Zivilsachen
BJR	Business Judgement Rule
BMJV	Bundesministerium der Justiz und für Verbraucherschutz
BMWi	Bundesministerium für Wirtschaft und Energie
BNatSchG	Bundesnaturschutzgesetz
BNotO	Bundesnotarordnung

BoD	Board of Directors
BORA	Berufsordnung der Rechtsanwälte
BörsG	Börsengesetz
BR	Betriebsrat
BQG	Beschäftigungs- und Qualifizierungsgesellschaft
BRAO	Bundesrechtsanwaltsordnung
BWA	Betriebswirtschaftliche Auswertung(en)
CB	Compliance Berater (Zeitschrift)
CDD	Commercial Due Diligence
CEO	Chief Executive Officer
CFDF	Cash Free/Debt Free
CFO	Chief Financial Officer
CISG	(United Nations) Convention on Contracts for the International Sale of Goods
CMS	Compliance Management System / Akronym einer Wirtschaftskanzlei
COMI	Center of Main Interests
COVInsAG	COVID-19-Insolvenzaussetzungsgesetz
CP	Condition Precedent
DAX	Deutscher Aktienindex
DCF	Discounted Cashflow (Methode/Verfahren)
DCGK	Deutscher Corporate Governance Kodex
DD(R)	Due Diligence (Report)
DDR	Deutsche Demokratische Republik
DesignG	Designgesetz
DICO	Deutsches Institut für Compliance e. V.
DIS	Deutsche Institution für Schiedsgerichtsbarkeit
D&O	Directors' and Officers‹ (Liability Insurance)
DrittelbG	Drittelbeteiligungsgesetz
DSGVO	Datenschutzgrundverordnung
E	Entwurf
EBIT	Earnings before Interest and Taxes
EBITDA	Earnings before Interest, Taxes, Depreciation and Amortization
EBO	Employee Buy-out
EFTA	European Free Trade Association (Europäische Freihandelsassoziation)
eG	eingetragene Genossenschaft
EGBGB	Einführungsgesetz zum Bürgerlichen Gesetzbuch
Einf.	Einführung
einschl.	einschließlich
EK	Eigenkapital
ErbbauRG	Erbbaurechtsgesetz
ErbStG	Erbschaft- und Schenkungsteuergesetz
ESMA	European Securities and Markets Authority

EStDV	Einkommensteuer-Durchführungsverordnung
EStG	Einkommensteuergesetz
EU	Europäische Union
EuGH	Europäischer Gerichtshof
EuInsVO	Europäische Insolvenzordnung
EUR	Euro
EV	Enterprise Value
EWR	Europäischer Wirtschaftsraum
FamFG	Gesetz über das Verfahren in Familiensachen und in Angelegenheiten der freiwilligen Gerichtsbarkeit
FAZ	Frankfurter Allgemeine Zeitung
FCPA	(US) Foreign Corrupt Practises Act
FDD	Financial Due Diligence
Fed	Federal Reserve System (Zentralbanksystem der USA)
FK	Fremdkapital
FKVO	Verordnung über die Europäische Fusionskontrolle
GBO	Grundbuchordnung
GbR	Gesellschaft bürgerlichen Rechts
GebrMG	Gebrauchsmustergesetz
gem.	gemäß
GesR	Gesellschaftsrecht
GewStG	Gewerbesteuergesetz
GG	Grundgesetz
GmbH	Gesellschaft mit beschränkter Haftung
GmbHG	GmbH-Gesetz
GNotKG	Gerichts- und Notarkostengesetz
grds.	grundsätzlich
GrEStG	Grunderwerbsteuergesetz
GVG	Gerichtsverfassungsgesetz
GWB	Gesetz gegen Wettbewerbsbeschränkungen
HdB	Handbuch
HGB	Handelsgesetzbuch
h. L.	herrschende Lehre
h. M.	herrschende Meinung
HoldCo	Holding Company
HR	Handelsregister
Hrsg.	Herausgeber
HRV	Handelsregisterverordnung
HS	Halbsatz
HV	Hauptversammlung
ICC	International Chamber of Commerce
i. d. R.	in der Regel
IDW	Institut der Wirtschaftsprüfer in Deutschland e. V.
i. e. S.	im engeren Sinne
IFRS	International Financial Reporting Standards

IHK	Industrie- und Handelskammer
i. H. v.	in Höhe von
IM	Information Memorandum
Inc.	Incorporated
inkl.	inklusive
insb.	insbesondere
InsO	Insolvenzordnung
IPO	Initial Public Offering
IP(R)	Intellectual Property (Rights)
IPR	Internationales Privatrecht
i. S.d.	im Sinne des
i. S.v.	im Sinne von
i.V.m.	in Verbindung mit
i.w.S.	im weiteren Sinne
JV	Joint Venture
Kap.	Kapitel
KapGes	Kapitalgesellschaft
KfW	Kreditanstalt für Wiederaufbau
KG	Kommanditgesellschaft
KGaA	Kommanditgesellschaft auf Aktien
KGV	Kurs-Gewinn-Verhältnis
KKR	Kohlberg Kravis Roberts
KMU	Kleine und mittlere Unternehmen
KPI	Key Performance Indicator
KSchG	Kündigungsschutzgesetz
KStG	Körperschaftsteuergesetz
KW	Kalenderwoche
KWG	Kreditwesengesetz
lat.	lateinisch
LBO	Leveraged Buy-out
LG	Landgericht
LLP	Limited Liability Partnership
LMA	Loan Market Association
LoI	Letter of Intent
Ltd.	Limited
m.E.	meines Erachtens
MAC	Material Adverse Change
MarkenG	Markengesetz
M&A	Mergers and Acquisitions
MBI	Management Buy-in
MBO	Management Buy-out
MgVG	Gesetz über die Mitbestimmung der Arbeitnehmer bei einer grenzüberschreitenden Verschmelzung
mind.	mindestens
MitbestG	Mitbestimmungsgesetz

MMVO	Marktmissbrauchsverordnung
MoMiG	Gesetz zur Modernisierung des GmbH-Rechts und zur Bekämpfung von Missbräuchen
MoU	Memorandum of Understanding
MüKo	Münchener Kommentar
m. w. N.	mit weiteren Nachweisen
n/a	not applicable, ggf. auch not available *oder* no answer
NC	Numerus Clausus
NewCo	New Company
n. F.	neue Fassung
NJW	Neue Juristische Wochenschrift
NPL	Non-Performing Loans
Nr.	Nummer
NZA	Neue Zeitschrift für Arbeitsrecht
NZG	Neue Zeitschrift für Gesellschaftsrecht
OHG	Offene Handelsgesellschaft
OLG	Oberlandesgericht
OWiG	Ordnungswidrigkeitengesetz
PartG	Partnerschaftsgesellschaft
PartG mbB	Partnerschaftsgesellschaft mit beschränkter Berufshaftung
PartGG	Partnerschaftsgesellschaftsgesetz
PatG	Patentgesetz
PE (H)	Private Equity (House)
PersGes	Personengesellschaft
PPA	Purchase Price Allocation
plc.	public limited company
PMI	Post-Merger Integration
PoA	Power of Attorney
ProdHaftG	Produkthaftungsgesetz
Q&A	Questions and Answers
Rd.	Randnummer(n)
Reps	Representations (& Warranties)
RL	Richtlinie
RVG	Rechtsanwaltsvergütungsgesetz
S.à r.l.	Société à responsabilité limitée
SE	Societas Europaea
SEAG	SE-Ausführungsgesetz
SEC	Securities and Exchange Commission (USA)
SEStEG	Gesetz über steuerliche Begleitmaßnahmen zur Einführung der Europäischen Gesellschaft und zur Änderung weiterer steuerrechtlicher Vorschriften
SE-VO	Verordnung des Rates über das Statut der Europäischen Gesellschaft
s. o.	siehe oben
sog.	sogenannte

SOX	Sarbanes-Oxley Act
SPA	Share Purchase Agreement / Sale and Purchase Agreement
SPD	Sozialdemokratische Partei Deutschlands
SpruchG	Gesetz über das gesellschaftsrechtliche Spruchverfahren (Spruchverfahrensgesetz)
SPV	Special Purpose Vehicle
StBerG	Steuerberatungsgesetz
StGB	Strafgesetzbuch
str.	streitig
s. u.	siehe unten
SWOT	Strengths, Weaknesses, Opportunities, Threats
TDD	Tax Due Diligence
TreuhandG	Treuhandgesetz
TVG	Tarifvertragsgesetz
UBGG	Gesetz über Unternehmensbeteiligungsgesellschaften
UK	United Kingdom
UmwG	Umwandlungsgesetz
UmwStG	Umwandlungssteuergesetz
UrhG	Urheberrechtsgesetz
US(A)	United States (of America)
UStG	Umsatzsteuergesetz
usw.	und so weiter
UWG	Gesetz gegen den unlauteren Wettbewerb
VAG	Versicherungsaufsichtsgesetz
VC	Venture Capital
VDD	Vendor Due Diligence
VDR	Virtual Data Room
VerSanG	Verbandssanktionengesetz
vGA	verdeckte Gewinnausschüttung
VO	Verordnung
Vorb.	Vorbemerkung
VR	Volksrepublik (China)
vs.	versus
VVaG	Versicherungsverein auf Gegenseitigkeit
VVG	Versicherungsvertragsgesetz
VwVfG	Verwaltungsverfahrensgesetz
WEG	Wohnungseigentumsgesetz
W&I	Warranty & Indemnity (Insurance)
WISU	Das Wirtschaftsstudium (Zeitschrift)
WP	Wirtschaftsprüfer/in
WPK	Wirtschaftsprüferkammer
WpAV	Wertpapierhandelsanzeigeverordnung
WpHG	Wertpapierhandelsgesetz
WPR	Wirtschaftsprivatrecht
WpÜG	Wertpapiererwerbs- und Übernahmegesetz

z. B.	zum Beispiel
Ziff.	Ziffer
ZInsO	Zeitschrift für das gesamte Insolvenz- und Sanierungsrecht
ZPO	Zivilprozessordnung

Stichwortverzeichnis